Wahrhaftigkeit – eine gesellschaftliche Herausforderung

Sven van Meegen
Hrsg.

Wahrhaftigkeit – eine gesellschaftliche Herausforderung

Hrsg.
Prof. Dr. Sven van Meegen
Duale Hochschule Baden-Württemberg
Heidenheim, Deutschland

ISBN 978-3-658-34332-3   ISBN 978-3-658-34333-0 (eBook)
https://doi.org/10.1007/978-3-658-34333-0

Die Deutsche Nationalbibliothek verzeichnet diese Publikation in der Deutschen Nationalbibliografie; detaillierte bibliografische Daten sind im Internet über http://dnb.d-nb.de abrufbar.

© Der/die Herausgeber bzw. der/die Autor(en), exklusiv lizenziert durch Springer Fachmedien Wiesbaden GmbH, ein Teil von Springer Nature 2022
Das Werk einschließlich aller seiner Teile ist urheberrechtlich geschützt. Jede Verwertung, die nicht ausdrücklich vom Urheberrechtsgesetz zugelassen ist, bedarf der vorherigen Zustimmung der Verlage. Das gilt insbesondere für Vervielfältigungen, Bearbeitungen, Übersetzungen, Mikroverfilmungen und die Einspeicherung und Verarbeitung in elektronischen Systemen.
Die Wiedergabe von allgemein beschreibenden Bezeichnungen, Marken, Unternehmensnamen etc. in diesem Werk bedeutet nicht, dass diese frei durch jedermann benutzt werden dürfen. Die Berechtigung zur Benutzung unterliegt, auch ohne gesonderten Hinweis hierzu, den Regeln des Markenrechts. Die Rechte des jeweiligen Zeicheninhabers sind zu beachten.
Der Verlag, die Autoren und die Herausgeber gehen davon aus, dass die Angaben und Informationen in diesem Werk zum Zeitpunkt der Veröffentlichung vollständig und korrekt sind. Weder der Verlag noch die Autoren oder die Herausgeber übernehmen, ausdrücklich oder implizit, Gewähr für den Inhalt des Werkes, etwaige Fehler oder Äußerungen. Der Verlag bleibt im Hinblick auf geografische Zuordnungen und Gebietsbezeichnungen in veröffentlichten Karten und Institutionsadressen neutral.

Einbandabbildung: Deblik unter Verwendung von Adobe Stock Bildnummer 28281184 https://stock.adobe.com/de/images/bocca-della-verita-rome/28281184?prev_url=detail.

Lektorat: Frank Schindler
Springer VS ist ein Imprint der eingetragenen Gesellschaft Springer Fachmedien Wiesbaden GmbH und ist ein Teil von Springer Nature.
Die Anschrift der Gesellschaft ist: Abraham-Lincoln-Str. 46, 65189 Wiesbaden, Germany

Vorwort

Seit vielen Jahren beschäftigt mich das Thema der Wahrhaftigkeit im wissenschaftlichen und persönlichen Umfeld. Ich gewinne immer mehr den Eindruck, dass die Grenzen zwischen Wahrheit und Lüge verschwimmen. Fake News beweisen doch: was wahr ist, scheint relativ zu sein und liegt letztlich im Auge des Betrachters. Die Lüge ist – so zumindest der subjektive Eindruck – präsenter denn je. Das Lügen, das Verdrehen von Wahrheit, das Vermischen von Wahrem und Unwahrem zeigt sich in der Politik, der Wirtschaft, in den Medien, im Beruflichen und Privaten. Bleibt da überhaupt noch Raum für die Wahrheit? Hat die Wahrhaftigkeit ausgedient?

Wahrhaftigkeit stört, wo die Lüge überzeugt.

Dieser Satz ist in der Auseinandersetzung mit der Wahrhaftigkeit essenziell. Die Lüge ist Teil unseres Alltags und unseres Lebens. Jeder Mensch lügt. Würden wir dies leugnen, würden wir uns selbst belügen. Gefährlich wird dies, wenn die Lüge sich als Normalität in unser Leben einschleicht und zum Automatismus wird. Wenn sie sich so überzeugend darstellt, dass wir nicht mehr in der Lage sind, zu erkennen, was Wahrheit und Lüge ist. Dann braucht es Wahrhaftigkeit! Wahrhaftigkeit stört den Automatismus der Lüge und bricht ihn auf. Dies ist oft mit einer schmerzhaften (Selbst-)Erkenntnis verbunden. Niemandem gefällt es, wenn der „verstörende" Spiegel des eigenen verlogenen, täuschenden Denkens, Redens, Handelns vor Augen gehalten wird. Das störende Moment der Wahrhaftigkeit ist notwendig, um die Lüge aufzudecken, um aus der Schutzzone der eigenen Selbsttäuschung herausgerissen zu werden. Und dann… was bringt das?

Die Frage der Wahrhaftigkeit und vor allem deren „Nutzen" für den Menschen und die Gesellschaft ist keine leichte. So habe ich mich in den letzten Jahren auf die Suche nach Autor*innen gemacht, die sich diesem Thema stellen konnten und wollten. Die Suche gestaltete sich selbst als Gradmesser für Wahrhaftigkeit. Wen konnte ich zu diesem Thema anfragen? Wem traute ich zu, sich mit dem Thema auseinander zu setzen? Wer sagte zu und wer ab? Wo gab es Rückfragen und Unsicherheiten? Interessant waren für mich vor allem die Absagen. In den Begründungen spürte ich in manchen Fällen eine echte Wahrhaftigkeit und in anderen Fällen drängten sich die Befürchtungen vor der Auseinandersetzung mit der Thematik in den Vordergrund. Mir wurde klar: Im Alltag werde ich beständig mit der Frage nach wahrhaftem Denken, Reden, Handeln meinerseits und meines Gegenübers konfrontiert.

In diesem Buch, deren Thematik mir sehr am Herzen liegt, beschreiben 26 Autorinnen und Autoren aus den Bereichen der Politik, der kommunalen und öffentlichen Arbeit, der Sozial- und Geisteswissenschaften, der Religion, der Wirtschaft und der Begleitung von Menschen ihre Perspektive auf die Wahrhaftigkeit aus ihren jeweiligen Kontexten heraus. Die Auseinandersetzungen in den verschiedenen Bereichen verweisen auf die vielfältigen Chancen und Herausforderungen für das Mensch-Sein und die Gesellschaft, die die Wahrhaftigkeit mit sich bringt.

Von Herzen danke ich allen Beteiligten für ihren Beitrag, die angeregten Diskussionen, Hinweise und Hilfestellungen, sowie allen, die zum Gelingen dieser Publikation beigetragen haben.

Sven van Meegen

Inhaltsverzeichnis

Teil I Wahrhaftigkeit in der Politik

Wahrhaftigkeit in der Politik   3
Roderich Kiesewetter

… und wenn er auch die Wahrheit spricht: Politiker und Wahrhaftigkeit   15
Andreas Stoch

Wahrhaftigkeit   27
Margit Stumpp

Teil II Wahrhaftigkeit in der kommunalen und öffentlichen Arbeit

Eine Amtsaufgabe – eine Frage des Gewissens?   41
Gerhard Kieninger

Wer, wenn nicht wir, wann, wenn nicht jetzt, wo, wenn nicht hier? Auf der Suche nach Wahrhaftigkeit bei sexualisierter Gewalt?! 53
Claudia Droysen von Hamilton

Auf der Suche nach der Wahrheit 81
Thomas Zeller

Teil III   Wahrhaftigkeit in den Sozial- und Geisteswissenschaften

Wahrhaftigkeit aus rechtlicher Perspektive. Eine mögliche Interpretation am Beispiel des Sozialrechts (SGB V) 99
Roman Grinblat

Wahrhaftigkeit und moralisches Verhalten – eine Annäherung aus bindungstheoretischer Perspektive 111
Stephanie Höger

Wahrhaftigkeit stört, wo die Lüge überzeugt 121
Sven van Meegen

Nicht wirklich und doch wahrhaftig? Das Postfaktische als Bewährungsprobe der Wahrhaftigkeit 141
Thomas Schmaus

Sagen, was ist! Oder: Wie ich es sehe! Anmerkungen eines Psychologen zu einem nichtpsychologischen Begriff 157
Peter K. Warndorf

Teil IV   Wahrhaftigkeit in Kirche

Wahrhaftigkeit in der Caritas 181
Oliver Merkelbach

Wahrhaftigkeit in der Diakonie 195
Frank Rosenkranz

Ökumene erfordert Wahrhaftigkeit 203
Heinz Detlef Stäps

„Niemandem bleibt etwas schuldig, außer der gegenseitigen Liebe" Überlegungen eines kirchlichen Eherichters 223
Thomas Weißhaar

Teil V   Wahrhaftigkeit in der Theologie

Anmerkungen zu „Wahrhaftigkeit" und „Authentizität" im Gottesdienst der Kirche 231
Hans-Jürgen Feulner

Veritas legem constituit, lex autem ad rerum veridicentiam perducit **Wahrheit und Wahrhaftigkeit im Kirchenrecht** 255
Markus Graulich

Wahrheit und Wahrhaftigkeit in der Bibel und im Koran 275
Josef Wehrle

Teil VI   Wahrhaftigkeit in der Wirtschaft

Wenn wir ehrlich sind, wissen wir was falsch ist Wahrhaftigkeit – eine gesellschaftliche Herausforderung 297
Michaela Eberle

Wahrhaftige Probleme der Kommunikation in der Wirtschaft 307
Hermut Kormann

Führung und Glaubwürdigkeit 315
Manfred Träger

Teil VII Wahrhaftigkeit in der Begleitung von Menschen

Bunt – begabt – wahrhaftig: ehrenamtliches Engagement   341
Gabriele Denner

**Wahrhaftigkeit – Wofür stehen Sie und was möchten
Sie in Ihrem Leben erreichen?**   349
Michael Vaas

**„Denk-Zettel" für die Klinikseelsorge Wahrhaftigkeit
am Krankenbett**   359
Wolfgang Raible

Wahrhaftigkeit – Wahrheit, die sich am anderen orientiert.   369
Uli Redelstein

Wahrhaftigkeit am Bett eines Sterbenden   373
Georg Peyk

Autorenverzeichnis

Gabriele Denner Referentin im Bischöflichen Ordinariat der Diözese Rottenburg-Stuttgart, Fachbereich Ehrenamt/Engagemententwicklung.

Claudia Droysen von Hamilton Diplom-Sozialpädagogin, systemische Beratung, Entwicklungspsychologische Beratung (EPB), Prager-Eltern-Kind-Programm (PEKiP), seit 1991 Dozentin an der DHBW Heidenheim, Fakultät Sozialwesen; ebenfalls seit 1991 in der öffentlichen Jugendhilfe tätig: Allgemeiner Sozialer Dienst (ASD), derzeit: Frühe Hilfen und Fachberatung gegen sexualisierte Gewalt.

Michaela Eberle Betriebswirtin B. A., seit 2016 Hauptgeschäftsführerin der Industrie- und Handelskammer Ostwürttemberg, Ehrenamtliches Engagement als Vorsitzende des Kuratoriums der Kinderstiftung „Knalltüte" der Caritas Ostwürttemberg.

Prof. Dr. Hans-Jürgen Feulner Lehrstuhlinhaber für Liturgiewissenschaft und Sakramententheologie an der Universität Wien.

Prof. P. Dr. Markus Graulich SDB ehem. Direktor des Instituts für Kirchenrechtsgeschichte und Professor für Grundfragen und Geschichte des Kirchenrechts an der Päpstlichen Universität der Salesianer in

Rom. 2009 wurde er durch Papst Benedikt XVI. als stellvertretender Kirchenanwalt an den Obersten Gerichtshof, die Apostolische Signatur berufen. 2011 wurde er zum Konsultor des Päpstlichen Rates für die Gesetzestexte ernannt und Richter an der Römischen Rota. Papst Franziskus ernannte ihn 2014 zum Untersekretär des Päpstlichen Rates für die Gesetzestexte.

Prof. Dr. Roman Grinblat, LL.M Professor für Soziale Arbeit im Studiengang Sozialmanagement an der DHBW Heidenheim, Gastwissenschaftler am Max-Planck-Institut für Sozialrecht und Sozialpolitik, Lehrbeauftragter an der Ludwig-Maximilians Universität München sowie dem Zentrum für Weiterbildung und Wissenstransfer der Universität Augsburg.

Prof. Dr. Stephanie Höger Professorin für Soziale Arbeit im Studiengang Sozialmanagement an der Dualen Hochschule Baden-Württemberg in Heidenheim.

Gerhard Kieninger Bürgermeister der Stadt Niederstotzingen von 1988–2016, seit 2012 Verbandsvorsitzender des Regionalverbands Ostwürttemberg, 2017–2019 Ombudsperson in der Flüchtlingsaufnahme im Regierungsbezirk Stuttgart, 2004–2011 Kreisvorsitzender der Kreisabteilung Heidenheim des Gemeindetags Baden-Württemberg.

Roderich Kiesewetter Mitglied des Deutschen Bundestages seit 2009, Wahlkreis Aalen-Heidenheim (CDU). Von 2014 bis 2019 war er Vorsitzender des Bundesfachausschusses für Außen-, Sicherheits-, Entwicklungs-, und Menschenrechtspolitik. Seit 2018 Vorsitzender des Landesfachausschusses für Äußere Sicherheit und Entwicklung.

Prof. Dr. Hermut Kormann Manager und Professor. Von 2000 bis 2008 Vorstandsvorsitzender des schwäbischen Anlagenbauers Voith AG. Er war Vorsitzender des Landeskuratoriums Baden-Württemberg des Stifterverbandes für die deutsche Wissenschaft, Gründungsmitglied der Wissensfabrik – Unternehmen für Deutschland. Seit 2006 Honorarprofessor für Betriebswirtschaftslehre, insbesondere der

Unternehmensführung in Familienunternehmen, an der Universität Leipzig und der Zeppelin Universität in Friedrichshafen.

Prof. Dr. PhDr. Sven van Meegen Priester der Diözese Rottenburg-Stuttgart, Dekan im Dekanat Heidenheim seit 2010, Professor für Sozialethik und Sozialphilosophie an der Dualen Hochschule Baden-Württemberg in Heidenheim. Dekan der Fakultät Sozialwesen seit 2012.

Oliver Merkelbach langjähriger Pfarrer, Dekan und Regionaldekan; seit 2015 Diözesancaritasdirektor und Vorstandsvorsitzender des Caritasverbands der Diözese Rottenburg-Stuttgart.

Georg Peyk Diakon, Leiter des Hospiz Barbara in Heidenheim.

Dr. Wolfgang Raible Pfarrer und Kirchenmusiker, langjähriger Klinikseelsorger in Stuttgart.

Uli Redelstein Theologe, Pastoralreferent und Klinikseelsorger in Heidenheim.

Frank Rosenkranz Diplombetriebswirt (FH Leipzig) und MA Sozialwissenschaften (TU Kaiserslautern), seit 2009 Geschäftsführer Diakonie Heidenheim, Ehrenamtsrichter am Sozialgericht Ulm.

Prof. Dr. Thomas Schmaus Professor für philosophische Anthropologie. Institutsleiter des Instituts für philosophische und ästhetische Bildung, Fachbereich Bildungswissenschaft an der Alanus Hochschule in Alfter.

Dr. Heinz Detlef Stäps Domkapitular, Leiter der Hauptabteilung VII – Glaubensfragen und Ökumene sowie der Hauptabteilung X – Weltkirche der Diözese Rottenburg-Stuttgart.

Andreas Stoch Rechtsanwalt und Politiker der SPD. Seit 2009 Mitglied des Landtags von Baden-Württemberg und war vom 23. Januar 2013 bis Mai 2016 baden-württembergischer Kultusminister. Seit 2018 ist er Landesvorsitzender der SPD Baden-Württemberg.

Margit Stumpp Mitglied des Deutschen Bundestages (seit 2017), Bündnis 90/die Grünen. Für ihre Fraktion ist sie Sprecherin für

Bildungspolitik, Medienpolitik und Expertin für digitale Infrastruktur. Seit 1999 ist sie als Kommunalpolitikerin im Landkreis Heidenheim und im Ostalbkreis.

Prof. Manfred Träger Professor für Personalwirtschaftslehre, Rektor i. R. DHBW Heidenheim, langjähriger Vorsitzender der Landesrektorenkonferenz der DHBW, Gründungsvizepräsident der Dualen Hochschule Baden-Württemberg.

Michael Vaas Optimierungsexperte für Top-Performance, Keynote-Speaker, Autor und diplomierter Mental-Coach.

Prof. Dr. Peter K. Warndorf Professor für Kinder- und Jugendhilfe an der Dualen Hochschule Baden-Württemberg, Leiter des Steinbeis Transfer Zentrums Wirtschafts- und Sozialmanagement.

Prof. Dr. Dr. Josef Wehrle Universitätsprofessor für atl. Einleitung und Exegese und biblisch-orientalische Sprachen an der Kath.-Theol. Fakultät der LMU München.

Lic. iur. can. Thomas Weißhaar Domkapitular, Offizial der Diözese Rottenburg-Stuttgart.

Thomas Zeller Redaktionsleiter der Heidenheimer Zeitung. Davor war der Journalist unter anderem als Nachrichtenchef bei der Regionalzeitung Trierischer Volksfreund tätig.

Teil I

Wahrhaftigkeit in der Politik

Wahrhaftigkeit in der Politik

Roderich Kiesewetter

Keinem menschlichen Handlungsfeld außer wohl berechtigterweise der Organisierten Kriminalität wird landläufig zunächst mit so viel Misstrauen und auch Ablehnung begegnet wie „der Politik". Ursache sind neben politischen Skandalen sicher auch Einschätzungen im öffentlichen Diskurs, die politisches Handeln mit intransparenter Interessen- statt Sachpolitik und mit sachfremden Absprachen konnotieren, oft verknüpft mit einer abgehobenen Sprache und bestimmten ausgrenzenden Ritualen.

Deshalb versuche ich im Folgenden zunächst die Komplexität des Themenfeldes aufzuzeigen, um dann anhand ausgewählter, eingrenzender Beispiele aus dem persönlichen Erleben in zehn Jahren als Mitglied des Bundestages (MdB) den Umgang mit Wahrhaftigkeit zu erläutern. Abschließend werde ich einige wenige Prinzipien aufzeigen, mit der die politisch Verantwortung tragenden Menschen gleich auf welcher Verantwortungsebene durch wahrhaftiges Handeln Vertrauen der Bürgerschaft in „die Politik" aufbauen können. Zunächst geht es mir um die Eingrenzung dieses weiten Themenfeldes.

R. Kiesewetter (✉)
Deutscher Bundestag, Berlin, Deutschland
E-Mail: roderich.kiesewetter@bundestag.de

© Der/die Autor(en), exklusiv lizenziert durch Springer Fachmedien Wiesbaden GmbH, ein Teil von Springer Nature 2022
S. van Meegen (Hrsg.), *Wahrhaftigkeit – eine gesellschaftliche Herausforderung*,
https://doi.org/10.1007/978-3-658-34333-0_1

Wahrhaftigkeit unterstützt und verbreitet Fakten

Wahrhaftigkeit im Sinne „der Wahrheit gemäß", der „Wirklichkeit gerecht werdend" ist etwas anderes als die Wahrheit in der Politik. Wahrhaftigkeit bedeutet für mich in Anlehnung an Josef Pieper die subjektive Anstrengung, das Bemühen, der Wahrheit gerecht zu werden.[1] Wahrhaftig Politik zu betreiben ist somit eine besondere Anstrengungsleistung, die ohne eigene persönliche Absichten zu kaschieren den Anspruch erhebt, einer reinen oder höheren Wahrheit zu dienen. Schon Adenauer wird mit dem Satz zitiert, es gebe die einfache, die reine und die lautere Wahrheit, so habe ihm sein Freund Pferdemenges erzählt.[2]

Wenn es also verschiedene Abstufungen von Wahrheit gibt, bedarf es deshalb in der Politik eines Werterahmens, um sich gegen totalitäre bzw. diktatorische Vereinnahmung immun zu machen, denn politische Kunst bedeutet die Schaffung von Möglichkeiten, um verletzliche offene Gesellschaften ganz im Sinne Karl Poppers gegen ihre Feinde zu schützen.[3] Insofern argumentiert mein Beitrag aus der Perspektive der offenen demokratischen Gesellschaft westlicher Prägung, die auf Fakten angewiesen ist.

Hannah Arendt differenziert in ihrem Vortrag „Wahrheit und Politik"[4] sehr klar zwischen Fakten, Meinungen und der Kraft gebildeter Vernunft, beides voneinander unterscheiden zu können. Verantwortungsvolle Politik müsse auf Fakten basieren und bloße Meinungen herausstellen. Verantwortungslose Politik arbeite mit Meinungen und löse sich von Fakten. Im politischen Widerstreit ist

---

[1] Vgl. J. PIEPER: *Über die Tugenden.* München ³2010, z. B. S. 33 f.

[2] Vgl. Aushang im Forum der Konrad-Adenauer-Stiftung, 1. Stock, Tiergartenstraße, Berlin.

[3] Vgl. K. R. POPPER: *Die offene Gesellschaft und ihre Feinde [The Open Society and its Enemies].* Teil 1: *The Spell of Plato.* Routledge, London 1945. Auf Deutsch: K. R. POPPER: *Der Zauber Platons.* In: H. KIESEWETTER (Hrsg.): *Karl R. Popper: Gesammelte Werke in deutscher Sprache.* (Bd. 5). München 1957. Tübingen, ⁸2003.

[4] H. ARENDT: *Wahrheit und Politik.* Vortrag vom 23.09.1969. Verfügbar unter: https://youtu.be/helZc310GBM (Letzter Aufruf am: 09.07.2020).

es gewiss einfacher, Meinungen, die leicht verständlich oder gerne angenommen werden, weil sie beispielsweise entweder bequem sind oder Vorurteile bestätigen, zu verbreiten als faktbasiert eben die sogenannten „unangenehmen Wahrheiten" zu verbreiten oder zu verteidigen.

Im Grunde und in einfachen Worten ist das Streben nach Wahrhaftigkeit das Streben nach Aufrichtigkeit und Redlichkeit, also einem redlichen und aufrichtigen Umgang mit Menschen, Institutionen und Fakten, die Schaffung und Ausgestaltung von Gesetzen, die die Lebenswirklichkeit der Menschen erfassen. Dies, so denke ich, teilen viele Menschen und fordern dies auch von den politisch Handelnden, gleich auf welcher Ebene.

Hinsichtlich der Ebenen fällt mir in meiner praktischen Arbeit auf, dass sich insbesondere die Repräsentanten der kommunalen Ebene nicht als Politiker oder Politik Gestaltende empfinden, sondern sich von „den Politikern" auf der Landes-, Bundes- oder europäischen Ebene bewusst abgrenzen. Diese Abgrenzung erfolgt auf zwei Weisen. Die eine grenzt ab über die Aussage „Ihr Politiker müsst…". Auf den Einwand hin, dass ja auch die kommunale Ebene eine politische und zwar die bürgernächste ist, kommt dann vielfach der Hinweis, man sei ja unmittelbarer Teil der Bürgerschaft, die einen gewählt habe, die Repräsentanten der höheren Ebenen seien dies ja nicht. Wie falsch diese Logik ist, spüren die Verbreiter solcher Thesen erst, wenn ihnen verdeutlicht wird, dass Abgeordnete ja auch Teil von Gemeinden, Vereinen vor Ort etc. sind.

Die zweite Form der Abgrenzung ist noch toxischer. Sie insinuiert, dass vor Ort alles besser wäre, wenn „Stuttgart" oder „Berlin" oder „Brüssel" keine Auflagen, Gesetze, Verordnungen etc. erlassen würden, insbesondere weil der Bezug zur praktischen Ebene vor Ort fehle. Toxisch ist solch eine Vorgehensweise deshalb, weil sie eigenes Versagen und Versäumnisse aber auch eigene Ideenlosigkeit vor Ort durch Abwälzen auf eine fernere Verantwortungsebene zu kaschieren sucht. Dieses Vorgehen hat maßgeblich zur Europaverdrossenheit in den Nuller- und Zehnerjahren dieses Jahrhunderts geführt bis hin zum Brexit oder dem Erstarken EU-feindlicher Parteien. Allerdings bieten die soeben dargestellten beiden Weisen der Abgrenzung einen

Vorteil, sie wirken auf den ersten Blick hin gefällig, sie schaffen eine Solidarisierung der sogenannten „Basis" gegen die „da oben", die „Abgehobenen".

Das macht die Kritiker populär, „da spricht eine/einer von uns", die Grenze zum gefälligen, aber faktenfernen Populismus ist überschritten.

Was ist das Besondere wahrhaftiger Politik?

Somit erfüllt wahrhaftige Politik zunächst und einleitend folgende Kriterien:

Sie orientiert sich an Fakten, sie sucht keinen Gefallen, sie arbeitet nicht mit unzutreffender Verantwortungszuweisung, sie ist nicht populistisch. Sie vertritt ganz im platonisch-sokratischen Sinne die Wahrheit gegen jede beliebige Meinung.[5]

Hiergegen gibt es zwei grundsätzliche Kritiken. Die eine Richtung beschreibt Politik als Setzung künftiger Zwecke, die, weil sie in die Zukunft orientiert sind, nicht wahr sein können, sondern eher subjektiv sind.[6] Allerdings führt Luhmann, als Vertreter dieser Richtung, auch aus, dass eine Aufgabe des Wahrheitsgebots zugunsten einer Zweck-/Mittel-/ Folgenabschätzung auch zu Willkür führen kann.[7] Für mich kommt es hier also im Wesentlichen auf die Qualität der jeweiligen politischen Führung unabhängig von der Verantwortungsebene an. Diese Qualität erweist sich an der Wirklichkeits- und Faktenorientierung und nicht an der Verhaftung an ein ideologisches Desiderat.

Des Weiteren lässt sich dem kritisch entgegenhalten, dass es in der Politik vorrangig um Mehrheiten gehe, um überhaupt politisch gestalten zu können. Um Mehrheiten zu gewinnen, sei jedes nicht verbotene Mittel recht. Nur so könne man Gestaltungsmehrheiten erreichen. Einmal in Verantwortung bringe die Realität sowieso die

---

[5] Vgl. H. ARENDT: *Sokrates*. In: DIES.: *Sokrates – Apologie der Pluralität*. Berlin 2016, S. 37.
[6] So etwa N. LUHMANN: *Zweckbegriff und Systemrationalität*. Frankfurt/M. ⁵1991, S. 12.
[7] Vgl. ebd., S. 108.

Verantwortlichen zur Vernunft. Wer so argumentiert vergisst, dass damit der Beliebigkeit Tür und Tor geöffnet ist und damit der Wahlvorgang getrennt wird vom eigentlichen Handlungsprogramm danach. Politik verkommt zum Klamauk und führt zu kurzfristig wechselnden Regierungen und instabilen Mehrheiten, wie wir das immer wieder besonders in Italien erleben. Solch eine Form von Politik zieht entsprechende Personen an, Persönlichkeiten aber engagieren sich dann nicht mehr in der Politik, Politik läuft Gefahr zu verkommen. Eine Vertiefung und Bewertung unterschiedlicher Politikstile würde hier aber zu weit führen.

Wesentlicher erscheint mir folgende Argumentationsbasis für wahrhaftige Politik. In Europa sind seit 1945 insgesamt endlich weitgehend stabile Verhältnisse eingekehrt. Die Grundlagen dafür wurden in der Epoche der Aufklärung gelegt. Der moderne Rechtsstaat, die Gewaltenteilung und die Überwindung eines Mehrklassenwahlrechts haben hier ihre Ursache. Das Prinzip des kategorischen Imperativs im Umgang der Individuen wie des Individuums mit dem Staat und umgekehrt wirkt hier prägend. Und es ist wiederum Kant, der im 18. Jahrhundert in seiner Schrift „Was ist Aufklärung?"[8] eindrucksvoll die Rolle des Individuums formulierte: „Habe Mut, Dich Deines eigenen Verstandes zu bedienen." Für unser Thema ist dieser Satz deshalb relevant, weil er deutlich macht, dass das Streben nach Wahrhaftigkeit eine Angelegenheit des Verstandes, eine Vernunftleistung ist, die den Menschen zu Kants Zeiten emanzipieren sollte von Vorgaben willkürlicher Obrigkeit oder erstarrter Religion. Auf heute übertragen bedeutet dies die Aufforderung an den mündigen Menschen, mithilfe seines Verstandes zwischen Fakten und Meinungen zu unterscheiden und den Mut, also die Zivilcourage aufzubringen, faktenwidrige Meinungen offenzulegen. Das bindet von Menschen geführte Institutionen ein, mitzudenken und im Sinne einer aufgeklärten Bürgerschaft zu wirken. Das Kant'sche Adhortativ der Ermutigung zur Zivilcourage bedeutet, sich für das, was als richtig erkannt wurde, einzusetzen bzw. Unwahres oder Falsches zu

---

[8] I. KANT: *Beantwortung der Frage: Was ist Aufklärung?* Berlinische Monatsschrift, Dezemberausgabe, Berlin, 1784.

entlarven. Das beinhaltet eine unter den vier Kardinaltugenden neben Klugheit, Gerechtigkeit, Mäßigung, nämlich die Tapferkeit.

Persönliches Erleben in der Politik

Politik bedeutet für mich immer auch die Betrachtung der Wirklichkeit wie sie ist und nicht, wie man sie gerne hätte. Das unterscheidet praktische Politik von Ideologien. Dies bedeutet auch, dass nicht eine Partei die Wahrheit besitzt, sondern sich die politischen Parteien selektiv hinsichtlich ihrer parteipolitischen Ziele ihre Wahrheiten konstruieren und programmatisch aufbereitet entsprechend anbieten. Die Kunst, das Können der Politik besteht also darin, jenseits der Parteiprogramme faktenbasiert und ideologiefrei die Herausforderungen zu definieren. Allerdings darf dies nicht in beliebigen Konstrukten von Wahrheit enden, sondern im Rahmen des verfassungsmäßigen Spektrums die möglichen Kontingenzen ausschöpfen, dabei Willkür vermeidend.[9]

Darf Politik alles, was sie kann? Darf Politik alles mitteilen, was sie weiß? Ist der Anspruch von Politik, möglichst alles regeln zu wollen, vermessen? Sind Politik und Wahrhaftigkeit überhaupt vereinbar?

Mich konfrontierte meine Konfirmation 1977 intensiver mit der Frage der Wahrhaftigkeit. Es war mein Konfirmationsspruch, Johannes 3, 21: „Wer die Wahrheit tut, kommt an das Licht." Nicht als Verheißung, sondern im praktischen Tun offen zu sein und am Licht zu wirken. Also nicht im Verborgenen, sondern im Offenen, im Hellen zu handeln, zu sein. Dieser Anspruch ist gewiss nicht nur für einen Konfirmanden nicht in jeder Hinsicht erfüllbar, sondern eher Orientierungshilfe für das weitere Leben.

Mit dem Wechsel aus der staatspolitisch, nicht parteipolitisch handelnden Bundeswehr in die praktische Bundespolitik als direkt gewählter MdB 2009 wechselte ich zugleich von der exekutiven in die parteipolitisch geprägte legislative Gewalt. Hier gab es weniger gesamt-

---

[9] So auch N. LUHMANN: *Die Politik der Gesellschaft*. Frankfurt/M. 2002, S. 140.

staatliche übergeordnete Abwägungen zu treffen, sondern es ging um den Kampf um parteipolitische Deutungshoheiten, um Mehrheiten, um Umsetzung von parteipolitischen Zielen. Das ist vollkommen legitim und ziemlich transparent. Die Rolle von Wahrhaftigkeit spielt immer dort eine Rolle, wo fachliche Expertise bzw. faktenbasierte Handlungsvorschläge zugunsten parteipolitischer Erwägungen zurückgestellt wurden. Zu den oben gestellten Fragen, in nuce: Politik macht oft, was sie kann, nicht immer, was sie sollte. Dies möchte ich an einigen praktischen Beispielen aus den Jahren 2009 bis 2019 schildern und kurz verdeutlichen:

Fortführung des Afghanistan-Einsatzes der Bundeswehr

Die Anschläge des 11. September 2001 in den USA wurden in Hamburg geplant. Hierfür übernahm Deutschland Verantwortung, der seinerzeitige Bundeskanzler Gerhard Schröder bekundete „uneingeschränkte Solidarität" mit den USA und sagte mit Zustimmung des Bundestags einen Bundeswehr-Einsatz im Kriegsland Afghanistan zu. In die allgemeine deutsche Stimmungslage passte seinerzeit allerdings nur das Narrativ, die Bundeswehr in einem sogenannten „friedlichen Wiederaufbau" in Afghanistan einzusetzen, bewusst nicht in einem Kampfeinsatz. Deshalb war der erste Einsatz nur sehr leicht bewaffnet, die Einsatzregeln der Soldaten waren sehr defensiv. Bis in das Jahr 2004 waren die Soldaten völlig ungeschützt und weit bis in das Jahr 2009 waren die Soldaten völlig unzureichend bewaffnet und durften Bedrohungen nicht proaktiv bekämpfen. Das kostete viele Menschenleben, Verwundete und Traumatisierungen bis hinein in zerbrochene Familien. Hier wurden Öffentlichkeit, Parlament und auch die Soldaten selbst durch eine kleine politisch-militärisch Interessengruppe getäuscht, der es hauptsächlich daran gelegen war, am Narrativ des „friedlichen Wiederaufbaus" festzuhalten, statt die Einsatzregeln und die Ausstattung der Truppe den tatsächlichen Kriegsbedingungen anzupassen. Wahrhaftigkeit Fehlanzeige. Erst die zunehmenden Opferzahlen und Personalwechsel im BMVg änderten letztlich dieses irreführende Narrativ.

Ausstieg aus der Kernkraft

Unter dem Druck der schlechten Umfrageergebnisse für die CDU bei den baden-württembergischen Landtagswahlen 2011 und die Nuklearkatastrophe von Fukushima/Japan stieg die Bundesregierung aus dem im Jahr 2010 überparteilich vereinbarten und wissenschaftlich fundierten Atomausstieg bis 2035 aus und vereinbarte das sofortige Abschalten von sieben älteren AKW bis 2012 und zehn weiterer modernerer bis 2022. Dieser nicht faktenbasierte eher an den allgemeinen Stimmungen orientierte Akt führt bis heute zu erheblichen Mehrbelastungen unserer Volkswirtschaft und zu einer erschwerten Energiewende, weil als Ersatz für die abgeschalteten Kernkraftwerke vermehrt Kohlekraftwerke eingesetzt wurden.

Aussetzung der Wehrpflicht 2011

Dank des Charismas eines seinerzeitigen Verteidigungsministers setzte der Bundestag auf seinen Vorschlag hin die Wehrpflicht aus, ohne mit Blick auf den Koalitionsvertrag andere Alternativen wie Milizdienst, attraktiverer Freiwilligendienst zu erörtern und ohne die Konsequenzen der Aussetzung für die Blaulichtorganisationen und die gesellschaftliche Bereitschaft, Dienst für die Gemeinschaft zu leisten, zu bedenken. Stattdessen wurde ein Freiwilligendienst geschaffen, der bei rund 150.000 Stellen gedeckelt ist bei rund 650.000 Frauen und Männern eines Geburtsjahrgangs. Unsere Bundespolitik hat nicht wahrhaftig über die Konsequenzen dieser Entscheidung informiert und mit der Bevölkerung diskutiert. Unsere Gesellschaft leidet bis heute auch darunter, dass keine Lösungen für die daraus resultierenden Konsequenzen gefunden wurden.

Das Spitzenkandidatenprinzip bei der Europawahl 2019

Die Festlegung der Spitzenkandidaten von Union und SPD erfolgte auf großen europäischen Parteikonventen. Die Union setzte für die

Europawahl 2019 einen deutschen Kandidaten der EVP durch, die SPD einen früheren niederländischen Außenminister, seinerzeit stellvertretender EU-Kommissionspräsident. Die Parteien vermittelten den Wahlberechtigten in Form eines Wahlversprechens den Eindruck, dass der Spitzenkandidat mit den meisten Stimmen Präsident der EU-Kommission werde. So wurde auch der Wahlkampf geführt. Am Ende stellte sich heraus, dass der eine der Kandidaten bereits vor der Nominierung absehbar mangels Regierungserfahrung und Französischkenntnissen für Frankreich nicht akzeptabel war und der andere Kandidat zwar über die nötigen Qualifikationen verfügte, aber in Osteuropa dank seiner Haltung zu fragwürdigen politischen Handlungen dort nicht vermittelbar war. Sicher ging es auch um Mehrheiten und um die Regel, dass das Europaparlament sich auf einen Kandidaten einigen musste, der dann dem Europäischen Rat vorzuschlagen gewesen wäre, aber diese Einigung gab es nicht. Somit entschied sich der Europäische Rat der Staats- und Regierungschefs zuständiger Weise für eine Politikerin, die im Europawahlkampf um Spitzenkandidaten überhaupt keine Rolle spielte. Diesen komplexen Sachverhalt zu erläutern, bedarf großen Geschicks, das nicht erkennbar war. Für die Bevölkerung reduzierte sich der komplexe Sachverhalt schlicht auf Wählertäuschung.

Dieser gewiss subjektive Eindruck der Wahlbevölkerung wird bis zu den nächsten Europawahlen nur schwer zu verändern sein. Wahrhaftig wäre gewesen erstens in der Kandidatenauswahl die Folgenabschätzung bezüglich des Eignungsprofils vorzunehmen und zweitens in den vergangenen Jahren das Spitzenkandidatenprinzip rechtlich unanfechtbar zu verankern.

Fazit

Mit den vorgenannten Überlegungen und Beispielen möchte ich verdeutlichen, dass es durchaus einige wenige handhabbare Kriterien für wahrhaftiges Handeln in der Politik gibt. Voraussetzungen sind, dass die Beweggründe für bestimmtes politisches Handeln transparent gemacht und Folgenabschätzungen vorgenommen werden. Politik muss sich selbst erklären, d. h. die im Politischen handelnden Menschen tragen eine besondere Verantwortung für den sorgsamen Umgang mit Fakten und die Einschränkung von Toleranz gegenüber Meinungen, insofern die Meinungen bewusst kontra-faktisch manipuliert werden. Den gesamten Komplex der „Fake News" mit Blick auf die Wahlkampfführung des früheren US-Präsidenten oder des Umgangs mit „angepassten Wahrheiten" einer „gelenkten Demokratie" im Putin-Russland setze ich als bekannt voraus.

Somit ergeben sich für mich im Umgang mit Wahrhaftigkeit einige wenige Prinzipien, die alle in der Aufklärung wurzeln.

1. Für mich sind das insbesondere zwei Leitsätze Kants, zum einen der kategorische Imperativ: „Handle nur nach derjenigen Maxime, durch die du zugleich wollen kannst, dass sie ein allgemeines Gesetz werde!" Zum anderen sein bereits erwähnter Schlüsselsatz der Aufklärung: „Habe Mut, Dich Deines eigenen Verstandes zu bedienen!"
2. Auch die Ermutigung von Josef Pieper ist hilfreich, „versuche auch in widrigen Umständen korrekt zu handeln" als Tapferkeit im praktischen Sinne. Und als Christ helfen neben o.g. ethischen Leitplanken auch Leitmotive aus der Bibel wie o.g. Zitat aus Joh. 3,21. eben am Licht zu wirken.
3. Der Mensch ist auf sich gestellt umso stärker, je akzeptierter er sich fühlt bzw. je fester er im Glauben verankert oder in festen Kooperationen verbunden ist mit Respekt und Würde. Menschen suchen nach Identitäten und Geborgenheit. Dies muss Politik gestalten, nicht ausnutzen, Ersatzreligionen oder Scheinwahrheiten sind dafür kein Ausweg.
4. Bildung: an guter also umfassender und lebenslanger Bildung führt kein Weg mehr vorbei, um ein Gespür für die Wirklichkeit, für Tatsachen und Meinungen zu entwickeln. Ein Gespür dafür, wie die offene Gesellschaft in unserer Gleichzeitigkeit von Krisen erhalten und gegen ihre Feinde immunisiert werden kann. Nur so lassen sich die Komplexität menschlicher Existenz, die nachhaltige Bewahrung der Schöpfung und viele andere Bedingungsfaktoren begreifen. Politik muss deshalb Bildung gesellschaftsübergreifend fördern und Chancen ermöglichen.

5. Um Wahrhaftigkeit in der Politik in einem Satz auf den Punkt zu bringen, allerdings aus dem vorhergesagten abgeleitet und darin eingebettet, hilft zuweilen ein Blick in Erich Kästners Werk: „Es gibt nichts Gutes außer man tut es."[10]

Die hier gemachten Ausführungen haben natürlich einen hohen normativen Anspruch. Ich bin mir bewusst, dass ich selbst diesem Anspruch in der Praxis nicht immer genüge.

---

[10] E. KÄSTNER: *„Kurz und bündig" (EA 1950). Gesammelte Schriften für Erwachsene.* (Bd. 3) München, Zürich 1969, S. 324.

… und wenn er auch die Wahrheit spricht: Politiker und Wahrhaftigkeit

Andreas Stoch

„Wahrhaftig und Politik wohnen selten unter einem Dach"[1]
Stefan Zweig

In der Politik wird nicht mehr gelogen als in anderen Bereichen unserer Gesellschaft, vielleicht sogar ein gutes Stück weniger. Nicht, weil Politikerinnen und Politiker moralisch höherstehende Menschen wären, sondern schon allein deshalb, weil Politikern meist kaum Möglichkeiten zur Lüge gelassen werden. Im politischen Leben findet heute eine umfassende Protokollierung aller Aussagen statt: Es wird dokumentiert, recherchiert, kritisiert, vom politischen Gegner, von Journalisten, aber auch im Rahmen der politischen Konkurrenz in der eigenen Partei. Offensichtliche und unzweifelhafte Lügen werden da schnell

---

[1] Nach S. Zweig: *Marie Antoinette. Bildnis eines mittleren Charakters.* Frankfurt a. M. ³2011, S. 5.

A. Stoch (✉)
Heidenheim, Deutschland
E-Mail: wahlkreisbuero@andreas-stoch.de

aufgedeckt, jedenfalls weit schneller als bei „privaten" Lügen abseits des öffentlichen Raums. Das ist auch gut so.

Tatsächlich aber hat die Politik ein ernst zu nehmendes, womöglich sogar zunehmendes Problem mangelnder Wahrhaftigkeit, und dieses Problem bedroht unser gesamtes politisches System, denn letztlich steht nicht weniger als die politische Gestaltungskraft auf dem Spiel.

Ich selbst glaube an eine deliberative Demokratie, also eine Demokratie, die auf Beratung setzt, auf den Austausch von Argumenten, auf Transparenz und auf Öffentlichkeit, auf Kommunikation. Getragen wird diese Demokratie von der Hoffnung, dass der gesellschaftliche Diskurs, dass Transparenz und Austausch wenigstens die gravierendsten Unwahrheiten aufdeckt und korrigiert. Ohne diese Hoffnung spräche nicht viel für die Demokratie.

Ich glaube auch daran, dass Demokratie eine Staatsform ist, in der Menschen Politik für Menschen machen. Das klingt banal, doch in Wahrheit ist diese Erkenntnis nicht mehr selbstverständlich und scheint längst nicht mehr Grundlage jeder Beobachtung der Politik. Man wirft der Politik Unwahrheit vor, und man tut dies umso erboster, je weniger man Politikerinnen und Politikern eine Schwäche zugesteht, die sogar sprichwörtlich eine verzeihliche ist: Irren ist menschlich.

Es lohnt sich, hier noch einmal kurz über den Unterschied zwischen Wahrheit und Wahrhaftigkeit, zwischen Irrtum und Lüge nachzudenken. Wenn ich als Politiker nach dem berühmten „besten Wissen und Gewissen" eine Aussage treffe, so ist das wahrhaftig – selbst dann, wenn die Aussage am Ende unwahr wäre, weil mein bestes Wissen irrig war. Freilich wäre es auch keine Lüge, denn die entsteht daraus, wissentlich die Unwahrheit zu sagen. In Bezug auf die Wahrheit mögen Irrtum und Lüge oft zum Verwechseln ähnlich wirken, in Bezug auf die Wahrhaftigkeit liegen aber Welten dazwischen.

Soweit die Theorie, doch politisches Handeln kann und darf sich nicht in Philosophie erschöpfen. Politik muss praktische Auswirkungen zeitigen, praktisch sein. Und sie muss gerade in der Praxis nach Wahrhaftigkeit streben. Dass dies leichter gesagt als getan ist, gilt wohl für fast jeden Politiker. Jedenfalls gilt es auch für mich.

Das Problem politischer Wahrhaftigkeit beginnt schon bei den Rahmenbedingungen. Als ich begann, mich politisch zu engagieren, tat ich dies in überschaubaren Kreisen, an meiner Schule, in einem Juso-Kreisverband. Stets wäre es möglich gewesen, alle Mitstreiterinnen und Mitstreiter bequem in einem größeren Klassenzimmer zu versammeln. Und stets war es möglich, jeden dieser Mitstreiter persönlich wahrzunehmen, bei Entscheidungen an jeden einzelnen zu denken.

In solchen Dimensionen kann sich Wahrhaftigkeit nahezu von alleine einstellen. Im kleinen Kreis kann man sich auf eine objektive Sinnwirklichkeit verlassen, die anschaulich und handlungsanleitend ist. Schulreformen, die der damalige Kultusminister veranlasste, stießen uns sauer auf, und wir konnten klar erkennen, dass unsere Kritik wahrhaftiger war als die Verteidigung der Reformen aus dem Stuttgarter Ministerium. Schließlich waren wir es, die zur Schule gingen. Wir stellten keine Lehrpläne auf, wir mussten sie aber abarbeiten. Und wir waren nicht einverstanden. Manchmal leuchtete das Ziel der Reformen sogar ein, doch es war klar erkennbar, dass dafür die falschen Wege gewählt, die falschen Mittel eingesetzt wurden. Manchmal schienen aber auch die Ziele falsch, sie widersprachen sich gegenseitig oder sie widersprachen den Änderungen, die an den Schulen verordnet wurden. All dies erschien uns glasklar und wahrhaftig, greifbar, simpel. Wenn die Schulpolitik behauptete, man wolle Fach X stärken, dann in diesem Fach aber die Stunden reduzierte und die Möglichkeiten der Kombination mit anderen Fächern einschränkte, dann war der Widerspruch offensichtlich. Eine Politik, die die Auswirkungen ihres Tuns anscheinend nicht zu umreißen vermochte, falsche Ziele setzte oder gar an ihren eigenen Zielen vorbeisteuerte, konnte keine wahrhaftige sein.

Wir haben uns damals wirklich darüber gewundert, dass uns niemand um Rat gefragt hat. Das hatte nichts mit Eitelkeit zu tun, sondern mit dem Erstaunen darüber, dass es Fachpolitik so umfassend an Fachwissen mangeln konnte. Unsere Proteste fühlten sich nicht wie Rebellion an, sondern wie ein verzweifeltes Winken eines Lotsen: Hierher, hier ist der richtige Weg! Doch die Politik, so schien es uns, sah nichts, las nichts und hörte nichts. Unbeirrt und unbelehrbar war diese Politik, fanden wir. Reden und Handeln stimmten nicht überein, vorgegebene Ziele und tatsächliche Auswirkungen dieser Politik waren vollständig inkongruent. Das konnte nicht wahrhaftig sein.

Mein damaliges Unverständnis, mein Entsetzen über eine Politik, die sich über den letzten Sinn ihres eigenen Tuns offensichtlich keine Gedanken machte, habe ich nie vergessen. Erst Recht nicht, als ich Jahrzehnte später genau jenes Kultusministerium übernahm, gegen das ich als Schüler so zornig protestiert hatte. Deutlicher kann ein Rollentausch nicht ausfallen, und deutlicher kann einem nicht bewusst werden, dass man sich prüfen sollte. Sein Selbstverständnis, sein Handeln, seine Ziele, letztlich auch seine Wahrhaftigkeit. Und die beginnt auch hier ganz elementar: Bin ich noch ich?

Diese Frage ist gerade in der Politik keine einfache. Wie wohl die meisten Menschen bin auch ich mit Überzeugungen in die Politik gegangen, mit Idealen. Das muss so sein, wissen wir seit Max Weber: „Immer muss irgendein Glaube da sein" schreibt er in „Politik als Beruf". Damit ist nicht unbedingt religiöser Glaube gemeint, wohl aber starke und sinnstiftende Ideen, ethische Leitbilder oder gesellschaftliche Ideale. „Sonst lastet in der Tat der Fluch kreatürlicher Nichtigkeit auch auf den äußerlich stärksten politischen Erfolgen".

Klar ist aber auch, dass diese innere Haltung, diese innerweltliche Wahrhaftigkeit, in der Politik pausenlos herausgefordert ist. Tatsächlich geht Max Weber so weit, den wahrheitsliebenden Politiker als unglücklichen Helden zu charakterisieren, der dem Scheitern aller Hoffnungen gewachsen sein müsse. Denn der Politiker müsse sich bewusst sein, dass er die von ihm angestrebte Wahrhaftigkeit immer wieder auf dem Altar der Realpolitik opfern müsse oder sie in den Machtspielen des tagespolitischen Alltags zu verlieren.

Ich will es handfester beschreiben: Politik entwickelt ab einer bestimmten Liga eine Eigendynamik, die ihrem eigentlichen Zweck, dem letzten Sinn ihres Tuns, zum Verhängnis werden kann. Und als Politiker tut man gut daran, dieser Eigendynamik zu widerstehen, so gut das geht. Dazu kann man Max Weber lesen oder Simone Weil oder auch Hannah Ahrendt (alle drei beschreiben den Idealtypus des wahrheitsliebenden Politikers), man kann aber auch einfach versuchen, sich auch in der Spitzenpolitik an der Basis zu orientieren. Das will ich erklären.

Im Gemeinderat eines kleinen Ortes ist Wahrhaftigkeit in aller Regel weit selbstverständlicher als in großen Parlamenten. Man verhandelt über die Parkplätze am Kindergarten, den jeder aus eigener Anschauung kennt. Jeder hat auch Verwandte, Nachbarn oder Bekannte, die Kinder in die Einrichtung bringen, weiß um die Sorgen der Eltern, die ihre Kinder gerne mit dem Auto bringen. Man kennt aber auch Anlieger, denen der Verkehr lästig und beschwerlich wird. Die Abwägung einer Entscheidung fußt hier auf großer Kenntnis der Lage und der möglichen Auswirkungen (mehr Parkplätze für die Nachbarn, ein Fahrverbot für die Eltern usw.). Sollte ein Kommunalpolitiker dies jemals vergessen, so wird ihn sein eigenes Umfeld schnell und in persönlicher Ansprache daran erinnern, denn dann wird er seine Entscheidung zu erklären oder gar zu verteidigen haben: Was habt Ihr denn da für einen Mist entschieden, sag mal? Und diese Frage werden ihm Bekannte und Vertraute stellen, Freunde oder Nachbarn oder Vereinskameraden. Zudem wird die Entscheidung in einem Gremium gefällt, in dem sich unterschiedliche Fraktionen nicht per se widersprechen müssen und es oft keine gesetzten Rollen von „Regierung" und Opposition gibt. Zumal in kleinen Orten nicht selten ein Rollentausch stattfindet, der die politische Arbeit transzendiert: Man sitzt ich im Gemeinderat politisch gegenüber, im Musikverein aber spielt man Trompete miteinander.

Diese natürliche, selbstverständliche Wahrhaftigkeit schwindet sehr schnell, sobald Politik in größerem Maßstab stattfindet. Schon in einer Mittelstadt kann ein Gemeinderatsmitglied unmöglich in gleichem Maße über jeden Vorgang informiert sein wie in einem kleinen Dorf. Er wird auch nicht allseitig informiert sein (also nicht gleichzeitig von Anwohnern wie fahrenden Eltern), und er wird bereits im Gemeinderat der Mittelstadt eine erheblich höhere politische Eigendynamik erleben, in der Fraktionen aus Prinzip nicht zustimmen oder sich bei der Abstimmung zum Thema X für die Abstimmung zum Thema Y rächen wollen, obwohl es dafür gar keine sachlichen Gründe gibt. Zudem wird die Größe der Stadt wie des Gemeinderats den oben erwähnten Rollentausch mindestens selten machen. Man spielt dann eben nicht auch noch im Musikverein zusammen und der Oberbürgermeister trainiert nicht auch noch Kinder im Tischtennisclub. Die politischen Akteure reduzieren sich auf ihre Funktionen, und mangels anderer Erfahrungsebenen ändert sich der Umgang schnell – und nicht zum Guten. Im

Dorf habe ich als Politiker keine Wahl, dem Kritiker Rede und Antwort zu stehen, denn der Kritiker ist mein Nachbar oder Vereinskamerad oder sein Sohn geht mit meinem in die gleiche Klasse. Zudem kenne ich ihn als vernünftigen Menschen und seine Kritik wird mir schon dadurch eindrücklich. Ein kritischer Bürger, den ich als Politiker nie zuvor gesehen habe, ist – ein Kritiker eben. Ich kann mich mit ihm auseinandersetzen. Ich muss es aber nicht annähernd in der Weise, wie ich es bei dem Bekannten auf dem Dorf muss.

Im Landtag machen wir Politik für über elf Millionen Menschen in Baden-Württemberg. Und bei der Wahrhaftigkeit zu bleiben bedeutet auch, seine eigene Begrenztheit einzugestehen: Ich kann nicht alle Menschen in Baden-Württemberg kennen wie die Menschen in einem kleinen Dorf. Ich kann ihren Alltag nicht in der Weise miterleben, wie ich es bei meinen Nachbarn oder Freunden kann. Und selbst wenn ich ihnen begegne, ist die Gefahr groß, ihnen nur in ihrer jeweiligen Funktion zu begegnen. „Das sind Gewerkschafter", werde ich vielleicht denken, und umgekehrt wird es genauso gehen: „Das ist der Stoch, ein Politiker". Das ist nicht falsch und nicht unwahr. Aber wahrhaftig ist es eben nicht. Was tun?

Wenn ich daran glaube, dass in einer Demokratie Menschen Politik für Menschen machen sollten, dann muss eine wichtige Maxime lauten, Mensch zu sein und Mensch zu bleiben. Dies bedeutet, sich wieder und wieder jenen Mechanismen zu widersetzen, die sich aus schierer Effizienz in den eigenen Alltag einschleichen. Jeder Zugbegleiter lernt heute Strategien des Beschwerdemanagements, um Kritik schnell und höflich zu begegnen, ohne sich allzu viel zu Herzen zu nehmen. Viele Politiker schaffen das auch ganz ohne Kursus. Doch wer Kritiker nur noch abfertigt, wird ihnen nicht gerecht.

Natürlich müssen Politiker Widerspruch auch standhaft begegnen. In einem Parlament ist es der Alltag, dass sich Politiker gegenseitig Ahnungslosigkeit und Inkompetenz vorwerfen, ihre eigenen Positionen mit Argumenten zu untermauern und die Haltung des Gegners mit anderen Argumenten zu diskreditieren versuchen. Und es käme zu keiner tatkräftigen Politik, wenn man diesem inszenierten Widerspruch nicht mit Standhaftigkeit begegnete. Genauso inszeniert ist die Rollenverteilung und der Anspruch, die eigene Rolle auszufüllen. Von der

Regierung erwartet man Eigenlob und eine Verteidigung der eigenen Entscheidungen, also wird gelobt und verteidigt, selbst wenn man in den eigenen Reihen weiß, dass etwas weder dieses Lob noch diese Verteidigung wirklich verdient hat. Selbstkritik oder gar Selbstzweifel scheinen allenfalls in sehr abgewogener Dosis ratsam, denn sonst entsteht in der Öffentlichkeit der Eindruck, man sei nicht mehr sicher in seinem politischen Schaffen. Umgekehrt wird von der Opposition Kritik erwartet, und die hat gerade im öffentlichen Raum deftig zu sein, damit sie Aufmerksamkeit schafft. Nicht selten grätscht diese Rolleninszenierung direkt in die Abläufe: In den eigenen Reihen gesteht man sich (bisweilen) ein, dass die Regierung offenkundig gut und richtig gehandelt hat. Aber nach außen sollte Opposition dann doch irgendwie und irgendwo Kritik üben, um nicht lahm oder gar zahnlos dazustehen. Die Möglichkeit der Opposition wird gleichsam zur Pflicht, die Inszenierung siegt über die Wahrhaftigkeit.

Doch wo hört die Inszenierung auf? Wer als Politiker auf eine Bürgerinitiative trifft, erlebt nicht selten ebenfalls eine Inszenierung. Und doch ist es hier in aller Regel erstrebenswert, erst einmal zuzuhören und sich schlau zu machen. Man wird nie auf den Kenntnisstand kommen, den der Gemeinderat im kleinen Dorf mitbringt, doch man sollte versuchen, so weit zu kommen wie möglich.

Politik für Menschen, gemacht von Menschen. Auch auf der anderen Seite dieses Bildes muss an diesem Anspruch gearbeitet werden. Denn auch Politiker sind Menschen, doch wie manche Politiker Menschen gerne auf ihre Funktionen reduzieren werden auch die Politiker selbst gerne auf die Politik reduziert. Das alleine ist fatal genug, doch es gibt auch die radikale Haltung vieler „Wutbürger", die mit der Reduzierung noch einen Schritt weiter gehen: Wenn Politiker keine Menschen sind, müssen sie Unmenschen sein. Wohin diese fatale Haltung führen kann, haben wir in den vergangenen Jahren immer wieder erleben müssen, bis hin zu Gewalttaten gegen Politikerinnen und Politiker.

Ich glaube nicht, dass die Politik alleine daran schuld ist, wenn ihre Glaubwürdigkeit in Umfragen seit Jahrzehnten am absoluten Minimum kratzt. Wohl aber glaube ich, dass der einzelne Politiker dazu beitragen kann, auch als Mensch wahrgenommen zu werden, als Mensch mit wahrhaftigen Grundsätzen.

Das alleine ist in der Demokratie eine Herausforderung, für die letztlich auch der Wähler selbst verantwortlich ist. Unvergessen ist, wie bei der Bundestagswahl 1990 der damalige SPD-Spitzenkandidat Oskar Lafontaine dafür abgestraft wurde, dass er auf die erheblichen finanziellen und gesellschaftlichen Probleme der eben erreichten Wiedervereinigung hingewiesen hatte. Fast 30 Jahre später wissen wir, dass diese Bedenken wahrhaftig waren, doch die Wähler wollten sie nicht hören und begrüßten lieber die übertrieben optimistischen Prognosen, die Bundeskanzler Helmut Kohl verbreitete. Auch solche Phänomene laufen der politischen Wahrhaftigkeit zuwider: Sind unangenehme Wahrheiten offenkundig, sind unpopuläre Schritte unausweichlich, so kann die Politik dennoch zögern, sie offen zu kommunizieren, da dies den Weg in die politische Verantwortung verbaut. Die Diskrepanz zwischen „Vor der Wahl" und „Nach der Wahl" ist nicht selten überdeutlich und wird vom Wähler als eklatanter Mangel an politischer Wahrhaftigkeit kritisiert. Zur Wahrheit gehört aber auch, dass der Wähler diese Diskrepanz nicht selten selbst fördert oder gar erzwingt.

Zu einer Kultur wahrhaftiger Politik gehört auch diese Wahrheit, doch gefordert ist natürlich nicht nur das Wahlvolk, sondern auch die politische Kaste. Dazu gehört auch, nicht nur die eigenen Überzeugungen, sondern auch die eigene Persönlichkeit möglichst unbeschadet durch den politischen Alltag zu bringen. Ecken und Kanten zu bewahren ist nicht leicht in einem Betrieb, der selbst härtere Brocken in Kieselsteine verwandelt, rundgelutscht und glatt. Oft höre ich, ich solle mehr lächeln, in Gesprächen, vor Kameras. Ich nehme mir das auch zu Herzen, doch es gibt eben auch Momente, in denen ich nicht lächeln will. Ein Politiker, der um seiner Erscheinung willen immerzu lächelt, auch wenn man ihm schlimme Probleme oder schlechte Nachrichten mitteilt, zeigt kein menschliches Gesicht. Er zeigt eine Maske.

Wenn ich Menschen wahrhaftig als Mensch begegnen will, dann muss ich auch Mensch sein dürfen. Ein Mensch, der sich dann freut, wenn er sich freut, der sich aber auch ärgern darf. Vor allem aber ein Mensch, der sich bewusst ist, dass er ein Mensch ist wie sein Gegenüber. Nicht mehr und nicht weniger. Als Minister habe ich das Erstaunen vieler Mitarbeiter erlebt, wenn man sie nach ihrer Meinung fragte, sie einfach mal berichten ließ, wie sie die Sache sehen. Offenbar waren viele nur gewöhnt, Anweisungen aufzunehmen. Einwände galten als unbotmäßig, selbst wenn sie noch so berechtigt waren. Damals wurde mir einiges von dem klar, was ich als demonstrierender Schüler nicht verstanden hatte. Beruhigend war diese Erkenntnis nicht.

Wenn Max Weber dem wahrheitsliebenden Politiker nahelegt, sich gegen das Scheitern zu wappnen, so gilt das für mich vor allem angesichts dieses Zieles, als Mensch Menschen zu begegnen. Es gibt Termine, auf denen man nicht annähernd mit allen Menschen sprechen kann, die das möchten. Es gibt Gespräche, die man schneller beenden muss als es gut und richtig wäre. Und es gibt ab und an auch Momente, in denen man schlicht nicht will. Gegen Scheitern gewappnet zu sein heißt für mich, diese Rückschläge zu akzeptieren. Und zwar auch deswegen, weil ich ein Mensch bin. Und der ist wahrhaftig nun mal nicht immer und jederzeit wahrhaftig.

Anders die Wahrhaftigkeit der Politik, die nicht minütlich eigenen Schwächen unterworfen ist wie der wahrhaftige Umgang mit anderen Menschen. Wenn es um die großen Ziele geht, so muss die Politik diese setzen, und zwar schon alleine im eigenen Interesse. Realpolitik, die Kunst des Möglichen, Kompromisse und schwierige Koalitionen sind nötig, haben aber zum schwächelnden Image der Politik viel beigetragen. Gesellschaftliche Visionen, wie sie gerade die Sozialdemokratie in ihren ersten Jahrzehnten beförderte, sind Mangelware geworden, stattdessen verwaltet sich die Politik oft durch den Alltag. Viel Energie bleibt für die politischen Inszenierungen auf der Strecke, bisweilen auch für Mechanismen, die mit dem Wort „Machtspiele" leider nicht falsch tituliert sind. Sofern es große Ziele gibt, sind sie nicht mehr erkennbar. Bisweilen gibt es auch keine großen Ziele mehr.

Wahrhaftig aber stehen wir vor gewaltigen Herausforderungen, die wir angehen müssen, gemeinsam mit den Menschen, für die wir Politik machen. Dazu gehören engagierte Ziele, dazu gehören aber auch Grundsätze der Wahrhaftigkeit, die nicht immer populär, aber unverzichtbar sind. Es mag für gute Schlagzeilen sorgen und entschlossen klingen, wenn man für eine bessere Luft in Städten einfach das Fahren älterer Autos verbietet. Und viele kaufen sich dann eben ein neues, weniger schmutziges Auto. Doch was bietet die Gesellschaft denen an, die sich kein neues Auto leisten können, ihren Wagen aber brauchen? Deswegen, weil die öffentliche Hand keine öffentlichen Verkehrsmittel anbietet? Die Konsequenzen des eigenen politischen Handelns auch dort zu bedenken, wo es einem nicht ins Konzept passt, ist eine Notwendigkeit für wahrhaftiges Handeln in der Politik. Wahrhaftigkeit bedeutet auch, in diesem Fall einer verlockend einfachen Lösung auf die Schnelle zu widersprechen, bis man ein besseres Angebot gefunden hat. Um im oben zitierten Dorf zu bleiben: Niemand würde dort die Straße zum Kindergarten absperren, denn dann kämen die Anwohner selbst nicht mehr zu ihren Häusern. Es ist beängstigend, wie oft in der großen Politik solche Schnellschüsse gefordert werden. Die sind aber nicht nur ungerecht, sondern auch nicht nachhaltig und oft sogar als reine Symbolpolitik konzipiert. Symbolpolitik ist im besten Falle nur unnütz, im schlimmsten Falle schadet sie. Wahrhaftig ist sie in keinem Fall. Und noch weit mehr Sorgen machen mir die Erfolge populistischer Lügner, überall auf der Welt, aber auch in unserem Land. Lügner, die der Herausforderung einer immer komplizierteren Welt einfach mit Märchen begegnen wollen, mit erfundenen, aber eigens simplen Erklärungen, die auch dümmeren Menschen sofort einleuchten können. Und wo diese Märchen, diese Lügen mit den für alle wahrnehmbaren Tatsachen kollidieren, wo sich die Wahrhaftigkeit der Verlogenheit in den Weg stellt, da wird sie von Populisten einfach für nichtig erklärt. Da gibt es dann „Fake News", die „Lügenpresse", die „Systemmedien", da gibt es angebliche, teuflische Verschwörungen unter all denen, die den Lügen der Populisten widersprechen. Tatsächlich wirkt dieser Populismus, dieses bewusste und koordinierte politische Lügen, weit über die Lügner und ihre Anhänger hinaus. Als ob die Politik nicht genug echte, dringende Aufgaben hätte, muss sie sich zunehmend mit Erfindungen, mit Märchen, mit Lügen abgeben. Populismus ist nicht nur Sand im Getriebe einer deliberativen Demokratie, er wirft ganze Felsbrocken hinein. Und er sorgt für einen schlimmen Flurschaden in der Glaubwürdigkeit der Politik.

„Wahrhaftig und Politik wohnen selten unter einem Dach" – ich habe eingangs Stefan Zweig zitiert. Er wird Gründe gehabt haben für diese bittere Erkenntnis, und diese Gründe wird man wohl auch heute finden können in der Politik. Für mich selbst versuche ich, keinen solchen Grund zu schaffen. Ich bin überzeugt davon, dass unsere Gesellschaft eine starke und handlungsfähige öffentliche Hand braucht, die den Markt und das Spiel der Wirtschaft ergänzt und bei Bedarf auch reguliert. Ich wünsche mir einen Staat, der Gerechtigkeit schafft und dies auch im Sozialen. Und ich will einen Staat, der so weit wie möglich den Menschen gerecht wird und der die Folgen seines Tuns für diese Menschen und ihre Nachkommen im Auge hat und sie verantworten kann. Dafür und für mich selbst wünsche ich mir eine deliberative Demokratie, in der Politiker und Bürger eng zusammenarbeiten und eine Gemeinwohlorientierung Grundlage allen Handelns ist.

Um bei Zweigs Bild zu bleiben: Wenn Wahrhaftig und Politik unter einem Dach wohnen wollen, muss die Politik der Wahrhaftigkeit erst einmal Platz schaffen. Hinaus mit verhängnisvoller Eigendynamik, die internen Machtkämpfe und Profilneurosen kistenweise in den Keller, den Lobbyismus auf die Deponie und die goldene Statue der eigenen Karriere erstmal in den Garten stellen, damit man sie mit etwas mehr Distanz betrachten kann (sie wirkt dann auch kleiner). Und Türen und Fenster sollte man offen lassen. Damit man hört und sieht, was draußen vor sich geht. Und dann kommt vielleicht auch mal die Wahrhaftigkeit zur Türe hinein. Und bleibt, möglichst lange.

Wahrhaftigkeit

Margit Stumpp

Mit Wahrhaftigkeit bezeichnen wir das Streben nach Wahrheit, also das Verhältnis eines Menschen zum Wahrheitsgehalt einer Aussage.

Seit die Menschheit versucht, ihre Existenz und die Welt im Gesamten zu verstehen, setzt sie sich mit Wahrhaftigkeit auseinander. Sie ist das Wesen der Philosophie. Das antike Griechenland verlangte von seinen Philosophen, durch Verhalten und Lebensstil Vorbild für deren Lehren zu sein. Etymologisch ist ein Philosoph bzw. eine Philosophin der/die Liebende oder Suchende der Wahrheit und die Aufrichtigkeit ist die Liebe zur Wahrheit und die Achtung vor dieser.

Für das Christentum ist Wahrhaftigkeit eine seiner wesentlichen Grundlagen, manifestiert als eines der zehn Gebote: „Du sollst nicht falsch Zeugnis reden wider deinen Nächsten."

Und für unsere moderne Gesellschaft? Welche Bedeutung hat Wahrhaftigkeit in Zeiten von Plagiaten und Fälschungsskandalen, von fake news und social bots, die menschliche Verhaltensmuster simulieren und

---

M. Stumpp (✉)
Königsbronn, Deutschland
E-Mail: margitstumpp@online.de

potenzieren? Welchen Platz hat Wahrhaftigkeit im Wertesystem unserer Gesellschaft und welche Relevanz messen wir der Wahrheit als Ziel von Wahrhaftigkeit bei?

Es fällt mir schwer, zu verallgemeinern; es ist aber an dieser Stelle notwendig, um meine individuelle Wahrnehmung der öffentlichen Meinung zu skizzieren.

Es gibt Bevölkerungsgruppen und Institutionen, an die die heutige Gesellschaft, ähnlich wie die alten Griechen an ihre Philosophen, höchst strenge Maßstäbe im Hinblick auf Wahrhaftigkeit anlegt: die Justiz, die Kirchen, Ärzte, Lehrkräfte, Politiker*innen. Begründbar ist dies mit der großen Verantwortung, die mit deren Aufgaben einhergehen. Bei Berufsgruppen aus der Wirtschaft sind die Ansprüche weniger hoch, das ist auffällig.

Fragt man, wem die Menschen in Deutschland am meisten vertrauen, werden die Polizei, Ärzte und der eigene Arbeitgeber genannt.[1] Auch der Bundespräsident erreicht i. d. R. einer der vorderen Plätze. Glaubt man Umfragen, die gezielt das Vertrauen in die Politik zum Inhalt haben, genießen Kommunalpolitiker*innen in dieser Gruppe noch den größten Zuspruch. Je höher die Ebene, umso geringer scheinbar das Vertrauen. Ein Ergebnis von 5 % in Bezug auf Bundespolitiker*innen ist für mich erschreckend niedrig.[2] Dieser Wert macht mich nachdenklich.

---

[1] Vgl. *Polizisten, Ärzte oder Manager? Wem die Deutschen am meisten vertrauen.* Artikel erschienen am 02.01.2018 auf ntv.de. Verfügbar unter: https://www.n-tv.de/panorama/Wem-die-Deutschen-am-meisten-vertrauen-article20206550.html (Letzter Aufruf am: 10.07.2020); *RTL/n-tv-Trendbarometer: Ärzte, Polizei, Schulen, Manager, Kirchen – wem vertrauen die Deutschen?* Pressemitteilung vom 02.01.2018. Verfügbar unter: https://www.presseportal.de/print/3828545-print.html (Letzter Aufruf am: 10.07.2020); StatistaResearch Department(Hrsg.): *Zu welchen Institutionen haben Sie großes Vertrauen?* Veröffentlicht im Februar 2009. Verfügbar unter: https://de.statista.com/statistik/daten/studie/3612/umfrage/institutionen-denen-die-deutschen-vertrauen/#professional (Letzter Aufruf am: 10.07.2020).

[2] Vgl. Ipsos (Hrsg.): *Das Misstrauen ist groß. Ergebnisse einer internationalen Umfrage zu Vertrauen, Populismus und Politikverdrossenheit.* Presse-Information vom 27.09.2018. Hamburg 2018. Verfügbar unter: https://www.ipsos.com/de-de/das-misstrauen-ist-gross-studie-zu-vertrauen-populismus-und-politikverdrossenheit (Letzter Aufruf am: 10.07.2020); Focus-Online.de (Hrsg.): *Bürger haben immer weniger Politik-Vertrauen – besorgniserregende Entwicklung im Osten. Civey-Umfrage für Focus Online.* Verfügbar unter: https://www.focus.de/politik/deutschland/civey-umfrage-fuer-focus-online-buerger-haben-immer-weniger-politik-vertrauen-besorgniserregende-entwicklung-im-osten_id_9530665.html (Letzter Aufruf am: 10.07.2020); Statista (Hrsg.): *Welchen Politikern vertrauen Sie am meisten? Veröffentlicht im Mai 2011.* Verfügbar unter: https://de.statista.com/statistik/daten/studie/191776/umfrage/vertrauen-in-politiker/ (Letzter Aufruf am: 10.07.2020).

„Der Politik" wird, auch im persönlichen Gespräch z. B. am Rande von Veranstaltungen oder am Infostand ganz allgemein Unwahrhaftigkeit unterstellt. Beim genaueren Nachfragen ergibt sich oft der Eindruck des Missmuts darüber, dass erklärte Ziele, wie sie z. B. in Wahlprogrammen stehen, nicht 1 zu 1 umgesetzt werden. Die politische Realität, dass Koalitionen gebildet und tragfähige Kompromisse auch bei ganz unterschiedlichen Vorstellungen gefunden werden müssen, die eine Legislatur halten, wird nicht akzeptiert. Auch, dass Minister*innen eine Ressortzuständigkeit und damit viel Spielraum haben, gegen die Ziele des Partners zu agieren, ist vielen Menschen nicht zu vermitteln.

Wenn das große Misstrauen gegenüber Politik nur aus der mangelnden Kenntnis der demokratischen Mechanismen herrühren würde, wäre dem leicht zu begegnen. Mit besserer Kommunikation und Information könnte man in dieser Hinsicht viel leisten. Es liegt insbesondere im Interesse von Parteien, Positionen und Abläufe zu erklären. Außerdem ist es deren ureigenste Aufgabe, zur politischen Willensbildung beizutragen. Man sollte glauben, dies sei heutzutage leichter denn je, da die modernen Medien niedrigschwellig Zugang zu weit streuenden Kommunikationskanälen bieten.

Gerade in diesem leichten Zugang, der Jede/m zur Verfügung steht, liegt eine große Chance, aber eben auch eine gewisse Tücke. Niemand muss sich legitimieren. Deswegen sind wir als Konsument*innen von Informationen vor allem im digitalen Raum gehalten, ohne Kenntnis der Quellen dem Wahrheitsgehalt einer Aussage zu misstrauen. Ansonsten laufen wir Gefahr, durch Fehlinformation manipuliert zu werden; aufgrund der großen Reichweite der Medien nicht nur individuell, sondern in großem Rahmen.

An sich ist die Manipulation der öffentlichen Meinung durch Massenmedien ein altes Thema. Seit Erfindung des Radios und der von der nationalsozialistischen Regierung subventionierten gezielten Verbreitung des „Volksempfängers" kennen wir das Phänomen. Übertragen wurden vor allem die Reden des „Führers" und seines Propagandaministers; das Hören ausländischer Sender war verboten. Der Erfolg dieser Strategie war verheerend.

Mit Erfindung des Fernsehens, spätestens mit der Einführung des Privatfernsehens begannen die wissenschaftlichen und gesellschaftlichen Diskussionen um Nutzen oder Schaden des „neuen" Mediums im Nachkriegsdeutschland.

Die Aussage des kanadischen Philosophen Marshall McLuhan, nach der „das Medium die Botschaft ist", beschreibt, dass nur erfolgreich ist, wer die Medien seiner Zeit versteht und entsprechend zu nutzen weiß. Das gilt in weiten Teilen für die Wirtschaft und in zunehmendem Maß für die Politik und, lange nicht wahrgenommen aber inzwischen offensichtlich, auch für die Wissenschaft.

Mit dem niedrigschwelligen und zeitnahen Zugang zu Informationen und Nachrichten geht die Möglichkeit einher, dass Jede/r jegliche Aussage veröffentlichen und breit streuen kann. Der Wahrheitsgehalt des Publizierten spielt keine Rolle mehr. Der Filter durch Vorabprüfung z. B. durch eine Redaktion, wir sie früher z. B. bei Zeitungen üblich war, entfällt.

Besonders große Resonanz erfahren jene Politikerinnen und Politiker, die provozieren und polarisieren. Die ungeniert ihre Verachtung über Institutionen und liberale Kräfte ergießen und Hass auf Minderheiten schüren. Dass geäußerte Behauptungen nicht zutreffen oder geschilderte Vorfälle nie stattgefunden haben, scheint nebensächlich. Verstärkt wird der Effekt durch die massenhafte und zeitnahe Weiterverbreitung. Die Wirkung bleibt nicht aus. Der wütende Mob, der vor einer Geflüchtetenunterkunft tobte, weil ein Schutzsuchender angeblich ein Kind brutal vergewaltigt und getötet hatte, ist nur eines von vielen Beispielen. Eine Aussage wird nicht wahr, in dem sie mannigfach wiederholt wird; wissenschaftliche Untersuchungen belegen aber, dass eine viel gehörte Behauptung in der Wahrnehmung verfängt und alleine dadurch „wahrscheinlicher" und am Ende als „wahr" geglaubt wird.

Diese Gefahr beschrieb der deutsch-amerikanische Philosoph Herbert Marcuse schon 1965, als er formulierte: „Bei Debatten in den Massenmedien [wird] die dumme Meinung mit demselben Respekt behandelt, wie die intelligente, der Ununterrichtete darf ebenso lange reden, wie der Unterrichtete, und Propaganda geht einher mit Erziehung, Wahrheit mit Falschheit."

Mit der fast grenzenlosen Freiheit des modernen Massenmediums „Internet" hat sich das Gewicht in diesem Medium inzwischen Richtung Propaganda und Falschheit verschoben. Mehr noch, durch den Einsatz diverser Techniken, z. B. Trackern und Algorithmen ist die Gefahr groß, bei aller Freiheit auf Einbahnstraßen zu geraten und sich in einer Blase zu bewegen, ohne die Vielfalt von Meinungen und Trends noch wahrzunehmen, weil sie nutzerabhängig ausgeblendet wird.

Umso mehr ist jede/r Einzelne gezwungen, sich mit der Wahrhaftigkeit der Quellen von relevanten Informationen auseinander zu setzen. Staatliche Regulierungsmechanismen wirken nur dort, wo gegen geltendes Recht verstoßen wird. Weitere Eingriffe liefen Gefahr, die Meinungs- und/oder Pressefreiheit zu beschränken. Diese Einschränkung eines demokratischen Grundrechts wäre ein zu hoher Preis.

Der Pflicht, gegen Angriffe auf die freiheitliche staatliche Ordnung einzuschreiten, muss der Staat zusätzlich an einer ganz anderen Stelle nachkommen. Empirische Studien weisen immer wieder nach, dass es einen Zusammenhang zwischen Bildung, Medienkonsum und politischem Interesse gibt.

Etliche Studien älteren und neueren Datums stellen einen Zusammenhang zwischen überdurchschnittlichem Fernseh- bzw. Internetkonsum und geringem politischem Engagement her. Unsere Gesellschaft scheint zunehmend gespalten in eine gut informierte und belesene Elite und eine uninformierte und eher passive Mehrheit, die viel fernsieht und/oder sich im Internet aufhält. Diese Menschen trauen weder den Institutionen noch den Medien und haben das Gefühl, gesellschaftlichen Entwicklungen gegenüber hilflos zu sein. Gerade diese Gruppe, die wenig liest, wenig weiß und ein geringes Interesse für Politik hat, ist äußerst anfällig für Demagogen, die eine dem Zeitgeist entsprechende Rhetorik der ‚Anti-Politik' beherrschen. „Altparteien" und Institutionen werden diffamiert. Politische Ereignisse nur noch im Hinblick auf ihre mediale Wirkung in bestimmte Gruppen hinein inszeniert. Paradebeispiel sind die Auftritte und Provokationen der politischen Rechten im Deutschen Bundestag.

Ein wesentliches und effektives Instrument gegen den Einfluss von Demagogen sind Bildung und die Vermittlung von Werten. Der Staat hat in dieser Hinsicht die Aufgabe, dafür zu sorgen, dass entlang der gesamten Bildungskette Wissen über Zusammenhänge und Hintergründe vermittelt werden und dadurch sowohl Erwachsene als auch Kinder zu befähigen, sich in der medialen Welt, die einerseits niedrigschwelligen Zugang zu Wissen und Bildung ermöglicht, andrerseits aber auch endlos Raum für Desinformation und Demagogie bietet, selbstbestimmt zurecht zu finden und Informationen einordnen zu können. Medienkompetenz gehört in unserer modernen, medial und von Digitalisierung geprägten Gesellschaft genauso zu den Kulturtechniken, wie lesen, schreiben und rechnen.

Denn der Einfluss moderner Massenmedien geht weit über die Bereitstellung von wahrer oder falscher Information hinaus. Laut der Bundeszentrale für politische Bildung bestehen gesicherte Erkenntnisse darüber, dass Massenmedien das Agenda-Setting bestimmen.[3] Massenmedien bestimmen, über welche Themen zu welcher Zeit in welchem Umfang diskutiert wird. In jedem Wahlkampf, aber auch in der Zeit dazwischen, legen Medien die Themen fest, die einen politischen Handlungsbedarf begründen. Damit ist nicht gesagt, dass die Medien in jedem Einzelfall politische Einstellungen individuell beeinflussen. Doch sie erzielen Wirkungen, indem sie über die öffentliche Bedeutung von Themen entscheiden.

Diese Macht über die Themensetzung ist von der Verantwortung für die öffentliche Diskussion nicht zu trennen.[4] Massenmedien gelten seit Jean-Jaques Rousseau als vierte Macht[5] im Staat, inzwischen geht man so weit, soziale Medien als fünfte Gewalt zu bezeichnen.

Medien unterliegen vielerlei Einflüssen, die Zweifel an der Unabhängigkeit der Berichterstattung und damit der Wahrhaftig-

---

[3] Vgl. U. HASEBRINK: *Meinungsbildung und Kontrolle der Medien.* Verfügbar unter: https://www.bpb.de/gesellschaft/medien-und-sport/medienpolitik/172240/meinungsbildung-und-kontrolle-der-medien?p=all (Letzter Aufruf am: 10.07.2020).

[4] Vgl. H. PÜRER: *Medien und Journalismus zwischen Macht und Verantwortung.* In: medienimpulse (2008) H. 64. Verfügbar unter: https://www.mediamanual.at/mediamanual/mm2/themen/pdf/MI64_Puerer.pdf (Letzter Aufruf am: 10.07.2020).

[5] Vgl. bspw. den Wikipedia-Artikel *Vierte Gewalt.* Verfügbar unter: https://de.wikipedia.org/wiki/Vierte_Gewalt (Letzter Aufruf am: 10.07.2020).

keit begründen. Dazu gehören wirtschaftliche Zwänge und Interessen, aber auch Mängel bei Selbstkontrolle und Selbstverständnis. Aktuell erschüttert „Spiegelgate" das Vertrauen in sog. Qualitätsmedien, die sich selbst guter Recherche und genauer Prüfung von Fakten verpflichtet sehen. Das Verheerende ist, dass nicht nur die Glaubwürdigkeit der betroffenen Redaktion generell infrage steht, sondern dem Klischee „Lügenpresse", das dem seriösen Journalismus insgesamt von interessierter Seite angeheftet wird, Vorschub geleistet wird.

Dabei ist die Verallgemeinerung „Lügen- oder Systempresse" leicht zu entkräften. Auf die Frage, welche Berichterstattung denn nachgeprüft und widerlegt wurde, kann kaum Jemand, der diese Theorie verbreitet, antworten. Auch das gehört zur Wahrheit: Klischees werden allzu gerne ohne weitere Prüfung übernommen.

Diese Einstellung ist in den sozialen Medien noch wesentlich prägnanter. Die meisten Akteur*innen in den sozialen Medien werden der Verantwortung für den öffentlichen Diskurs nicht gerecht. Fakten oder Wahrheit spielen kaum eine Rolle, sondern Aufmerksamkeit. Aufmerksamkeit ist die mediale Währung. Und es gibt kaum bessere Methoden, um Aufmerksamkeit zu erregen, als Provokationen und Grenzüberschreitungen. Die Möglichkeit, z. B. mittels social bots[6] dann noch massenhafte Unterstützung oder Zuspruch vorzutäuschen, verzerrt die Realität, sie kann diese geradezu auf den Kopf stellen.

Das durchaus angebrachte generelle Misstrauen gegenüber Informationen in sozialen Medien wird zunehmend auf Medien im Allgemeinen übertragen. Dazu kommt ein wachsendes Misstrauen gegenüber allen Institutionen. Ständiges Misstrauen ist aber Gift für den sozialen und gesellschaftlichen Frieden. Es untergräbt das Gefühl der Sicherheit, das als Basis für eine stabile Gesellschaft unverzichtbar ist. Dieses allgemeine Misstrauen gezielt geschürt wird, um unsere liberale Demokratie zu destabilisieren. Das ist inzwischen unübersehbar.

---

[6]Vgl. D. SCHÖNLEBEN: *Welche Social Bots gibt es und wie funktionieren sie?* Artikel vom 27.01.2017. Verfügbar unter: https://www.wired.de/collection/tech/welche-social-bots-gibt-es-und-wie-funktionieren-sie (Letzter Aufruf am: 10.07.2020).

Die Frage ist: Was kann man diesem Misstrauen entgegen setzen? Wie schaffen wir wieder mehr Vertrauen? Nun, Misstrauen begegnet man am besten mit Wahrhaftigkeit und Transparenz. Viele politische Institutionen haben diesen Weg schon lange beschritten.[7]

Politische Entscheidungsprozesse haben sich durch die von Massenmedien hergestellte breite Öffentlichkeit verändert. Politik muss sich mehr denn je legitimieren. Noch nie waren die Möglichkeiten von Bürgerinnen und Bürgern so groß, Einblicke in Entscheidungswege zu nehmen oder sich selbst daran zu beteiligen. Sitzungen und Abstimmungen sind überwiegend öffentlich, Sitzungsunterlagen einsehbar, Quoren für Bürgerbegehren und Bürgerentscheide auf kommunaler Ebene niedrig, sowohl der Bund als auch die Länder unterhalten Beteiligungsportale. Die Einführung von Instrumenten direkter Demokratie wird auf allen Ebenen diskutiert.[8] Dennoch unterstellen viele Bürgerinnen und Bürger „der Politik" generell, dass sie nicht im Sinn des Allgemeinwohls handelt; Politiker und Politikerinnen gelten als die Berufsgruppe mit der geringsten Glaubwürdigkeit.

Bürgerinnen und Bürger verlangen von ihren Politiker*innen -zu Recht- Wahrhaftigkeit. Wie wird diese Wahrhaftigkeit im Allgemeinen und speziell für die Politik definiert?

Wahrhaftig zu sein bedeutet, nach Wahrheit zu streben und Denken, Sprechen und Handeln in Übereinstimmung zu bringen. Ein anderer Begriff dafür ist Aufrichtigkeit, oft hört man auch den Begriff Authentizität.

Wendet man diese Definition auf den derzeit mächtigsten Politiker der Welt, Donald Trump an, ist dieser dann wahrhaftig? Sprechen und Handeln stimmen, soweit man öffentliche Äußerungen zur Beurteilung nutzt, überein, zumindest innerhalb eines überschaubaren Zeitraums.

---

[7] Vgl. J. HEYL, K. MATUSCHEK: *Vertrauen schaffen! Politik und Glaubwürdigkeit*. MuP-Arbeitshilfe vom Juli 2014. Verfügbar unter: http://library.fes.de/pdf-files/akademie/mup/13660-20190225.pdf (Letzter Aufruf am: 10.07.2020).

[8] Siehe beispielsweise die *Gemeindeordnung für Baden-Württemberg*, in welcher unter § 21 sowie das *Kommunalwahlgesetz*, das unter § 41 die Bürgerbeteiligung mittels Bürgerbegehren und Bürgerentscheid regelt. Verfügbar unter: https://im.baden-wuerttemberg.de/fileadmin/redaktion/m-im/intern/dateien/pdf/Rechtsgrundlagen_B%C3%BCrgerentscheid_und_B%C3%BCrgerbegehren.pdf (Letzter Aufruf am: 10.07.2020).

Insofern ist er authentisch oder sogar aufrichtig. Inwiefern Trump nach Wahrheit strebt, ist schwer zu beurteilen.

Die Philosophin Hannah Ahrendt stellt in ihrem Essay „Wahrheit und Politik" fest, „daß der Lügner umso sicherer das Opfer seiner eigenen Lügen wird, je erfolgreicher er sie in der Welt hat verbreiten können."[9] Es könnte also sein, dass Trump der ständigen Selbsttäuschung als der „gefährlichste[n] Form des Lügens"[10] erliegt. An anderer Stelle weist Arendt darauf hin, dass „es so leicht ist, Tatsachenwahrheiten dadurch zu diskreditieren, daß man behauptet, sie seien eben auch Ansichtssache."[11]

Ahrendt hat in einer Fußnote erklärt: »Dieser Essay wurde von der sogenannten Kontroverse nach der Publikation von Eichmann in Jerusalem verursacht. Sein Ziel ist es, zwei unterschiedliche, doch miteinander verbundene Probleme [...] zu klären. Das erste betrifft die Frage, ob es stets richtig ist, die Wahrheit zu sagen. Das zweite ergab sich aus der erstaunlichen Zahl an Lügen, von denen in der ‚Kontroverse' Gebrauch gemacht wurde – Lügen einerseits über das, was ich geschrieben, und andererseits über die Tatsachen, die ich berichtet hatte."[12]

Offenbar hat die Skrupellosigkeit, mit der gelogen wurde, um Tatsachen infrage zu stellen und die Autorin damit zu diskreditieren, Hannah Arendt erschüttert; mir geht es nicht nur im politischen Kontext oft ähnlich. In meinem früheren Alltag ist mir nicht nur eine Führungskraft begegnet, die sich offen zum „kreativen Umgang mit der Wahrheit" als Teil ihres Führungsstils bekannte. Machiavelli lässt grüßen.

Hannah Ahrendt beschäftigte sich nicht nur mit der einzelnen Lüge, sondern beleuchtete auch die „organisierte, Massen erfassende Lügen der modernen Welt"[13].

---

[9] H. ARENDT: *Wahrheit und Politik*. In: DIES.: *Wahrheit und Lüge in der Politik. Zwei Essays*. München, Zürich ⁵2019, S. 44–92, hier S. 79.
[10] Ebd. S. 78.
[11] Ebd. S. 65.
[12] Fußnote 1 in der englischen Version *Truth and Politics* aus dem Jahr 1967, die nur dort veröffentlicht wurde.
[13] Ebd. S. 78.

In einer Rede zur Feier des zweihundertjährigen Jubiläums der amerikanischen Revolution bemerkte die Philosophin, dass „die organisierte Manipulation von Tatsachen durch eine Politik des imagemaking [...] das Wirklichkeitsempfinden der Menschen und damit deren politische Urteils- und Handlungsfähigkeit zu zerstören"[14] drohe. Damals, Ende der 60er Jahre, bezog sie sich zum Einen auf die „Pentagon Papers", mit Hilfe derer die New York Times die Irreführung der amerikanischen Öffentlichkeit im Vietnam-Krieg nachgewiesen hatte und zum Anderen auf den Watergate-Skandal.

Diese gezielte Strategie der Desinformation wiederholt sich seither immer wieder und immer häufiger. Das gängigste Beispiel ist George W. Bush, der mit der falschen Behauptung der Gefährdung durch nicht vorhandene Massenvernichtungswaffen den Irakkrieg rechtfertigte. Image-making, nicht nur durch das tatsächlich manipulierte Bild, sondern durch alltägliche „alternative Fakten", man denke nur an die Behauptung, bei der Amtseinsetzung Trumps seien mehr Menschen anwesend gewesen, als bei der Amtseinsetzung Obamas, gehören inzwischen zum politischen Alltag.

Die Frage ist: Muss Politik im Allgemeinen diesem Trend folgen, um erfolgreich zu sein?

Oder, um es mit Hannah Arendt anders zu formulieren: Ist es stets richtig, die Wahrheit zu sagen?

Diese Frage will ich so beantworten: Ein Onkel, die moralische Instanz in meiner Familie, hat uns schon als Kinder beigebracht: „Man darf nicht lügen, aber man muss auch nicht immer alles sagen!" Diese Verhaltensweise ist nicht im engen Sinn wahrhaftig, aber für die Wahrung der Konventionen oder des sozialen Friedens manchmal unumgänglich.

Schwieriger wird die Auseinandersetzung mit dieser Frage, wenn es darum geht, Ziele zu erreichen, die, zumindest nach eigener Einschätzung, für das Wohl der Gesellschaft Fortschritt bedeuten würden.

---

[14] H. ARENDT: *200 Jahre amerikanische Revolution*. In: DIES.: *Zur Zeit. Politische Essays*. Berlin 1986, S. 161.

Was wiegt schwerer? Heiligt der Zweck die Mittel? Mit Dogmen kommt man an dieser Stelle nicht weiter.

Nur eines ist gewiss: Wer aufrichtig argumentiert, kann sich nicht darauf verlassen, dass sein Gegenüber das Gleiche tut.

Und doch ist die wesentliche Grundlage für liberale Politik Vertrauen. Die Zustimmung von Wählerinnen und Wählern ist ein Vertrauensvorschuss, dem ich nur mit Wahrhaftigkeit gerecht werden kann. Das Streben nach Wahrheit wird nachvollziehbar, wenn ich meine Beweggründe offen – und meine Argumente belege. Die Spielregeln der Politik haben sich auch in dieser Hinsicht verändert. Noch nie waren die Anforderungen an Transparenz und Informiertheit bzw. Aktualität von Politik so hoch.

Wer nicht Gefahr laufen will, widerlegt zu werden, muss seine Zahlen und Belege stets aktuell halten. Bei einem Versehen oder einem Irrtum besteht das Risiko, der Unwahrheit bezichtigt zu werden und die Reputation zu verlieren, weil jede Aussage durch die Verfügbarkeit von elektronischen Kommunikationsmitteln und die Geschwindigkeit von Suchmaschinen quasi in Echtzeit überprüft und widerlegt werden kann. Der Druck in dieser Hinsicht ist einerseits groß, andererseits aber Zeit und meine Ressourcen beschränkt. Die Gefahr einer Lücke bleibt.

Wahrhaftigkeit ist aber mehr als Argumentation und Transparenz. Wer in seinen Äußerungen genau ist, muss nicht schon wahrhaftig sein. Die Einheit von Denken, Sprechen und Handeln geht viel weiter. Das gelingt oft, aber nicht immer. Unvollkommenheit ist menschlich, Politiker*innen wird sie schnell als Vergehen angelastet. Damit muss der/die Betroffene genauso umgehen wie mit der Tatsache, dass etliche Konkurrenten erfolgreich sind und Zuspruch erfahren, die sich offensichtlich nicht einmal darum bemühen, im o.g. Sinne wahrhaftig zu sein. Die Gedanken sind frei, aber das Reden ändert sich von Fall zu Fall, abhängig vom Publikum und weicht weit vom Handeln ab, leicht nachprüfbar im Abstimmungsverhalten. Die Mehrheit der Bürgerinnen und Bürger scheint das nicht zu interessieren.

Diese Gleichgültigkeit gegenüber der Wahrhaftigkeit ist mit unserem gesellschaftlichen und politischen Selbstverständnis nicht vereinbar, das Wertefundament der liberalen Demokratie droht dadurch, ins Wanken zu geraten.

Demokratie ist nicht selbstverständlich, sie muss von Bürgerinnen und Bürgern getragen und verteidigt werden, die u. A. die Bereitschaft besitzen, nicht nur interessengeleitet, sondern gemeinschaftsdienlich, also demokratisch zu denken und zu handeln. Der Diskurs, das Ausloten der Möglichkeiten und die Definition dessen können dauerhaft nur auf der Basis von Vertrauen und Wahrhaftigkeit gelingen. In dieser Hinsicht sind beide Seiten in der Pflicht, Gesellschaft und Politik.

Teil II

Wahrhaftigkeit in der kommunalen und öffentlichen Arbeit

Eine Amtsaufgabe – eine Frage des Gewissens?

Gerhard Kieninger

2009 stellte sich mir plötzlich die Schicksalsfrage – Diagnose Krebs – unheilbar. Was folgte war die vollständige Prozedur von Chemotherapie, Stammzellentransplantation und Strahlentherapie.

Nach 10 Monaten dann die Frage, kann man sein gewohntes Leben weiterführen, soll oder gar muss man es verändern – es stellt sich unweigerlich die Sinnfrage.

Dies um so mehr, wenn man ein verantwortungsschweres, nur auf Zeit übertragenes, Amt innehat.

Man wird unweigerlich vor sein inneres Ich gesetzt und muss sich mit der Wahrheit, nicht einer selbst gemachten, nicht einer von außen gemachten und schon gar nicht mit einer geschönten, auseinandersetzen.

G. Kieninger (✉)
Niederstotzingen, Deutschland
E-Mail: gerhardkieninger61@gmail.com

© Der/die Autor(en), exklusiv lizenziert durch Springer Fachmedien Wiesbaden GmbH, ein Teil von Springer Nature 2022
S. van Meegen (Hrsg.), *Wahrhaftigkeit – eine gesellschaftliche Herausforderung*,
https://doi.org/10.1007/978-3-658-34333-0_4

Der behandelnde Arzt gab einen simplen, aber bedeutungsschweren Rat: „Prüfen Sie, was wichtig ist und bleibt. Gehört das Amt also dazu oder ist es nur Beiwerk?

Um dem Amt gerecht zu werden, habe ich den Großteil der Behandlung ambulant bewältigt. Insofern stellte sich im Anschluss die Frage, ob man seinem Amt mit seiner Verpflichtung gerecht geworden ist und auch in Zukunft gerecht werden kann.

18 Monate später wählten mich die Bürgerinnen und Bürger wiederum für eine weitere Amtsperiode von acht Jahren zu ihrem Bürgermeister – eine als nicht gering einzuschätzende Würdigung des vergangenen Wirkens und ein Vertrauensvorschuss für die Zukunft.

Aber anstatt dieses Vertrauen vollständig zu erfüllen, hat der plötzliche Amtsverzicht nach 28 Jahren die Bürgerschaft überrascht.

Dabei war es kein krankheitsbedingter Verzicht, wie viele hineininterpretieren, sondern mein ganz persönlicher Anspruch, dieses Amt wahrhaftig und gewissenhaft ausüben zu wollen, aber aus den verschiedensten Zwängen heraus, nicht mehr so ausüben zu können.

Eine solche Aufgabenfülle und die weite Zuständigkeit eines württembergischen Bürgermeisters, wie es die Gemeindeordnung des Landes Baden-Württemberg vorgibt, ist für den Amtsinhaber fordernd und bereichernd zugleich.

Um es aber sowohl gemeinwohlorientiert als auch auf die Bedürfnisse des einzelnen Individuums zugeschnitten gleichermaßen gerecht ausüben zu können, bedarf es in einem politischen System, das auf dem demokratisch legitimierten Mehrheitssystem basiert, eines fördernd begleitenden Pendants.

Eberhard Schockenhoff formuliert dies so:

„Der demokratische Staat muss sich sowohl auf die gewissenhafte Amtsführung seiner Amtsträger und ihren unbestechlichen Gerechtigkeitswillen, wie auch auf die zumindest als Regelfall vorausgesetzte Loyalität seiner Bürger verlassen können…"

Demnach steht einer integreren Amtsausübung die Loyalität der Wählerinnen und Wähler gegenüber und ermöglicht somit ein friedvolles und sozial ausgewogenes Miteinander.

In der Rückschau auf sieben Jahrzehnte bundesdeutscher Nachkriegswirklichkeit im Vergleich zu den selben 70 Jahren seit dem Entstehen und der Umsetzung der UN-Menschenrechtscharta scheint dies hierzulande in geradezu vorbildlicher und harmonischer Weise gelungen zu sein.

Insofern irre ich also, wenn ich zwar eine gewisse Anerkennung einer gewissenhaften Amtsausübung, zumindest am Wahltag als bürgermeisterlichem Zahltag, feststelle, gleichzeitig aber auch rekognosziere, dass dies gerade nicht (mehr) zur regelmäßigen Loyalität und Akzeptanz seitens der Bürgerschaft führt.

Hinzu kommt heute noch eine „Fehlerkultur", die dem Einzelnen durchaus mit der Formulierung „Fehler macht jeder" nachgesehen wird, beim Amtsträger jedoch nur vordergründig so bejaht wird. Denn in der politischen Wirklichkeit führt häufig schon ein relativ kleiner Fehler auf reflexartige Weise zu Rücktritts- und Schadensersatzforderungen.

Auf eine sorgfältige Sachverhaltsprüfung wird regelmäßig verzichtet und es wird eine ex poste Betrachtung vorgenommen. Aber sind wir nicht alle hinterher immer schlauer?

Eine Mitarbeiterin hat mir einmal vorgehalten:

„Für diesen Fehler bin nicht ich, sondern ausschließlich Sie verantwortlich, denn schließlich bekommen Sie ja das höhere Gehalt".

Diese Mentalität ist gesellschaftstypisch geworden, oder wie wäre das Verhalten der Mitarbeiter eines großen Autokonzerns sonst zu werten, die zwar die hohe Sonderprämie für sich als verdient ansehen, mit dem Betrug am Kunden und der Umwelt durch Softwaremanipulationen nichts zu tun haben?

Der Sozialwissenschaftler Jan Reemtsma hat dies unter dem Ansatz: „Wenn nicht ich, so hätte es ein anderer getan", sehr eingehend beleuchtet und analysiert.

Gerade diese Berufung auf die eigene Unwissenheit oder Begrenztheit nimmt im gesellschaftlichen Raum geradezu inflationsartig zu.

Als Rechtfertigung dient die stetige Zunahme der Bürokratie mit ihrer Flut von neuen Regelwerken. Auf den ersten Blick entspricht dies ja durchaus der Wahrheit und ist daher verständlich.

Dass aber die zunehmende Individualisierung eine Vielzahl dieser zusätzlichen Normen notwendig macht und diese Tendenz befördert, wird im Bewusstsein allzu gerne ausgeblendet.

Ja, es gibt eine regelrechte Manie, sein Anliegen als verbindliche Norm, möglichst mit individuellem Klagerecht ausgestattet, in einer Rechtsnorm wieder zu finden.

Ein schönes Beispiel ist das Thema „Lärm und Lärmschutz", das allein mehrere Kapitel füllen würde.

Zu meiner Studienzeit, vor 35 Jahren, wurde noch auf die notwendige Gemeinwohlorientierung und auf den gesunden Menschenverstand des durchschnittlichen Menschen als Handlungsmaßstab bei den Abwägungsvorgängen großen Wert gelegt.

Heute scheint die jeweilige individuelle Sichtweise als Maßstab für bestimmte Forderungen gelten.

Wie sonst ist eine Forderung auf fleischlose Kalendertage für alle zu verstehen?

Für den gewissenhaften Amtsträger ergeben sich so tagtäglich neue und schwierige Abwägungsvorgänge. Gilt hier nun das Individualprinzip und ist das Gemeinwohl und der erforderliche soziale Friede gefährdet, oder greift die Gemeinwohlorientierung zu sehr in den individuellen Bereich ein?

Natürlich steht mir an meinem runden Geburtstag ein Böllerfeuerwerk zu, aber was gilt, wenn dies nun 500mal im Jahr und zudem noch in einem relativ kleinen Gemeindegebiet der Fall ist, und dies alle Geburtstagskinder gleichermaßen beanspruchen?

Erschwert wird eine Entscheidung auch dadurch, dass in einer demokratischen Grundordnung herausragende Ämter auf Zeit vergeben werden und somit sich die Amtsinhaber regelmäßig, zu Recht, dem Souverän gegenüber zu rechtfertigen und zur Wahl zu stellen haben.

Unabhängig vom Einzelfall erhöht sich das persönliche Risiko für einen Amtsträger bei einer Entscheidung gegen den Mehrheitswillen beträchtlich, sofern dies überhaupt noch möglich ist.

Als zu Beginn des 20. Jahrhunderts – noch gar nicht so lange her – die Rechtsgelehrten die Abschaffung der Lebenszeitstellung württembergischer Schultheißen und die Einführung einer zeitlich begrenzten Direktwahl kontrovers diskutierten, vertraten namhafte Persönlichkeiten aus Politik und Lehre die Auffassung, dass ein Wählerabhängiger Bürgermeister kaum belastende, aber zwingend notwendige staatliche

Pflichtaufgaben erfüllen kann, ohne das Risiko der Abwahl auf sich zu nehmen.

Bis heute gibt es daher kaum verständliche Regelungen und Begrenzungen der kommunalen Selbstverwaltung wie beispielsweise die Zuständigkeiten bei Baugenehmigungs- oder Straßenverkehrsbehörden nach Einwohnergrößen, obwohl gerade in Gemeinden zwischen 5- und 10.000 Einwohnern die gehobenen Verwaltungsbeamten die gleiche Hochschulausbildung durchlaufen.

Was als Vermeidung von Willkür durchaus nachvollziehbar anerkannt werden könnte, wäre da nicht die Tatsache, dass die heutige „Ebenen-Demokratie" bei EU, Bund und Land zwar für die Segnungen zuständig sein möchte, die Lasten aber anderen, gerade bürgernäheren Instanzen, aufbürdet.

Ein solches Beispiel ist der Vollzug von Beanstandungen des überörtlichen Wirtschaftskontrolldienstes, die aber von der örtlichen Ebene durch Erlass des belastenden Verwaltungsaktes vollzogen werden müssen.

Welcher, von belastenden Auflagen betroffene, Metzger wendet sich an den Kontrolleur, wenn er den Bürgermeister, wissend um mit dessen Wählerabhängigkeit, damit unmittelbar konfrontieren kann?

Dieses Beispiel ist vergleichsweise harmlos, wenn man es mit Entscheidungen, die das Wohl des Kindes oder die Frage der Gesundheitsfürsorge zum Inhalt haben und zur Gewissensentscheidung umformuliert werden.

„Kindswohlgefährder oder Schädiger der Volksgesundheit" sind Schlagworte, die mich fast drei Jahrzehnte begleitet haben.

Wie es dabei um die wirkliche Gewissensentscheidung steht, darf ich am Beispiel des bekannten Themas Müllverbrennung aufzeigen.

Schon die Begrifflichkeit einer „thermischen Restabfallbehandlungsanlage" erfüllt den Tatbestand der arglistigen Täuschung seitens der Amtsträger.

Die Übergabe einer Unterschriftenliste mit über 1000 Namen bei 4200 Einwohnern erfolgte mit dem Hinweis, dass alle Befürworter gekaufte Knechte der Industrie und vorsätzliche Schädiger der Gesundheit der Bevölkerung sind. Müllverbrennung ist grundsätzlich unvereinbar mit dem Gebot der Nächstenliebe und der Standort, sechs km

Luftlinie vom Wohnort der Mehrzahl der Unterzeichner entfernt, völlig ungeeignet.

Nachdem aufgrund anderer wirtschaftlicher Gegebenheiten die thermische Abfallbehandlung seit mehr als 20 Jahren 25 km entfernt, inmitten von umgebender Wohnbebauung stattfindet, verblieb als jahrelange Diskussionsebene nur die durch diese Entscheidung entstandenen hohen Gebührenbelastungen.

Nachdem sich inzwischen die Entsorgung langfristig als günstig erwiesen hat, spielt weder das Geld noch die Gesundheit für die Unterzeichner eine Rolle, oder wie ein führendes Aktionsmitglied lapidar äußerte: „sind ja selber Schuld (die Bürger der neuen Standortgemeinde), dass sie die Anlage dulden."

Was aber, wenn Alle die Anlage verweigert hätten? Die Thematik der heutigen Müllmengen und insbesondere das Thema Plastikmüll wirft einen bezeichnenden Blick auf die Werthaltigkeit unserer Gesellschaft und deren wahrhaftigen Umgang mit komplexen Fragestellungen.

Hier wird das Dilemma der Amtsträger deutlich, das Ulrich Wickert so bewertet:

„Wahrhaftigkeit in politischer Verantwortung bedeutet, sich nicht nach der Mehrheit oder Meinungsumfragen zu richten, sondern sein Handeln ausschließlich an der Vernunft haftlicher Verantwortung zu orientieren. (…).

Es bedeutet Angst nicht zu schüren oder wo sie herrscht, sie zu bekämpfen, statt mit der Angst Politik zu treiben".

Wenn aber die Angst vor Gesundheitsschäden, wie im Beispiel beschrieben, eine ordnungsgemäße Abfallentsorgung, die ja auch Gesundheitsvorsorge beinhaltet, eine sachgerechte Abwägung verhindert, werden Entscheidungen sehr schwierig, ja sogar unmöglich.

Wenn man wie meine Person bei diesem Thema anonyme Morddrohungen mit der Formulierung:

„(…), wenn du so weiter machst, werden Deine Frau und Deine Kinder von einer Handgranate zerfetzt…" erhält, wird die Aufrechterhaltung der eigenen Position zu einer wahren Gewissensentscheidung.

Noch manche andere, auch persönlich ins Gesicht geäußerte, Morddrohung habe ich in den fast drei Jahrzehnten als Bürgermeister erhalten.

Man darf dies aber nicht nur negativ betrachten, denn immerhin ist man gefordert, sein Tun und Handeln aufs Neue zu bestimmen und sein Gewissen zu überprüfen.

Das Zitat „Wahrhaftigkeit und Politik wohnen selten unter einem Dach", hat seinen Ursprung vielleicht darin, dass die geforderte Loyalität der Bürgerschaft eben auch ein Mindestmaß an Wahrhaftigkeit aufweisen muss – nicht nur bei den Amtsträgern.

Dabei beziehe ich mich nicht auf die großen Themen der Zeit oder der Inhalte von Sonntagsreden, sondern auf die einfache, tagtägliche Praxis. Aber es ist doch viel leichter vom Amtsträger das kostenlose und ausgewogene Schulfrühstück zu fordern, als selbst für das gesunde Frühstück des eigenen Kindes zu sorgen.

Nach Dieter Fuchs und Edeltraud Roller wird Politik die Regelung der Angelegenheiten eines Gemeinwesens durch verbindliche Entscheidungen bezeichnet.

Diese können aber nur dann wahrhaftig ausfallen, wenn einerseits die staatliche Rechtsetzung auch Freiräume offen lässt oder Alternativen bietet und andererseits die auf das Individuum bezogene Gesellschaft, mit all ihren Freizügigkeiten, die Gemeinwohlorientierung sichtbar erhält.

Der baden-württembergische Bürgermeister ist gemäß seinem Diensteid verpflichtet, das Wohl seiner Einwohner zu mehren, gleichzeitig aber das Gesetz und das Recht zu wahren.

Dies steht manchmal im Widerspruch zueinander, aber da der Diensteid zwischen Recht und Gesetz unterscheidet, eröffnet sich ihm ein kleiner Handlungs- und Gewissensspielraum.

Im Zweifel kann er auch sein Amt zur Verfügung stellen, gleichwohl ihm die Bürgerinnen und Bürger ihr Vertrauen durch die direkte Wahl für eine längere Zeitspanne eingeräumt haben.

Nach einer Reihe von Entscheidungen und Vorkommnissen, die mein Verständnis von Wahrhaftigkeit politischer Verantwortung gerade von gewählten Vertreterinnen und Vertretern örtlicher und überörtlicher Ebenen, nicht mehr widerspiegelten, habe ich mein Amt abgegeben.

Dies ist nun kein besonderer Akt, da die baden-württembergische Gemeindeordnung das unschätzbare Privileg enthält seine Amtszeit ohne große persönliche Nachteile nach längerer Tätigkeit aufzugeben.

Dennoch verliert man finanzielle und gesellschaftliche Privilegien und bedeutet den Verzicht auf die unschätzbare Möglichkeit das eigene gesellschaftliche Umfeld in zentraler Position mitzugestalten, zumindest seine Möglichkeiten deutlich zu minimieren.

Deshalb und in der Verantwortung seinen Wählerinnen und Wählern gegenüber gibt man das Amt nicht aus nichtigen Gründen oder einzelnen Meinungsverschiedenheiten auf.

Letzten Endes zeigt aber nur ein zeitlicher Abstand, ob eine derartige Gewissensentscheidung zum richtigen Zeitpunkt erfolgte.

Dass es aber richtig ist, dass in einer Demokratie Ämter nur auf Zeit vergeben werden – auch bei aller Entscheidungsproblematik und Unzulänglichkeiten im System – zeigt die Äußerung des stellvertretenden Bürgermeisters unserer Stadt, der nur 14 Tage nach der Amtsübergabe formulierte:

„in der Bürgerschaft ist bereits ein ganz neuer Zauber spürbar…!"

In der relativ kurzen Zeitspanne einer Rückschau nach 800 Tagen relativieren sich solche Einschätzungen aber sehr schnell.

Vielmehr ist darauf hinzuweisen, dass selbst die Lösung einfacher Aufgabenstellungen in heutiger Zeit eine umfassende und tiefgründige Prüfung verlangen und daher oftmals die Gründlichkeit zum nachhaltigeren Ergebnis führt, als effektbetonte Schnelligkeit.

In den aktuellen Debatten wird sehr häufig die „Totschlagformulierung": „Es gibt keine einfachen Antworten oder Lösungen" verwendet.

Gerade hier zeigt sich die Widersprüchlichkeit der heutigen Gesellschaftsdiskussionen – die Mehrheit erwartet schnelle und einfache Lösungen – stellt aber selbst hohe und höchste Ansprüche an die Einzellfallgerechtigkeit.

Die Lösung liegt somit in der Kunst, dass die Eliten in der Lage sind, präzise die Problemstellungen in einer einfachen und verständlichen Form den Adressaten zu erläutern, damit diese das entsprechende Äquivalent, ein Mindestmaß an Verständnis für die Aufgabenstellung, entwickeln können.

Den sogenannten mündigen Bürger können die Eliten oder Repräsentanten der staatlichen Ordnung eben nicht als gegeben voraussetzen.

Die divergierenden Meinungen und deren konfliktträchtigen Differenzen werden am aktuellen Beispiel der Migrations- und Flüchtlingsdebatte sehr deutlich.

Dass die Vernichtung von Pässen und eine Verschleierung der persönlichen Identität gegen unsere Rechts- und Gesellschaftsordnung verstößt, dürfte nicht strittig sein. Auch kann es im Einzelfall einen rechtfertigbaren Notstand auf der Flucht gegeben haben, aber die Mitwirkungspflicht an der Beseitigung dieses Missstandes dürfte genauso unstrittig sein.

Dass es dennoch ein davon unabhängiges Asyl- und damit Bleiberecht bei einer vorliegenden Gefahr für Leib und Leben gibt, muss demgegenüber ebenso unstrittig bleiben.

Hier können die Amtsträger nicht ungenau bleiben und ausweichen, sondern müssen klare Positionen beziehen und diese vehement vertreten.

Dies ist keine Überforderung, sondern einfache moralische Verpflichtung.

Von den Reaktionen die ich bei der Schaffung von Unterkünften als Vorsorge steigender Unterbringungszahlen für Flüchtlinge erfahren habe, schweige ich lieber.

Der Satz „es gibt keine einfachen Lösungen" ist und bleibt für sich in seiner Absolutheit falsch.

Wir sollten uns an einen Satz aus der Rede zum Weltfriedenstag 2002 von Papst Johannes Paul II. halten, der uns trotz dem nach den Notwendigkeiten des Mehrheitsprinzips in unserer demokratischen Grundordnung zwingend nötigen Strebens diese Mehrheiten zu erringen, leiten sollte:

„Die Achtung vor dem Gewissen des Anderen [...], gestattet nur, die Wahrheit dem anderen vorzulegen, an ihm liegt es dann, sie verantwortungsvoll anzunehmen."

Wenn wir diese Prämisse in unser tagtägliches politisches Handeln ernsthaft zu integrieren versuchen, werden wir selbst bei sehr kontroversen Diskussionen, eher zum positiven Gedanken eines politischen Handelns aus Einsicht kommen (Paulus, Röm 13,5), als ohne ihn.

Diese Leitbilder sind neben der durch meinen Diensteid geleistete Verpflichtung zur gewissenhaften Ausübung des Amtes die Leitplanken meines „raison d'être."

Daher habe ich die heute immer dominantere Gesellschaftsmeinung, nämlich: „was die Mehrheit richtig erachtet, kann nicht falsch sein", und so im Einklang mit dem demokratischen Mehrheitsprinzip eine persönliche Exculpation automatisch mitliefert, immer entschieden abgelehnt.

Der Satz von Thomas von Aquin: „Du bist es, der dies getan hat", zwingt denjenigen, der sich als „Meister der Bürger" titulieren lassen will, mehr zu tun, als das, was das von Recht und Moral geforderte Maß verlangt.

Als ich im Sommer 1980 meinen Soldateneid auf die Verteidigung der freiheitlich demokratischen Grundordnung geleistet habe, war damit der Hinweis verbunden, das eigene Leben hierfür zu opfern. Die Beobachtung und das Erleben der Vorgänge in Polen und Afghanistan bleiben unter diesem Hintergrund für immer im Gedächtnis.

Bei meiner Vereidigung als Beamtenanwärter des Landes Baden-Württemberg im Sommer 1982 erklärte der den Diensteid abnehmende Beamte: „das Recht und die Gesetze zu wahren (verteidigen), aber nicht mit dem eigenen Leben", dafür aber mit dem Zusatz, „so wahr mir Gott helfe".

Für mich ergab sich daraus ein bis heute andauernder Gewissenskonflikt: Warum sollte ich mein Leben für eine Grundordnung opfern, wobei die sie repräsentierende Elite dies im Alltag nicht aufbringen muss, kann oder will?

Der Konflikt scheint heute nicht mehr relevant, wurde die allgemeine Wehrpflicht und der Dienst mit der Waffe ausgesetzt; - nicht einmal ein Sozialdienst muss als Dienst an der Gesellschaft mehr geleistet werden.

Sogar an die Aufnahme anderer Nationalitäten wird schon gedacht, da die Zahl derer, die freiwillig gegen Geld diese Freiheit schützen wollen, nicht mehr ausreicht. Ist sie also gar kein schützenswertes Gut?

Wo also liegt das notwendige Maß für die Gewissensprüfung eines Amtsträgers?

Für mich gilt für die Amtsträger einerseits, wie auch das Wahlvolk andererseits, die Verpflichtung, vor einer Entscheidung diese auf Herz und Nieren, wie es alttestamentarisch vielfach verbürgt ist, oder wie es das Bundesverfassungsgericht zu Art 4 GG ausführt, jeder nach seinen Fähigkeiten eine Kategorisierung in Gut und Böse, vorzunehmen.

Insoweit ist für ein erfolgreiches politisches Handeln zum einen ein Dialog zwischen und eine ausgeglichene Waagschale des eigenen Gewissens von Amtsträgern und eines jeden einzelnen Amtsgewährers (Wähler) zum anderen der Maßstab.

Damit lässt sich ein Amtsverzicht sowohl aus der mangelnden Dialogfähigkeit oder dem Verlust der eigenen Mitte interpretieren, wobei schon eins von beiden für eine Handlungsfolge ausreicht.

Manchen meiner Wähler habe ich mit meinem vorzeitigen Amtsverzicht enttäuscht, manche haben sich darüber gefreut oder gar bestätigt gefühlt, zwei Dritteln der Wählerschaft (vgl. Wahlbeteiligung 2012) war dies sowieso gleichgültig.

Eines jedoch kann einem keine der vorher genannten Gruppen abnehmen: seinem persönlichen Gewissen gerecht zu werden und die geforderte ausgeglichene Mitte zu verspüren.

Diese Mitte bewegt sich für mich persönlich um die Anker

- „Was Du nicht willst, das man Dir tut, füge auch keinem anderen zu" (Psalm 57)
- „Erkenne Dich selbst" (Forderung des Augustinus)
- „Du bist es, der dies (in 28 Jahren) getan hat" (Thomas v. Aquin)

Dabei weist für mich das Gewissen mindestens zwei zentrale und überbegriffliche Teile auf, die zusammen erst das Gesamte bilden:

Einerseits den belehrenden und im Zweifel auch belastenden Teil und andererseits den bestätigenden und bestärkenden Teil, die beide zusammen das rechte Maß des (meines) Gewissens bestimmen.

Denn eines kann auch ein Verzicht auf Ämter und Titel nicht ersetzen, nämlich die unerbittliche Frage des eigenen Gewissens für den gesamten Rest unseres bescheidenen Lebens:

„Wann und warum hast Du Deine Mitte verlassen?"

Wer, wenn nicht wir, wann, wenn nicht jetzt, wo, wenn nicht hier? Auf der Suche nach Wahrhaftigkeit bei sexualisierter Gewalt?!

Claudia Droysen von Hamilton

Dieser Beitrag wird aus der sozialpädagogischen Perspektive einer Mitarbeiterin in einer Fachberatungsstelle gegen sexualisierte Gewalt in Trägerschaft des öffentlichen Jugendhilfeträgers, Fachbereich Jugend und Familie eines ca. 132.000 Einwohner starken Landkreises verfasst. Sexualisierte Gewalt ist ein weiter und vielschichtiger Begriff, das zugrunde liegende Geschehen, welches z. B. auch Bezeichnungen wie sexueller Kindesmissbrauch, sexuelle Ausbeutung, sexuelle Übergriffe oder sexuelle Misshandlung, wie auch Sexting, sexuelle Gewalt mittels digitaler Medien etc. trägt, zeigt sich noch weitaus facettenreicher als ein den betroffenen Menschen an Körper und Seele existenziell bedrohendes sowie tief greifend verletzendes und schädigendes Ereignis.

Dieses Ereignis oder auch das komplexe Phänomen der sexualisierten Gewalt ist für eine Betrachtung seiner Verbindung oder Beziehung, Nähe oder Ferne zur Wahrhaftigkeit für den Leser unverzichtbar

---

C. D. von Hamilton (✉)
Königsbronn, Deutschland
E-Mail: claudiadroysenvonhamilton@web.de

zunächst einer differenzierten grundlegenden Betrachtung zu unterziehen; wahrhaftig keine leichte Kost und eine wahre Zumutung.

Zielgruppe der Fachberatungsstelle gegen sexualisierte Gewalt (diese Begrifflichkeit wird hier fachlich bewusst gegenüber den im allgemeinen Sprachgebrauch eher verwendeten Begriffen wie sexueller Missbrauch oder sexuelle Gewalt präferiert) sind landkreisbezogen alle Kinder, Jugendlichen und junge Menschen bis 27 Jahren, sowie deren Eltern, Personensorge-berechtigte, Angehörige und Bezugspersonen, wie auch Fachkräfte, die mit dieser Zielgruppe arbeiten. Als niedrigschwellige erste Anlaufstelle bieten die dort tätigen, entsprechend weitergebildeten Sozialpädagoginnen kostenfreie, auf Wunsch auch anonyme, vertrauliche Beratungen an; im direkten persönlichen Gespräch, telefonisch wie auch schriftlich. Immer geht es dabei um das Phänomen der sexualisierten Gewalt, also um Kinder und Jugendliche, die erleben, dass ein Erwachsener sie dazu benutzt, um sich selbst zu erregen, sexuell zu befriedigen und dass er Sexualität missbraucht, um sein Machtbedürfnis auf Kosten des Kindes oder Jugendlichen auszuleben. Unterschiedlichste sexuelle Handlungen werden vor und/oder an bzw. mit diesen Kindern und Jugendlichen gegen deren Willen vorgenommen. Der Täter nutzt dabei nicht nur seine Macht- und Autoritätsposition aus, sondern auch das bestehende Vertrauens- und Abhängigkeitsverhältnis und bindet das Kind/den Jugendlichen in eine Geheimhaltungspflicht ein.[1] Es sind meistens den Kindern und Jugendlichen bekannte und mit ihnen in einem Vertrauensverhältnis verbundene Personen, die das Kind/den Jugendlichen zur eigenen sexuellen Erregung anfassen oder sich von ihm berühren lassen, es/ihn überreden oder zwingen, den Erwachsenen nackt zu betrachten oder bei sexuellen Aktivitäten zuzusehen, ihm pornographische Bilder/Videos vorführen oder solche mit ihnen produzieren (sogenannte Miss-

---

[1] Vgl. LANDRATSAMT HEIDENHEIM (Hrsg.): *Konzeption Fachberatungsstelle gegen sexualisierte Gewalt im Landkreis Heidenheim.* (unveröffentlichtes Dokument) Heidenheim 2019, S. 4; J. FEGERT, U. HOFFMANN, E. KÖNIG u. a. (Hrsg.): *Sexueller Missbrauch von Kindern und Jugendlichen. Ein Handbuch zur Prävention und Intervention für Fachkräfte im medizinischen, psychotherapeutischen und pädagogischen Bereich.* Berlin, Heidelberg 2015, S. 42–47; UNABHÄNGIGER BEAUFTRAGTER ZUR AUFARBEITUNG DES SEXUELLEN KINDESMISSBRAUCHS (UBSKM): https://beauftragter-missbrauch.de/ *(Website des Unabhängigen Beauftragten zur Aufarbeitung des sexuellen Kindesmissbrauchs)* Berlin 2020. (Letzter Aufruf am: 03.03.2020).

brauchsabbildungen), im Intimbereich berühren oder es/ihn zu oralem, vaginalem oder analem Geschlechtsverkehr überreden oder zwingen. Die im Netz ein Kind/einen Jugendlichen in unangemessene Gespräche über Sex verwickeln, dazu auffordern, sich selbst vor der Kamera auszuziehen, Nacktfotos zu senden oder sich vor der Kamera selbst zu befriedigen und/oder zu Verabredungen im realen Leben überreden, um dann sexuelle Handlungen vorzunehmen. Die sexualisierte Gewalt mittels digitaler Medien nimmt in den letzten Jahren zunehmend auch mehr Raum in der Beratungsarbeit der hiesigen Fachberatungsstelle ein, dabei geht es u. a. um das Herstellen, Konsumieren und Verbreiten kinderpornographischen Materials, besser formuliert: von Missbrauchsabbildungen. Zu Recht weist der Unabhängige Beauftragte für Fragen des sexuellen Kindesmissbrauches, Rörig daraufhin, dass der Begriff Kinderpornographie zu ungenau und verharmlosend sei. Die ihn ersetzende Formulierung: Missbrauchsabbildungen verdeutliche, „dass jede derartige Darstellung ein Verbrechen zum Gegenstand hat. Es gibt keine Sexualität mit Kindern, denn sexuelle Handlungen an oder mit Kindern sind immer sexuelle Gewalt"[2].

Sexualisierte Gewalt findet ebenso zwischen Kindern und Kindern, zwischen Jugendlichen und zwischen Kindern und Jugendlichen statt. Dies geschieht zum einen in realen Zusammentreffen wie auch im Netz über jegliche digitale soziale Medien durch sexualisiertes Cybermobbing, übergriffiges Sexting (Kommunikation über sexuelle Themen per mobile Messaging), sexualisierte Fotomontagen oder das Versenden von Aufnahmen offline verübter sexueller Gewalt in den zuvor beispielsweise benannten Formen.[3]

Im Beratungsalltag der Fachberatungsstelle sind Mitteilungen unterschiedlichster Art der Anlass für ein Tätigwerden: Erzieherinnen aus dem Kindertagesbetreuungsbereich schildern sexualisiertes Verhalten von Kindern zwischen 2 und 6 Jahren und teilen Verdachtsmomente und -situationen sowie sie irritierende sprachliche Äußerungen mit.

---

[2] UNABHÄNGIGER BEAUFTRAGTER ZUR AUFARBEITUNG DES SEXUELLEN KINDESMISSBRAUCHS (UBSKM): https://beauftragter-missbrauch.de/ *(Website des Unabhängigen Beauftragten zur Aufarbeitung des sexuellen Kindesmissbrauchs)* Berlin 2020. (Letzter Aufruf am: 03.03.2020).

[3] Vgl. LANDRATSAMT HEIDENHEIM (Hrsg.): *Konzeption Fachberatungsstelle gegen sexualisierte Gewalt im Landkreis Heidenheim.* (unveröffentlichtes Dokument) Heidenheim 2019, S. 4

Lehrer_innen decken die Verbreitung pornographischen Materials via Smartphones in ihrer Schulklasse auf, Mitarbeiter von Jugendhilfeeinrichtungen vereinbaren Erstgesprächstermine für von sexuellem Missbrauch betroffene Mädchen, junge Frauen melden sich telefonisch oder persönlich nach aktuell erfolgten oder zeitlich bereits zurückliegenden Vergewaltigungen oder Versuchen derselben. Mütter fragen nach sofortiger Beratung, weil ihr Kind ihnen einen Übergriffversuch oder erfolgten Übergriff durch ein anderes Kind, einen älteren Jugendlichen oder einen Erwachsenen (z. B. den Trainer im Verein, den ehemaligen Partner der Mutter, etc.) soeben oder am Vorabend beim zu Bett bringen berichtet hat. Diese Auflistung ist unbedingt nur beispielhaft und ließe sich beliebig fortsetzen. Das weitere Vorgehen versucht in jedem Fall das Erlebte zu konkretisieren, den expliziten Verdacht einzuschätzen, notwendige Interventionen zu planen und je nach Qualität auch durchzuführen. Da jeglicher Verdacht auf sexualisierte Gewalt an Kindern und Jugendlichen per se eine mögliche Kindeswohlgefährdung darstellt, findet den fachlichen Standards sowie der Rechtslage[4] entsprechend im Zusammenwirken mehrerer Fachkräfte zeitnah eine Bewertung in einem interdisziplinär und geschlechtsgemischtem Gremium, dem so genannten Fachteam, statt. In diesem wird die jeweilige Fallkonstellation aus vielfältiger fachlicher Perspektive analysiert und eine bewertende Zuordnung zu den folgenden Abstufungen vorgenommen: „kein Verdacht", d. h. die geschilderte Situation beinhaltet keinerlei Hinweise auf sexualisierte Gewalt, „vager Verdacht", d. h. es besteht ein konkreter Anfangsverdacht auf das Vorliegen sexualisierter Gewalt, es fehlen aber noch Informationen, wie z. B. zu exakten, sprich: wortwörtlichen Äußerungen des Kindes, bzw. zum Kontext, etc. und „begründeter Verdacht", d. h. es liegen unmittelbare Beobachtungen der sexualisierten Gewalt vor, bzw. ein Kind/Jugendlicher berichtet einem als vertrauenswürdig eingestuften Erwachsenen davon, welcher die Information an die Fachberatungsstelle ent-

---

[4] Vgl. J. FEGERT, U. HOFFMANN, E. KÖNIG u. a. (Hrsg.): *Sexueller Missbrauch von Kindern und Jugendlichen. Ein Handbuch zur Prävention und Intervention für Fachkräfte im medizinischen, psychotherapeutischen und pädagogischen Bereich.* Berlin, Heidelberg 2015, S. 64–72; siehe auch SGB VIII.

sprechend weitergibt oder das Kind/der Jugendliche benennt im persönlichen Gespräch mit den Vertreterinnen der Fachberatungsstelle die sexualisierte Gewalt selbst. Ebenso besteht ein begründeter Verdacht, wenn der Täter/die Täterin die sexualisierte Gewalt selbst einräumt.[5]

Sollten nach der getroffenen Einschätzung institutionalisierte Schutzmaßnahmen für das betroffene Kind oder den Jugendlichen erforderlich sein, erfolgt eine Kooperation mit den Sozialpädagogen*innen des Allgemeinen Sozialen Dienstes (ASD), bzw. weiteren entsprechenden Fachdiensten des Jugendamtes, z. B. des Pflegekinderdienstes. Die wohldurchdachte und fachlich geplante Sicherstellung des sofortigen Schutzes des betroffenen Kindes oder Jugendlichen hat oberste Priorität, dabei ist der Komplexität des Einzelfalls sowie mannigfaltigen Unabwägbarkeiten Rechnung zu tragen. Ist der Täter z. B. der leibliche Vater, kann weder seine noch die Reaktion der Mutter, bzw. weiterer dem Familiensystem Angehörender bei Offenlegung im Vorhinein eingeschätzt werden. Das dazu dienende sogenannte Offenlegungsgespräch wird kooperativ mit den Kollegen*innen des ASD vorbereitet, durchgeführt und dokumentiert. Es zielt darauf, den Täter/die Täterin dazu zu motivieren, Verantwortung für die Übergriffe zu übernehmen und diese (u. U. auch nur teilweise) einzuräumen. Der Täter/die Täterin erhalten ein Therapieangebot durch die Fachberatungsstelle.

Die umfassende Beratung, Begleitung und Unterstützung der Kinder, Jugendlichen und jungen Menschen sowie ihrer Angehörigen ab Neumeldung über die Einschätzung, Offenlegung sowie erste Interventionsplanung und deren Durchführung sind wie nun dargestellt die Aufgaben der in der Fachberatung tätigen Sozialpädagoginnen wie auch die Vermittlung in weitergehende Beratung, Therapie und Opferzeugenbegleitung. Da ein umfangreiches und kontinuierliches Präventionsangebot gegen sexualisierte Gewalt einen wichtigen Bestandteil des aktiven Kinderschutzes darstellt[6], ist Präventionsarbeit durch die

---

[5] Vgl. LANDRATSAMT HEIDENHEIM (Hrsg.): *Konzeption Fachberatungsstelle gegen sexualisierte Gewalt im Landkreis Heidenheim.* (unveröffentlichtes Dokument) Heidenheim 2019, S. 7.
[6] Vgl. J. GYSI, P. RÜGGER (Hrsg.): *Handbuch sexualisierte Gewalt. Therapie, Prävention und Strafverfolgung.* Bern 2018, S. 645–664.

Fachberatungsmitarbeiterinnen ebenfalls unerlässlich und ein unverzichtbares Qualitätsmerkmal ihrer sozialpädagogischen Arbeit. Fortbildungen im Themenbereich der sexualisierten Gewalt zu Inhalten wie sexuelle Übergriffe unter Kindern und Jugendlichen, Schutzkonzepte für Institutionen, präventive Erziehung im Elternhaus, Kindergarten und Schule sowie zur Sexualpädagogik werden von unterschiedlichen Berufsgruppen wie Erzieher*innen, Lehrer*innen und Schulsozialarbeiter_innen angefragt und je nach Kapazität auch durchgeführt. Die Planung, Koordinierung und Durchführung von Präventionsprojekten werden von den Mitarbeiterinnen der Fachberatungsstelle in Kooperation mit entsprechenden freien Trägern begleitet (angesichts der personellen Ausstattung ist dies in Eigenregie nicht leistbar[7]); damit zusammenhängende Elternabende, welche das Gelingen und die Wirksamkeit dieser Projekte maßgeblich befördern, werden zudem regelhaft ausgestaltet.[8]

Für den Leser mag nun ein gewisses Bild davon entstanden sein, worum es sich bei sexualisierter Gewalt an Kindern, Jugendlichen und jungen Menschen bis 27 Jahren handelt und welche Funktion einer Fachberatungsstelle gegen sexualisierte Gewalt zukommt. Die Mitarbeiterinnen beschäftigen sich täglich mit Vorkommnissen, welche in der Bevölkerung betreff der Häufigkeit ihres Auftretens unterschätzt oder angesichts veröffentlichter Zahlen kritisch in Frage gestellt werden. Seit 2010 hat die bundesweite Aufarbeitungskampagne sexuellen Missbrauch betreffend, ausgelöst durch betroffene Männer, welche als Schüler der Odenwaldschule oder des Canisius-Kollegs ihr Schweigen gebrochen und ihre Missbrauchserfahrungen der Öffentlichkeit zugänglich gemacht haben, das Phänomen sexualisierte Gewalt in den Alltag der Gesellschaft geholt. Damit wurden auch das Leiden

---

[7] Vgl. die Ausführungen des Betroffenenrates zur lückenhaften Versorgung Deutschlands mit Fachberatungsstellen gegen sexualisierte Gewalt. In: UNABHÄNGIGER BEAUFTRAGTER ZUR AUFARBEITUNG DES SEXUELLEN KINDESMISSBRAUCHS (UBSKM): https://beauftragter-missbrauch.de/ (*Website des Unabhängigen Beauftragten zur Aufarbeitung des sexuellen Kindesmissbrauchs*) Berlin 2020. (Letzter Aufruf am: 03.03.2020).

[8] Vgl. LANDRATSAMT HEIDENHEIM (Hrsg.): *Konzeption Fachberatungsstelle gegen sexualisierte Gewalt im Landkreis Heidenheim.* (unveröffentlichtes Dokument) Heidenheim 2019, S. 5.

der Opfer, die lebenslangen Folgen sowie die verzweifelten und nicht wahrgenommenen Versuche, Hilfe zu erhalten, ebenso wie das Verschweigen, Vertuschen und Verleugnen durch einzelne Täter und innerhalb von Institutionen der Kirche sowie der Kinder- und Jugendhilfe offensichtlich. Auch in Deutschland entstand eine längst überfällige Debatte über den sexuellen Missbrauch innerhalb der (vorrangig katholischen) Kirche, eine Welle der Empörung erfasste weite Teile der Bevölkerung und weitere Betroffene wurden dadurch ermutigt, über ihre Missbrauchserfahrungen zu sprechen.[9] Nach Berufung der ersten Unabhängigen Beauftragten zur Aufklärung des Sexuellen Kindesmissbrauches (UBSKM), Christine Bergmann durch die Bundesregierung und der Einrichtung der telefonischen Anlaufstelle für Betroffene durch die Unabhängige Beauftragte im Mai 2010 gingen innerhalb eines Jahres mehr als 13.000 Anrufe, Briefe und E-Mails Betroffener ein, was dies nur allzu eindrücklich illustriert.[10] Das bundesweite Hilfetelefon sexueller Missbrauch sowie das Hilfeportal sexueller Missbrauch wurden in der Folge fest implementiert und sie stehen heute jedem Bürger kostenfrei und jederzeit zur Verfügung.[11]

Um die Häufigkeit des Auftretens sexualisierter Gewalt an Kindern und Jugendlichen in Zahlen zu verdeutlichen, liefert die jährliche Polizeiliche Kriminalstatistik betreff erfolgter Strafanzeigen erste Hinweise. Im sogenannten Hellfeld sind, seit 2010 nahezu gleichgeblieben, für 2017 11 547 Fälle von sexuellem Kindesmissbrauch, 990 Fälle von Missbrauch an Jugendlichen, 403 Fälle von Missbrauch an minderjährigen Schutzbefohlenen, 6512 Fälle von Verbreitung, Erwerb, Besitz und Herstellung sogenannter Kinderpornographie und 1306 Fälle von Verbreitung, Erwerb, Besitz und Herstellung sogenannter Jugend-

---

[9] Vgl. UNABHÄNGIGE BEAUFTRAGTE ZUR AUFARBEITUNG DES SEXUELLEN KINDESMISSBRAUCHS (UBSKM): *Abschlussbericht der Unabhängigen Beauftragten zur Aufarbeitung des sexuellen Kindesmissbrauchs, Dr. Christine Bergmann.* Berlin 2011, S. 13–16.

[10] Vgl. ebd. S. 19.

[11] Vgl. UNABHÄNGIGER BEAUFTRAGTER ZUR AUFARBEITUNG DES SEXUELLEN KINDESMISSBRAUCHS (UBSKM): https://beauftragter-missbrauch.de/ *(Website des Unabhängigen Beauftragten zur Aufarbeitung des sexuellen Kindesmissbrauchs)* Berlin 2020. (Letzter Aufruf am: 03.03.2020).

pornographie verzeichnet.[12] Was sagen statistische Zahlen jedoch aus, wenn nicht nur die Fachöffentlichkeit davon ausgeht, dass lediglich ein geringer Teil der Taten zur Anzeige gebracht wird und demzufolge das Gros der Taten von sexualisierter Gewalt im Dunkelfeld verbleibt? Auf der Grundlage verschiedener wissenschaftlicher Studien in Deutschland, Österreich und der Schweiz[13] werden Einschätzungen für die Prävalenz im Dunkelfeld möglich, wobei verallgemeinernde Aussagen nicht zulässig erscheinen und jeder erfolgten Studie bezogen auf die gewählte Stichprobe, den Erhebungszeitraum sowie die gestellten Forschungsfragen ihr ganz eigener Aussagegehalt zukommt. Ein Großteil der Studien bezieht sich dabei auch auf die Verbreitung sexueller Gewalterfahrungen von Frauen und Männern generell, also nicht spezifisch auf Kinder und Jugendliche, wie z. B. die retrospektive Erhebung des Kriminologischen Forschungsinstitutes Niedersachsen (KFN) von 1992, in welcher 15 771 Personen mit deutscher Staatsangehörigkeit im Alter von 16 bis 90 Jahren zu diversen Viktimisierungserfahrungen, unter anderem eben auch der Erfahrung von sexueller Gewalt, befragt wurden.[14] Wenn die Weltgesundheitsorganisation (WHO) für Deutschland davon ausgeht, dass hierzulande ca. eine Million Mädchen und Jungen sexuelle Gewalt aktuell erleben oder erlebt haben, dann entspricht dies verteilungsbezogen einem „Richtwert" von einem bis zwei betroffenen Kindern (bis 14 Jahren) pro Schulklasse (Anzahl der in Deutschland lebenden Kinder in Beziehung zur Anzahl derjenigen Kinder, welche eine allgemeinbildende Schule besuchen, verteilt auf

---

[12] Vgl. ebd.

[13] Vgl. J. GYSI, P. RÜGGER (Hrsg.): *Handbuch sexualisierte Gewalt. Therapie, Prävention und Strafverfolgung*. Bern 2018, S. 35–40; J. FEGERT, U. HOFFMANN, E. KÖNIG u. a. (Hrsg.): *Sexueller Missbrauch von Kindern und Jugendlichen. Ein Handbuch zur Prävention und Intervention für Fachkräfte im medizinischen, psychotherapeutischen und pädagogischen Bereich*. Berlin, Heidelberg 2015, S. 45–49; UNABHÄNGIGER BEAUFTRAGTER ZUR AUFARBEITUNG DES SEXUELLEN KINDESMISSBRAUCHS (UBSKM): https://beauftragter-missbrauch.de/ *(Website des Unabhängigen Beauftragten zur Aufarbeitung des sexuellen Kindesmissbrauchs)* Berlin 2020. (Letzter Aufruf am: 03.03.2020).

[14] Vgl. J. GYSI, P. RÜGGER (Hrsg.): *Handbuch sexualisierte Gewalt. Therapie, Prävention und Strafverfolgung*. Bern 2018, S. 38.

Schulklassen á durchschnittlich 20 Schüler*innen[15]). Für die hiesige Fachberatungsstelle gegen sexualisierte Gewalt des 132.000 Einwohner starken Landkreises ergibt sich 2018 bei einem Anteil der unter 18 jährigen von 17 % = 22.440 im Landkreis lebenden Kinder und Jugendlichen ein Fallaufkommen von 85 Verdachtsfällen, in welchen 25 als begründeter und 60 als vager Verdacht eingestuft wurden. Die dabei offenbar gewordene sexualisierte Gewalt bezieht sich auf sexuelle Übergriffe Erwachsener (leiblicher Vater, aktueller oder Ex-Partner der Mutter, Trainer, Pädagoge, etc.) auf Kinder und Jugendliche, sexuelle Übergriffe unter Kindern, unter Jugendlichen sowie auch von Jugendlichen auf Kindern.[16]

In Anbetracht dessen, was forschungs- und erfahrungsbezogen über die von sexualisierter Gewalt betroffenen Kinder, Jugendlichen und Erwachsenen entwickelten Symptome und Langzeitfolgen sowie aus den in Therapie und Beratung berichteten biographischen Lebensläufen bekannt ist, erscheint jeder einzelne „Fall" als ein Fall zu viel. Grundsätzlich ist das Erleben sexualisierter Gewalt für jedes Kind und jeden Jugendlichen ein belastendes und potenziell traumatisierendes Lebensereignis und ein hoher Risikofaktor für seine weitere psychosoziale Entwicklung.[17] Art, Intensität, Dauer, Kontext und Grad der Abhängigkeit zum Missbrauchenden sind Einflussgrößen für unterschiedliche Folgewirkungen.

Verletzungen im Genital- und Analbereich, welche direkt auf sexuellen Missbrauch hinweisen, sind selten. Als Missbrauchsfolgen auftretende psychische wie auch psychosomatische Symptome sind zunächst allesamt nicht spezifisch für sexuellen Missbrauch, d. h., sie könnten immer auch andere Ursachen haben und treten nicht

---

[15] Vgl. UNABHÄNGIGER BEAUFTRAGTER ZUR AUFARBEITUNG DES SEXUELLEN KINDESMISSBRAUCHS (UBSKM): https://beauftragter-missbrauch.de/ *(Website des Unabhängigen Beauftragten zur Aufarbeitung des sexuellen Kindesmissbrauchs)* Berlin 2020. (Letzter Aufruf am: 03.03.2020).

[16] Vgl. LANDRATSAMT HEIDENHEIM (Hrsg.): *Konzeption Fachberatungsstelle gegen sexualisierte Gewalt im Landkreis Heidenheim.* (unveröffentlichtes Dokument) Heidenheim 2019.

[17] Vgl. L. GOLDBECK: *Auffälligkeiten und Hinweiszeichen bei sexuellem Kindesmissbrauch.* In: J. FEGERT, U. HOFFMANN, E. KÖNIG u. a. (Hrsg.): *Sexueller Missbrauch von Kindern und Jugendlichen. Ein Handbuch zur Prävention und Intervention für Fachkräfte im medizinischen, psychotherapeutischen und pädagogischen Bereich.* Berlin, Heidelberg 2015, S. 145–152, hier S. 146.

in jedem Fall eines sexuellen Missbrauchs auf.[18] In der Forschungsliteratur – Goldbeck spricht hier auf Grundlage einer 248 Studien umfassenden Meta-Metaanalyse von „erdrückenden Belegen" für die Korrelation von sexuellem Missbrauch und dem Risiko erheblicher Gesundheitsstörungen sowie einer beeinträchtigten psychosozialen Entwicklung im Erwachsenenalter[19] – werden kurzfristige psychische Folgen: akute Belastungsstörung nach dem Missbrauch im Kontext von Einschüchterung, Bedrohung und Zwang bei eigener hoher Hilflosigkeit und Angst, von mittel- und langfristig bestehenden psychischen Folgen: Posttraumatische Belastungsstörung (PTBS), Angststörungen, Essstörungen, Depressionen, Schlafstörungen, selbstverletzendes Verhalten, Drogen- und Alkoholkonsum, selbst sexuelle Übergriffe begehen, Schulabsentismus, etc.[20] unterschieden. Psychosomatische Beschwerden wie Kopf- und Bauchschmerzen oder Hauterkrankungen können ebenso Hinweise sein wie Verhaltensänderungen hin zu Aggressivität, Ängstlichkeit, Konzentrationsschwäche, Leistungsabfall und Rückzugstendenzen. Auffälligem sexuellem Verhalten, also sogenannten sexualisierten Verhaltensweisen, welche sich signifikant von sexuellen Verhaltensäußerungen altersgleicher Kinder mit demselben sozialen und kulturellen Hintergrund unterscheiden, die über die Zeit eine Steigerung bezüglich Häufigkeit, Intensität oder Aggressivität erfahren und welche trotz Aufforderung, diese doch in Gegenwart Erwachsener und/oder in der Öffentlichkeit zu unterlassen, fortgesetzt werden, gebührt eine besondere Aufmerksamkeit. Dieses sollte zumindest Anlass für (sexual-)pädagogische Interventionen sein[21] sowie

---

[18] Vgl. ebd. S. 147; UNABHÄNGIGER BEAUFTRAGTER ZUR AUFARBEITUNG DES SEXUELLEN KINDESMISSBRAUCHS (UBSKM): https://beauftragter-missbrauch.de/ *(Website des Unabhängigen Beauftragten zur Aufarbeitung des sexuellen Kindesmissbrauchs)* Berlin 2020. (Letzter Aufruf am: 03.03.2020).

[19] Vgl. L. GOLDBECK: *Auffälligkeiten und Hinweiszeichen bei sexuellem Kindesmissbrauch.* In: J. FEGERT, U. HOFFMANN, E. KÖNIG u. a. (Hrsg.): *Sexueller Missbrauch von Kindern und Jugendlichen. Ein Handbuch zur Prävention und Intervention für Fachkräfte im medizinischen, psychotherapeutischen und pädagogischen Bereich.* Berlin, Heidelberg 2015, S. 145–152, hier S. 149.

[20] Vgl. ebd. S. 148–149.

[21] Vgl. M. GRÜNDER, R. KLEINER, H. NAGEL: *Wie man mit Kindern darüber reden kann. Ein Leitfaden zur Aufdeckung sexueller Kindesmisshandlung.* Weinheim, Basel ⁶2013, S. 17–21; UNABHÄNGIGER BEAUFTRAGTER ZUR AUFARBEITUNG DES SEXUELLEN Kindesmissbrauchs (UBSKM): https://beauftragter-missbrauch.de/ *(Website des Unabhängigen Beauftragten zur*

als gewichtiger Anhaltspunkt für das Vorliegen von sexualisierter Gewalt in jedem Einzelfall fachlich geprüft werden. Unbedingt anzuführen ist, dass vor dem Hintergrund der Dynamik von Einschüchterung, Heimlichkeit und Geheimhaltungsdruck Schuld- und Schamgefühle im Erleben der Kinder und Jugendlichen eine erhebliche Rolle spielen. Für die Beziehungsdynamik zwischen Täter/in und Kind/Jugendlichem ist zu vergegenwärtigen, dass die minderjährigen Betroffenen von dem erwachsenen Übergreifer oftmals sie beeindruckende Aufmerksamkeit, Zuneigung und Zuwendung erhalten. Sie haben im Vertrauen die Nähe vielleicht auch selbst hergestellt, haben dann Persönliches preisgegeben und z. B. erotische Fotos, etc. gepostet. Sie verspüren Loyalität, welche durch das Gebot der Geheimhaltung, bzw. zum Beispiel durch die Androhung, sie würden bei Offenlegung die Familie zerstören und: „keiner wird dir glauben, keiner!", verstärkt wird. Sie empfinden zudem tiefe Scham und merken gleichzeitig, je nach Entwicklungsalter, Stand der sexuellen Entwicklung und Grad der Aufklärung, dass der Missbrauch ihnen zusetzt, sie schädigt und Unrecht geschieht.[22]

Eine schier ausweglose, gänzlich einsame Situation des Ausgeliefertseins, welche dem Leser fühlbar verdeutlichen mag, welch mutiger und/oder verzweifelter Schritt es ist, sich jemandem anzuvertrauen und gleichzeitig die Angst auszuhalten, wie z. B. die Eltern, die Mutter, der Vater, die Geschwister, Verantwortliche in Einrichtungen und weitere Personen des Lebensumfeldes reagieren werden und ob ihnen überhaupt Glauben geschenkt wird. So mag es nicht verwunderlich sein, dass sich durch die Bandbreite der Fachveröffentlichungen zur Thematik durchgängig der deutliche Hinweis findet, dass Äußerungen des Kindes und Jugendlichen, die auf sexualisierte Gewalt hindeuten,

---

Aufarbeitung des sexuellen Kindesmissbrauchs) Berlin 2020. (Letzter Aufruf am: 03.03.2020); L. GOLDBECK: *Auffälligkeiten und Hinweiszeichen bei sexuellem Kindesmissbrauch*. In: J. FEGERT, U. HOFFMANN, E. KÖNIG u. a. (Hrsg.): *Sexueller Missbrauch von Kindern und Jugendlichen. Ein Handbuch zur Prävention und Intervention für Fachkräfte im medizinischen, psychotherapeutischen und pädagogischen Bereich*. Berlin, Heidelberg 2015, S. 145–152, hier S. 149–151.

[22] Vgl. UNABHÄNGIGER BEAUFTRAGTER ZUR AUFARBEITUNG DES SEXUELLEN KINDESMISSBRAUCHS (UBSKM): https://beauftragter-missbrauch.de/ *(Website des Unabhängigen Beauftragten zur Aufarbeitung des sexuellen Kindesmissbrauchs)* Berlin 2020. (Letzter Aufruf am: 03.03.2020).

immer ernst genommen werden sollten, dem Kind/Jugendlichen also in einer offenen, annehmenden und keinesfalls suggestiven professionellen Haltung Glauben zu schenken ist.[23]

Ist dem Kind/dem Jugendlichen Glauben zu schenken, weil es/er wahrhaftig ist? Kann ein Mensch überhaupt wahrhaftig *sein* oder ist es nicht vielmehr ein Sich-wahrhaftig-Verhalten? Sind seine getätigten Äußerungen und/oder gezeigten Verhaltensweisen zu betrachten und diese als wahrhaftig und/oder als wahr, bzw. das Gegenteil davon einzuschätzen, zu beurteilen, zu bewerten? Wie ist es bestellt um den Zusammenhang von Wahrhaftigkeit und verbalen wie auch verhaltensbezogenen Hinweisen auf das Gegeben-Sein sexualisierter Gewalt? Wie stehen Wahrheit und Wahrhaftigkeit zueinander? Sind diese (annähernd) gleichzusetzen, ist das eine im anderen enthalten, und wenn ja, welches in wem oder gar wechselseitig? Ist denn das eine ohne das andere überhaupt möglich oder haben Wahrhaftigkeit und Wahrheit wirklich wenig bis gar nichts miteinander zu tun? Der Begriff der „Wahrhaftigkeit" muss dazu einer genaueren Betrachtung unterzogen werden, der Begriff der „Wahrheit" folglich ebenfalls und das Adverb „wirklich" weist auf eine weitere ebenfalls bedeutsame, nicht auszulassende Begrifflichkeit: die „Wirklichkeit", hin. In diesem Beitrag ist jedoch der Frage, wessen sich der Mensch überhaupt gewiss sein, sprich, ob er überhaupt Wahrheit erkennen kann, keineswegs weiter nachzugehen. Der konstruktivistischen Auffassung folgend ist das Erkennen einer etwaigen absoluten oder objektiven Realität unmöglich. Der Mensch in seiner Realität als erkennendes Subjekt kann sich nur seiner selbst bewusst und damit gewiss sein. Er kann das Gegebene niemals so *erkennen*, wie es ist, weder die Welt, die Wirklichkeit noch die Wahrheit. Jeglichem Erkennen geht eine Bedeutungsgebung, genauer: eine Zuschreibung von Bedeutung, folglich eine Konstruktion

---

[23] Vgl. M. GRÜNDER, R. KLEINER, H. NAGEL: *Wie man mit Kindern darüber reden kann. Ein Leitfaden zur Aufdeckung sexueller Kindesmisshandlung.* Weinheim, Basel [6]2013, S. 21–50; J. GYSI, P. RÜGGER (Hrsg.): *Handbuch sexualisierte Gewalt. Therapie, Prävention und Strafverfolgung.* Bern 2018; J. FEGERT, U. HOFFMANN, E. KÖNIG u. a. (Hrsg.): *Sexueller Missbrauch von Kindern und Jugendlichen. Ein Handbuch zur Prävention und Intervention für Fachkräfte im medizinischen, psychotherapeutischen und pädagogischen Bereich.* Berlin, Heidelberg 2015.

durch das Subjekt voraus, es gibt keine menschliche Erkenntnis der Realität ohne jegliche *Vor–aus–setzung*, folglich: ohne menschliches Konstruieren, ohne im Voraus, im Vorhinein „etwas zu setzen", sprich: eine Bedeutung zu geben.[24] „Personen sind die Konstrukteure ihrer Weltsicht, während die Welt ist und bleibt, was sie ist"[25]. Wahrheit und Wirklichkeit werden für die folgenden Ausführungen also gleichbedeutend verwendet, in einem Verständnis von: wenn jemand die Wahrheit sagt, dann beschreibt er *seine* ! Wirklichkeit; dazu an späterer Stelle mehr.

Der Duden schlägt folgende Synonyme für Wahrhaftigkeit vor: Ehrlichkeit, Loyalität, Rechtschaffenheit, Wahrheitsliebe und Zuverlässigkeit[26], was als Hinweis auf das Eine = Wahrhaftigkeit geht nicht ohne das Andere = Wahrheit verstanden werden kann. Wahrhaftigkeit ist dann gegeben, wenn der Mensch Wahrheit liebt, wenn er ehrlich und rechtschaffen, zuverlässig und loyal ist, bzw. sich so verhält. Wie passt das zu folgendem, für weitere sinnbezogen ähnliche Zitate beispielhaft angeführtem: "Er war jederzeit bereit, für die Wahrhaftigkeit seiner Lügen sogar mit seinem Leben einzutreten"[27]. Wahrhaftigkeit und Wahrheit (vorausgesetzt man versteht Wahrheit als das Gegenteil von Lüge und diese wiederum als eine bewusst falsche Aussage/Information, sodass die Dichotomie von wahr und unwahr, von richtig und falsch gegeben ist) stehen hier jeweils für sich, ohne Verbindung und ohne aufeinander angewiesen zu sein. Wahrhaftigkeit scheint ohne jegliche Wahrheit und Wahrheitsliebe durchaus möglich zu sein und die Lüge als hier angenommenes Gegenteil von Wahrheit scheint das Wesen der Wahrhaftigkeit in sich tragen zu können. In der Fülle wissenschaftlicher und literarischer Ausführungen verschiedener Autoren unter-

---

[24] Vgl. P. WATZLAWICK: *Man kann nicht nicht kommunizieren. Das Lesebuch.* Bern 2010; H. VON FOERSTER, E. VON GLASERFELD, P. M. HEJL u. a.: *Einführung in den Konstruktivismus.* München [10]2010.

[25] T. M. BARDMANN: *Wenn aus Arbeit Abfall wird. Aufbau und Abbau organisatorischer Realitäten.* Berlin 1994, S. 144.; Vgl. dazu N. LUHMANN: *Soziale Systeme. Grundriss einer allgemeinen Theorie.* Berlin 1984.

[26] Vgl. DUDENREDAKTION (Hrsg.): *Die deutsche Rechtschreibung. Bd. 1. Das umfassende Standardwerk auf der Grundlage der amtlichen Regeln.* Mannheim [27]2017.

[27] E. PENZOLDT: *Die Powenzbande.* Darmstadt 1960, S. 3.

schiedlicher Disziplinen auf Hörmann zu stoßen, hat eine nahezu erleichternde, da sehr erhellende, Wirkung. Er postuliert Wahrhaftigkeit als eine Art der Wahrheit und veranschaulicht die Unterscheidung der Wahrheit von der Wahrhaftigkeit im Lateinischen (übrigens im Gegensatz zum Griechischen, das für beides nur einen Ausdruck: Aletheia = Unverborgenheit verwendet) wie folgt: Wahrheit als veritas und Wahrhaftigkeit als veracitas.[28] Veritas, die Wahrheit, lässt sich dabei – Hörmann rekurriert hier auf Thomas von Aquin – als ontologische Wahrheit im Sinne der Übereinstimmung des Dinges mit der in einem Verstand vorhandenen Idee von ihm oder auch als logische Wahrheit durch eine Übereinstimmung der Verstandeserkenntnis mit dem erkannten Ding definieren. Veracitas, die Wahrhaftigkeit, wird als weitere Differenzierung neben der ontologischen und der logischen Wahrheit als moralische Wahrheit und damit als Übereinstimmung des Ausdrucks mit der Erkenntnis charakterisiert.[29] Wahrhaftigkeit bestehe also, so Hörmann, in der Übereinstimmung von Ausdruck und Überzeugung und zeige sich als Tugend in der dauernden Bereitschaft, diese herzustellen. In diesem Bestreben komme der Offenheit eine besondere Bedeutung zu: offen sei, wer mit seiner Überzeugung nicht zurückhalte. Als pflichtgemäß zu verwirklichendem sittlichen Wert sei die Wahrhaftigkeit des Weiteren im Zusammenleben der Menschen unverzichtbar (was an dieser Stelle nicht vertieft werden kann), ihre sicherste Begründung liege jedoch in ihrem personalen Wert. Der Mensch habe sich selbst, habe seine Seinswahrheit zu verwirklichen, und die sei nicht voll verwirklicht, „wenn er sich außen anders gibt, als er innen ist"[30].

Sich außen so zu geben, wie man innen ist, das führt direkt zum Begriff der Authentizität, welcher noch aufzugreifen sein wird. Und das nun Angeklungene, Wahrhaftigkeit sei mehr ein auf das Selbst bezogenes, individuelles und subjektives Phänomen als denn ein soziales, findet sich unbenommen in weiteren Konzepten. Für

---

[28] Vgl. K. HÖRMANN: *Wahrhaftigkeit*. In: K. HÖRMANN (Hrsg.): *Lexikon der christlichen Moral*. Innsbruck, Wien, München 1976, Sp. 1693–1699.

[29] Vgl. ebd.

[30] Ebd.

Bollow[31] lebt die Wahrhaftigkeit in der Beziehung des Menschen zu sich selbst, sie wendet sich sozusagen nach innen, in dem Sinne, dass der Mensch frei für sich einsteht, quasi eine innere Durchsichtigkeit für sich selbst gegeben ist; eine Unwahrhaftigkeit sei eine ehrliche Lüge demnach nicht.[32] Zur Unwahrhaftigkeit komme es dann, wenn „der Mensch sich selbst etwas vormacht, wo er sich selbst gegenüber nicht zugibt, dass er lügt, wo er sich die Verhältnisse vielmehr so zurechtlegt, dass er sich selbst gegenüber den Schein der Ehrlichkeit wahrt"[33]. Bedeutsamer (und für die Reflexion der Wahrhaftigkeit in Bezug auf sexualisierte Gewalt unbedingt zu berücksichtigen) sei, dass Unwahrhaftigkeit sogar geradezu gefährlich werde, wenn der Mensch „sich seine Verhältnisse so zurecht legt, dass er seine Aussage und sein Verhalten verantworten zu können glaubt"[34].

Die Übereinstimmung zwischen dem, was wir denken, fühlen, sagen und tun, das ist Wahrhaftigkeit, so formuliert es Böschemeyer[35]. Sich eins mit sich selbst fühlen, sich in Balance befinden, ohne Ausreden, Ausflüchte und Lügen. Wer in diesem Sinne wahrhaftig ist, der lebe eine gelingende Beziehung zu sich selbst sowie zu anderen, zur Mitwelt; Wahrhaftigkeit sei dafür die Grundlage.[36] Demzufolge schaffe ihr Gegenteil, die Unwahrhaftigkeit, Konflikte: mit uns selbst, den anderen und der Mitwelt. Mit Hörmann lässt sich dem allerdings die Überlegung gegenüberstellen, ob nicht gerade die Wahrhaftigkeit selbst, Konflikte hervorrufe und der Mensch nicht vielmehr dazu tendiere, durch die „Drangabe" der Wahrhaftigkeit aus Gründen der sozialen Rücksicht den Konflikt – er spricht hier von Reibungen – zu

---

[31] Vgl. O. F. BOLLNOW: *Wesen und Wandel der Tugenden*. Frankfurt a. Main, Berlin, Wien 1981, S. 139.
[32] Vgl. E. PENZOLDT: *Die Powenzbande*. Darmstadt 1960, S. 3.
[33] O. F. BOLLNOW: *Wesen und Wandel der Tugenden*. Frankfurt a. Main, Berlin, Wien 1981, S. 140.
[34] Ebd.
[35] Vgl. U. BÖSCHEMEYER: *Weil ich es dir nicht sagen konnte: vom Schatten des Schweigens zur befreienden Wahrheit*. Salzburg 2015.
[36] Vgl. ebd.

vermeiden.³⁷ Beiden Auffassungen kommt ihre Berechtigung zu und beiden kann gefolgt werden.

Dem Kern, dem Wesen der Wahrhaftigkeit kann sich jetzt immer deutlicher angenähert werden. Wahrhaftigkeit ist dann gegeben, wenn der Mensch das, was er in sich fühlt und denkt, schlicht und ergreifend auch sagt, in Worte fasst, genau das! kommuniziert, also versucht auszudrücken (unter allen Erschwernissen, welche Kommunikation per se in sich trägt). Dabei ist das, was er denkt und fühlt, *seine* subjektive Wirklichkeit, *seine* Wahrheit; er sagt es, wie es für ihn gegeben *ist*, wie er es *sieht*, für sich sehen und verstehen kann. Das, was der Mensch inhaltlich kommuniziert, entspricht dem, was und wie er fühlt und denkt. Genau das versucht er mitzuteilen (und hat dabei noch nicht einmal die Gewähr dafür, dass der Empfänger seiner Worte deren Aussagegehalt in der von ihm gemeinten Weise überhaupt versteht/verstehen kann, was hier wiederum nicht weiter auszuführen ist)³⁸ und nicht nur das, sondern der Mensch *verhält* sich auch dementsprechend, er handelt danach, Konflikte in Kauf nehmend und ohne die vorbenannte soziale Rücksicht, was wahrhaftig einer Herausforderung gleichkommt. Dabei entscheidet er sich für oder gegen eine Lüge: ich denke und fühle, aber sage ich das 1:1 deckungsgleich auch, kommuniziere ich das an mein jeweiliges Gegenüber? Oder sage ich diesem bewusst *nicht*, was ich fühle und denke? Beschönige ich, verschleiere und filtere ich, sage ich das Gegenteil oder biete ich irgendeine Version an, jedenfalls nicht die Wahrheit, bewusst nicht das, was *meiner* Wahrheit, meiner subjektiven Wirklichkeit, meinem subjektiven Erleben entspricht?

Wahrhaftigkeit spielt sich vor allem anderen folglich zunächst im Menschen selbst ab, ein intrapsychisches Geschehen, das synonym u. a. auch mit dem sich aktuell großer Beliebtheit erfreuenden Begriff der Authentizität gefasst werden kann. Authentisch kann der sein, welcher sich selbst gegenüber wahrhaftig ist. Denken, Fühlen, Reden und Handeln stehen in einem Einklang, die Sozialpsychologen Kernis

---

³⁷ Vgl. K. HÖRMANN: *Wahrhaftigkeit.* In: K. HÖRMANN (Hrsg.): *Lexikon der christlichen Moral.* Innsbruck, Wien, München 1976, Sp. 1693–1699.

³⁸ Vgl. P. WATZLAWICK: *Man kann nicht nicht kommunizieren. Das Lesebuch.* Bern 2010, S. 44–59.

und Goldman benennen dazu die vier Kriterien: Bewusstsein, Ehrlichkeit, Konsequenz und Aufrichtigkeit, derer Erfüllung es bedürfe, um Authentizität als gegeben zu bestätigen.[39] Für in Beratung und Therapie tätige Professionelle ist die „Echtheit", wie Authentizität häufig fälschlicherweise (sie leitet sich etymologisch von authetikós ab = autos: selbst und ontos: sein, was also: sich selbst sein bedeutet) übersetzt wird, eine für die Berater-/Therapeutenhaltung wesentliche und geradezu unverzichtbare Komponente. Als quasi fundamentales, in mannigfaltigen Beratungs- und Therapieansätzen integriertes „Dreigestirn" wird sie, neben der positiven Wertschätzung wie auch dem einfühlenden Verstehen als eine Forderung an den Berater und Therapeuten beschrieben, ganz „er selbst" zu sein. Dabei soll er dem Klienten ehrlich, ohne eine Fassade aufbauend, keine Rolle vorspielend und offen, also *echt* begegnen. Nur durch die beim Therapeuten/Berater wahrgenommene, ja, quasi an ihm erlebte Echtheit könne Weinberger zufolge auch der Klient sich innerhalb der beratenden resp. therapeutischen Beziehung öffnen, sich schrittweise trauen, immer mehr er selbst zu sein, offen und ehrlich über seine Gefühle, Gedanken und Handlungen zu sprechen.[40] Auf keinen Geringeren als den Begründer der Klientenzentrierten Gesprächspsychotherapie, Carl Rogers, geht diese so benannte Echtheit zurück. Rogers spricht vielmehr von Kongruenz, einem Begriff, der für die Geometrie als Deckungsgleichheit wesentlich vertrauter sein dürfte, hier aber das die eigenen Gedanken und Gefühle direkt und echt im therapeutischen Prozess an den Klienten Kommunizieren meint; eine klare Forderung nach Wahrhaftigkeit, nach sich selbst sein und sich auch so geben.[41]

Bis hierher ist nun das Phänomen der sexualisierten Gewalt in einigen relevanten Facetten beschrieben, bis hierher ist das für diesen

---

[39] Vgl. M. H. KERNIS, B. M. GOLDMAN *A multicomponent conceptualization of authenticity: Theory and research.* In: M. P. ZANNA (Hrsg.): *Advances in experimental social psychology.* Vol. 38. Amsterdam 2006, S. 283–357.
[40] Vgl. S. WEINBERGER: *Klientenzentrierte Gesprächsführung. Lern- und Praxisanleitung für psychosoziale Berufe.* München [14]2013, S. 42.
[41] Vgl. C. ROGERS: *Die klientenzentrierte Gesprächspsychotherapie. Client Centered Therapy.* Berlin [20]1983, S. 50–60.

Beitrag zugrunde liegende Verständnis von Wahrhaftigkeit dargelegt. Zurück zu den bereits aufgeworfenen und zu erweiternden Fragestellungen die Wahrhaftigkeit und /oder Wahrheit bzw. deren jeweiliges Gegenteil (die Unwahrhaftigkeit und/oder die Falschheit, die Lüge) von Äußerungen wie auch Verhaltensweisen betreffend, welche auf das Erleben sexualisierter Gewalt von Kindern und Jugendlichen hindeuten.

„Papa langt mir mit seinen Fingern an die Mumu, das brennt" (Mädchen, 4 Jahre; „Mumu" ist ihr Wort für die Scheide).

„Er lag auf mir, hat sich so bewegt und komische Geräusche gemacht und dann war es nass" (Junge, 6 Jahre; „Er" ist der aktuelle Lebenspartner der Mutter).

„Beim ersten Mal fuhr er mit mir zu seinem LKW, es war gleich Geschlechtsverkehr. Danach hat er gesagt: erzähl das ja nicht deiner Mama, dann kannst du nicht mehr bei uns wohnen. Bis dahin war er wie ein Papa für mich" (Mädchen, 13 Jahre; "Er" ist der Freund der Mutter und von Beruf LKW Fahrer).

„Er setzte sich beim Fernsehen auf das Sofa neben mich, streichelte meinen Arm, kam dann wie zufällig auch da hin (zeigt auf die Brust) und als seine Hand auch über den Oberschenkel zwischen meine Beine gefasst hat und dort blieb, da war ich wie erstarrt" (Mädchen, 11 Jahre; „Er" ist der Opa).

„Einmal ist er in mich eingedrungen, sonst musste ich ihn mit der Hand befriedigen und er hat mich dabei überall angefasst. Als er wieder in mich eindringen wollte, hab´ ich ihn wegstoßen können. Mama war da schon zu Bett gegangen. Ich war 8 Jahre alt, als es anfing; Mama war oft zu Hause, wenn es passierte oder auch beim Arbeiten. Manchmal war es nur alle paar Wochen, dann auch mehrmals die Woche" (Mädchen, 15 Jahre; „Er" ist der leibliche Vater).

„Ich war erst wenige Tage in der Wohngruppe und recht niedergeschlagen, er war sehr freundlich zu mir und hat mich getröstet und eigentlich auch aufgebaut. Als er den Arm um mich gelegt hat, hab` ich mir zuerst nichts dabei gedacht, aber dann hat er begonnen, meine Brüste durch den Pullover zu streicheln" (Mädchen, 14 Jahre; „Er" ist ein pädagogischer Mitarbeiter im Gruppendienst einer vollstationären Einrichtung der Kinder- und Jugendhilfe).

„Er vergewaltigt seine Kuscheltiere regelrecht, legt sich auf sie, immer wieder und macht entsprechende Bewegungen." (eine Pflegemutter beschreibt das Verhalten ihres 7jährigen Pflegesohnes).

„Sie spreizt beim Wickeln auf dem Wickeltisch die Beine so weit auseinander, dass es mich von Anfang an unangenehm berührt hat; es lässt sich schwer beschreiben, aber es ist wie ein sich anbieten und auch so verharren, sie wird dann ganz reglos." (eine andere Pflegemutter über ihre 2jährige Pflegetochter, sie ist die Schwester des 7jährigen).

„Er fällt durch eine stark sexualisierte Sprache auf mit Wörtern, die Kinder seines Alters hier normaler Weise noch gar nicht kennen; er spielt auch ständig auf Sex an; bei Konfliktsituationen mit anderen Kindern greift er diesen einfach zwischen die Beine, wie selbstverständlich, ohne jede Hemmung." (eine Erzieherin über einen 5 Jahre alten Jungen, von dem heute bekannt ist, dass sein Vater mit ihm und seiner Schwester kinderpornographische Aufnahmen hergestellt hat).

„Als er krank war und auf dem Sofa im Wohnzimmer schlief, war die Decke von ihm gerutscht und man sah, dass er eine leichte Erektion hatte. Da ging sie zu ihm hin und lockerte seine Unterhose so (mehr trug er nicht), dass sie sein Glied umfassen konnte und stimulierte es mit entsprechenden Bewegungen weiter, dabei lachte sie. Als ihr 13-jähriger Sohn davon aufwachte, tat sie, als sei nichts gewesen; ich war schockiert." („Sie" ist die leibliche Mutter, die Beschreibung gibt der aktuelle Partner).

Diese direkten kindlichen Äußerungen sowie Beschreibungen von beobachteten Verhaltensweisen sind dem aktuellen Berufsalltag der Mitarbeiterinnen der Fachberatungsstelle gegen sexualisierte Gewalt entnommen und ließen sich mühelos beliebig fortsetzen. Sie dienten u. a. als Grundlage für das Einschätzen eines begründeten Verdachtes im eingangs beschriebenen Zusammenwirken mehrerer Fachkräfte unter Heranziehung vielfältiger weiterer Informationen und Beschreibungen, ein sorgfältiges und komplexes fachliches Vorgehen inkludierend. Welche Gedanken und Gefühle lösen sie beim Leser aus, was haben sie in der Realität ausgelöst, welche Dynamik wurde in Gang gesetzt? Sind diese oder vielfach andere kindliche Äußerungen wahrhaftig und wahr obendrein, was bedeutet, dass das Kind das, was es real erlebt oder erlebt hat in je nach aktuellem Entwicklungsstand ihm zur Verfügung stehende Worte fasst, dass es ausdrückt, was seinem Denken und Fühlen und Erleben entspringt, ganz in Übereinstimmung mit sich selbst? Äquivalent dazu: Sind diese oder vielfach andere Beschreibungen wahrhaftig und wahr obendrein, was bedeutet, dass der Mitteilende das, was er real erlebt oder erlebt hat in je nach aktuellem Entwicklungsstand ihm zur Verfügung stehende Worte fasst, dass er ausdrückt, was seinem Denken, Fühlen und Erleben entspringt, ganz in Übereinstimmung mit sich selbst? Das jeweilige Gegenüber (und womöglich auch der Leser) denkt und fühlt in diesem Moment ebenso wahrhaftig, also in Übereinstimmung mit sich selbst, dass er dem Kind, bzw. dem jeweils Mitteilenden glaubt in z. B. diesem Sinne: „Ja, ich glaube dir, dass dir das passiert (ist) und es schockiert mich, offenbart mir, dass etwas geschieht, bzw. geschehen ist, was ich nicht für möglich gehalten habe und jetzt muss das sofort aufhören, dass dir das, bzw. dass das Beschriebene passiert!". Das Aussprechen, Offenbaren, Kundtun und Aufdecken sexualisierter Gewalt löst in jedem Fall eine akute Krisensituation aus, welche vielfältige Folgen nach sich zieht und dabei eine nur bedingt vorhersehbare Dynamik befördert. Es ist wie der Missbrauch selbst ein tief erschütterndes Ereignis, nach welchem vieles nicht mehr so sein wird wie zuvor. Manches Mal mutet es selbst den professionellen Helfern so an, als bleibe jetzt „kein Stein mehr auf dem anderen", um eine bildhafte Vorstellung für den Leser anzubieten. In seltenen Fällen gibt es einen „guten Ausgang", d. h., das vielfach von den Beteiligten und auch dem betroffenen Kind, dem Jugendlichen erhoffte „Alles wird gut" entwickelt sich nicht. Das System des Missbrauches zu durchbrechen, kommt einem Systemzusammenbruch gleich und nichts wird mehr wirklich gut (jedoch aber zumindest in dem Sinne besser, als dass wenigstens die sexuellen Übergriffe in welcher Form auch immer nicht mehr stattfinden können). Für den Vorgang des sich Anvertrauens ist zu vergegenwärtigen, dass Kinder und Jugendliche nachweislich in der Regel mehrere Male Anlauf nehmen, bis die Person, der sie sich anvertrauen können, gefunden ist.[42] Zu

---

[42] Vgl. M. GRÜNDER, R. KLEINER, H. NAGEL: *Wie man mit Kindern darüber reden kann. Ein Leitfaden zur Aufdeckung sexueller Kindesmisshandlung*. Weinheim, Basel ⁶2013, S. 9–50.

vergegenwärtigen ist des Weiteren, dass in der Regel das Geheimhaltungsgebot des Täters von dem Kind/dem Jugendlichen bewusst überschritten werden muss und im Moment der Offenbarung auch überschritten wird, das Wahrwerden der vom Täter ausgesprochenen Drohungen in Kauf nehmend. Zu vergegenwärtigen ist ebenfalls, dass mit zunehmendem Alter des Kindes/des Jugendlichen das „Filtern" der sozialen Rücksicht, (Hörmann folgend formuliert), also das Gespür dafür, dass meinem Gegenüber durch das Vorenthalten der Wahrheit weitaus besser gedient zu sein scheint[43], wirksam wird. Es wird der Dynamik des unbewussten oder bewussten sich Ausrichtens an der vorangenommenen Erwartung bzw. Haltung und Einstellung des jeweiligen Gegenübers gefolgt, welche in jeglicher Kommunikation der Menschen untereinander ohnehin eine bedeutsame Rolle spielt[44] und Wahrhaftigkeit, bzw. wahrhaftig zu sein, erschwert, bzw. gänzlich zu verhindern vermag. Es ist somit ein wahrhaftiges! außerordentlichen Mut erforderndes, die Angst in sich niederkämpfendes Wagnis, das Erlebte auszusprechen. Es entspringt einer vollkommen einsamen Situation, d. h. das Kind / der Jugendliche hat nur sich selbst, um mit sich auszumachen, dass jetzt der Zeitpunkt sowie das passende Gegenüber für die Aufdeckung gekommen sind; dass es/er sich jetzt wahrhaftig verhalten und das kommunizieren wird, was seinem Denken, Fühlen und Erleben sowie der Wahrheit in seiner Lebenswirklichkeit entspricht.

Der komplexe professionelle dadurch in Gang gesetzte Interventionsprozess birgt in sich vielfach und andauernd die Gefahr, dass es für das Kind/den Jugendlichen erneut und wiederholt zu einem Erleben des Ausgeliefertseins, des Vertrauensbruchs sowie von Grenzüberschreitungen kommt; allesamt zusätzlich schädigende Effekte. Das Wahren einer größtmöglichen Transparenz für das Kind /den Jugendlichen ist während des Interventionsprozesses und darüber

---

[43] Vgl. K. HÖRMANN: *Wahrhaftigkeit*. In: K. HÖRMANN (Hrsg.): *Lexikon der christlichen Moral*. Innsbruck, Wien, München 1976, Sp. 1693–1699.
[44] Vgl. A. VON SCHLIPPE, J. SCHWEITZER: *Systemische Interventionen*. Göttingen ²2010, S. 12–14.

hinaus deshalb von höchster Wichtigkeit.⁴⁵ Wie bereits eingangs ausgeführt geht es zunächst um Schutz, Offenlegung und Aufklärung je nach Beziehungsqualität des/der Missbrauchenden zur Familie des betroffenen Kindes/des Jugendlichen in Bezug auf die Mutter oder die Eltern, die Geschwister und weitere Beteiligte innerhalb der Familie wie auch in deren sozialen Nahraum. Dies ebenso in Bezug auf die beteiligten professionellen Helfer, welche außer den Mitarbeiterinnen der Fachberatung gegen sexualisierte Gewalt z. B. den Berufsgruppen Erzieher, Lehrer, Psychologe, Arzt, Kriminalpolizei oder Richter angehören können. Die Offenlegung dem Täter/der Täterin gegenüber steht für sich und beeinflusst auf eine ganz eigene Weise zusätzlich den gesamten weiteren Prozess. In den seltensten Fällen übernimmt der Täter während der Offenlegung (oder danach) Verantwortung und räumt sein Vergehen vollständig oder teilweise ein. Er hat sich dabei vor sich selbst in seinem Inneren zu entscheiden, ob er wahrhaftig die Wahrheit wählt oder die Unwahrheit/die Lüge oder sich im Sinne Bollnows die Verhältnisse bereits so zurechtgelegt hat, dass er damit sein Verhalten sogar verantworten zu können glaubt.⁴⁶ In der Regel bestreitet der vom Kind/dem Jugendlichen benannte Missbrauchende die Tat und bezichtigt das Kind/den Jugendlichen der Lüge, unterstellt ihm, nicht die Wahrheit zu sagen und auf jeden Fall auch, sich nicht wahrhaftig zu verhalten. Die ausgelöste Dynamik stellt die Äußerungen des Kindes/ des Jugendlichen wie auch die ebenfalls soeben beispielhaft dargestellten Beschreibungen gleichsam wie auf einem Präsentierteller zur Disposition. Ein jeder, der davon Kenntnis erlangt oder interventionsbezogen erlangen muss, „maßt" sich nun an, über das Gegeben-Sein von Wahrhaftigkeit, bzw. den Grad derselben und den Wahrheitsgehalt der gemachten Aussagen obendrein eine Bewertung vornehmen zu dürfen und zu können. Die Glaubwürdigkeit des betroffenen Kindes, des Jugendlichen steht – vielfach auch in Begutachtungen durch psychologische Sachverständige – häufig in

---

[45] Vgl. LANDRATSAMT HEIDENHEIM (Hrsg.) *Konzeption Fachberatungsstelle gegen sexualisierte Gewalt im Landkreis Heidenheim.* (unveröffentlichtes Dokument) Heidenheim 2019, S. 5.

[46] Vgl. O. F. BOLLNOW: *Wesen und Wandel der Tugenden.* Frankfurt a. Main, Berlin, Wien 1981, S. 140.

Frage. Das Kind/der Jugendliche wird mehrfach befragt werden, von seinen Bezugspersonen und von diversen professionellen Mitarbeitern der hier immer wieder benannten Berufsgruppen. Bleibt das Kind/der Jugendliche bei seiner Darstellung, seinen Ausführungen? Bleibt es/er wahrhaftig, bzw. k a n n es/er überhaupt (noch) wahrhaftig bleiben? Wie wirken entsetzte Reaktionen, das der Lüge bezichtigt Werden, das Empfinden: mir wird nicht geglaubt, der unausgesprochene und/oder verbalisierte vielfache Erwartungsdruck auf das Kind/den Jugendlichen, nicht nur der engsten Bezugspersonen, sondern auch mancher professioneller Mitarbeiter? Im Gegensatz dazu: wie wirkt die Reaktion einer Bezugsperson oder auch einer Mitarbeiterin der Fachberatungsstelle, die dem Kind/Jugendlichen zu verstehen gibt: Ich bleibe ganz bei dir, begleite dich durch das Ganze hier und möchte dir helfen, das Geschehene zu verarbeiten?! All das beschreibt die ausgelöste Dynamik allenfalls nur ansatzweise und dennoch bereits höchst nachdenkenswert.

Regelhaft ist zudem ein frappierender Effekt zu verzeichnen, dem vielleicht auch der Leser dieses Beitrages im Ansatz erliegen mag. Der erste Impuls angesichts der oben dargestellten Äußerungen und Beschreibungen ist: unbedingt zu glauben. Dann erfolgt eine nähere Beschäftigung mit den Aussagen und sofern möglich dem Kontext, was sich auch mit dem persönlichen Eindruck von dem betroffenen Kind/ dem Jugendlichen und der Kenntnis seiner Geschichte vermengt, angereichert durch die Leugnung des Missbrauchenden und seiner (wahrhaftigen?) Version des Geschehens. Bis sich u. U. ein zweiter Impuls einstellt, der -wohlgemerkt wahrhaftig formuliert – lautet: kann das wirklich so gewesen sein, sich so ereignet haben, was, wenn es nicht stimmt und dem Täter womöglich Unrecht geschieht und warum drängen sich mir jetzt diese Zweifel auf? Weil nicht sein kann, was nicht sein darf? Weil es nahezu unaushaltbar ist und deshalb zum eigenen Schutz abgewehrt werden muss? Wahrhaftig sein, sich wahrhaftig verhalten bedeutet jetzt, sich mit diesen eigenen Gedanken und Gefühlen selbst und mit anderen auseinanderzusetzen, diese sich selbst gegenüber offen und ehrlich einzugestehen und zu reflektieren.

Müttern kommt unbenommen eine Schlüsselposition im Geschehen sexualisierter Gewalt zu. Die in der einschlägigen Fachliteratur[47] für sie beschriebenen Reaktionsweisen entsprechen den im Berufsalltag gemachten Erfahrungen der Mitarbeiterinnen der Fachberatungsstelle gegen sexualisierte Gewalt. Glaubt die Mutter ihrer Tochter, wenn sie sich z. B. ihr direkt anvertraut und der Täter der leibliche Vater und gleichzeitig ihr Ehemann und Sexualpartner ist? Wie verhält sich die Mutter, wenn ihre Tochter sich zunächst einer Mitarbeiterin in einer Jugendhilfeeinrichtung anvertraut, sie von dieser gemeinsam mit ihrer Tochter informiert wird und ihr aktueller Lebenspartner der Missbrauchende ist; glaubt sie ihr oder glaubt sie nicht? Wie ist es um die Wahrhaftigkeit der Mutter bestellt, wenn die Tochter äußert, sie glaube, die Mama habe längst etwas bemerkt, etwas gewusst, einen Verdacht gehabt, die Mutter jedoch während der Aufdeckung klarstellt, dass sie der Tochter nicht glaubt und auch zu keinem Zeitpunkt irgendetwas bemerkt hat? Die Mütter, die ihren Töchtern Glauben schenken und weder deren Wahrhaftigkeit genauer gesagt: deren wahrhaftiges Verhalten noch den Wahrheitsgehalt ihrer Schilderungen in Zweifel ziehen, gibt es ebenso wie diejenigen Mütter, welche ihrer Tochter nicht glauben. Damit wird sie zur Lügnerin und für das betroffene Mädchen wird das Ausmaß des Leidens und der psychischen Schädigung um ein Vielfaches erhöht, wenn nicht sogar in eine existenziell unaushaltbare Dimension geführt, welche in ihrer Unerträglichkeit das Mädchen u. U. sogar dazu bringt, alle seine Äußerungen zurückzunehmen und jetzt wahrhaftig zu lügen. In der beratenden Begleitung von missbrauchten Mädchen ist deren psychische Stabilisierung nach der Offenbarung des erlebten Geschehens in hohem Maße davon abhängig, ob die Mutter Glauben geschenkt hat oder mit Abwehr, unausgesprochenen und/oder klar formulierten Vorwürfen reagiert. "Das ! ist für sie aktuell das Schlimmste, dass ihre Mutter ihr nicht glaubt, ihr vorwirft, zu lügen, die Familie zerstört zu haben", formuliert eine Mitarbeiterin einer Beratungsstelle; das Mädchen lebt aktuell in einer Wohngruppe, die

---

[47] Vgl. W. Körner, A. Lenz: *Sexueller Missbrauch. Band 1. Grundlagen und Konzepte.* Göttingen, u. a. 2004, S. 45.

Mutter hat sich auf Druck des Jugendamtes räumlich von ihrem Ehemann getrennt, da es noch eine jüngere Schwester in der Familie gibt. Sie sagt: „Ich bin mir sicher, dass mein Mann so etwas nicht getan hat!" und es ist hier zu fragen: wie ist es um ihre Wahrhaftigkeit und ihre Wahrheit bestellt? Was geht in ihrem Inneren vor sich und trägt dazu bei, dass sie ihrer Tochter nach außen hin keinen Glauben zu schenken vermag? Würde dies ihre Existenz auf eine solch zerstörerische Art und Weise bedrohen, dass sie das nicht zulassen kann, bzw. in ihrem Inneren den Zugang zu sich selbst bereits oder längst verloren hat?

Der Blick sei aber auch auf weitere Beteiligte erweitert. Auf in kollegialen Beratungen beteiligte professionelle Helfer z. B., welche anführen, dass die 12-jährige, welche aktuell den sexuellen Übergriff des Freundes der Mutter berichte, doch längst dafür bekannt sei, dass sie lüge? Die durch vielfaches Nachfragen anklingen lassen, dass sie Zweifel haben, ohne diese wahrhaftig zu explizieren, sprich zu formulieren: „Ich denke und fühle gerade, dass ich das nicht glaube!" und sich dann fachlich wie persönlich damit auseinanderzusetzen; für sich selbst und in der Kommunikation mit den anderen. Auf Vorgesetzte in Jugendhilfeeinrichtungen kirchlicher Trägerschaft, welche dem Mitarbeiter der Wohngruppe, der die Vorwürfe der 14-Jährigen bestreitet[48], den Rücken stärken, der Heimaufsicht mitteilen, man habe an der Integrität des langjährigen und hochqualifizierten Mitarbeiters keinerlei Zweifel, wohl aber an den Aussagen des Mädchens, welches ja bekanntermaßen aus vollkommen desolaten Familienverhältnissen stamme und dessen Vater sich nachweislich in Zuhälterkreisen bewege. Auf Verantwortliche in kirchlichen Institutionen, welche Vorkommnisse sexualisierter Gewalt nicht wahrhaben wollen und bis heute u. U. die Herausgabe von Akten verweigern oder sich auf andere Weise einer Aufarbeitung und Prävention erfolgreich verschließen. Wer verhält sich hier auf welche Weise und mit welchen Folgen *wahrhaftig*?

Beim Phänomen der sexualisierten Gewalt scheint die Wahrhaftigkeit auf eine ganz eigene Weise *gleichzeitig* besonders nah und besonders fern zu sein, abhängig von der den verschiedenen Beteiligten zukommenden

---

[48] Siehe obiges Zitat.

Rolle, also die der betroffenen Kinder und Jugendlichen, der verursachenden verantwortlichen und missbrauchenden Übergreifer, der beteiligten weiteren inner- und außerfamiliären Bezugspersonen sowie der unterschiedlichen Akteure verschiedener Professionen und Institutionen.

Abschließend sei dem Leser folgendes zugemutet: Ein Pädophiler, der sagt: ich habe Angst davor, einem Kind weh zu tun, körperlich und seelisch, ich habe Angst davor, mich nicht unter Kontrolle zu haben und ein Kind zu schädigen, deshalb habe ich mir bei „Kein Täter werden"[49] Hilfe gesucht: dieser Pädophile ist wahrhaftig, er äußert, was er fühlt und denkt, er verhält sich *wahrhaftig*, in dem er sein Handeln danach ausrichtet und sich Hilfe sucht und: er sagt die Wahrheit, er teilt seine subjektive Wirklichkeit mit.

Die Journalistin Aufleger, welche 2011 die Missbrauchsgeschichte einer jungen Frau in einer Erzähldokumentation der Öffentlichkeit zugänglich gemacht hat, formuliert zusammenfassend und für das tief greifend schädigende Erleben der von sexualisierter Gewalt Betroffenen den Kern treffend: „Ich erkenne das Dilemma, in welchem die Betroffenen stecken müssen, die Qual, den Kampf zwischen Macht und Ohnmacht. Und ich begreife, dass in der Öffentlichkeit der Fokus fast ausschließlich auf der sexuellen Handlung liegt. Viel tiefer wird durch diese Tat etwas weit Wertvolleres missbraucht und zerstört: das Vertrauen des Menschen in sich, in die anderen, in Gott und in das Leben"[50]. Dem sei die Überlegung angeschlossen: wenn nun schon das Vertrauen, welches zum Missbrauchenden bestanden hat, zerstört worden ist und eine andere, je nach Konstellation ebenfalls wichtige oder sogar weitaus wichtigere Vertrauens- respektive Bindungsperson, die Mutter, dem Kind keinen Glauben schenkt, dann wird weiteres existenzsicherndes Vertrauen unwiederbringlich zerstört. Es gibt Mädchen, welche bereits wenige Wochen nach der Aufdeckung des erlebten Missbrauches *wahrhaftig* äußern: „Hätte ich bloß nichts gesagt

---

[49] INSTITUT FÜR SEXUALWISSENSCHAFT UND SEXUALMEDIZIN (Hrsg.): *Präventionsnetzwerk kein täter werden*. Berlin 2020. https://www.kein-taeter-werden.de/ (Letzter Aufruf am: 05.03.2020).
[50] S. AUFLEGER: *Das reizende Mädchen. Eine Missbrauchsgeschichte und ihre Aufarbeitung -Erzähldokumentation -*. Reichenau 2011, S. 146.

und es weiter ausgehalten. An den Missbrauch hatte ich mich schon gewöhnt. Alles, was jetzt passiert ist, fühlt sich weitaus schlimmer an. Unsere Familie ist zerbrochen, ich kann nicht mehr nach Hause, meine Mutter glaubt mir nicht und Papa stellt mich als Lügnerin dar. Jetzt habe ich alles verloren"[51]

Sie sind mitten unter uns. Jeden Tag. Babys, Kleinkinder, Mädchen und Jungen, Jugendliche und Heranwachsende, erwachsene Frauen und Männer in ihrer ganzen Lebensalterspanne, denen sexualisierte Gewalt widerfährt oder widerfahren ist.

Sexualisierte Gewalt passiert jeden Tag an jedem Ort auf vielfältige Art und Weise.

Jeder trägt Verantwortung dafür, hinzusehen, zu glauben und sich **wahrhaftig** zu verhalten.

Wer, wenn nicht wir? Wo, wenn nicht hier? Wann, wenn nicht jetzt?

Jeder! An jedem Ort! Zu jeder Zeit!

---

[51] Mädchen, 15 Jahre, siehe obiges Zitat.

Auf der Suche nach der Wahrheit

Thomas Zeller

In keinem Land der Welt hat die freie Presse so einen guten Ruf wie die Wissenschaft. Das beschäftigt viele Menschen, denn oft wird die Frage aufgeworfen, ob es einen Widerspruch zwischen Journalismus und Wahrheit gibt.

Und um das diesem Text als eine Art Präambel voranzustellen, in den klassischen deutschen Medien, wie beispielsweise Regionalzeitungen wird nie bewusst und damit auch nur in einem sehr viel geringeren Maße gelogen, als mancher verbitterter Leser oder Medienkritiker annehmen mag. Das liegt nicht unbedingt daran, dass Journalisten bessere Menschen sind. Auch in dieser Berufsgruppe gibt es schwarze Schafe. Sondern daran, dass sich Lügen in Medien nicht auszahlt. Unter Tausenden von Lesern findet sich immer einer, der den Fehler bemerkt und der ihn dann der Redaktion zumeist öffentlich um die Ohren schlägt. Daraus erwächst eine andere Konsequenz: Wird eine Zeitung

---

T. Zeller (✉)
Heidenheim, Deutschland
E-Mail: thomas.zeller@hz.de

© Der/die Autor(en), exklusiv lizenziert durch Springer Fachmedien Wiesbaden GmbH, ein Teil von Springer Nature 2022
S. van Meegen (Hrsg.), *Wahrhaftigkeit – eine gesellschaftliche Herausforderung*,
https://doi.org/10.1007/978-3-658-34333-0_6

wiederholt einer offensichtlichen Lüge überführt, dann wird sie nicht mehr ernstgenommen und folglich nicht mehr gekauft.

Vertrauen

Diese Aussage wird auch davon gestützt, dass nach wie vor die Mehrheit der Deutschen, den etablierten Medien, wie der Heidenheimer Zeitung, traut. Das zeigen repräsentative Befunde der Langzeitstudie „Medienvertrauen"[1], die am Institut für Publizistik der Johannes Gutenberg-Universität Mainz (JGU) 2018 durchgeführt wurde. Allerdings, und das ist die schlechte Nachricht, hat die „Lügenpresse"-Debatte Spuren hinterlassen. Noch schlimmer: laut Studie haben sich pauschale Kritik und Polemik in den vergangenen Jahren verfestigt. Jeder vierte Bürger in Deutschland hält die Medien nicht für vertrauenswürdig und wirft ihnen gezielte Manipulation vor.

Ein Viertel der Deutschen stimmt demnach der Aussage zu: „Die Medien arbeiten mit der Politik Hand in Hand, um die Meinung der Bevölkerung zu manipulieren." Ein Jahr zuvor, also 2017, lag dieser Wert noch bei 20 %. Den Vorwurf, die Medien würden die Bevölkerung in Deutschland systematisch belügen, teilen aktuell 16 % (2017: 13 %). Ein kleiner Trost bleibt der Branche. 2016 waren diese beiden Werte schon einmal deutlich höher.

Warum wird also trotz zumeist gleichbleibender oder sogar steigender Qualität journalistischer Produkte die Arbeit von Redaktionen durch die Leser kritischer gesehen als in den Vorjahren? Das mag an den Veränderungen im Kommunikationsverhalten unserer Gesellschaft liegen. Ohne eine fest umrissene Vorstellung des Begriffes Wahrheit kann es keinen Journalismus und auch keine Massenkommunikation geben. Das ist schon seit vielen Jahrzehnten universitärer Konsens. Wenn man sich nicht sicher sein kann, dass ein Schreiber in etwa das gemeint hat,

---

[1] Vgl. N. JACKOB, I. JAKOBS, O. QUIRING u. a.: *Mainzer Langzeitstudie Medienvertrauen. Erste Analyse aus der Welle 2018*. Mainz 2019. Verfügbar unter: https://medienvertrauen.uni-mainz.de/files/2019/03/Schaubilder_Medienvertrauen_2018.pdf (Letzter Aufruf am: 13.07.2020).

was ein Leser beim Lesen versteht, dann würde die Kommunikation im Alltag zusammenbrechen. Sowohl der recherchierende Redakteur als auch der Leser müssen die wahre Beschreibung von Ereignissen für möglich halten. Wer aus diesem Raster herausfällt, ist für eine „normale" Kommunikation nur schwer erreichbar.

Doch die wahre Beschreibung eines Sachverhaltes ist schwierig. Denn jeder, der viel textet, weiß wie schwer es sein kann, das, was man meint, auch mit den richtigen Worten auszudrücken. Ein ganzer Bereich, die Interpretation, lebt davon, danach zu fragen: Was hat der Schreiber (Autor, Dichter, etc.) eigentlich gemeint?

Wer schon einmal ein Gedicht interpretiert, eine Gesetzesänderung kommentiert oder einen Text aus einer Sprache in eine andere übersetzt hat, weiß, dass diese Arbeit ihre Tücken hat. Denn unsere Alltagssprache ist alles andere als exakt. Das muss sie auch nicht sein, denn sie entwickelt sich ständig weiter. Wortbedeutungen wandeln sich. Wer beispielsweise einen älteren Text aus dem 19. Jahrhundert liest, muss sich bewusst sein, dass sich die Bedeutung des Wortes von hanebüchen von einem Ausdruck für das harte Holz der Hainbuche deutlich gewandelt hat zu einem Begriff für unverschämte oder irrwitzige Aussagen.

Aus diesem Grund versuchen Linguisten schon länger Kunstsprachen zu entwickeln. Jüngste Beispiele, wie das 1887 entwickelte Esperanto haben es aber nie geschafft zu einer weltweit akzeptierten Sprache zu werden. Nur ein Bruchteil der Bevölkerung in Europa oder in Asien verfügt über flüssige Kenntnisse. Dabei liegen die Vorteile einer universalen Sprache auf der Hand. Als das Lateinische noch verbindliche Gelehrtensprache war, kamen Missverständnisse sehr viel seltener zu Stande als in der heutigen Zeit.

Problematisch ist auch die Flucht in immer mehr Fachsprachen, die die heutige Gesellschaft prägen. Hunderte wenn nicht gar Tausende von ihnen versuchen nicht einmal mehr einen universalen Anspruch zu erheben, und erschweren damit die Kommunikation. Sie unternehmen zudem selten den Anspruch besonders genau zu sein, sondern dienen eher dem Nachweis einer bestimmten Zugehörigkeit. Ein Arzt, ein Theologe, ein Informatiker kann sich schon allein dadurch ausweisen, dass er die medizinische, theologische, formale Sprache richtig nutzen und damit auch verstehen kann.

Eine Frage der Rechnung

„Die einzige echte universale Kunstsprache, die es gibt und die den Kennern denn auch weidlich geneidet wird, ist die Sprache der Mathematik."[2], schreibt bereits Rudolf Walter Leonhardt in einem 1976 erschienen Essay. Es ist ein mehr als verführerischer Ansatz zu vermuten, dass alles wahr sei, was sich nur in Zahlen ausdrücken lässt.

Schön, wenn es so wäre. Bereits Leonhardt beschreibt, dass sich die Freude und das Leiden nicht in Zahlen ausdrücken lassen. Studien die Liebesglück oder Lebenszufriedenheit messen, also Versuche Gefühle in Zahlen zu übersetzen, sind grenzwertig. Daraus die Exaktheit der mathematischen Sprache abzuleiten und entsprechende Ansprüche geltend zu machen, sind überzogen.

Dabei muss uns klar sein, dass die Wahrheit der Mathematik rein formaler Art ist. Sie ist nur dann exakt und unwiderlegbar, wo Zahlen und Symbole sich streng an einer Art reiner Abstraktion erhalten. Sobald sie mit konkreten Inhalten gepaart wird, schwindet ihre Genauigkeit. Ein Beispiel: $1+1=2$, kein Zweifel. Aber 1 L Flüssigkeit + 1 L Flüssigkeit ergibt nicht immer 2 L Flüssigkeit (bei Alkohol liegt das Ergebnis bei 3,85 L).

Dennoch ist der Glaube an Zahlen weiterhin ungebrochen. Ein fast alltägliches journalistisches Beispiel sind Kundgebungen. Dabei ist es immer wichtig zu wissen, wie viele Menschen daran teilgenommen haben. Aber wie funktioniert so etwas? Da steht dann die Zahl in einem Artikel, und man hält sie, weil es ja eine Zahl ist, für genau. Nehmen wir als Beispiel die Rosenmontagsumzüge in Trier. Vor einigen Jahren meldeten die Veranstalter eine Zahl von etwa 100.000 Zuschauern. Die Polizei berichtete später von etwa 80.000. Vorweg – beides sind

---

[2] R. W. LEONHARDT: *Journalismus und Wahrheit. Woran es liegt, wenn wir einander so oft nicht verstehen.* In: Die Zeit (1976) Nr. 39.

offizielle Schätzzahlen. Vermutlich liegt die richtige Zahl aber irgendwo in der Mitte. Veröffentlicht in der Zeitung wurde übrigens die Zahl der Veranstalter, weil die Polizei ihre Statistik erst am Folgetag, und damit zu spät für die Dienstagsausgabe, publizierte. Es lohnt sich deshalb auch bei offiziellen Zahlen zu fragen, besteht vielleicht der Wunsch etwas größer erscheinen zu lassen, als es ist? Auch so etwas kann sich hinter einer scheinbar exakten Zahl verbergen.

Tagtäglich erlebt die Wahrheit der Zahlen Siege und Niederlagen in der Statistik, ob es um Straßenverkehr geht oder um Luftverschmutzung, ob im Kampf gegen Krankheiten oder für den Wahlsieg. Oft behaupten Statistiker zu wissen, was wahr ist, und demonstrieren es durch ihre Zahlenreihen. Doch diese scheinbare Exaktheit täuscht oft. Beim Glücksspiel weiß jeder Roulettespieler: Wenn bereits siebenmal Rot gefallen ist, spricht erfahrungsgemäß nichts dagegen, dass diese Farbe noch ein achtes Mal fällt. Die Wahrscheinlichkeitsrechnung, auf der viele Statistiken beruhen, hat eben auch ihre Tücken.

Das führt zu einem Zitat, das dem ehemaligen Fernsehmoderator Franz Alt zugeschrieben wird. „Nur Gott ist „objektiv" und es gibt viele und nicht nur eine Objektivität." Ein Physiker könnte jeden Statistiker entkräften, der davon ausgeht, dass da wirklich eine Roulette-Kugel rollt. Nach der physikalischen Betrachtungsweise handelt es sich bei diesem Prozess um geballte Energien, die exakt berechenbar sind. Dieses Weltbild findet seine Grundlagen in der deutschen Philosophie, die für sich in Anspruch nimmt, sich von Platon abzuleiten. Es geht um den deutschen „Idealismus", der besagt, dass wir die Dinge nicht wirklich begreifen, sondern dass wir uns mit den Erscheinungen, die unsere Sinneswahrnehmungen uns vorspielen, zufrieden geben.

Das scheint weit weg von der Welt des alltäglichen Journalismus zu sein. Aber hier liegt ein besonderer Punkt. Die Basis der Wahrheit, auf die die ein Redakteur zurückgreifen und mit der er arbeiten muss, kann nicht primär im Denken liegen (wie bei den Philosophen des Idealismus), sondern sie muss sich auf Beobachtungen stützen. Die Welt dieser Sinneswahrnehmungen, das ist unsere Realität. Und hier ist nichts wahr, was nicht wahrgenommen werden kann. Nichts ist mittelbar, was nicht derjenige, dem wir es mitteilen, auch wahrnehmen könnte. Dieses Bekenntnis zum Wahrnehmbaren ist wichtig. Denn es bedeutet einen Verzicht auf den Wahrheitsanspruch von allem, was außerhalb der Welt unserer sinnlichen Wahrnehmungen liegt.

Hinzu kommt, dass Nachrichtenentscheidungen in Redaktionen von vielen Faktoren, wie beispielsweise dem Publikumsinteresse beeinflusst werden.

Leserwünsche

Ob über ein Thema berichtet wird, oder nicht, hängt oft auch von den Interessen und Eigenschaften der Zielgruppe ab oder zumindest von dem, was Journalisten dafür halten. Das Publikumsinteresse an komplexen Sachverhalten ist nach wie vor nicht deutlich ausgeprägt. In den vergangenen Jahren haben sich immer weniger Menschen für innen- und außenpolitische Ereignisse in den Medien interessiert. Während das Interesse an lokaler Berichterstattung in der Tageszeitung von 2003 bis 2014 um drei Prozentpunkte auf 86 % gestiegen ist, sank im gleichen Zeitraum das Interesse an innenpolitischen Meldungen um zwei, an außenpolitischen gar um fünf Prozentpunkte. (Quelle: IfD-Umfragen 7040 und 11.024). Diesen Trend gibt es auch bei Radio und Fernsehen.

Eine Folge davon ist ein erschreckend geringes Wissen zum Beispiel über Grundprinzipien unseres politischen Systems wie den Föderalismus, die Gewaltenteilung und die Frage, ob wir in einer repräsentativen oder in einer direkten Demokratie leben. Durch die sinkende Nachfrage bei den Lesern, Hörern und Zuschauern wandelt sich auch das Angebot der Medien. Lokale und regionale Aspekte rücken stärker in den Fokus der Berichterstattung.

Nicht verschwiegen werden darf aber, dass auch Journalisten wie alle Bürger politische und ideologische Einstellungen und Präferenzen haben. Diese Feststellung ist zwar auf den ersten Blick banal, kann aber beispielsweise bei der Kommentierung von Ereignissen durchaus eine Rolle spielen. Auch wenn es im professionellen Umgang mit Themen keine Rollen spielen sollte, haben die meisten Journalisten eine eigene Einstellung zu den Dingen, über die sie berichten müssen.

Dies liegt in der Natur des Berufes, denn wer sich mit verschiedenen Themenfeldern professionell beschäftigen muss, bildet meistens auch eine eigene Position zu Themen und Akteuren aus. Diese dürfen keinen Einfluss auf die tägliche Berichterstattung haben. Allerdings befinden sich Journalisten bei ihrer Arbeit häufig in schwierigen Situationen. Sie müssen unter Zeitdruck Entscheidungen darüber treffen, welche Ausschnitte aus der Wirklichkeit erstens wahr, zweitens relevant und drittens im normativen Sinne richtig sind. Zudem werden ihre getroffenen Entscheidungen einem breiten Publikum öffentlich sichtbar.

Leitlinien

Damit das funktioniert, haben sich viele Medienhäuser Leitlinien gegeben, nach denen die Redakteure arbeiten müssen. Die Heidenheimer Zeitung orientiert sich beispielsweise an den Standards und den Grundsätzen des Deutschen Presserates. Im Detail heißt das, dass die Redaktion dabei ihre Rechte und Freiheiten (Informations- und Meinungsäußerungsfreiheit, künstlerische Freiheit) aktiv wahrnimmt und ihre Unabhängigkeit verteidigt. Sie kennt aber auch ihre rechtlichen und ethischen Pflichten und die sich daraus gegenüber der Gesellschaft ergebende Verantwortung.

Bei der Heidenheimer Zeitung, wie bei vielen anderen Medienhäusern, steht in diesen Vorgaben sogar explizit drin, dass ihre Redakteure in ihren journalistischen Produkten danach streben, die Wirklichkeit korrekt abzubilden. Sie bemühen sich dabei, sämtliche Tatsachen zu berücksichtigen, die für das Verständnis des jeweiligen Sachverhaltes relevant sind. Die Redaktion verpflichtet sich zudem nur Informationen aus zuverlässigen Quellen zu veröffentlichen. Falsche Informationen werden berichtigt.

Recherche

Diese Vorgaben betreffen auch die Recherche, die ein unverzichtbares Instrument journalistischer Arbeit ist. Die meisten Redaktionen recherchieren nach den Grundsätzen der Unvoreingenommenheit und Wahrhaftigkeit. Unvoreingenommenheit bedeutet aber nicht den Verzicht auf eine Arbeitshypothese. Es ist zulässig und oft sinnvoll, Recherchen mit einer. Vermutung zu beginnen. Aber es werden in deren Verlauf auch Fakten berücksichtigt, die der Eingangsvermutung widersprechen. Wahrhaftigkeit erfordert es, keine Schlüsse zu ziehen, die nach sorgfältig erarbeitetem Wissen nicht für wahr gehalten werden.

Leider muss an dieser Stelle eine Differenzierung getroffen werden. Das Publikum vergleicht häufig die Berichterstattung in sozialen Medien mit klassischen Medienangeboten, wie Zeitung, Zeitschrift, Rundfunk aber auch Online-Medien. Hier ist es aber häufig so, dass eigene Erlebnisse als universal und umstandslos verallgemeinerbar betrachtet werden. Wenn also ein Youtuber von seinen Erfahrungen berichtet, hat das auch wenn es das Publikum anders sehen mag, nichts mit dem klassischen journalistische Geschäft zu tun, in dem streng zwischen verallgemeinerbaren Fakten und subjektivem Befinden unterschieden wird.

Das hat mittlerweile sogar Auswirkungen auf den politischen Diskurs in Deutschland. Die frühere Arbeitsministerin Andrea Nahles erzählte bei vielen Veranstaltungen gern von ihrem Vater und dem kleinen Ort in der Eifel, aus dem sie kam, wenn sie ihre Rentenpolitik begründen wollte. Ihr Vater wurde damit zu einem Maßstab für alle Menschen in der Bundesrepublik. Wenn dann auch noch das viel gepriesene Bauchgefühl ins Spiel kommt, sind wir nicht mehr weit von postfaktischen Zeiten entfernt. Die Medien versuchen dagegenzuhalten, indem sie klare Angaben einfordern. Im klassischen Nachrichtenjournalismus geht es um Sachdienliches, nicht Gefühltes.

Die Gesellschaft funktioniert häufig nach bestimmten Konzepten. Bei einem wird beispielsweise versucht, von einer allgemeinen Regel auszugehen und sie auf Einzelfälle anzuwenden. Das führt häufig zu

Klischees: Darunter können durchaus ehrenwerte sein. („Alle Menschen sind gleich"), aber eben auch recht fragwürdige („Polen stehlen"). Wer sein eigenes Verhalten, seine „Motivationen" genau prüft, wird auf ein eigenartiges Gemisch von „allgemein für wahr Gehaltenem" stoßen.

Für den Journalisten empfiehlt sich wie für Wissenschaftler aber eine andere Methode: geduldig Beobachtungstatsachen sammeln; sich dann kühn ein Bild vorstellen, in dem diese Fakten ihren Platz finden und danach eine Theorie entwerfen, die genau diesen Fakten gerecht wird. Abschließend dann der wichtigste Schritt: das Bild, die Theorie prüfen durch neue Beobachtungen und Bild oder Theorie entsprechend verändern, auch ganz aufgeben, wenn sie sich nicht halten lassen.

Im Prinzip unterscheidet sich also ein Zeitungsbericht nicht von einer Forschungsarbeit. Freilich stößt der Journalist eher an Grenzen als der Forscher. Grenzen der Zeit: was „wahr" ist, muss bis zum Redaktionsschluss feststehen, danach interessiert es niemanden mehr. Grenzen des Raumes: was „wahr" ist, muß in 120 Zeilen wahr sein, weil es sonst auf den Rand der Zeitung gedruckt werden müsste. Grenzen der Aufnahmebereitschaft: die Wahrheiten des Forschers sind subventioniert, die Wahrheiten des Journalisten müssen verkäuflich, also „interessant" und „gut geschrieben" sein.

An diesen Grenzen hat sich in den letzten hundert Jahren bei der freien Presse wenig geändert. Neu in den vergangenen Jahren ist dagegen die Offenheit, mit der Redaktionen in der Öffentlichkeit ihre Arbeitsweise kommunizieren. Ich würde sogar behaupten, so transparent wie heute haben die meisten deutschen Journalisten noch nie gearbeitet. Umso mehr frustriert viele Kollegen die scheinbare Endlos-Debatte über vorgebliche Fake News. Die ständigen Angriffe des US-Präsidenten, Donald Trump, auf Journalisten sind eine manipulative Masche, die das Wort in einen Kampfbegriff verwandelt hat. Mittlerweile wird der Begriff sogar in der Alltagskommunikation verwendet. Er steht für alles, was falsch oder dubios erscheint. Das schließt ungewollte Fehler und Schlampereien ein. Im wissenschaftlichen Kontext dagegen sind mit Fake News gezielt platzierte Falschmeldungen gemeint. Hier geht es um ein Handeln aus Vorsatz. Forscher sprechen dabei auch von Desinformation. Wie bereits ausgeführt machen zwar auch professionelle Journalisten Fehler und sind nicht völlig objektiv. Eine bewusste Täuschung betreiben aber nur wenige.

Fake News

Schon immer muss sich die Geschichtsschreibung damit herumplagen, Fakten und Fiktionen zu unterscheiden. Desinformation ist seit alters her eine Technik der Herrschenden, ein Mittel im Kampf um die Köpfe ihrer Untertanen. Und selbst die Strategie, eine Lüge zu verkaufen, indem man die anderen, im Augenblick die Journalisten, als Lügner darstellt – ist wahrlich keine Erfindung der Neuzeit. Besonders in Kriegszeiten waren und sind Fake News ein gängiges Mittel der Propaganda. Erinnern sie sich noch an die angeblichen Massenvernichtungsmittel im Irak, für die es hieb und stichfeste Beweise geben sollte, und die dann als Auslöser für den zweiten Irak-Krieg dienten. Das waren ganz klar Fake News im Dienste der Propaganda.

Desinformationen sind also kein neues Phänomen, dennoch scheinen viele Menschen den Eindruck zu haben, das Problem sei heute größer als früher. Jeder Mensch, der Zugang zum Internet hat, kann nun allen möglichen Unsinn sofort und weltweit verbreiten. Vor einiger Zeit ergriff Papst Franziskus das Wort zum Thema und appellierte an die Menschen, sich gegen die Verbreitung von Fake News zu stellen. Vor allem Journalisten seien gefragt – als „Hüter der Nachrichten".

Die Hauptaufgabe des Journalismus bleibt es, Nachrichten zu verbreiten, die stimmen. Gerade im Fake-News-Umfeld ist diese Aussage weit weniger trivial, als sie den Anschein hat. Nach wie vor scheuen sich viele, große Worte wie Wahrheit in den Mund zu nehmen. Denn wer sich im Besitz der Wahrheit wähnt, wirkt schon immer eher verdächtig. Für Journalisten ist die Bindung an Wahrheit und Wahrhaftigkeit aber eine ganz wesentliche Verpflichtung.

Auch wenn das Nachrichtenmagazin „Der Spiegel" nach der Relotius-Affäre, mit ihren vielen gefälschten Artikeln, etwas angeschlagen erscheint, gilt für seine Redaktion nach wie vor der Leitspruch seines Gründers, Rudolf Augstein: „Sagen, was ist". Es geht hier um einen Anspruch, eine Haltung, ein Ethos. Ein Journalist soll sich nicht blenden lassen von falschem Schein. Er oder sie darf der Pressearbeit der wirtschaftlich oder politisch Mächtigen nicht auf den Leim gehen; aber eben auch nicht der Pressearbeit derer, die für eine tatsächlich oder vermeintlich gute Sache kämpfen.

Nun kann man diesen Anspruch als naiv bezeichnen oder wenn man die Medien negativer sieht als größenwahnsinnig. Objektiv betrachtet sind diese Attribute aber von unschätzbarem Wert für eine demokratische Öffentlichkeit. Ohne solide Informationen sind vernünftige Diskurse nicht möglich.

Wie schon beschrieben, kann der Journalismus diesem Anspruch nicht immer hundertprozentig gerecht werden. Manchmal mag er weniger unabhängig sein, als er sollte. Und es kann sein, dass sich manche Journalisten wie Politiker oder wie Richter aufführen. Dennoch oder gerade deshalb bleibt richtig: Die Wahrheitsorientierung ist von großem Wert.

Bereits in der Geschichte des Journalismus hat sich diese Norm früh herausgebildet. Viele der Zeitungen des 16. Jahrhunderts führten entsprechende Beteuerungen im Titel. Sie trugen Namen wie „Warhafftige Newe Zeitung" oder „Wahre Newe Zeytung". Seit Anfang der 1520er Jahre wurden solche Titel zu einer feststehenden Formel. Ganz klar in den Anfängen des Journalismus war die öffentliche Kommunikation noch stark von der Zensur eingeschränkt. Aber schon früh entwickelten sich Kriterien für eine korrekte Berichterstattung. So beschrieb Tobias Peucer, der als Verfasser einer der ersten Dissertationen über die Presse gilt, bereits 1690 Maßstäbe, die noch heute für die Arbeit in Redaktionen gelten. So forderte er, dass die Ereignisse überprüft und die Berichte über sie gesichert sein müssen, bevor man diese veröffentliche. Ebenso sollten die Geschehnisse durch Zeugnisse mehrerer Quellen bestätigt werden.

Ein weiterer Punkt, der gegen die pauschale Fake-News-Kritik zu Felde geführt werden kann, ist die aktuelle Rechtslage. In den Pressegesetzen der Bundesländer wird die journalistische Sorgfaltspflicht verlangt. Hier finden sich Formulierungen wie diese: „Nachrichten sind vor ihrer Verbreitung mit der nach den Umständen gebotenen Sorgfalt auf Herkunft und Wahrheit zu prüfen." Und auch im bereits erwähnten Pressekodex des Deutschen Presserats heißt es in Ziffer 1: „Die Achtung vor der Wahrheit, die Wahrung der Menschenwürde und die wahrhaftige Unterrichtung der Öffentlichkeit sind oberste Gebote der Presse."

Faktencheck

Natürlich haben Journalisten immer wieder auch einmal falsche Nachrichten verbreitet. Schon lange vor dem Fall Relotius sorgte beispielsweise der Fälschungsskandal um die Hitler-Tagebücher für Schlagzeilen. Diese vermeintliche Sensation der Zeitschrift Stern, die später zur Lachnummer wurde, beruhte zwar nicht auf einer Fälschung durch Journalisten, sondern auf einer Fälschung durch den Maler Konrad Kujau. Dennoch übten die Redakteure hier nicht ihre Sorgfaltspflicht aus. Solche Fälle, finden sich inzwischen in den Lehrplänen der Journalismus-Ausbildung. Dennoch sind auch heute Qualitätsmedien nicht davor gefeit gelegentlich journalistischen Fälschern auf den Leim zu gehen. Aber, um das an dieser Stelle noch einmal deutlich zu sagen, das sind Ausnahmen. Denn die meisten Journalisten haben die Wahrheitsorientierung verinnerlicht. Sie üben ihren Beruf rechtschaffen aus.

Weitaus häufiger passieren neben solchem offensichtlichen Betrug unabsichtliche Fehler und Verzerrungen, die mit journalistischen Routinen zu tun haben. Sie sind oft die Folge fehlender Kompetenz und des zunehmenden Tempos in unserer Gesellschaft. Ein Beispiel: Im Frühjahr 2017 titeln Spiegel Online und Zeit Online in Eilmeldungen, dass das Bundesverfassungsgericht die NPD verbietet. Das war natürlich falsch. Eine spätere Rekonstruktion ergab, dass die Journalisten die Urteilsverkündung verfolgten, bei der der Vorsitzende des Senats einfach noch einmal den Antrag vortrug, über den zu entscheiden war, also der Antrag die NPD zu verbieten. Die Journalisten fassten dies aber bereits als das Urteil des Gerichts auf. Das ist hochpeinlich, aber keine klassischen Fake News im Rahmen einer gezielten Desinformation.

Wie schon angedeutet wachsen mit dem Tempo einer Echtzeit-Öffentlichkeit die Gefahren, dass Medien ihre Sorgfaltspflicht vernachlässigen. Und das ist leider Wasser auf die Mühlen jener Kritiker, denen es vor allem darum geht, das Vertrauen in den Journalismus zu untergraben, weil sie den Medien grundsätzlich misstrauen.

Natürlich verbreiten sich Gerüchte und Fake News im Internet und hier besonders in den sozialen Medien rasant. Die Quellen sind oft keine seriösen Journalisten, sondern dubiose Protagonisten. Das kann zu einem echten Problem werden.

Ein Beispiel ist der angebliche Sturm eines islamischen Mobs auf eine Kirche in Dortmund, die dieser dann in der Silvesternacht 2017 in Brand gesetzt haben soll. Die Basis für den Artikel, der unter anderem in dem reichweitenstarken US-Nachrichtenportal Breitbart.com verbreitet wurde, war ein Bericht in der Tageszeitung Ruhrnachrichten. Die Redakteure dort hatten die Neujahrsbilanz der Polizei aufgearbeitet. Darin war unter anderem die Rede davon, dass Gruppen von jungen ausländischen Männern, Passanten und Polizei mit Pyrotechnik beschossen hätten. Dabei gab es einen Verletzten. Doch was war denn nun mit der brennenden Kirche? Die Information findet sich in einer Meldung der Feuerwehr zu dem Abend. Dort wird über ein brennendes Bauzaun-Fangnetz an der Reinoldi-Kirche berichtet, das nach zwölf Minuten gelöscht werden konnte. Es ist unverständlich wie das US-Portal, das vor allem ein rechtspopulistisches Publikum bedient, daraus die Schlagzeile „1000-Mann-Mob setzte Dortmunder Kirche in Brand und rief Allahu Ahkbar" machen konnte, noch dazu mit Bezug auf die Ruhrnachrichten. Denn diese Aussage war definitiv falsch. Dennoch wurde diese „Fake news" tausende Male auf Facebook geteilt und verursachte ein gewaltiges globales Medienecho. In der Konsequenz hatten die Redakteure der Dortmunder Lokalzeitung noch monatelang damit zu tun, die falschen Informationen von Breitbart.com klarzustellen.

Hätte es so etwas früher nicht gegeben – oder doch? Ein Beispiel aus der Zeit vor der Digitalisierung: In den Vereinigten Staaten wurde der Konzern Procter & Gamble in den 80er Jahren zum Objekt eines schlimmen Gerüchts. Das Logo der Firma würde auf den Gründer der Moon-Sekte anspielen und die satanische Zahl 666 abbilden. Trotz aller Mühen konnte der Konzern dieses Gerücht nicht aus der Welt schaffen. Mittlerweile hat das Unternehmen ein anderes Logo.

Das zeigt, dass Fake News und Verschwörungstheorien eine lange Geschichte haben. Es bleibt unklar, ob das Ausmaß größer geworden ist. In den USA haben die beiden Wissenschaftler Joseph Uscinski und Joseph Parent die Leserbriefe der *Chicago Tribune* und der *New York Times* über einen Zeitraum von 120 Jahren auf Verschwörungstheorien untersucht. Einen Trend zu mehr Verschwörungstheorien haben sie nicht gefunden. Die meisten kursierten eher um das Jahr 1900 sowie Ende der 40er, Anfang der 50er Jahre.

Es stimmt aber, dass durch die Digitalisierung neue Kanäle entstanden sind, die dazu geführt haben, dass etablierte Medien ihre Rolle als Schleusenwärter (Gate Keeper), die darüber bestimmen, worüber kommuniziert wird, teilweise verloren haben. Was früher als mündlich verbreitetes Gerücht ein erstaunliches Tempo erreichen konnte, geht nun per Tastendruck rund um den Globus. Laut einer in der Zeitschrift „*Science*" veröffentlichen Studie verbreiten sich falsche Behauptungen auf Twitter viel schneller als verifizierte Nachrichten. Das bedeutet indes nicht, dass alle diese Fake News für wahr halten.

Viele Menschen, darunter auch Journalisten, sind inzwischen unsicher, was wahr ist und ob es so etwas wie Wahrheit überhaupt gibt. Mit ihren Postmoderne- und radikalen Konstruktivismus-Diskursen hat die Wissenschaft einen großen Teil zu dieser Verunsicherung beigetragen. Das gefährliche Propagieren „alternativer Fakten" sollte aber für uns alle eine Mahnung sein, es mit der Relativierung von Wahrheit und Fakten nicht zu weit zu treiben. Es macht sehr wohl einen Unterschied, ob etwas als Tatsache gelten kann oder nicht. Nicht nur vor Gericht ist die Unterscheidung zwischen vermeintlichen und tatsächlichen Tatsachen weiterhin wichtig.

Das Problem an den Aussagen von Politikern wie Donald Trump ist, dass sie nicht nur einen leichtfertigen Umgang mit der Wahrheit hoffähig machen, sondern das Konzept der Wahrheit insgesamt ins Lächerliche ziehen. Hannah Arendt schreibt in ihrem Essay „Wahrheit und Politik": „Ein normaler Lügner ist immer noch mit der Wahrheit in Kontakt, er weiß ja, dass er die Unwahrheit sagt. Er zehrt noch vom Glanz der Wahrheit." Mit Trump ist nun aber eine ganz andere Art von Politikern in den Mittelpunkt der Öffentlichkeit gerückt. Diese arbeiten daran, die Grenzen zwischen Tatsachen und Meinungen zu schleifen und jede Tatsache nach Belieben zu nutzen oder zu verwerfen. Dahinter steckt eine noch viel gefährlichere Attacke auf die Wahrheit als die klassische Lüge.

Seit fast 80 Jahren gilt in den Redaktionen in der Bundesrepublik der Grundsatz: In der Meinung ist man frei, aber die Fakten sind heilig. Das ist hehres Ziel und gleichzeitig eine wichtige Verpflichtung für die Zukunft. Journalisten müssen trotz der Verdichtung ihres Arbeitsalltags weiterhin dafür sorgen, dass sich kein Lügengespinst über die Politik und die Öffentlichkeit legt. Nur mit einem kritischen und sorgfältigen Journalismus können die zunehmenden Versuche falsche oder geschönte Nachrichten zu verbreiten, bekämpft werden. Aus diesem Grunde bleiben die Redakteure einer freien Presse immer der Suche nach der Wahrheit verpflichtet.

Teil III

Wahrhaftigkeit in den Sozial- und Geisteswissenschaften

Wahrhaftigkeit aus rechtlicher Perspektive. Eine mögliche Interpretation am Beispiel des Sozialrechts (SGB V)

Roman Grinblat

I. Einführung

Der vorliegende Beitrag wagt die Annäherung aus rechtlicher Richtung an das Konzept der Wahrhaftigkeit. Mir ist bewusst, dass dieses Konzept in der Vergangenheit vielfach und zudem aus multidisziplinärer Perspektive besprochen wurde. Deshalb erhebt dieser Text keinesfalls den Anspruch auf eine bis in jede Verästelung gehende rechtliche Analyse, oder gar die alleinige Interpretationshoheit. Dies wäre in dem gegebenen Umfang weder möglich, noch aufgrund einer unendlich breiten Bedeutung und der langen Historie des Konzeptes sinnvoll. Vielmehr soll vorliegend den Lesern mein „Gedankenpfad" eröffnet werden, den er/sie bestreiten kann.

Der Autor bedankt sich für den fachlichen Input und die hilfreichen Anmerkungen bei Herrn Peter Lysy, kda - Kirchlicher Dienst in der Arbeitswelt der ELKB, München.

R. Grinblat (✉)
Duale Hochschule Baden-Württemberg Heidenheim, Fakultät Sozialwesen, Heidenheim, Deutschland
E-Mail: roman.grinblat@dhbw-heidenheim.de

II. Empirisch-Juristische Approximation
1. Was sagen die juristischen Datenbanken Juris bzw. Beck-Online

Möchten man eine Norm, einen Sachverhalt oder auch einen unbestimmten Begriff (sog. unbestimmten Rechtsbegriff)[1] – wie vorliegend Wahrhaftigkeit – rechtlich besprechen um mithin seine Bedeutung für das Recht zu erfassen, so drängen sich zunächst folgende Fragen auf: Wie wird Wahrhaftigkeit rechtlich ausgelegt? Welche Bedeutung hat es für die hiesige Rechtsprechung? In welchem Zusammenhang wird in der juristischen Literatur hierzulande dieser Begriff besprochen und verwendet?

Diesen Fragen könnte man sich zunächst empirisch nähern indem man die zentralen juristischen Datenbanken in der nationalen Jurisprudenz, nämlich Beck-Online und Juris, bemüht. Bei Eingabe des Begriffes „Wahrhaftigkeit" erhält man bei Beck-Online über 1000 Ergebnisse. Bei Juris sind es mit über 750 Resultaten auch nicht wenige Treffer.

Daraus kann man zunächst die Schlussfolgerung ziehen, dass „Wahrhaftigkeit" als Begriff im rechtlichen Kontext Verwendung findet und in der Rechtswissenschaft, als auch in der Judikatur, sogar durchaus verbreitet ist. Diese Erkenntnis ist jedoch bei Weitem nicht ausreichend, denn damit ist ja noch nichts über den materiellen Gehalt dieses unbestimmten (Rechts-)Begriffes gesagt. Dabei erweist sich die Analyse der einzelnen Rechtsgebiete als nicht sehr fruchtbar, denn sowohl im öffentlichen Recht als auch im Straf- und Zivilrecht findet Wahrhaftigkeit Anwendung.

Bei näherer Betrachtung und Auswertung kann man jedoch feststellen – wie nicht anders zu erwarten war – dass Wahrhaftigkeit

---

[1] Vgl. mit Bezug zum Sozialrecht z. B. T. Trenczek, B. Tammen, W. Behlert, A. von Boetticher: *Grundzüge des Rechts*. Stuttgart ⁵2018, S. 140 ff.; S. Rixen: *Ermessen und unbestimmte Rechtsbegriffe im SGB II und SGB III*. In: Ders., E. Welskop-Deffaa (Hrsg.): *Zukunft der Selbstverwaltung*. Wiesbaden 2015, S. 57–68, hier S. 62 ff.; C. Hufen: *Ermessen und unbestimmter Rechtsbegriff*. In: ZJS 5 (2010), S. 603–607.

häufig im Sinne einer Wortlautauslegung[2] verwendet wird und zwar als Synonym für jedwede Form von Wahrheit. So fällt beispielsweise eine Monographie von *Eberhard Schockenhoff* mit dem Titel „Zur Lüge verdammt?" auf, in der die Wahrhaftigkeit als Wahrheitsfindung im Recht besprochen und wonach Wahrhaftigkeit als Antonym zur Lüge dargestellt wird.[3] Ein anderes Beispiel ist das Lehrbuch „Rechtslogik", in welchem die Wahrhaftigkeit im Zusammenhang mit Wahrheit, Lüge, Irrtum, Täuschung und Glaubwürdigkeit gestellt wird.[4] So könnten noch zahlreiche weitere Beispiele aufgelistet werden. Ähnlich verhält es sich bei gerichtlichen Urteilen, z. B. beim Bundesarbeitsgericht (BAG), wonach Wahrhaftigkeit als Gegenkonzept zum Irrtum interpretiert wird[5], Oberlandesgericht (OLG Stuttgart), dass an der „Wahrhaftigkeit" der Zeugenaussage nicht zweifelt[6] und schließlich beim Verwaltungsgericht (VG Lüneburg), welches diesen Begriff wie folgt verwendet: „aus der Verpflichtung zum achtungs- und vertrauensgerechtem Verhalten gegenüber dem Dienstherrn folgt die Pflicht des Beamten zur Wahrhaftigkeit gegenüber dem Dienstherrn in dienstlichen Angelegenheiten. Diese Pflicht verletzt der Beamte, wenn er sich dienstunfähig krank meldet, obwohl er tatsächlich nicht dienstunfähig war, und zudem eine durch Täuschung erwirkte unrichtige Dienstunfähigkeitsbescheinigung dem Dienstvorgesetzten vorgelegt hat".[7] Auch hier ließen sich noch zahlreiche weitere Beispiele auflisten.

Die juristische Arbeitstechnik kennt neben der Wortlausauslegung jedoch auch die systematische, historische Auslegung und vor alle die Auslegung nach der Ratio (Sinn und Zweck) einer Norm. Letztere

---

[2] Vgl. beispielsweise T. MÖLLERS: *Juristische Arbeitstechnik und wissenschaftliches Arbeiten*. München ⁹2018; T. ZERRES: *Bürgerliches Recht. Ein einführendes Lehrbuch in das Zivil- und Zivilprozeßrecht*. Berlin, Heidelberg 1993; hier insbesondere das Kapitel: *Einführung in die juristische Arbeitstechnik*, S. 3–15.
[3] E. SCHOCKENHOFF: *Zur Lüge verdammt? Politik, Medien, Medizin, Justiz, Wissenschaft und die Ethik der Wahrheit*. Freiburg 2000.
[4] O. WEINBERGER: *Rechtslogik*. Berlin ²1989.
[5] BAG, Urt. v. 12.02.1970–2 AZR 184/69, zitiert nach beck-online.de.
[6] OLG Stuttgart, Urt. v. 9.5.2019–7 U 169/18, zitiert nach juris.de.
[7] VG Lüneburg, 17.4.2019–10 A 6/17 –, zitiert nach juris.de.

scheint für die Auslegung der Wahrhaftigkeit aus rechtlicher Perspektive ergebnisorientierter und daher ergiebiger zu sein.

2. Auslegung nach Sinn und Zweck

Hilfreich für die Auslegung nach Sinn und Zweck ist der Umstand, dass „Wahrhaftigkeit" als unbestimmter Rechtsbegriff in der Durchführungsverordnung über Herkunfts- und Regionalnachweise für Strom aus erneuerbaren Energien genannt wird.[8] In § 36 Abs. 1 S. 1 HkRNDV („Anerkennung von Herkunftsnachweisen von ausländischen registerführenden Stellen") heiß es:

*„Die Registerverwaltung erkennt auf Antrag der in das Inland übertragenden registerführenden Stelle einen Herkunftsnachweis für Strom aus erneuerbaren Energien aus Mitgliedstaaten der Europäischen Union, aus anderen Vertragsstaaten des Abkommens über den Europäischen Wirtschaftsraum, aus Vertragsparteien des Vertrags zur Gründung der Energiegemeinschaft oder aus der Schweiz an, wenn keine begründeten Zweifel an der Richtigkeit, der Zuverlässigkeit oder der **Wahrhaftigkeit** [Hervorhebung d. Verf.] des Herkunftsnachweises bestehen."*

Vorliegend wird die Anerkennung eines Herkunftsnachweis für Strom aus erneuerbaren Energien normeiert, wenn keinen Zweifel an der Wahrhaftigkeit durch eine staatliche Stelle[9] besteht, mithin die Stelle auf die Wahrhaftigkeit vertraut. Bestehen im Umkehrschluss Zweifel – misstraut die staatliche Stelle dem Nachweis – darf die Anerkennung nicht erfolgen. Somit wird Wahrhaftigkeit in § 36 HkRNDV in engem Zusammenhang mit Vertrauen gestellt. Zumindest bildet Vertrauen einen wichtigen Bestandteil von Wahrhaftigkeit. Für diese Interpretation spricht sodann § 36 Abs. 1 S. 2 HkRNDV, der Indizien aufführen, wonach die staatliche Institution regelmäßig der Wahrhaftigkeit eines Herkunftsnachweis trauen kann.[10]

---

[8] *Herkunfts- und Regionalnachweis-Durchführungsverordnung vom 8. November 2018*, BGBl. I S. 1853.

[9] Die Registerverwaltung ist das Umweltbundesamt, § 2 Nr. 9 HkRNDV.

[10] Zusätzlich erfolgte vorliegend eine systematische Auslegung.

Die enge Verzahnung von Wahrhaftigkeit und Vertrauen lässt sich nicht nur exemplarisch anhand des § 36 HkRNDV festhalten, sondern kommt auch regelmäßig in den in Juris und Beck-Online untersuchten Urteilen vor. Das beispielshaft zitierte VG Lüneburg Urteil führt explizit aus, dass „aus der Verpflichtung zu achtungs- und *vertrauens*gerechtem Verhalten folgt die Pflicht des Beamten zur Wahrhaftigkeit gegenüber dem Dienstherrn". Wahrhaftigkeit ist demnach die Materialisierung von Vertrauen. Ähnlich äußert sich das Bundesverfassungsgericht (BVerfG) beispielsweise in seiner Entscheidung zur Online Durchsuchung.[11] „Danach wird die reine Internetaufklärung in aller Regel keinen Grundrechtseingriff bewirken. Die Kommunikationsdienste des Internet ermöglichen in weitem Umfang den Aufbau von Kommunikationsbeziehungen, in deren Rahmen das **Vertrauen** eines Kommunikationsteilnehmers in die Identität und **Wahrhaftigkeit** seiner Kommunikationspartner nicht schutzwürdig ist, da hierfür keinerlei Überprüfungsmechanismen bereitstehen." Auch hier wird die Wahrhaftigkeit und das Vertrauen in einen engen Kontext gestellt.

Das „Wahrhaftigkeit" grundsätzlich positiv konnotiert ist und sogar Verfassungsrang hat, lässt sich an Art. 56 der Hessischen[12] und Art. 36 der Rheinland-Pfälzischen Verfassung[13] festmachen. Beide Artikel stehen unter der Überschrift Bildung und Erziehung und legen fest, dass die Erziehung junger Menschen „Rechtlichkeit und Wahrhaftigkeit" beinhalten sollte. Ohne weiter auszuführen, lassen die Verfassungsnormen den Schluss zu, dass Wahrhaftigkeit und Recht durchaus in einer engen Beziehung zueinanderstehen bzw. sich ergänzen („und").

3. Zwischenergebnis

Als Zwischenergebnis lässt sich festhalten, dass in juristischer Literatur und hiesiger Rechtsprechung der Wahrhaftigkeitsbegriff im Sinne von

---

[11] BVerfGE 120, 274–350.
[12] *Verfassung des Landes Hessen v. 1.12.1946.* Verfügbar unter: https://hessischer-landtag.de/content/publikation-zur-verfassung-des-landes-hessen. (Letzter Aufruf am: 01.10.2021).
[13] *Verfassung für Rheinland-Pfalz v. 18.5.1947.* Verfügbar unter: https://www.rlp.de/de/unser-land/landesverfassung/. (Letzter Aufruf am: 01.10.2021).

Wahrheit sprechen bzw. wahre Tatsachen behaupten ausgelegt wird. Insofern erfolgt in der Rechtswissenschaft die Auslegung oftmals nach dem Wortlaut. Bei näherer Analyse und der Bewertung einiger Normen, unter anderem in der Verfassung des Landes Hessen und Rheinland-Pfalz, sowie höchstrichterlicher Entscheidungen, ist die Verbindung von Wahrhaftigkeit und Vertrauen nicht von der Hand zu weisen und drängt sich dem Leser förmlich auf. Insofern geht Wahrhaftigkeit und Vertrauen Hand in Hand. Man könnte sogar so weit gehen zu behaupten, dass Vertrauen jedenfalls in den analysierten Normen und Entscheidungen einen wesentlichen Bestandteil des Wahrhaftigkeitskonzeptes darstellt.

III. Wahrhaftigkeit im Sozialrecht (SGB V)

Was aber hat die vorgenannte Feststellung mit dem Sozialrecht zu tun? Warum spielt Wahrhaftigkeit im Sozialrecht und hier insbesondere in der gesetzlichen Krankenversicherung (GKV) des Sozialgesetzbuches V (SGB V) eine zentrale Rolle? Um diese Fragen beantworten zu können müssen zunächst die Grundprinzipien der GKV und hier vordergründig das Sachleistungsprinzip beleuchtet werden.

1. Sachleistungsprinzip des § 2 Abs. 2 S. 1 SGB V

Gesetzlich versicherte Personen können Dienste der Leistungserbringer und Sachleistungen in Anspruch nehmen. Damit erhalten sie Leistungen ohne Kostenlast, vorfinanzierungsfrei und risikolos.[14] Die generelle Berechtigung zur Inanspruchnahme erhalten sie vermittels der Krankenversicherungskarte.[15] Das Sachleistungsprinzip[16] stellt

---

[14] BVerfGE 11, 30 f.

[15] W. Noftz: *§ 2 Leistungen. Rn. 80.* In: K. Hauck, W. Noftz (Hrsg.): *SGB V: Gesetzliche Krankenversicherung. Kommentar.* Berlin 2019.

[16] Grundlegend hierzu: S. Murkel: SGb 1998; W. Noftz: *§ 2 Leistungen.* In: K. Hauck, W. Noftz (Hrsg.): *SGB V: Gesetzliche Krankenversicherung. Kommentar.* Berlin 2019; G. Steinhilper: *§ 16 Die Abrechnung vertragsärztlicher Leistungen durch die KV.* In: F. E. Schnapp, P. Wigge (Hrsg.): *Handbuch des Vertragsarztrechts. Das gesamte Kassenarztrecht.* München ³2017, S. 584–606.

als Strukturelement[17] die Regelform der Leistungsgewährung in der gesetzlichen Krankenversicherung dar. Es ist in den §§ 2 Abs. 1 S. 1, Abs. 2, 13 SGB V normiert. Eine besondere Ausprägung findet das Sachleistungsprinzip in der vertragsärztlichen Versorgung, in der Vertragsärzte und Krankenkassen nach § 72 Abs. 1 S. 1 SGB V die vertragsärztliche Versorgung der Versicherten gemeinsam sicherzustellen haben. Aus dem Sachleistungsgrundsatz, wonach die Krankenkassen den Versicherten Leistungen zur Verfügung stellen, folgt, dass die von den Krankenkassen zur Sicherstellung herangezogenen Leistungserbringer verpflichtet sind, die Versicherten zu behandeln. Diese Pflicht besteht, wenn sie zur Auffassung kommen, dass Behandlungs- oder Leistungsbedürftigkeit besteht. Dies folgt aus § 109 Abs. 4 S. 2 SGB V für die Krankenhäuser. Eine derartige Pflicht besteht gleichermaßen im Rahmen des Sachleistungssystems auch für die anderen Leistungserbringer. Ob letztendlich Behandlungsbedarf bestand, spiegelt sich in den Auswirkungen allein in der Behandlung des Honorierungsrisikos zwischen Krankenkasse und Leistungserbringer wider.

Zur Sicherstellung und zur Gewährleistung eines Systems von Leistungen, die die Versicherten abrufen können, schließen die Krankenkassen nach § 2 Abs. 2 S. 3 SGB V Verträge mit den Leistungserbringern ab, z. B. über die ambulante Versorgung nach §§ 27, 28, 72 SGB V, die stationäre Krankenhausversorgung nach §§ 39, 109 f. SGB V, die belegärztliche Versorgung nach § 121 SGB V, die Erbringung von Heil- und Hilfsmitteln nach §§ 124 ff. SGB V sowie die Rehabilitation und ergänzende Leistungen nach §§ 40, 111 SGB V. Die Verträge nach § 2 Abs. 2 S. 3 SGB V haben die Vergütung der Leistungserbringung zu regeln. Dies folgt für den Krankenhausbereich aus dem Krankenhausfinanzierungsgesetz, dem Krankenhausentgeltgesetz und der Bundespflegesatzverordnung.

---

[17] BSGE 69, 70.

2. Vertrauen als Fundament im Krankenversicherungsrecht

Das Sachleistungssystem setzt ein funktionierendes System der Leistungserbringung voraus. Dieses Funktionieren hat eine mehrdimensionale Bedeutung, nämlich in Richtung Leistungserbringung als auch Leistungsabrechnung. Nur wenn Leistungserbringer ordnungsgemäß ihre medizinische Dienstleistung oder Produkte abgeben und auch Versicherte rechtskonform die Leistungen in Anspruch nehmen, können die Kostenträger für die tatsächlich erfolgte Inanspruchnahme die Kosten übernehmen. Das System basiert somit auf Vertrauen zwischen den Stakeholdern. In Einzelnen bedeutet es, dass Versicherte darauf vertrauen müssen, dass insbesondere die medizinische Dienstleistung und/oder Produkte, z. B. Physiotherapie[18], Facharztbehandlung[19], orthopädische Schuheinlage oder handgefertigte Prothese[20] von qualifiziertem Personal durchgeführt und rein aus medizinischen Überlegungen und nicht etwa aus etwaigen eigenen finanziellen Interessen bzw. finanziellen Interessen Dritter abgegeben werden. Gleichzeitig muss der Arzt davon ausgehen, dass seitens der Versicherten z. B. kein sog. Ärztehopping erfolgt, d. h. Versicherte eine Vielzahl von Ärzten aufsuchen und sich vor allem Medikamente verschreiben lassen um sie gewinnbringend zu verkaufen oder zu missbrauchen.[21]

Und schließlich müssen auch die Krankenkassen als Kostenträger darauf vertrauen, dass auf gesetzlicher und vertraglicher Basis die anderen Marktteilnehmer rechtskonform handeln. Ebenso wie Leistungserbringer darauf vertrauen müssen, dass sie ihre Kosten durch die Krankenkassen erstattet bekommen und schließlich Versicherte, dass

---

[18] § 124 Abs. 1 Nr. 1 SGB V.
[19] § 95d SGB V für niedergelassene Ärzte und Arztinnen und z. B. § 116 Abs. 1 S. 1 SGB V für ambulante Behandlungen durch Krankenhausärzte.
[20] § 126 Abs. 1 S. 2 SGB V.
[21] Vgl. § 29 Abs. 1 Nr. 9 BtMG. Beispielsweise Phentnyl. Es ist ein synthetisches Opioidanalgetikum mit hoher analgetischer Potenz, das eingesetzt wird zur Narkoseeinleitung sowie zur Behandlung starker chronischer Schmerzen und Durchbruchschmerzen. Vgl. Pschyrembel Online. Verfügbar unter: https://www.pschyrembel.de. Es gilt als Drogenersatz, wird in Pflastern verschrieben und unterliegt aufgrund der Wirkung dem Betäubungsmittelgesetz (BtMG).

ihre Krankenversicherungsbeiträge durch die gesetzlichen Krankenkassen ordnungsgemäß verwaltet werden. Vertrauen ist somit in gewisser Weise der „Kleber", welcher das GKV-System zusammenhält. Und weil Vertrauen und Wahrhaftigkeit zwei Seiten eine Medaille sind, bildet Letztere die Grundessenz des Klebers.

3. Fehlverhalten in der gesetzlichen Krankenversicherung, § 197a SGB V

Wie ist es um das Vertrauen bzw. Wahrhaftigkeit in der deutschen gesetzlichen Krankenversicherung bestellt? Eine Art Lackmus-Test bilden die durch das GKV-Modernisierungsgesetz[22] im Jahr 2004 eingeführten §§ 197a SGB V (im Krankenversicherungsbereich) und 47a SGB XI (im Pflegebereich). Danach richten insbesondere Kranken- und Pflegekassen organisatorische Einheiten ein, „die Fällen und Sachverhalten nachzugehen haben, die auf Unregelmäßigkeiten oder auf rechtswidrige oder zweckwidrige Nutzung von Finanzmitteln" im Zusammenhang mit ihren Aufgaben hindeuten. Nicht minder interessant als das GMG selbst ist die gesetzliche Begründung[23]. Die Einführung der Vorschriften wird damit begründet, dass der effiziente Einsatz von Finanzmitteln im Krankenversicherungsbereich/Pflegeversicherungsbereich gestärkt, die Selbstreinigungskräfte innerhalb des Systems der GKV gefördert werden sollen ohne ein Klima des Misstrauens zu schaffen. Darin enthalten sind drei wesentliche Kernpunkte.

Erstens, der Gesetzgeber erkennt an, dass durch Fehlverhalten im Gesundheits- und Pflegebereich Finanzmittel in nicht unerheblichem Maße versickern. Nach neusten empirischen Studien sind das 5,47 % der Ausgaben.[24]

Der zweite Aspekt besteht darin, dass die Selbstreinigungskräfte der GKV jedenfalls nicht ohne Nachjustierung durch eine mit Kontrollbefugnissen ausgestattete Instanz funktionieren und innerhalb der

---

[22] GMG, BGBl. I S. 2190.
[23] Vgl. BT-Drs. 15/1525 S. 99.
[24] M. BUTTON, D. GEE: *The real cost of external fraud*. Portsmouth 2013, S. 7 f.

Systeme der Staat intervenieren muss. Das Fehlverhalten im Gesundheitswesen aus ökonomischer oder ethischer Sicht negativ ist, wird allgemein nicht bestritten.[25]

Drittens muss diese Kontrolle gewissermaßen mit Augenmaß erfolgen. Der pauschale Verdacht einer ganzen Branche und damit die Anwendung eines „Gießkannenprinzips" würde in der Praxis das Gleichgewicht aus den Fugen bringen und damit ein Klima des Misstrauens erzeugen. Daraus folgt, dass auch der nationale Gesetzgeber Vertrauen und Wahrhaftigkeit als essentielle Ingredienzien einer funktionierenden gesetzlichen Krankenversicherung erachtet, dagegen Misstrauen als sozialrechtszersetzend identifiziert.

4. Schutz von Wahrhaftigkeit

Der Sinn und Zweck der Stellen nach §§ 197a SGB V/47a SGB XI – ausgehend von der Gesetzesbegründung – besteht insbesondere in der Wahrung der Funktionsfähigkeit der gesetzlichen Krankenversicherung, indem kein Klima des Misstrauens zwischen den Stakeholdern herrscht. Im Umkehrschluss muss ein Klima des Vertrauens vorliegen, damit die Stabilität des Krankenversicherungssystems gewahrt bleibt. Sieht man Vertrauen und Wahrhaftig als zwei symbiotische Elemente an, dann läge folgerichtig die Erzeugung und das Bewahren von Wahrhaftigkeit im Aufgabenbereich der Stellen zur Bekämpfung von Fehlverhalten im Gesundheitswesen. Gleichzeitig folgt damit die Erkenntnis, dass Wahrhaftigkeit im Sozialrecht – vorliegend im Recht der gesetzlichen Krankenversicherung – nicht als gegeben angenommen werden kann, sondern vielmehr kontrolliert und geschützt werden muss.

---

[25] M. BUTTON, D. SHEPHERD, B. HOCK: *The real cost of external fraud 2019.* Verfügbar unter: https://www.synectics-solutions.com/our-thinking/details/the-real-cost-of-external-fraud-a-report-by-the-university-of-portsmouth (Letzter Aufruf am: 01.10.2021); B. SLOT, L. de SWART, K. WEISTRA, W. OORTWIJN, N. van WANJROOIJ, T. RAETS: *Updated Study on Corruption in the Healthcare Sector. Final Report.* Hg. v. EUROPÄISCHE KOMMISSION. Brüssel 2017.

IV. Ergebnis

Aus der vorgenannten Analyse folgt, dass Wahrhaftigkeit als unbestimmter Rechtsbegriff aber auch als Konzept sowohl der rechtswissenschaftlichen Literatur, als auch der Rechtsprechung nicht fremd ist und sogar in manchen Länderverfassungen aufgeführt wird. Die älteste deutsche Landesverfassung (Hessen), die noch in Kraft ist spricht von „Rechtlichkeit und Wahrhaftigkeit". Wahrhaftigkeit und Vertrauen wird im Rechtskontext oftmals im engen Zusammenhang gesehen. Dies geht so weit, dass beide Begrifflichkeiten als Synonyme verwendet werden und damit letztlich zwei Seiten einer Medaille bilden.

Vertrauen und damit gleichzeitig auch Wahrhaftigkeit stellen ein Fundament für die Funktionsfähigkeit des deutschen GKV Systems dar. Am Beispiel der Fehlverhaltensstellen und ihrer Daseinsberechtigung lässt sich exemplarisch verdeutlichen, wie wichtig Vertrauen und Wahrhaftigkeit für das Sozialrecht ist. Es bildet nämlich eine zentrale Säule für die Stabilität der gesetzlichen Krankenversicherung. Dabei darf die Existenz von Wahrhaftigkeit nicht als gegeben und erst recht nicht als immerwährend angenommen werden. Vielmehr bedarf sie rechtlichen Schutzes und normativer Durchsetzung.

V. Ausblick

Obwohl das Konzept der Wahrhaftigkeit aus rechtlicher Perspektive beleuchtet wird und mithin auch die Auslegung, Bedeutung und Beispiele aus dem Sozialrecht besprochen werden, sind zahlreiche Fragen gleichwohl noch offen. Insbesondere das „Wie" bleibt klärungsbedürftig. Wie sollte Wahrhaftig effektiv und effizient im (Sozial-)Recht bzw. durch (Sozial-)Recht erzeugt und konserviert werden? Wie wirken sich neue Technologien und Prozesse, wie z. B. Digitalisierung, Data Mining, Künstliche Intelligenz oder Robotik, auf die Wahrhaftigkeit aus? Wie kann Wahrhaftigkeit durch die Stakeholder in der GKV gestärkt werden?

All diese Fragen werden in Zukunft noch mehr an Bedeutung gewinnen. Gleichwohl können sie hier zwar erwähnt, aber nicht beantwortet werden. Diesen „Gedankenpfad" muss jeder Einzelne schon selbst bestreiten.

Wahrhaftigkeit und moralisches Verhalten – eine Annäherung aus bindungstheoretischer Perspektive

Stephanie Höger

Wahrhaftigkeit ist eine Tugend, die wir generell an uns selbst und an anderen Menschen sehr schätzen. Sie stellt eine wichtige Grundlage für das Zusammenleben in der Gesellschaft dar und bewirkt, dass wir dem Anderen Vertrauen schenken, uns ihm zuwenden und öffnen. In seinem 1947 veröffentlichten Essay „Wahrhaftigkeit" setzt sich der Philosoph Otto Friedrich Bollnow auf intensive Weise mit der gleichnamigen Tugend auseinander. Sie steht bei ihm für die subjektive Übereinstimmung einer Aussage mit der Meinung des Sprechenden[1] und bezeichnet „eine Art, wie sich der Mensch zu sich selbst verhält"[2].

---

[1] Vgl. O. F. BOLLNOW: *Wahrhaftigkeit.* In: Die Sammlung 2 (1947) H. 5/6, S. 234–245, hier S. 236.
[2] Ebd., S. 243.

S. Höger (✉)
Duale Hochschule Baden-Württemberg, Heidenheim, Deutschland
E-Mail: stephanie.hoeger@dhbw-heidenheim.de

© Der/die Autor(en), exklusiv lizenziert durch Springer Fachmedien Wiesbaden GmbH, ein Teil von Springer Nature 2022
S. van Meegen (Hrsg.), *Wahrhaftigkeit – eine gesellschaftliche Herausforderung,*
https://doi.org/10.1007/978-3-658-34333-0_8

Wahrhaftigkeit betrifft die Haltung des Menschen in seiner Gesamtheit und lebt von der Beziehung des Menschen zu sich selbst[3]. Nach Bollnow ist sie als ein Synonym für „Selbst-sein"[4] und für die „Eigentlichkeit menschlichen Existierens"[5] zu verstehen. Sie gehört seiner Ansicht nach zu den „grundlegendsten Tugenden", charakteristisch für Wahrhaftigkeit sind „innere Durchsichtigkeit und das freie Einstehen des Menschen für sich selbst"[6]. Die Ausführungen Bollnows machen deutlich, dass Wahrhaftigkeit eine Tugend ist, bei der innere Freiheit und Authentizität – bei Erich Fromm sind diese Aspekte Ausdruck von psychischer Gesundheit[7] – eine zentrale Rolle spielen. Aber auch ‚Angstfreiheit' und ‚Mut' sind für die Verwirklichung von Wahrhaftigkeit zentral, denn Unwahrhaftigkeit setzt Bollnow zufolge dort ein, „wo der Mensch sich selber etwas vormacht, wo er sich [...] die Verhältnisse so zurechtlegt, daß er auch sich selbst gegenüber den Schein der Ehrlichkeit bewahrt"[8]. Wahrhaftigkeit stellt jedoch nicht nur eine Tugend dar, sondern kann auch als Erwartung bzw. Forderung formuliert werden, die wir an uns selbst und andere richten. Insofern ist sie auch als eine moralische Norm zu betrachten.

Angesichts dieser Überlegungen stellt sich die Frage, welche Bedingungen gegeben sein müssen, damit sich Menschen eigenständig an moralischen Normen – wie beispielsweise jener der Wahrhaftigkeit – orientieren. Weiterhin steht als Frage im Raum, welche Voraussetzungen gegeben sein müssen, damit Menschen innere Freiheit, Authentizität und psychische Gesundheit entwickeln können und damit einhergehend selbst in die Lage versetzt werden, die Tugend der Wahrhaftigkeit zu realisieren. Nachfolgende Ausführungen nehmen

---

[3] Vgl. ebd., S. 236.
[4] Ebd., S. 244.
[5] Ebd.
[6] Ebd., S. 237.
[7] E. FROMM: *Wege aus einer kranken Gesellschaft*. In: R. FUNK (Hrsg.): *Erich Fromm Gesamtausgabe in zwölf Bänden. Band IV: Gesellschaftstheorie*. München 1955, S. 1–254, hier S. 51 ff.
[8] Ebd., S. 237.

auf diese Aspekte Bezug und zeigen Perspektiven auf, welche die Bindungstheorie zur Klärung dieser Fragen eröffnen kann. An erster Stelle werden zentrale Aspekte der Bindungstheorie dargelegt (1), um darauf aufbauend auf den Zusammenhang von Bindungsbeziehung und Moralentwicklung einzugehen (2). Der letzte Abschnitt skizziert einige gesellschaftspolitische Implikationen, die sich aus den vorhergehenden Darlegungen ergeben (3).

1. Zentrale Aspekte der Bindungstheorie

Bindung stellt ein menschliches Grundbedürfnis dar, dessen konstruktive Befriedigung für die Entwicklung der psychischen Gesundheit zentral ist.[9] John Bowlby (1907–1990) gilt als Pionier der Bindungsforschung. Im Rahmen seiner Tätigkeit als Kinderpsychiater und Psychoanalytiker entwickelte er im Kontext seiner Erfahrungen mit hochbelasteten Familien erste bindungstheoretische Konzepte, welche bereits 1969 veröffentlicht wurden. ‚Bindung' lässt sich als „imaginäres Band" zwischen zwei Personen definieren „das beide über Raum und Zeit miteinander verbindet"[10]. Die Grundlage von Bindung stellt die menschliche Neigung zu einem kontinuierlichen „Aufsuchen und Aufrechterhalten der Nähe eines anderen Lebewesens"[11] dar. Bowlby geht davon aus, dass das „Bindungssystem ein primäres, genetisch verankertes motivationales System dar[stellt], das zwischen der primären Bezugsperson und dem Säugling in gewisser biologischer Präformiertheit nach der Geburt aktiviert wird und überlebenssichernde Funktion hat"[12]. Bindungsbeziehungen entwickeln sich im Laufe der ersten

---

[9] K. Grawe zit. n. J. Jungbauer: *Entwicklungspsychologie des Kindes- und Jugendalters.* Weinheim, Basel 2017, S. 32.

[10] M. Ainsworth zit. n. K. Grossmann, K. Grossmann: *Bindungen – das Gefüge psychischer Sicherheit.* Stuttgart [5]2012, S. 71.

[11] J. Bowlby: *Bindung und Verlust.* (3 Bd.) München 2006, S. 192.

[12] K. H. Brisch: *Bindungsstörungen. Von der Bindungstheorie zur Therapie.* Stuttgart [13]2015, S. 36.

Lebensmonate eines Kindes. Über spezifische Verhaltensweisen kann der Säugling von Beginn an Nähe und Kontakt zu einer Bezugsperson herstellen und eine Bindungsbeziehung aufbauen.[13] Ausgehend von den interaktiven und kommunikativen Erfahrungen, die der Säugling mit seiner primären Bezugsperson im Laufe seines ersten Lebensjahres sammelt, entwickelt er ein inneres Arbeitsmodell des Erlebens und Verhaltens und der damit verbundenen Gefühle. Es beinhaltet die Haltung des Kindes sich selbst und seiner Umwelt gegenüber und beeinflusst dessen Verhalten in sozialen Situationen.[14] Zu Beginn ist das innere Arbeitsmodell noch sehr flexibel, im weiteren Entwicklungsverlauf wird es zunehmend stabiler und entwickelt sich schließlich zu einer eigenen Qualität von Bindung.[15]

Feinfühlige Fürsorge bildet die Grundlage für eine sichere Bindung. Feinfühligkeit zeichnet sich dadurch aus, dass die Bezugsperson dazu in der Lage ist, die Signale des Kindes wahrzunehmen, sie richtig zu interpretieren und angemessen sowie prompt zu befriedigen.[16] Den Bindungsforschern Grossmann und Grossmann zufolge entwickelt ein Kleinkind in Modell von sich selbst als tüchtig und liebenswert, wenn es eine zuverlässige und feinfühlige Fürsorge erhält und sich mit seiner Bindungsperson sicher fühlt. Es macht die Erfahrung, dass es Unterstützung, Beruhigung und Trost bekommt, falls seine Kompetenzen für die Bewältigung der Situation nicht ausreichen.[17] Eine sichere Bindung gilt als zentraler Schutzfaktor und stellt eine grundlegende Komponente für die Entwicklung psychischer Gesundheit dar. Forschungen belegen, dass Kinder mit einer sicheren Bindung im Vergleich zu unsicher-gebundenen Kindern psychischen Belastungen gegenüber widerstandsfähiger sind und tendenziell mehr Bewältigungsmöglichkeiten haben.

---

[13] K. GROSSMANN, K. GROSSMANN: *Bindungen – das Gefüge psychischer Sicherheit.* Stuttgart ⁵2012, S. 72 f.

[14] J. JUNGBAUER: *Entwicklungspsychologie des Kinders- und Jugendalters.* Weinheim, Basel 2017, S. 65.

[15] K. H. BRISCH: *Bindungsstörungen. Von der Bindungstheorie zur Therapie.* Stuttgart ¹³2015, S. 38.

[16] Ebd., S. 36.

[17] K. GROSSMANN, K. GROSSMANN: *Bindungen – das Gefüge psychischer Sicherheit.* Stuttgart ⁵2012, S. 176 f.

Sie zeigen vermehrt gemeinschaftliches Verhalten und haben bessere Empathiefähigkeiten. Auch ihre Lern- und Gedächtnisleistungen sowie Sprachentwicklung schneiden im Vergleich besser ab.[18]

Werden Bedürfnisse in Interaktionen mit Bezugspersonen nur unzureichend, inkonsistent bzw. gar nicht beantwortet, entwickelt sich tendenziell eine unsichere Bindung.[19] Bindungspersonen, die ihre Schützlinge häufig ignorieren, zurückweisen oder sich vorrangig an ihren eigenen Bedürfnissen orientieren, erzeugen vergleichsweise eher psychische Unsicherheit bei ihren Schutzbefohlenen.[20] Diese Kinder erleben in ihren engsten Beziehungen statt liebevoller Nähe ein Vorherrschen von Vermeidung, Distanzierung, Ängstlichkeit, Ambivalenz oder Desorganisation.[21] Infolgedessen lernen sie beispielsweise, ihre Gefühle von Verletzung, Zurückweisung oder Kränkung in engen Beziehungen zu unterdrücken und stattdessen ihre Aufmerksamkeit auf die Sachumwelt zu richten.[22] Forschungen belegen, dass unsicher gebundene Kinder tendenziell eine skeptische Grundhaltung zu sich selbst und anderen gegenüber entwickeln. Weiterhin legen sie ein vermindertes Explorationsverhalten an den Tag und spielen im Vergleich zu sicher Gebundenen seltener mit anderen Kindern. Außerdem neigen sie eher zu aggressivem und impulsivem Verhalten.[23]

Bisherige Darlegungen machen deutlich, dass Bindungssicherheit mit einem positiven Selbstbild sowie grundlegendem Vertrauen gegenüber

---

[18] K. H. BRISCH: *Die Bedeutung von Bindung in Sozialer Arbeit, Pädagogik und Beratung.* In: A. TROST (Hrsg.): *Bindungsorientierung in der Sozialen Arbeit.* Basel 2014, S. 15–42, hier S. 19 f.

[19] K. H. BRISCH: *Bindungsstörungen. Von der Bindungstheorie zur Therapie.* Stuttgart [13]2015, S. 36 f.

[20] K. GROSSMANN, K. GROSSMANN: *Die Entwicklung zwischenmenschlicher Moral in Bindungsbeziehungen.* In: C. HOPF, G. NUNNER-WINKLER (Hrsg.): *Frühe Bindung und moralische Entwicklung. Aktuelle Befunde zu psychischen und sozialen Bedingungen moralischer Eigenständigkeit.* Weinheim, München 2007, S. 151–175, S. 155.

[21] Vgl. ebd.

[22] G. GLOGER-TIPPELT: *Bindung und Sozialverhalten in der mittleren Kindheit.* In: C. HOPF, G. NUNNER-WINKLER (Hrsg.): *Frühe Bindung und moralische Entwicklung. Aktuelle Befunde zu psychischen und sozialen Bedingungen moralischer Eigenständigkeit.* Weinheim, München 2007, S. 69–103, hier S. 70.

[23] J. JUNGBAUER: *Entwicklungspsychologie des Kinders- und Jugendalters.* Weinheim, Basel 2017, S. 65.

der sozialen Umwelt einhergeht. Sicher gebundene Menschen haben in nahen sozialen Beziehungen gelernt, sich offen und emotional auszudrücken. Nicht nur Freude, sondern auch negative Gefühle wie Angst oder Wut fanden Akzeptanz. Vor diesem Hintergrund lässt sich mit Blick auf das Thema ‚Wahrhaftigkeit' die These aufstellen, dass es sicher gebundenen Menschen, welche ihre Meinung frei nach außen tragen und für sich selbst und ihre Gefühle einstehen, leichter fällt, wahrhaftig zu handeln.

2. Bindungsbeziehungen und moralische Entwicklung

Neben der Ausbildung psychischer Sicherheit beeinflusst die Qualität der frühen Bindungsbeziehung auch die moralische Entwicklung. Grossmann und Grossmann zufolge bewirken psychische Sicherheit bzw. Unsicherheit „langfristig eindrucksvolle, bemerkenswerte Unterschiede in der Gewissensentwicklung, in der intuitiven Moral und im moralischen Verhalten in Beziehungen"[24]. Demzufolge werden in psychisch sicheren Bindungsbeziehungen die Grundlagen für moralische Werte, humanistische Vorstellungen und für die Moral in späteren Beziehungen gelegt.[25] Durch verlässliche und feinfühlige Zuwendung legen Bindungspersonen den Grundstein für die spätere Erkenntnis, „dass es zu einer vertrauensvollen Beziehung gehört, die Absichten und Werte des anderen zu teilen oder zu berücksichtigen"[26]. Für die Entwicklung des Gewissens sowie die Fähigkeit, sich kooperativ zu verhalten, spielen die positive Gegenseitigkeit zwischen Bezugsperson und Kind eine entscheidende Rolle.[27] Disziplinierendes Ver-

---

[24] K. GROSSMANN, K. GROSSMANN: *Die Entwicklung zwischenmenschlicher Moral in Bindungsbeziehungen.* In: C. HOPF, G. Nunner-Winkler (Hrsg.): *Frühe Bindung und moralische Entwicklung. Aktuelle Befunde zu psychischen und sozialen Bedingungen moralischer Eigenständigkeit.* Weinheim, München 2007, S. 151–175, hier S. 155.
[25] Vgl. ebd., S. 156.
[26] Ebd., S. 155.
[27] Vgl. ebd. S. 158.

halten seitens der Eltern – beispielsweise durch vernünftige Argumente, Erklärungen oder Ermahnungen – trägt ergänzend zur moralischen Entwicklung bei.[28] Verschiedene empirische Studien belegen, dass Kleinkinder den Geboten und Verboten ihrer primären Bezugspersonen besser folgen, wenn eine feinfühlige und akzeptierende emotionale Beziehung vorherrscht.[29] Sichere Bindungsbeziehungen puffern darüber hinaus die Aggressionsentwicklung ab, indem sie das Mentalisieren[30] fördern.[31] Die Fähigkeit zur Selbstreflexion ist für die Moralentwicklung von zentraler Bedeutung, denn erst, wenn eigene Gefühle und Intentionen wahrgenommen werden können, lässt sich eine Haltung und Bewertung dazu entwickeln.

Während sichere Bindungsbeziehungen die moralische Entwicklung positiv beeinflussen, bieten unsichere Bindungsbeziehungen weniger Potential für die Entwicklung einer verinnerlichten, humanistischen Moral.[32] Hopf und Nunner-Winkler machen darauf aufmerksam, dass problematische Beziehungserfahrungen in der frühen Kindheit den Prozess der Gewissensbildung tendenziell behindern.[33] Die Bedeutung früher emotionaler Beziehungen für die Entwicklung moralischer Eigenständigkeit lässt sich Hopf und Nunner-Winkler

---

[28] Vgl. ebd.

[29] G. GLOGER-TIPPELT: *Bindung und Sozialverhalten in der mittleren Kindheit*. In: C. HOPF, G. NUNNER-WINKLER (Hrsg.): *Frühe Bindung und moralische Entwicklung. Aktuelle Befunde zu psychischen und sozialen Bedingungen moralischer Eigenständigkeit*. Weinheim, München 2007, S. 69–103, hier S. 70.

[30] Der Begriff ‚Mentalisieren' lässt sich in Anlehnung an Allan, Fonagy und Bateman definieren als ein „imaginatives Wahrnehmen oder Interpretieren von Verhalten unter Bezugnahme auf intentionale, mentale Zustände." J. G. ALLAN, P. FONAGY, A. W. BATEMAN: *Mentalisieren in der psychotherapeutischen Praxis*. Stuttgart ²2016, S. 24. Wir mentalisieren, wenn wir bei uns und anderen psychische Vorgänge vergegenwärtigen oder, wenn wir uns selbst von außen und andere von innen betrachten. Vgl. ebd., S. 23.

[31] Ebd., S. 405.

[32] K. GROSSMANN, K. GROSSMANN: *Die Entwicklung zwischenmenschlicher Moral in Bindungsbeziehungen*. In: C. HOPF, G. NUNNER-WINKLER (Hrsg.): *Frühe Bindung und moralische Entwicklung. Aktuelle Befunde zu psychischen und sozialen Bedingungen moralischer Eigenständigkeit*. Weinheim, München 2007, S. 151–175, hier S. 158.

[33] C. HOPF, G. NUNNER-WINKLER: *Frühe emotionale Beziehungen, Bindung und moralische Entwicklung. Einleitende Überlegungen zum Forschungsstand und zu aktuellen Kontroversen*. In: DIES. (Hrsg.): *Frühe Bindung und moralische Entwicklung. Aktuelle Befunde zu psychischen und sozialen Bedingungen moralischer Eigenständigkeit*. Weinheim, München 2007, S. 9–42, hier S. 23.

zufolge deutlich am Beispiel misslungener Sozialisationsprozesse und deviantier Entwicklungen aufzeigen. Verschiedene Längsschnittstudien, welche sich mit der Entwicklung von Kriminalität und Gewaltbereitschaft befassen, belegen, dass delinquente Jugendliche in ihrer Kindheit wenig emotionale Unterstützung erhielten und darüber hinaus in ihrem Elternhaus mit besonders harten Strafen rechnen mussten.[34] Bei desorganisiert gebundenen Kindern erweist sich der Einfluss früher Bindungserfahrungen, die häufig einhergehen mit körperlicher und seelischer Misshandlung oder Vernachlässigung, als besonders gravierend für die Moralentwicklung. Desorganisiert gebundene Kinder sind im Durchschnitt aggressiver und im Niveau ihrer moralischen Motivation weniger entwickelt als andere. Moralische Normen werden häufiger missachtet und im Vergleich zu anderen reagieren sie auf eigene Normverletzungen in deutlich geringerem Umfang mit Schuld- und Schamgefühlen.[35]

Die Darlegungen in diesem Abschnitt verdeutlichen, dass die Qualität der in der frühen Kindheit empfangenen Fürsorge für die spätere Fähigkeit, sich moralisch zu verhalten, von zentraler Bedeutung ist. Sichere Bindungen legen den Grundstein für die Fähigkeit, moralische Urteile und Entscheidungen in Verbindung mit anderen Menschen zu vollziehen. Sie führen zu emotionaler Selbstverpflichtung gegenüber den Interessen und dem Leben anderer.[36] Grossmann und Grossmann zufolge ist die „Entwicklung zwischenmenschlicher Moral [...] die notwendige Grundlage jedweder Moral"[37]. Erst darauf aufbauend sind vernünftige Begründungen und Urteile möglich und moralisches Wissen schließlich wirkungsvoll.[38] Im Hinblick auf die Norm ‚Wahrhaftigkeit'

---

[34] Vgl. ebd., S. 21 f.

[35] Vgl. ebd., S. 36.

[36] Dieser Zusammenhang ist probabilistisch und nicht kausal zu verstehen, da vielfältige, über enge Bindungsbeziehungen hinausgehende Erlebnisse die moralische Entwicklung eines Menschen beeinflussen können. Vgl. K. GROSSMANN, K. GROSSMANN: *Die Entwicklung zwischenmenschlicher Moral in Bindungsbeziehungen*. In: C. HOPF, G. NUNNER-WINKLER (Hrsg.): *Frühe Bindung und moralische Entwicklung. Aktuelle Befunde zu psychischen und sozialen Bedingungen moralischer Eigenständigkeit*. Weinheim, München 2007, S. 151–175, hier S. 171.

[37] Ebd.

[38] Vgl. ebd.

ist vor diesem Hintergrund anzunehmen, dass Bindungssicherheit auch die Voraussetzung dafür ist, dass das Wissen um diese Norm Anklang findet und Menschen sich letztlich auch in ihrem Handeln daran orientieren.

3. Gesellschaftspolitische Implikationen

Welche Voraussetzungen müssen gegeben sein, damit die Entwicklung von sicheren Bindungsbeziehungen von Grund auf in unserer Gesellschaft möglich ist? In Anbetracht bisheriger Darlegungen stellt sich diese Frage, die im nachfolgendem Abschnitt skizzenhaft thematisiert wird.

Zur Förderung einer sicheren Bindungsentwicklung ist der Schutz der frühen Elternschaft von zentraler Bedeutung. Die Sozialpolitik sollte sich demnach als Aufgabe stellen, Bedingungen zu schaffen, unter denen Eltern ihren Fürsorgepflichten möglichst stressarm nachkommen können. Hierbei wäre eine Stärkung der ökonomischen Position der Familien anzustreben und in gleichem Maße die Vereinbarkeit von Familie und Beruf zu gewährleisten. Ein wichtiges Thema in der Debatte um die Vereinbarkeit von Familie und Beruf ist der Ausbau einer qualitativ hochwertigen Krippenbetreuung. Becker-Stoll zufolge zeichnet sich diese durch eine hohe Kontinuität der Betreuungspersonen, einen niedrigen Betreuungsschlüssel, eine überschaubare Gruppengröße und eine qualitativ hochwertige Ausbildung des Betreuungspersonals aus.[39]

Darüber hinaus ist im Sinne einer sicheren Bindungsentwicklung die präventive Arbeit mit werdenden Eltern von zentraler Bedeutung. Hierbei geht es um die Etablierung von weitreichenden Informations- und Unterstützungsangeboten rund um die Themen Schwangerschaft, Geburt und frühe Kindheit. Der Bindungsforscher Brisch hat das Präventionsprogramm SAFE entwickelt, das darauf abzielt, eine

---

[39] Vgl. F. BECKER-STOLL, R. NIESEL, M. WERTFEIN: *Handbuch Kinderkrippe: So gelingt Qualität in der Tagesbetreuung.* Freiburg i. B., Basel, Bern 2014, S. 58 ff.

sichere Bindung zwischen Eltern und Kind zu fördern. Hierbei werden Informationen zur emotionalen Entwicklung sowie zur Bindungsentwicklung des Säuglings vermittelt. Ebenfalls wird ein Feinfühligkeitstraining angeboten, das darauf zielt, Bindungsstörungen zu vermeiden und die Weitergabe von belastenden Erfahrungen über Generationen hinweg vorzubeugen. Das SAFE-Programm ermöglicht den Eltern, die emotionalen Bedürfnisse ihres Kindes besser wahrzunehmen und durch feinfühliges Interaktionsverhalten die Entwicklung einer sicheren Bindung zu fördern.[40]

Schließlich fordern sowohl die Erkenntnisse der Bindungsforschung, aber auch der Anspruch nach einer wahrhaftigen Lebensführung einen Diskurs über die Frage ein, welche Werte der Gesellschaft zugrunde gelegt werden sollten. Neben einer Orientierung an wirtschaftlichem Wachstum und Wohlstand weisen die Erkenntnisse der Bindungstheorie darauf hin, dass die soziale Komponente nicht ausgelassen werden darf. Eine Gesellschaft, die das Grundbedürfnis nach Bindung adäquat berücksichtigt, legt einen wichtigen Grundstein für eine wahrhaftige Lebensführung und trägt dazu bei, dass Menschen als gesellschaftliche Bindeglieder fungieren und der gesellschaftliche Zusammenhalt gewahrt bleibt.

---

[40] K. H. Brisch: *Bindungsstörungen. Von der Bindungstheorie zur Therapie.* Stuttgart [13]2015, S. 296 ff.

Wahrhaftigkeit stört, wo die Lüge überzeugt

Sven van Meegen

1. Wahrheit und Lüge: Was ist eigentlich der Unterschied?

Unehrlichkeit scheint Teil unseres Lebens zu sein, weisen doch Studienergebnisse zum Thema darauf hin, dass 58 % der Deutschen täglich zur Lüge greifen.[1] Hat die Wahrhaftigkeit damit ausgedient? Erhält die Unehrlichkeit dadurch eine Legitimation, da man doch mit vielen kleinen und großen Lügen besser durchs Leben kommt, ja dass die Lüge sogar ein Schutzmechanismus sei?

---

[1] Vgl. SPLENDID RESEARCH (Hrsg.): *Ehrlichkeit. Wie viel Pinocchio steckt in den Deutschen? Eine repräsentative Umfrage unter 1.024 Deutschen zum Thema Ehrlichkeit.* Hamburg 2016, S. 3. Verfügbar unter: https://www.splendid-research.com/de/studie-ehrlichkeit.html (Letzter Aufruf am: 03.08.2020).

S. van Meegen (✉)
Fakultät Sozialwesen, Duale Hochschule Baden-Württemberg,
Heidenheim Katholische Kirche, Niederstotzingen, Deutschland
E-Mail: svenvanmeegen@web.de

Der Journalist Jürgen Schmieder hat in einem Selbstversuch vierzig Tage lang versucht, konsequent ehrlich zu sein und seine Erfahrungen damit in einem Buch festgehalten. Er hat im Alltag viele Schwierigkeiten bekommen, weil er wahrhaftig war. Am Schluss konstatiert er: „Schweigen ist Lügen, und in den meisten Fällen ist es eine ziemlich feige Lüge. Es braucht einen, der den Mut hat, ehrlich auszusprechen, was er denkt – oder das tut, was getan werden muss. Nur so wird die Welt ein besserer Ort."[2] Oder sind wir, wie Eberhard Schockenhoff sein hervorragendes Werk überschreibt: „Zur Lüge verdammt?"[3] Wahrhaftigkeit führt zur (Selbst-)Einsicht. Das hat auch Jürgen Schmieder erfahren dürfen: „Vor der Fastenzeit war ich ein verdammter Lügner, der das jedoch nie zugegeben hätte – nicht einmal gegenüber mir selbst. Nun habe ich erkannt, wie oft ich andere Menschen und wie oft ich mich selbst belogen habe – und wie armselig das war."[4]

Wahrhaftigkeit stört, wo die Lüge überzeugt. Auf den ersten Blick erscheint dieser Satz als falsch. Wie kann Wahrhaftigkeit als störend empfunden werden und wie kann die Lüge als Lüge überzeugen? In Zeiten von Fake News erhält die Aussage jedoch erschreckende Wirklichkeit. Gerade haben 20.000 Menschen in Berlin[5] gegen die Corona-Maßnahmen der Bundesregierung demonstriert. Darunter waren auch Menschen, die die Realität der Pandemie – einer wahrhaftigen Bedrohung – ablehnen. Sie lassen sich von Verschwörungsmythen überzeugen, nach denen das Virus eine Erfindung der Politik und der Medien sei, womit die Bevölkerung belogen und in die Irre geführt werden solle. Die Wahrheit stört, wo die Lüge überzeugt. Dieser Satz findet die Zustimmung der Menschen, die damit wesentliche Erfahrungen gemacht

---

[2] J. SCHMIEDER: *Du sollst nicht lügen! Von einem der auszog, ehrlich zu sein.* München ⁵2010, S. 329.

[3] E. SCHOCKENHOFF: *Zur Lüge verdammt? Politik, Medien, Medizin, Justiz, Wissenschaft und die Ethik der Wahrheit.* Freiburg 2000.

[4] J. SCHMIEDER: *Du sollst nicht lügen! Von einem der auszog, ehrlich zu sein.* München ⁵2010, S. 330.

[5] Die Demonstration fand am 02.08.2020 statt, während in den Medien von 20.000 Demonstranten berichtet wurde, streuten Anhänger (u. a. Rechtsradikale, Anhänger von Verschwörungstheorien, Impfgegner etc.) in den sozialen Medien Zahlen von über 1 Mio. Beteiligten. Mit diesen Fake News sollte zum Ausdruck gebracht werden, dass weit mehr Menschen die Corona-Maßnahmen ablehnen, als dies der Fall war.

haben. Menschen, die die Lüge – ob in Form des Sich-selbst-Belügens, des Belügens Anderer oder des Belogen-Werdens – durchschauen und überwinden. Menschen, die das störende Moment der Wahrhaftigkeit anerkennen und mittragen und dadurch sich selbst und anderen gegenüber ehrlich, authentisch und wahrhaftig werden.

Der damalige Bundespräsident Richard von Weizsäcker sagte am Tag nach dem Mauerfall zu Kirchenbesuchern aus Ost und West: „Das kostbarste Gut, das die Menschen in der DDR durch eigene Courage errungen haben, ist die Befreiung von erzwungener Lüge. Ist die Freiheit zur Wahrheit. Nun gilt es in ihr zu bestehen!" Die Befreiung von erzwungener Lüge setzt voraus, dass die Menschen Wahrheit als Ziel wollen und Wahrhaftigkeit der schwierige Weg dorthin ist. Wahrhaftigkeit ist wirklich eine Tugend, die wir Menschen zeitlebens trainieren müssen. Sie lässt sich nicht mit einem Tastendruck herstellen. Wir können Wahrheit nicht produzieren, sondern uns immer neu durch ein wahrhaftiges Leben annähern.

2. Wahrhaftigkeit in einer multioptionalen Welt

Erschwert wird die Annäherung an die Wahrhaftigkeit als Weg zur Wahrheit durch die Multioptionalität. Galt in früheren Zeiten oft nur DIE Wahrheit (z. B. einer Religion, einer Regierung, im Ethos eines Landes oder einer Kultur), so gibt es heute eine Vielzahl von Deutungsmöglichkeiten was als Wahrheit angesehen wird. Das ist nicht nur in der Religion oder Politik feststellbar, sondern auch in der Kommunikation. „Früher wurde ein Bild als sozusagen punktueller Mittler, als eine geschlossene Mitteilung erlebt, vielfach im Sinne einer kontemplativen Betrachtung. Heute hat sich die Flut an Bildinformationen, an Bildabläufen zu einer eigentlichen Bild-*Sprache* entwickelt. Für den sogenannten Bild-‚Leser' hat der begleitende verbale Ausdruck eigentlich nur noch geringe Bedeutung, um den Sinn einer Mitteilung zu verstehen."[6] Jeder Mensch macht sich also durch die

---

[6] A. FRUTIGER: *Der Mensch und seine Zeichen*. Bd. 3: *Zeichen, Symbole, Signete, Signale*. Paris 1981, S. 19.

persönliche Interpretation *sein* Bild und erschließt sich *seine* Wahrheit, aber nicht *die* Wahrheit. So ist der Bereich der Orientierung an Wahrheit und Wahrhaftigkeit schwieriger geworden. „Das praktische Orientierungspotenzial von Stimmungen wird insbesondere dann sichtbar, wenn im Selbst- und Weltbezug zwischen gefühlter Wirklichkeit und faktischer Wirklichkeit unterschieden werden kann, wenn also dem methodisch abgesicherten Wirklichkeitswissen eine davon abweichende gefühlsbetonte und subjektiv bedeutsamere Weltsicht entgegengehalten wird, die ihrerseits mit dem Anspruch auftritt, die Wirklichkeit adäquat abzubilden. Das ist an sich noch nicht gravierend. Problematisch wird es jedoch, wenn meine oder unsere gefühlte ‚Wirklichkeit' nicht nur relevanter, sondern auch maßgeblicher und wirkmächtiger wird als die vernünftige Einsicht in faktische Gegebenheiten und intersubjektiv abgesicherte Erkenntnisse. Denn dann wird das kritische Korrektiv relativierender oder widersprechender Einsichten ignoriert oder aktiv geleugnet."[7] Wenn die eigene, individuelle Meinung die letzte Wahrheit, das höchste Urteil bildet, bleibt kein Raum mehr für die Wahrheit des Anderen.

3. Das Ringen um die Wahrheit

Die Auseinandersetzung mit der Wahrheit führt in den Wissenschaften zu unterschiedlichen Ansätzen. In den Naturwissenschaften wird versucht die Realität – und im Verständnis damit auch die Wahrheit – durch zähl- und messbare Methoden anhand von Beweisen, Zahlen, Daten und Fakten zu beschreiben. In den Geisteswissenschaften andererseits wird die Suche nach der Wahrheit oft mit einem Ansatz der Letztbegründung verknüpft. Was ist der letzte Grund und was ist Sinn und Ziel des Seins überhaupt? In den Sozialwissenschaften schließlich führt die Auseinandersetzung mit der Wahrheit interessanterweise zur Wahrhaftigkeit. Der Mensch bildet den Bezugspunkt der Forschung,

---

[7] J. SAUTERMEISTER: *Identität und Integrität. Verantwortliche Lebensführung und Orientierung in Zeiten der Instabilität.* In: R. BERGOLD, DERS., A. SCHRÖDER (Hrsg.): *Dem Wandel eine menschliche Gestalt geben. Sozialethische Perspektiven für die Gesellschaft von morgen.* Freiburg 2017, S. 43–60, hier S. 44.

sodass in der Verhaltensforschung gefragt wird: Inwieweit ist das Verhalten der Menschen wahrhaftig?

Ein Blick in die Vergangenheit zeigt: Das Ringen um die Wahrheit in Abgrenzung zur Lüge ist Teil des wissenschaftlichen Nachdenkens über den Menschen und die Welt. So beschreibt Platon bereits in der Politeia die verbotenen Lügen und die um der Verteidigung der Stadt sowie in der Pädagogik zugelassenen Lügen:

„Allein auch die Wahrheit müssen wir doch gar sehr hoch ansetzen. (…) Also denen, die in der Stadt regieren, wenn überhaupt irgendjemandem, kann es zukommen, Unwahrheit zu reden der Feinde oder auch der Bürger wegen, zum Nutzen der Stadt; alle anderen aber dürfen sich hiermit gar nicht befassen."[8] Platon geht es zum einen um das Wohl der Stadt als auch um die Nachhaltigkeit der Wahrheit in Bezug auf die Pädagogik. Werden Kinder und Jugendliche in einem System der Lüge erzogen, ist das ganze politische System gefährdet. Hier geht es nicht nur um Äußerlichkeiten, sondern um die Existenz der Menschen. Hans Richtscheid hat sich mit der Wahrheit in diesem Sinne auseinandergesetzt und zeigt dies als Brücke von Sokrates zu Platon auf. Sokrates wandte die Hebammenkunst der Frage (Mäeutik) an, um die Wahrheit, die im Menschen verborgen liegt, zu enthüllen. Platon verwies in seinem Höhlengleichnis auf das eingeschränkte Blickfeld der Menschen hinsichtlich der Wahrheit. Er wollte sie aus der Höhle der Lüge ins Licht der Wahrheit führen. Die Wahrheit ist persönlich! So konstatiert Richtscheid am Ende seines Buches: *„Der Weg zur Wahrheit ist persönlich.* Alle Objektivitäten, so streng wissenschaftlich sie auch sind, so stark sie technisch sich verankern, so nützlich sie erscheinen, werden gleichsam aufgelöst in Existenz, die kritisch prüft, indem sie nach *ihrer* Lösung und Erlösung sucht, um, soweit es möglich ist, *in Wahrheit auch zu sein.*"[9]

---

[8] PLATON: *Politeia*. III, 389b. Ausgabe WBG, Übers. F. SCHLEIERMACHER. Darmstadt ⁴2005, S. 189.
[9] H. RICHTSCHEID: *Die Wahrheit ist persönlich*. München 1984, S. 261.

Ein weiterer Punkt macht deutlich, worum es geht, wenn wir von Wahrheit sprechen: Wahrheit ist untrennbar verbunden mit Existenz. Und der Weg zur Existenz führt unweigerlich über die Wahrhaftigkeit!

Jesus selbst ist für Wahrheit und Gerechtigkeit gestorben. Im Streitgespräch wendet er sich gegen diejenigen, die sich gegen die Wahrheit Gottes stellen:

Joh 8,26: „Ich hätte noch viel über euch zu sagen und viel zu richten, aber er, der mich gesandt hat, bürgt für die Wahrheit, und was ich von ihm gehört habe, das sage ich der Welt. (…).

31 (…) Wenn ihr in meinem Wort bleibt, seid ihr wirklich meine Jünger.

32 Dann werdet ihr die Wahrheit erkennen, und die Wahrheit wird euch befreien."

Jesus legte Zeugnis ab für die Wahrheit mit seiner ganzen Existenz. Im berühmten Dialog beim Verhör fragt ihn Pilatus: „Was ist Wahrheit?" (Joh 18,38). Jesus antwortet nicht darauf, er hält ihm dafür aber seine ganze Existenz entgegen. So sagt er z. B. im Dialog mit Thomas: „Ich bin der Weg und die Wahrheit und das Leben" (Joh 14,6). Im Christentum wird die Wahrheit nicht als eine Lehre oder eine Theorie verkündet, sondern in einer Person bezeugt!

Immer wieder wendet sich Jesus gegen einen falschen Pharisäismus. Damit dies nicht allein einer Gruppe dieser Zeit angehängt werden kann, und somit die Angehörigen anderer Gruppen mit dem Finger auf diese „Pharisäer" und nicht auf sich selbst zeigen können, ist im Evangelium gleich hinzugefügt: „Hütet euch vor dem Sauerteig der Pharisäer, das heißt vor der Heuchelei!" Heuchelei ist wie Hefe; ein bisschen Hefe durchsäuert den ganzen Teig (vgl. 1Kor 5,6). Gemeint ist eben kein bestimmter „Schlag von Menschen", keine abgegrenzte Gruppe, kein Anderer, auf den man mit dem Finger zeigen kann, sondern die Heuchelei an sich. Wer zu Lügen anfängt, muss, um seine Maske aufzubehalten, die Lüge weiterspinnen. Das Vorspielen falscher Tatsachen wird zur zweiten Natur des Menschen. Die Diskrepanz zwischen dem Bild, das ein Mensch abgibt, und dem, was sich in seinem Inneren abspielt, wird immer größer.

4. Von der Wahrheit zur Lüge

Jeder Lüge liegt eine Entscheidung zugrunde, deren Ausgangspunkt letztlich eine Wahl zwischen verschiedenen Optionen darstellt. Vordergründig scheint es zur Entscheidung zu kommen, ob man ehrlich ist, aber dann Nachteile zu befürchten hat, oder ob man lügt, um an Vorteile wie Geld, Macht oder Ruhm zu kommen. Warum Menschen lügen, hängt von persönlichen, kulturellen, religiösen und Umwelt-Faktoren ab. Die besondere Schwere der Lüge drückt sich in der Verletzung des Seins an sich aus. Durch die Lüge werden sowohl die Person, die lügt, als auch die, die belogen wird, in ihrer Würde verletzt. Alles Vertrauen, jegliche Gemeinschaft wird daraufhin infrage gestellt. Durch die Lüge wird das Verhältnis beschädigt, das eigentlich das Fundament der Wahrhaftigkeit bildet. Der Zweifel, ob auch in Zukunft die Lüge benutzt wird, entzieht der Wahrhaftigkeit den Boden. Das kann so weit gehen, dass alles und jeder bezweifelt wird und sogar die Wahrheit selbst zerstört wird. Auch positive Aspekte einer schwierigen Wahrheit werden daraufhin hinterfragt, wenn nicht gar zerstört.

Die ersten christlichen Gemeinden waren unmittelbar mit der Frage konfrontiert, wie sich ihre christliche Wahrheit mit der paganen Umwelt vereinbaren ließe. Zu einer besonderen Herausforderung wurden nicht nur die Christenverfolgungen, sondern auch die Konzentration auf das geoffenbarte Glaubensgut. In der Reflexion über Wahrheit und Lüge ragt dabei besonders der Kirchenvater Augustinus hervor, der diesem Thema mehrere Schriften gewidmet hat. Die Lüge definiert Augustinus als ein entgegen seines Wissens etwas mit Täuschungsabsicht Sagen.[10] Augustinus erweitert diese Aussage auch auf weitere Arten der Kommunikation. Zum Bereich „Entgegen seines Wissens" führt er aus, dass es nicht einfach „gegen die Wahrheit", sondern v. a. um die Täuschungsabsicht geht. Welche Intention hat der Mensch, wenn er anderen etwas mitteilt? In seiner Schrift „Über die christliche Lehre" überschreibt er Kapitel 32 mit dem Satz: „Die in einem logischen Schluß liegende Wahrheit hat ihren Grund in

---

[10] Vgl. AUGUSTINUS: *De Mendacio*. Bd. 50, München 2013, III, S. 63.

sich selbst, aber nicht in menschlicher Einrichtung" und das folgende Kapitel 33: „Wenn aber auch die logischen Schlüsse objektiv wahr sind, so ist es doch möglich, daß die Menschen subjektiv falsche Folgerungen ziehen."[11]

Augustinus setzt sich umfangreich in „De Mendacio" in den Kapiteln 18–24 mit den verschiedenen Formen der Lüge auseinander, die er in Kap. 25 als acht Arten zusammenfasst. In abnehmender Schwere zeigt er an:

1. Eine Lüge gegen die doctrina religionis (religiöse Unterweisung, Glaubenslehre) ist für Augustinus die schlimmste Lüge, weil ein Mensch dadurch in den wichtigsten Fragen bewusst getäuscht wird.
2. Eine Lüge, die niemandem nützt aber jemandem schadet.
3. Eine Lüge, die jemandem nützt und jemandem schadet. Eine Ausnahme bietet hierbei die Verbindung mit der Lüge, die an letzter Stelle (Nr. 8) genannt wird.
4. Eine Lüge, die um des reinen Vergnügens, aus reiner Lust am Täuschen geschieht.
5. Eine Lüge, die getan wird, um sich interessant zu machen, um aufzufallen, um sich in den Mittelpunkt zu stellen.
6. Eine Lüge, die niemandem schadet, aber einem Menschen nützt. Hier z. B. wenn jmd. durch eine Lüge damit geholfen wird, sein Hab und Gut nicht zu verlieren.
7. Eine Lüge, die jemandem das Leben rettet. Hier kommt es zur Auseinandersetzung bzgl. des Verhörs vor Gericht.
8. Eine Lüge, die niemandem schadet, sondern jemanden vor Entehrung durch einen körperlichen Übergriff zu bewahren, die also dazu nützt, einem die letzte, ganzheitliche Ehre zu retten.

Thomas von Aquin nimmt die Einteilung der Lüge von Aristoteles und Augustinus auf und bringt sie, indem er eine hermeneutische Brücke bildet, in eine Systematik dreier Elemente:

---

[11] Vgl. DERS.: *Vier Bücher über die christliche Lehre (De doctrina christiana). Zweites Buch.* BKV Bd. 49. München 1925, S. 94 f.

„Die erste ist vom Wesen der Lüge hergenommen; sie ist die eigentliche, der Lüge an sich gemäße Einteilung. Und hiernach wird die Lüge in zwei Arten unterschieden: in jene, die als ein Zuviel die Wahrheit überschreitet, und das ist die ‚Prahlerei', und in jene die als ein Zuwenig unter der Wahrheit bleibt, und das ist die ‚Selbstunterschätzung' (Aristoteles). Diese Einteilung ist aber deswegen die dem Wesen der Lüge gemäße, weil die Lüge als solche im Gegensatz zur Wahrheit steht (Art. 1), die Wahrheit aber eine Gleichheit ist, der an sich das Zuviel und das Zuwenig entgegen sind.

Auf die zweite Weise läßt sich die Lüge einteilen nach der Bewandtnis ihrer Schuld: nach dem, was vonseiten des verfolgten Zieles ihre Schuld vergrößert oder verkleinert. Die Schuld der Lüge wird aber vergrößert, wenn jemand durch sie einen anderen zu schädigen beabsichtigt. Das nennen wir ‚Schadenlüge'. Die Schuld der Lüge wird dagegen gemindert, wenn sie auf ein Gut hingeordnet wird, sei es ein Genußgut – dann haben wir die ‚Scherzlüge', oder ein Nutzgut – das ist die ‚Dienstlüge', sei es, daß man die Unterstützung eines anderen oder die Beseitigung eines Schadens im Auge hat. Danach also wird die Lüge in die drei angeführten Arten aufgeteilt.

Drittens wird die Lüge allgemeiner eingeteilt nach ihrer Hinordnung auf das Ziel, einerlei ob es einen Zuwachs oder eine Abnahme ihrer Schuld bedeutet oder nicht. So ergibt sich die angeführte achtgliedrige Einteilung. In ihr sind die drei ersten Glieder unter der Schadenlüge enthalten. Denn diese richtet sich entweder gegen Gott, und darunter fällt die erste Lüge, die ‚in einer Glaubenslehre'; oder sie richtet sich gegen einen Menschen, sei es nun in der bloßen Absicht, jemanden zu schädigen, und dann hat man die zweite Art, die Lüge, ‚die keinem nützt und jemandem schadet'; sei es, daß mit dem Schaden des einen der Nutzen eines anderen erreicht werden soll; dann handelt es sich um die dritte Lüge, ‚die dem einen nützt und dem anderen schadet'. Von diesen dreien ist die erste die schwerste; denn die Sünden gegen Gott sind immer die schwersten (94,3: Bd. 19; I-II 73,3: Bd. 12). Die zweite aber ist schwerer als die dritte, die durch die Absicht, einem anderen zu nützen, abgeschwächt wird. – Nach diesen dreien, welche die Schuld der Lüge steigern, wird eine vierte genannt, die ihr eigenes Gewicht ohne Mehr und ohne Minder hat. Das ist jene, die ‚aus bloßer Lust am

Lügen' begangen wird; sie geschieht aus einem Gehaben heraus (d. h. aus der schon zur Gewohnheit gewordenen Lust zu lügen). Darum sagt auch der Philosoph: der Lügner, ‚der aus Gewohnheit lügt, hat an der Lüge als solcher sein Gefallen'. – Die vier folgenden Arten der Lüge mildern die Schuld der Lüge. Denn die fünfte ist die Scherzlüge, die ‚in Gefallsucht' ihre Ursache hat. Die anderen drei sind unter der Dienstlüge gefasst. In ihr wird nämlich das angestrebt, was dem anderen nützt, sei es in bezug auf äußere Dinge, und das ist die sechste Lüge, ‚die dem anderen dient, sein Geld zu sichern', sei es in bezug auf den Körper, das ist die siebte Lüge, ‚die den Tod eines Menschen verhindert', oder sei es sogar in bezug auf tugendhafte Ehrbarkeit, das ist die achte Lüge, die ‚vor einer unerlaubten Befleckung des Leibes bewahrt'. Je wertvoller aber das erstrebte Gut ist, umso mehr verringert sich offensichtlich die Schuld der Lüge. Wer darum aufmerksam zusieht, [wird finden]: die Ordnung in der vorher erwähnten Aufzählung ergibt die Ordnung dieser Lügen nach der Schwere ihrer Schuld. Denn das Nutzgut geht dem Genußgut voran, das Leibesleben dem Gelde und die sittliche Ehrbarkeit noch dem Leibesleben."[12]

Viele werden bei der ersten Lektüre der Einteilung in diese acht Arten der Lüge heute stutzen. Nur wenn man die ganze Argumentation sowohl bei Augustinus wie auch bei Thomas von Aquin gelesen hat, ergibt sich ein Gesamtbild, das ein logisches System darstellt, das auch heute nichts an Aktualität eingebüßt hat. Die Auseinandersetzungen beider Autoren verweisen auf die Vielschichtigkeit des Lügens, zeigen sie doch auf, dass sich die Täuschungsabsicht hinter einer Lüge qualitativ unterscheiden lässt. So muss in der Beurteilung der Schwere einer Lüge auch das dahinterliegende Handlungsmotiv miteinbezogen werden.

Immanuel Kant zeigte sich in einer kleinen Schrift gegen den französischen Philosophen Benjamin Constant völlig ablehnend gegenüber eines Rechts aus einer positiven Überzeugung heraus lügen zu dürfen.[13] Constant vertrat die These: „Der sittliche Grundsatz: es sei

---

[12] T. VON AQUIN: *Summa Theologica II-II, 110,2. Die Deutsche Thomas-Ausgabe*. Bd. 20. München 1943, S. 141–143.

[13] So lautet der Titel seiner Schrift: „Über ein vermeintes Recht aus Menschenliebe zu lügen"; I. KANT: *AA VIII*. Berlin 1923, S. 425–430.

eine Pflicht die Wahrheit zu sagen, würde, wenn man ihn unbedingt und vereinzelt nähme, jede Gesellschaft zur Unmöglichkeit machen."[14] Daraufhin antwortete Kant, der den Artikel auf sich bezog: „Wahrhaftigkeit in Aussagen, die man nicht umgehen kann, ist formale Pflicht des Menschen gegen Jeden, es mag ihm oder einem Anderen daraus auch noch so großer Nachtheil erwachsen."[15] Kant unterstreicht in seinen weiteren Ausführungen, warum er der Wahrhaftigkeit eine so hohe Stellung zumisst: „Weil Wahrhaftigkeit eine Pflicht ist, die als die Basis aller auf Vertrag zu gründenden Pflichten angesehen werden muß, deren Gesetz, wenn man ihr auch die geringste Ausnahme einräumt, schwankend und unnütz gemacht wird."[16]

In der Moderne, z. B. in der relationistischen Philosophie, wird Wahrheit als Wirklichkeit verstanden, wie sie sich dem jeweiligen Menschen (in individueller und relativer Weise) zeigt. Mit der persönlichen Erfahrung, mit den Möglichkeiten und Grenzen der Sinne und in einer entsprechenden Situation nehmen die Menschen die Wahrheit unterschiedlich wahr und deuten sie aus ihrer subjektbezogenen Perspektive heraus. Sowohl die Wahrheit wie auch die Lüge wird dadurch relativ: Was für den einen die Wahrheit darstellt, ist für den anderen die Lüge.

5. Lohnt sich Wahrhaftigkeit?

Wenn weder die Wahrheit noch die Lüge klar abgrenzbar sind, warum sollten Menschen wahrhaftig sein? In Anlehnung an Jörg Splett ist Gott das „Wovon-her des so einsichtigen wie kategorisch-unbedingten Gut-sein-Sollens".[17] Man könnte hier anstelle des Gut-sein-Sollens auch eine Unterkategorie einfügen im Sinne von Wahrhaftig-sein-Sollens. Die Wahrhaftigkeit eines Menschen hängt also ganz eng mit

---

[14] B. CONSTANT: *Von den politischen Gegenwirkungen*. In: K. F. CRAMER (Hrsg.): *Frankreich im Jahr 1797. Aus den Briefen Deutscher Männer in Paris. mit Belegen*. Altona 1797, S. 123.
[15] I. KANT: *AA VIII*. Berlin 1923, 426.
[16] DERS. 427.
[17] J. SPLETT: *Gott? Anthropo-Theologie*. In: Theologie und Philosophie 2 (2019), S. 262–267, hier S. 267.

seinem Menschsein, dem Gottesbild, den Erfahrungen und ethischen Prinzipien zusammen.

Wahrheit stört, wo die Lüge überzeugt. Wenn sich also in der Gesellschaft ein System der Lüge immer mehr ausbreitet, ja z. B. in Fake News etabliert, muss dem etwas entgegengesetzt werden. Das gelingt aber nicht auf Knopfdruck, sondern braucht Übung, Zeit und Überzeugung. In diesem Sinne könnte die Wahrhaftigkeit als Tugend neu entdeckt werden. Thomas von Aquin beschreibt diese Tugend treffend, dass die Wahrhaftigkeit die Übereinstimmung des Redens mit der inneren Überzeugung und des äußeren Handelns mit der inneren Gesinnung sei.[18] Heute würde man dieses Verhalten authentisch nennen. Wenn ein Mensch also das sagt, was er innerlich weiß, denkt und fühlt. Wenn es um existentielle Wahrheiten, um sittliche Erfahrungen geht, sind die Menschen besonders empfindlich. Dieter Henrich konstatiert bei der sittlichen Erfahrung, dass das Gute nur in der Zustimmung sichtbar wird, aber nicht durch diese Zustimmung gut ist.[19] Bei der Wahrhaftigkeit führen diese beiden Wege zusammen. „Die sittliche Einsicht folgt zwar nicht aus einem Gedanken von Struktur des Seins des Seienden, ist ohne einen solchen Gedanken aber auch unmöglich."[20] Die Lösung lautet: wir brauchen eine neue Tugend der Wahrhaftigkeit.

6. Von der Tugend

Bei den Griechen bezeichnete der Begriff der Tugend (griechisch: αρετή, lateinisch: *virtus*) ganz allgemein die Eigenschaft, etwas sehr gut zu können. Der Begriff der Tugend hatte in der Antike einen größeren Stellenwert als in der Moderne. Grund dafür ist, dass die Moderne

---

[18] T. von Aquin: *Summa Theologica II-II, 109,2. Die Deutsche Thomas-Ausgabe.* Bd. 20. München 1943, S. 124–128.
[19] Vgl. D. Henrich: *Der Begriff der sittlichen Einsicht und Kants Lehre vom Faktum der Vernunft.* In: Ders., W. Schulz, K.-H. Volkmann-Schluck (Hrsg.): *Die Gegenwart der Griechen im neueren Denken.* (FS Gadamer) Tübingen 1960, S. 77–109, hier S. 84.
[20] Ebd. S. 88.

in der Ethik der Frage nachgeht, zu welchen Handlungen man moralisch-ethisch verpflichtet ist. Demgegenüber wurde in der Antike viel weiter gefragt: wie man leben sollte um die Eudaimonia, die Glückseligkeit zu erreichen. Heinrich Leitner definiert Tugend wie folgt: „Tugend im engeren Sinne bezeichnet eine Eigenschaft von Personen, die es ihnen erlaubt, vorzüglich zu handeln, wobei sie sich dabei auf Leistungen bezieht, die nicht eindeutig durch ein Vermögen oder ein Gesetz festgelegt sind. Sie ist eine erworbene Disposition, ein Vermögen vorzüglich zu gebrauchen."[21] Mit dem modernen Ausdruck *Tugendethik* ist im weiteren Sinn die Lehre vom guten Leben und Handeln gemeint, die mit Tugenden in irgendeiner Weise verbunden ist. In genauer Abgrenzung und Definition dient die Tugendethik dazu, „eine sich am Tugendbegriff orientierende Ethik von neuzeitlichen Regelethiken abzugrenzen. Nach regelethischen Konzeptionen ist gut zu handeln gleichbedeutend mit der Befolgung begründeter Normen bzw. moralischer Gesetze."[22] Eine Tugend der Wahrhaftigkeit würde demzufolge eine Orientierung geben, die dem Schwarz-Weiß-Denken zwischen Wahrheit und Lüge den Boden entzieht. Helfen kann hierbei die „Mesotes-Lehre" von Aristoteles. „Die sittliche Tugend ist nach Aristoteles eine Haltung der Entscheidung *(hexis prohairetike)*, die es dem Handelnden ermöglicht, zwischen zwei Extremen die richtige Mitte *(mesotes)* zu treffen, die durch Vernunft *(logos)* bestimmt ist, und zwar so, wie sie der Vernünftige bestimmen würde."[23]

Schon sehr früh war bei den antiken Denkern der Wunsch vorhanden, das moralisch-ethische Handeln auf eine grundlegende Norm festzulegen. Aber erst in der Nikomachischen Ethik wurde dieses Anliegen auf eine formelle Art und Weise verwirklicht.[24] Hierbei unterscheidet Aristoteles zwischen Personmitte, ein „Mittleres", das sich nach

---

[21] H. LEITNER: *Tugendethik*. In: W. KORFF (Hrsg.): *Lexikon der Bioethik*. Bd. 3. Gütersloh 2000, S. 617–621, hier S. 617.

[22] Ebd.

[23] H. LEITNER: *Tugendethik*. In: W. KORFF (Hrsg.): *Lexikon der Bioethik*. Bd. 3. Gütersloh 2000, S. 617–621, hier S. 618. ARISTOTELES: *Nikomachische Ethik*. II, 5, 1106b 36 – 1107b 2.

[24] Vgl. M. WITTMANN: *Die Ethik des Aristoteles*. Regensburg 1920, S. 60 ff.

der individuellen Beschaffenheit (alle Umstände inbegriffen) richtet und Sachmitte, ein „Mittleres" zwischen zwei Extremen.[25]

Das Mittlere in der Sachmitte ist verbindlich für alle Menschen gleich. Auch die sittliche Tugend zielt wesenhaft auf ein Mittleres ab.[26] Aristoteles strebt damit an, durch eine genauere Beobachtung aller mögliche Umstände, Kenntnisse und psychologischen Grundlagen die sittliche Tugend bzw. das daraus resultierende ethisch-moralische Verhalten besser auf die Gesamtsituation abstimmen zu können.[27] Somit kann der einzelne Mensch in Entscheidungen die rechte Mitte zum Handeln finden. Bestimmender Faktor ist die Vernunfteinsicht des Menschen.[28] Vom Wesen und Begriff ist sie ein „Mittleres", vom Wert (als ethischen Wert) und als Leistung gilt sie ein absolut höchster Wert.[29] Auch bei der Tugend der Gerechtigkeit behält Aristoteles sein Schema von der Mittelstellung der Tugend bei.[30]

Mit der „Mesoteslehre" hebt Aristoteles besonders den Charakter des Individuums in Einzelsituationen hervor. Hierbei macht er deutlich, dass er die Tugend nicht als einen absolut festsitzenden, sondern auf den Einzelmenschen abgestimmten Wert ansieht.[31] „Die Mesoteslehre besagt nicht, dass, wer im Besitz der Charaktertugenden ist, mittelstarke Affekte hat; Aristoteles versteht das Mittlere vielmehr im Sinne des Richtigen."[32] Hier geht es also nicht um Wahrheit oder Lüge ohne die dazugehörigen Grauzonen, sondern um Wahrhaftigkeit, die es einem Menschen ermöglicht, sich in einer Situation richtig zu verhalten.

Obwohl in der Nikomachischen Ethik kein Relativismus zu erkennen ist, gibt sie doch zu verstehen, dass nicht alle möglichen Fälle unter ein

---

[25] ARISTOTELES: *Nikomachische Ethik*. II, 5, 1106 a 21 ff.

[26] Ebd. 1106 b 8 ff.

[27] Ebd. 1106 b 18 ff.

[28] Ebd. 1106 b 36 ff.

[29] ARISTOTELES: *Nikomachische Ethik*. II, 6, 1107 a 6–8: διὸ κατὰ μὲν τὴν οὐσίαν καὶ τὸν λόγον τὸν τὸ τί ἠν ειναι λέγοντα μεσότησ εστὶν η αρετή. κατὰ δὲ τὸ εν ακρότησ.

[30] Dieser Punkt wird in der folgenden Untersuchung bei Thomas von Aquin und Francisco Suarez besonders von Bedeutung sein.

[31] Vgl. M. WITTMANN: *Die Ethik des Aristoteles*. Regensburg 1920, S. 59–61.

[32] P. STEMMER: *Tugend*. In: HWPh 10, 1998, S. 1539.

bestimmtes Prinzip unterzuordnen sind.³³ In II. 9. heißt der Schlusssatz folglich: „Die Leistung der Tugend ist es, die rechte Mitte zu treffen, also bei Affekten und Empfindungen von Lust und Unlust kein Zuviel und kein Zuwenig zuzulassen."

7. Eine Tugendethik für die Gegenwart

Die Tugendethik fand insbesondere in der christlichen Tradition Anklang. Thomas von Aquin stellt einen herausragenden Vertreter dar. Eberhard Schockenhoff befasst sich in seinem Werk *Bonum hominis* systematisch mit der thomanischen Tugendethik und befragt diese am Schluss nach deren Leistungsfähigkeit, d. h., auch nach ihren Chancen für unsere Zeit zur Orientierung zu werden. Im Folgenden soll diese Hinterfragung auf die gegebene Fragestellung übertragen werden.

Ethisches Handeln ist notwendig auf die Wirklichkeit des menschlichen Lebens hin geordnet. In diesem Handeln sollten die in der Wirklichkeit angelegten optimalen Entfaltungsmöglichkeiten des Daseins voll ausgeschöpft werden, um das jeweils Bessere als Annäherung an das Optimum des äußersten Sein-Könnens zu realisieren.³⁴

Das sittliche Handeln darf nicht am Ist-Zustand der Gegenwart gemessen werden, sondern am eigentlichen Ziel des Ethischen: an dem Anspruch, „den die Wirklichkeit an die menschliche Person stellt."³⁵ Die Wirklichkeit verpflichtet den Menschen als Menschen in der materialen, sozialen, personalen und religiöse Dimension seines Menschseins. Das sittlich3-ethische Sollen liegt also nicht in der Erfüllung von äußeren Gesetzen, „sondern in dem Willen, ganz und wahrhaft Mensch zu sein und das eigene Leben und seine Verantwortung in Freiheit anzunehmen."³⁶ „Indem der Mensch sittlich handelt, wirkt er nicht nur an einem ihm äußerlich bleibenden Material; er verbessert nicht nur seine Welt, sondern sich selbst und die

---

³³ Vgl. ARISTOTELES: *Nikomachische Ethik*. I, 1, 1094b 23; oder III, 1, 1110b.
³⁴ Vgl. E. SCHOCKENHOFF: *Bonum hominis*. Tübingen 1986, S. 574.
³⁵ A. AUER: *Autonome Moral und christlicher Glaube*. Düsseldorf ²1984, S. 16.
³⁶ Ebd.

Qualität seines eigenen Person – Seins. Der sittliche Handelnde wird, indem er Gutes tut, selbst zu einem guten Menschen. [...] Der Tugendgedanke ist deshalb bei Thomas einer Ethik komplementär zugeordnet, die das Sittliche als das Wirklichkeitsgemäße bestimmt."[37]

1. „Die ‚virtus' ist das, was den Menschen dazu befähigt, in der Wirklichkeit gerecht zu leben."[38] Verschiedene Erscheinungsformen und Ansprüche der Wirklichkeit finden in den einzelnen Tugenden ihre Entsprechung, die den Menschen in die Möglichkeit versetzen, in konkreten Situationen, Entscheidungen und Bereichen der Wirklichkeit zu reagieren. „Die Tugenden sind daher keine gedanklichen Konstrukte, sondern stabilisierte Handlungsvorprägungen und als solche anthropologische Realitäten, die zu deuten Aufgabe der ethischen Reflexion ist."[39]
2. Das Postulat des Sittlichen ist die Verwirklichung eines guten Lebens. Da die sittliche Vernunft die Auszeichnung alles Geistigen ist, scheint für Thomas gerade deren Verwirklichung als das Gut des Lebens.[40]

„Das ‚bonum hominis' besteht nicht nur in der Reflexivität der praktischen Vernunft, sondern im Vollzug des vernünftigen Handelns selbst; das ‚bonum rationis' zeigt sich konkret als das ‚bonum virtutis', als das erkannte und zum Maß des ethischen Tuns gewordene Gute.[41] Der Tugendgedanke stellt dabei die begriffliche Brücke dar, die der ethischen Reflexion den Zugang zur praktischen Vollzugsdimension des Handelns öffnet."[42] Der Tugendbegriff führt bis an die Schwelle des praktischen Handelns heran. Er kann damit als Vermittlungsinstanz zwischen ethischer Reflexion und praktischem Handeln gesehen werden.

---

[37] E. SCHOCKENHOFF: *Bonum hominis*. Tübingen 1986, S. 574.
[38] Ebd.
[39] Ebd. S. 575.
[40] T. v. AQUIN: *Sententia libri Ethicorum*.VIII, 2 (nr. 1552); In Boetii de Trin. I, q. 1 a. 1 ad 5: „[...] vivere secundum rationem est bonum hominis inquantum est homo."
[41] Ebd. I, 18 (nr. 217): „[...] bonum hominis in ipso actu virtutis est."
[42] E. SCHOCKENHOFF: *Bonum hominis*. Tübingen 1986, S. 576.

3. Die Tugendethik kann sowohl in ihrer Funktion als Grundriss-Wissenschaft als auch in ihrer Netzstruktur vom allgemeinen guten Leben für die Menschen als auch für das Individuum zur Optimierung des Menschseins dienen. Diese Optimierung wird in der Tugendlehre des Thomas von Aquin besonders hervorgehoben, da sie individuellen Faktoren den nötigen Raum lässt.[43] Tugenden fungieren demnach zur Optimierung der persönlichen sittlichen Verwirklichung.
4. Das gute Leben ist nach Thomas nicht schon das in der Vernunft erkannte, sondern das in die Tat ausgeführte Gut, das durch ständige Einübung zum Habitus geworden ist.[44] So erweist sich der Tugendgedanke und das Deutungselement in Form des Habitus als „eine anthropologische Strukturformel, die den Weg sittlicher Praxis umfassender als jeder andere methodische Schlüsselbegriff der Ethik zur Darstellung bringt."[45]
5. Durch die in Punkt 4 aufgeführte Strukturformel wird nicht nur das Ziel, sondern auch die Entwicklung der Wahrhaftigkeit beschreibbar und somit auch für Folgerungen greifbar. Hier werden Erziehung und Ausbildung eines authentischen Verhaltens stärker in den Blick genommen: „Die Entstehung von Handlungsdispositionen und Haltungsbildern, ihre Stabilität und Gefährdung, ihre Abhängigkeit von innerseelischen Entwicklungsfaktoren, kurz: die ganze Prozeßhaftigkeit des sittlichen Handelns werden in einer Tugendethik zum Thema."[46]
6. Durch die vorhergehenden Punkte wird deutlich, dass sich die Tugendethik sowohl durch eine klare rational-theoretische Struktur als auch durch die Nähe zur gelebten Praxis des guten Handelns auszeichnet. Durch andauernde Einübung der Wahrhaftigkeit, erwächst

---

[43] P. Schmitz: *Tugend – der alte und der neue Weg zur inhaltlichen Bestimmung des sittlich richtigen Verhaltens.* In: ThuPh 54, 1979, S. 161–182, hier S. 174, 179.
[44] Vgl. dazu: P. Wadell: *Friends of God. Virtues and Gifts in Aquinas.* New York 1991. S. 89–96, bes. Kapitel ‚Why we need the Virtues: The Importance of Habits in the formation of the Self.'
[45] E. Schockenhoff: *Bonum hominis.* Tübingen 1986, S. 579.
[46] Ebd.

im Individuum ein Gespür, auch in schwierigen Situationen auf diese Charakterorientierung[47] zurückgreifen zu können bzw. zu müssen.[48]
7. „Das Glück einer wahren und mit sich selbst identischen Menschlichkeit ist für das natürliche sittliche Handeln der Inbegriff alles Guten."[49] So könnte die gelebte Wahrhaftigkeit den Menschen zu seiner Identität zurückführen.

Franz Suarez beschreitet im 16. Jahrhundert einen neuen Weg, indem er aus der geschichtlichen Zusammenschau und Erfahrung, die geschichtliche Entfaltung der Ethik im Bereich der Tugendlehre von der Antike bis zur Renaissance zum ersten Mal in historisch-kritischer Art verfasst. Somit legt er den Grundstein für eine empirische Tugendlehre.

In der neuzeitlichen Auseinandersetzung stehen sich die aristotelische Tugendethik und die Normen- bzw. Regeletik gegenüber. Letztere spiegelt sich in der von T. Hobbes, J. Bentham und J. S. Mill begründeten Tradition des Utilitarismus wider. Zwischen diesen beiden Traditionen steht die Tugendethik von Immanuel Kant, die einerseits vom Gesetzes- und Pflichtbegriff und andererseits von einer personalistischen Ethik geprägt ist.

In der Philosophie der Neuzeit und der Gegenwart büßt der Tugendbegriff seine zentrale Stellung ein. Die Bezeichnung „Tugend" wird zunehmend vermieden und durch Einstellung, Grundhaltung, Charakterzug und Verhaltensmuster etc. ersetzt.[50]

Also: wenn wir Menschen etwas sagen, kommunizieren im umfassenden Sinne, dann muss es aus Wahrhaftigkeit geschehen. Aber wir müssen nicht immer und nicht jedem Menschen alles sagen. Die Qualität des Gesagten drückt die Wahrhaftigkeit aus, nicht deren

---

[47] Vgl. dazu: R. McInerny: *Ethica Thomistica*. Washington 1997, S. 90–102.
[48] T. v. Aquin: *Sententia libri Ethicorum*. III, 13 (nr. 519): „Alio modo potest aliquid apparere bonum alicui quasi practica cognitione per comparationem ad opus." I 1, 6 ad 3: „Contingit enim aliquem iudicare, uno modo per modum inclinationis: sicut qui habet habitum virtutis, recte iudicat de his quae sunt secundum virtutem agenda, inquantum ad illa inclinatur: unde et in X Ethic. Dicitur quod virtuosus est censura et regula actuum humanorum."
[49] E. Schockenhoff: *Bonum hominis*. Tübingen 1986, S. 582.
[50] Vgl. auch O. Höffe, C. Rapp, R. Schönberger: *Tugend*. In: HWPh 10, 1998, Sp. 1532–1570, hier Sp. 1554 f.

Quantität. So schafft sich die Wahrhaftigkeit den Durchbruch, wenn die Lüge schon längst die Wahrheit zum Störfaktor gemacht hat.

8. Warum sollten wir wahrhaftig sein?

Immanuel Kant hat viele Jahre seines Lebens versucht, eine Begründung für den kategorischen Imperativ zu finden. Am Ende musste er feststellen, dass es für bestimmte Haltungen keine Begründung braucht, weil diese dann wieder einer Begründung bedürfen. Auch wenn es viele Wahrheiten gibt, relativiert das nicht die Haltung der Wahrhaftigkeit. Die Fülle der Wahrheit ist ein eschatologisches Ziel. Wir Menschen sind Suchende auf dem Weg zur Wahrheit. Um zu diesem Ziel zu gelangen, um uns selbst und anderen, ja auch dem ganz anderen gerecht zu werden, ist die Wahrhaftigkeit unabdingbar. Kant würde vielleicht sagen: kategorisch. Das unterstreicht Eberhard Schockenhoff: „Erst die Wahrhaftigkeit befähigt zur Wahrheit. Jede wahre Erkenntnis, die sich in einer richtigen Aussage gegenüber unseren Mitmenschen bekundet, steht in einem umfassenden Horizont, dessen Subjektpol die eingeübten Erkenntnishaltungen bilden, die in der aristotelisch-thomanischen Ethik die intellektuellen Tugenden genannt werden. Im Sinne der damit gemeinten habituellen Handlungsvorprägungen wird der Sprechende erst durch die Wahrhaftigkeit dazu befähigt, in rechter Weise, nämlich so, dass sein Inneres und Äußeres, sein Denken und Sprechen übereinstimmen, wahre Aussagen zu bilden und sich den anderen wahrheitsgemäß mitzuteilen."[51] Hans Joas schreibt in seinem Buch über die Entstehung der Werte: „Werte entstehen in Erfahrungen der Selbstbildung und Selbsttranszendenz."[52] So verhält es sich auch mit der Wahrhaftigkeit. Alle Menschen – Kinder, Jugendliche und Erwachsene – müssen in Alltags- und Entscheidungssituationen Wahrhaftigkeit einüben und trainieren. Wahrhaftigkeit muss deshalb wie eine Tugend auch vorgelebt werden, damit sie zum Habitus wird. Bei den

---

[51] E. SCHOCKENHOFF: *Zur Lüge verdammt? Politik, Medien, Medizin, Justiz, Wissenschaft und die Ethik der Wahrheit.* Freiburg 2000, S. 174.
[52] H. JOAS: *Die Entstehung der Werte.* Frankfurt a.M. 1999, S. 10.

Tugenden geht es nicht um eine einfache Vertiefung des Verständnisses, sondern sie sollen Hilfe sein, „besser zu leben, gerechter, wahrhaftiger, authentischer zu werden."[53]

Über Wahrhaftigkeit zu reflektieren heißt nicht, bestimmte Einzelfälle des konkreten Lebens zu bestimmen, sondern Grundhaltungen und Handlungsfundamente zu bestimmen, die das Verhalten des Menschen insgesamt prägen und sein Leben im gemeinschaftlichen, persönlichen und globalen Lebensraum positiv gestalten. Mit der Tugend der Wahrhaftigkeit werden oberflächliche, unehrliche, heuchlerische Momente des täglichen Lebens bewusst wahrgenommen und in ihrem Automatismus gestört – Wahrhaftigkeit stört, wo die Lüge überzeugt! In der Einübung der Tugend der Wahrhaftigkeit richtet sich das gesamte Leben letztlich jeweils immer wieder neu auf Wahrheit hin aus.

---

[53] C. M. MARTINI: *Die Tugenden*. München 1997, S. 8.

Nicht wirklich und doch wahrhaftig? Das Postfaktische als Bewährungsprobe der Wahrhaftigkeit

Thomas Schmaus

1. Vom Umgang mit einem mehrdeutigen Wort

Keine Frage – der Umgang mit dem Wort „Wahrhaftigkeit" benötigt kein philosophisches Studium. Mit ihm lässt sich auch ohne vertieftes Wissen etwas ‚anfangen'. Zwar ist es weit davon entfernt, ein Allerweltswort zu sein. Doch reicht das Verständnis von dem, was damit gemeint ist, in der Regel dazu aus, dass ‚man' darüber sprechen, davon predigen oder dazu aufrufen kann, ohne dass es dabei zu offensichtlichen Missverständnissen kommt. Die nähere Beschäftigung mit der Bedeutung dieses Wortes wirft allerdings zügig Fragen auf, deren Beantwortung mit einigen Schwierigkeiten verbunden ist. Wenngleich das Wort „Wahrhaftigkeit" nicht über völlig verschiedene Bedeutungen verfügt, so handelt es sich dabei doch keineswegs um ein eindeutiges, sondern um ein mehrdeutiges Wort. Es ist – um eine traditionelle Differenzierung

T. Schmaus (✉)
Institut für philosophische und ästhetische Bildung, Alanus Hochschule für Kunst und Gesellschaft, Alfter, Deutschland
E-Mail: thomas.schmaus@alanus.edu

zu bemühen – weder äquivok noch univok, sondern analog. Seine Bedeutungen weisen Ähnlichkeiten miteinander auf, sind aber dennoch verschieden, was insbesondere mit dem sprachlichen und lebensweltlichen Kontext zusammenhängt, in dem das Wort gebraucht wird. Je nachdem verschiebt, verengt oder erweitert sich die Bedeutung und schwingen andere Konnotationen mit.

Nun hat unlängst der Religionswissenschaftler Thomas Bauer in einem vielbeachteten Essay zur „Vereindeutigung der Welt" darauf hingewiesen, dass es mit der „Ambiguitätstoleranz" der Menschen gegenwärtig nicht zum Besten bestellt sei, weswegen Viel- oder Mehrdeutigkeiten primär als Problem gesehen und vermieden würden.[1] Ist dieser Umstand womöglich ein Grund dafür, warum das mehrdeutige Wort „Wahrhaftigkeit" heute nur noch selten in den Mund genommen wird? Oder liegt das eher daran, dass es ebenso ‚altbacken' daherkommt wie die Rede von der „Tugend", die damit verknüpft ist? Mögen Wörter veralten – das, worauf sie sich beziehen, muss damit noch lange nicht obsolet werden.

Vergegenwärtigen wir uns die Synonyme für das Wort „Wahrhaftigkeit", dann zeigt sich erstens, dass sich darunter einige befinden, die aktuell recht gebräuchlich sind – ein Indiz dafür, dass die damit intendierten Phänomene immer noch Relevanz haben. Zum zweiten können diese Synonyme des mehrdeutigen Wortes „Wahrhaftigkeit" trotz ihrer fehlenden Trennschärfe als Hilfestellungen dafür dienen, eine Binnendifferenzierung des Bedeutungsfeldes vorzunehmen – setzen sie doch jeweils bestimmte Akzente. Wenn von Wahrhaftigkeit die Rede ist, kann damit Wahrheitsliebe und -treue gemeint sein, Ehrlichkeit, Offenheit und Transparenz bis hin zum Freimut. Eng damit zusammen hängen Aufrichtigkeit, Redlichkeit und Integrität, ja Anständigkeit. Und schließlich referiert das Wort auch auf Authentizität, Treue zu sich selbst, Eigentlichkeit und Geradlinigkeit.

Während der erste dieser Sinnbezirke in dem Bedeutungsfeld „Wahrhaftigkeit" primär einem objektiven Wahrheitsideal verpflichtet scheint,

---

[1] Vgl. T. BAUER: *Die Vereindeutigung der Welt. Über den Verlust an Mehrdeutigkeit und Vielfalt.* Stuttgart 2018.

ist der zweite vor allem intersubjektiv orientiert und fokussiert das menschliche Miteinander, während der dritte auf konkrete Subjekte gerichtet ist und vorrangig deren Persönlichkeit in den Blick nimmt. Widmet man sich dem ersten Sinnbezirk genauer, dann zeigt sich freilich: Diese Zuordnungen gelten nicht exklusiv, sondern beschreiben nur bestimmte Tendenzen. Treue zur Wahrheit ist eine Charaktereigenschaft, damit auf eine Person bezogen, und sie bewährt sich anderen Subjekten gegenüber. Andererseits scheint für das Phänomen der Authentizität, das ja in modernen Konzepten individueller Selbstverwirklichung eine entscheidende Rolle spielt, Wahrheit im emphatischen Sinn nicht mehr konstitutiv zu sein: Ein notorischer Lügner ist gerade dann authentisch, wenn er keine Wahrheitstreue an den Tag legt. Diese Feststellung gilt aber nur dann, wenn man ein bestimmtes Wahrheitsverständnis vertritt. Um die Probleme, mit denen eine Haltung der Wahrhaftigkeit heute konfrontiert ist, angemessen beurteilen zu können, ist es daher sinnvoll, die Infragestellung des klassischen Wahrheitsverständnisses nachzuvollziehen, die in den letzten Jahrzehnten erfolgt ist.

Für eine solche philosophische Sondierung gilt es also sowohl die ethische (Tugend der Wahrhaftigkeit) als auch die epistemologische Perspektive (Verständnis von Wahrheit) miteinzubeziehen. Dieser Beitrag versucht das auf knappem Raum, indem er zunächst den Zusammenhang von Wahrhaftigkeit und Wahrheit in Anlehnung an Aristoteles skizziert, um anschließend zu erörtern, vor welchen Herausforderungen die Tugend der Wahrhaftigkeit nach der postmodernen Dekonstruktion von Wahrheit heute steht.

Ohne eine derartige Erörterung wirkt die gegenwärtige Situation ja durchaus rätselhaft. Schließt man sich Bauers Zeitdiagnose der fehlenden Ambiguitätstoleranz an, dann müsste das, was die verschiedenen Bedeutungen des Wortes „Wahrhaftigkeit" intendieren, nämlich gerade ziemlich gefragt sein. Ist das Wort auch mehrdeutig – das jeweils damit Bezeichnete, wie Wahrheitsliebe, Transparenz, Aufrichtigkeit oder Authentizität, eint doch, dass in verschiedenen Kontexten und Perspektiven nach Eindeutigkeit verlangt wird. Und man wird wohl nicht fehlgehen in der Behauptung, dass viele Menschen in einer zunehmend komplexer und unübersichtlicher werdenden Welt Wahrhaftigkeit für einen wichtigen Wert halten. Zugleich aber haben manche den Eindruck – etwa im Blick auf Politik und Wirtschaft –, dass selbst offensichtliche und dreiste Unwahrhaftigkeit nicht nur nicht schadet, sondern sogar zum Erfolg verhilft. Was ist hier geschehen? Wer nicht achselzuckend hinnehmen will, dass uns die Liebe zur Wahrheit „plötzlich abhanden" kam, „wie andern Leuten ein Stock oder Hut"[2], muss daher auch fragen, inwiefern die gegenwärtigen sozialen Bedingungen es erschweren, eine Haltung der Wahrhaftigkeit einzunehmen, und wie sie verändert werden können, wenn Wahrhaftigkeit konstitutiv dafür ist, ein gutes Leben zu führen.

2. Über den Zusammenhang von Wahrheit und Wahrhaftigkeit

Wahrhaftigkeit ist eine Charaktereigenschaft, die gemeinhin als positiv eingeschätzt wird, und damit das, was man klassischerweise unter einer Tugend versteht. Bei Aristoteles, der nun im Fokus der Überlegungen stehen wird, sind Tugenden Haltungen, die dazu verhelfen, ein gutes Leben zu führen. Damit ist Wahrhaftigkeit ein Thema der praktischen Philosophie, näherhin der Ethik. Insofern sie sich aber primär als Liebe und Treue zur Wahrheit verwirklicht, kommt man nicht umhin, auch die theoretische Philosophie zu berücksichtigen. Bei Aristoteles ist diese Implikation noch offensichtlicher, weil er in beiden Kontexten auf den gleichen Ausdruck zurückgreift, nämlich „alētheia". Aber auch im Deutschen ist die Nähe von Wahrhaftigkeit und Wahrheit begrifflich gut nachvollziehbar, mehr noch beim Adjektiv „wahrhaftig": Wenn ich betone, dass etwas wirklich und wahrhaftig der Fall ist, dann unterstreiche ich den Wahrheitsgehalt dessen, was ich behaupte. Zugleich ist damit der Bezug auf meine Person im Spiel, insofern ich meine Glaubwürdigkeit in die Waagschale werfe, um eventuelle Zweifel auszuräumen.

Auch das griechische Wort „alētheia" bezieht sich ursprünglich wohl auf das Verhältnis zwischen etwas, das sich als wahr erweist, und

---

[2] In Anlehnung an Erich Kästners Gedicht „Sachliche Romanze": „Als sie einander acht Jahre kannten / (und man darf sagen: sie kannten sich gut), / kam ihre Liebe plötzlich abhanden. / Wie andern Leuten ein Stock oder Hut." E. KÄSTNER: *Lärm im Spiegel*. München 1988, S. 7.

jemandem, dem es sich als wahr erweist. Das jedenfalls ist die – nicht unumstrittene – Lesart Martin Heideggers, der „alētheia" wörtlich als „Unverborgenheit" übersetzt und als Geschehen interpretiert.[3] Wahrheit in diesem Sinne ist der Vorgang, dass sich das Sein „entbirgt", wozu es auf jemanden – das (menschliche) Dasein – angewiesen ist, dem es sich zeigen kann. Eine solche Position könnte man als Evidenztheorie der Wahrheit bezeichnen: Wahr ist, was sich jemandem als wahr erweist, was ihm (unmittelbar) einleuchtet. Hingegen steht bei dem Wahrheitsverständnis, das sich im Anschluss an Aristoteles durchgesetzt hat, nicht der Bezug des Seins zu einer Person im Fokus (einer Person, die etwas für wahr hält und als wahr behauptet), sondern das Verhältnis des Seins zu einer Aussage bzw. der Wirklichkeit zu einer Behauptung:

> „Zu sagen nämlich, das Seiende sei nicht oder das Nicht-Seiende sei, ist falsch, dagegen zu sagen, das Seiende sei und das Nicht-Seiende sei nicht, ist wahr. Wer also ein Sein oder ein Nicht-Sein prädiziert, muß Wahres oder Falsches aussprechen."[4]

Mit anderen Worten: Eine Prädikation, eine Aussage über die Wirklichkeit kann entweder wahr sein oder falsch. Sie trifft zu – oder eben nicht. Dieser Umstand ist nach Aristoteles unvermeidbar. Dass jede Aussage einen Wahrheitsanspruch impliziert, ist offensichtlich. Selbst die Behauptung, dass es keine Wahrheit gibt, beansprucht noch wahr zu sein. Deswegen ist es auch nur konsequent, wenn radikale Skeptiker Aussagen zu vermeiden suchen. Sie würden damit ja Behauptungen aufstellen und Urteile über die Wirklichkeit fällen. Aussagen sind also per se mit Wahrheitsansprüchen verbunden. Aristoteles ist aber auch davon überzeugt, dass dieser Anspruch verifiziert oder falsifiziert werden kann. Wodurch nun wird eine Prädikation wahr?

---

[3] Vgl. zum Beispiel M. HEIDEGGER: *Vom Wesen der Wahrheit*. In: DERS.: *Wegmarken*. Hg. v. F.-W. von HERRMANN. Frankfurt a. M. 1976, S. 175–199.
[4] ARISTOTELES: *Metaphysik*. N. d. Übers. v. H. BONITZ, bearb. v. H. SEIDL. Hamburg 1995, 1011b.

„Nicht darum nämlich, weil unser Urteil, du seiest weiß, wahr ist, bist du weiß, sondern darum, weil du weiß bist, sagen wir die Wahrheit, indem wir dies behaupten."[5]

Es gilt also, ein Urteil über die Wirklichkeit (Denk- oder Sprachebene) mit der Wirklichkeit selbst (Sachebene) abzugleichen, wobei sich der ‚Wahrmacher' auf der Sachebene befindet: Eine Behauptung ist dann wahr, wenn sie der Wirklichkeit entspricht. Die klassische Formel dafür prägt schließlich Thomas von Aquin, der im 13. Jahrhundert n. Chr. die aristotelischen Überlegungen zur Wahrheit aufgreift und in einen Ansatz überführt, den man als Korrespondenztheorie bezeichnen kann: Wahrheit ist demnach „adaequatio rei et intellectus", also die Angleichung einer Sache und des Verstandes, die dadurch erreicht wird, dass es im Erkenntnisprozess zu einer Anpassung („assimilatio") des Erkennenden an die Realität kommt, sodass zwischen beiden Übereinstimmung („concordia") herrscht.[6] Damit artikuliert Thomas im Anschluss an Aristoteles eine Wahrheitstheorie, die dem alltäglichen Verständnis sehr nahe kommt. Schon der kurze Einblick in seine Wortwahl für das Verhältnis („adaequatio", „assimiliatio", „concordia") bringt aber auch zum Vorschein, dass die scheinbar einfache und klare Theorie so eindeutig nicht ist. Ähnliche Schwierigkeiten ergeben sich, wenn man die beiden Ebenen, die sich zueinander verhalten, näher identifizieren will. Geht es auf der einen Seite um Sätze, Urteile, Behauptungen, Gedanken, Bewusstseinsinhalte oder um Sprachformen? Und womit korrespondieren diese – mit Sachen, Tatsachen, Fakten, dem Sein, der Wirklichkeit oder der Welt?

Trotz dieser wichtigen Fragen, angesichts derer man sich über die Vielzahl an Varianten einer Korrespondenztheorie der Wahrheit nicht wundern muss, ist deren Plausibilität so leicht nicht zu erschüttern. Arbeitet man mit dieser Theorie, dann liegt es nahe, auch die Tugend der Wahrhaftigkeit als eine Entsprechung zu verstehen: Eine Person ist

---

[5] Ebd., 1051b.
[6] T. VON AQUIN: *De veritate – Von der Wahrheit (Quaestio I)*. Lateinisch – deutsch, übers. u. hg. v. A. ZIMMERMANN. Hamburg 1986, q. 1, a. 1.

dann wahrhaftig, wenn sie in Übereinstimmung mit demjenigen spricht und handelt, was sie für wahr hält. Anders als das Korrespondenzverhältnis der Wahrheit ist dasjenige der Wahrhaftigkeit aber stark subjektiv getönt: Um etwas für wahr zu halten, ist feste Überzeugung aufseiten des Subjekts nötig, nicht aber die Wahrheit dessen, wovon man überzeugt ist. Wer von etwas subjektiv überzeugt ist, was objektiv falsch ist, handelt dennoch wahrhaftig, wenn er seiner Überzeugung folgt. Zwar schützt nicht jede Unwissenheit vor Strafe oder einer moralischen Verurteilung – aber doch mindestens der Irrtum, der mit bestem Wissen und Gewissen einhergeht, ist kein Grund dafür, einem derart Irrenden Wahrhaftigkeit abzusprechen, wenn er seiner Überzeugung entsprechend handelt.

Werfen wir auch für die philosophische Erschließung der Wahrhaftigkeit einen Blick auf Aristoteles. In seiner „Nikomachischen Ethik" differenziert er verschiedene Formen von Tugenden, die darin übereinkommen, dass sie zu einem guten Leben verhelfen. Die Glückseligkeit („eudaimonia"), die damit intendiert wird, ist dem griechischen Denker zufolge letztlich das Ziel jeden Handelns.[7] Während darüber seines Erachtens Einigkeit herrscht, steht die Lebensweise, mit der man dieses Ziel am besten erreicht, in Diskussion. Aristoteles hält weder ein Leben, das auf Lusterfüllung aus ist, noch einen „bios politikos", in dem primär die öffentliche Ehre gesucht wird, dafür geeignet – und schon gar nicht ein Leben, das den Gelderwerb in den Mittelpunkt stellt.[8] Es ist der „bios theoretikos", also eine Lebensweise, die sich der denkenden Betrachtung widmet, die seines Erachtens dem Ideal der Glückseligkeit am nächsten kommt. Dass ein Philosoph dafür votiert, wird nicht überraschen – es wäre aber verkehrt, Aristoteles als Gewährsmann für ein weltabgewandtes Dasein, möglicherweise sogar auf Kosten der Allgemeinheit, heranzuziehen. Aristoteles wendet sich mit seiner Kritik am „bios politikos" nicht gegen die gesellschaftliche und politische Betätigung überhaupt, sondern gegen eine bestimmte Motivation, sich

---

[7] Vgl. ARISTOTELES: *Nikomachische Ethik*. N. d. Übers. v. E. ROLFES, bearb. v. G. BIEN. Hamburg 1995, 1094a–1095a.
[8] Vgl. ebd., 1095b–1096a und 1177a–1178b.

sozial und politisch zu engagieren, nämlich diejenige, sich damit einen Namen zu machen. Eine Ehrung – so sein Hinweis – die nicht aufgrund der Tugendhaftigkeit des Geehrten erfolge, sei nichts wert. Sie befriedige letztlich auch nicht. Freilich spricht seines Erachtens nichts dagegen, tugendhafte Menschen zu ehren, aber der Grund für eine gerechtfertigte Ehrerbietung ist auch die Voraussetzung für ein Leben in Glückseligkeit: die Tugendhaftigkeit.

Eine Tugend, so kann man in Rückgriff auf die Etymologie des deutschen Begriffes sagen, ist eine Eigenschaft, die eine (lebens-)taugliche Persönlichkeit hervorbringt. Das altgriechische Wort „aretē", das Aristoteles benutzt, konnte man im Sinne der Tauglichkeit auch auf Dinge, insbesondere Werkzeuge beziehen. Die „aretē" eines Messers beispielsweise besteht in seiner Schärfe. Sie verhilft ihm dazu, gut zu schneiden und damit der Aufgabe nachzukommen, für die es hergestellt wurde. Die Schärfe macht das Messer zu einem guten Messer. Ohne damit die Reduktion auf einen (technischen) Funktionszusammenhang zu verbinden, kann man sich nun die Frage stellen, was die „aretē" eines Menschen ist – und zwar *als* Mensch. Dafür gilt es zunächst zu eruieren, was der Mensch eigentlich ist. Hier sind zwei Wesensbestimmungen, die Aristoteles vornimmt, besonders wichtig.[9] Zum einen gilt ihm der Mensch als „zōon politikon", als ein Lebewesen, das von Natur aus darauf angelegt ist, in Gemeinschaft mit anderen Menschen zu leben – konkret im griechischen Kontext als Teil der „polis", der städtischen oder staatlichen Gemeinschaft bzw. Gesellschaft. Das gute Leben des Einzelnen ist daher für ihn nicht möglich auf Kosten der Gemeinschaft, sondern nur in einem gelingenden Miteinander. Zum zweiten ist Aristoteles zufolge der Mensch vor anderen Lebewesen dadurch ausgezeichnet, das er den „logos" hat, dass er also sprechen und denken kann. Während er Ernährung und Wachstum mit allem Lebendigen teilt und die Sinnlichkeit sowie das Strebevermögen mit den Tieren gemeinsam hat, ist die Vernunfttätigkeit sein Proprium. Wenn sie gelingt, so die Schlussfolgerung, kann der Mensch ein gutes, ein glückseliges Leben führen.

---

[9] Vgl. ebd., 1097b–1098a.

Tugenden des Menschen sind daher mit Aristoteles all jene Charaktereigenschaften, die ihm dazu verhelfen, seine Vernunft auf bestmögliche Weise einzusetzen. Konkret werden in der „Nikomachischen Ethik" eine Fülle von einzelnen Tugenden aufgeführt, die in zwei große Gruppen differenziert werden können. Die Verstandestugenden wie Weisheit („sophia") oder Lebensklugheit („phronesis") sind direkt auf das Denkvermögen bezogen und insbesondere für den von Aristoteles favorisierten „bios theoretikos" von Bedeutung. Wer über sie verfügt, hat Haltungen, „durch die die Seele, bejahend oder verneinend, (immer) die Wahrheit trifft"[10]. Die Verstandestugenden sind aber auch hilfreich für eine nichttheoretische Lebensweise, insofern sie nämlich den Boden für eine gelungene Praxis bereiten. Mit ihrer Hilfe kann der Mensch sittliche bzw. ethische Tugenden ausbilden, die ihren Namen davon haben, dass sie Gewöhnung („ethos") benötigen, also eingeübt werden müssen.[11] Diese stellen Haltungen dar, mit denen die Vernunft auf diejenigen Dispositionen und Tätigkeiten des Menschen einwirkt, die er mit anderen Lebewesen gemeinsam hat. Insbesondere geht es darum, das Strebevermögen und die Affekte, die damit zusammenhängen, in geordnete, menschliche Bahnen zu lenken. Dies gelingt nach Aristoteles dann, wenn man Haltungen einübt, bei denen die Mitte zwischen zwei Extremen gefunden wird, die es zu vermeiden gilt. So zeichnet sich etwa die Tugend der Tapferkeit dadurch aus, dass sie zwischen Tollkühnheit und Feigheit die Mitte hält.[12]

Zu den ethischen Tugenden gehört nun auch die Wahrhaftigkeit, die – wie bereits erwähnt – im Altgriechischen wie die Wahrheit mit dem Wort „alētheia" bezeichnet wird. Welche Übersetzung ins Deutsche zu wählen ist, das hängt vom Kontext ab. Vorhin, als es um Erkenntnis ging, wurde „alētheia" als „Wahrheit" wiedergegeben. Wird „alētheia" von Menschen ausgesagt, dann spricht man treffenderweise von

---

[10] Ebd., 1139b.
[11] Vgl. ebd., 1103a. Bei den Verstandestugenden geht Aristoteles davon aus, dass hierfür hauptsächlich Belehrung notwendig ist.
[12] Vgl. ebd., 1106b–1107b.

„Wahrhaftigkeit". Als ethische Tugend ist sie nach Aristoteles dort von Relevanz, wo im gesellschaftlichen Umgang „Wahrheit und Unwahrheit in Wort und Werk und Gebaren"[13] zum Ausdruck kommen. Auch die Wahrhaftigkeit hat die Mitte zwischen zwei Extremen zu treffen, nämlich zwischen der Prahlerei und der Ironie. Das ist erklärungsbedürftig. Weil die Lüge „an sich schlecht und tadelnswert" sei, wäre es verfehlt, die Mitte zwischen Wahrheit und Unwahrheit zu suchen. Ein wahrhaftiger Mensch richtet sich Aristoteles zufolge prinzipiell nach dem, was er für wahr hält – und was im Übrigen, wenn seine Verstandestugenden voll ausgeprägt sind, auch wahr ist. Aber es bestehe die Gefahr der Übertreibung und der Untertreibung. Beides seien Formen der Unwahrheit, die es zu vermeiden gelte. In der Mitte befinde sich daher jemand, „der als Mann der Wahrheit in Wort und Tat immer er selbst" sei und „wohl anständig" lebe. Im Zweifel aber weiche ein solcher „von der Wahrheit (wenn sie nicht ganz feststeht) lieber nach Seiten des Zuwenig ab, [...] weil Übertreibungen widerwärtig sind". Besonders abstoßend ist für Aristoteles eine Prahlerei, die aus ökonomischen Gründen vorgenommen wird und zur Betrügerei ausartet. Bevor man der Gefahr einer übertreibenden Verstellung erliege, nehme man als geringeres Übel daher lieber die „verstellte Unwissenheit"[14], das ironische Understatement in Kauf.

Die Praxistauglichkeit dieser Erörterung der Wahrhaftigkeit – wie überhaupt der Tugendlehre des Aristoteles – erweist sich nicht zuletzt darin, dass eine rigoristische Interpretation vermieden wird. Entscheidend ist es, die Mitte zwischen Extremen zu treffen, wobei dieses Unterfangen der Aufgabe eines Bogenschützen gleicht, der ein Ziel anvisiert, das in Bewegung ist. Das erfordert viel Übung, benötigt Anleitung, ist mit Scheitern verbunden, zieht Korrekturen, Aufmunterungen und Ermahnungen nach sich – aber Schuss für Schuss wächst auch die Treffsicherheit. Eine rigoristische Auslegung der Wahrhaftigkeit, wie sie etwa von Augustinus oder Kant vertreten wird,[15]

---

[13] Ebd., 1127a. Die folgenden Zitate finden sich ebenfalls hier und in 1127b.

[14] Ebd., 1108a.

[15] Vgl. J. Szaif, U. Thurnherr: *Wahrhaftigkeit*. In: J. Ritter, K. Gründer, G. Gabriel (Hg.): *Historisches Wörterbuch der Philosophie* (Bd. 12). Basel 2004, S. 42–48, hier S. 43–45.

hat es da leichter: Es gilt hier einfach immer und offen die Wahrheit zu sagen, gleich wie der Kontext beschaffen ist. Hier lassen sich aber schnell einleuchtende Beispiele finden, die eine solche Einstellung in ihrer Konsequenz als unmenschlich erscheinen lassen. Mit Aristoteles, Thomas von Aquin und anderen können Grenzfälle wie Notlügen, aber auch Scherzlügen, Höflichkeitsfloskeln oder die Verstellung zur Wahrung eines wichtigen Geheimnisses bis zu einem gewissen Grad mit der Tugend der Wahrhaftigkeit vereinbar sein.

Heute allerdings stellt weniger eine rigoristische Interpretation der Wahrhaftigkeit eine Problematik dar als vielmehr eine allzu laxe Deutung. Die Praxis, es mit der Wahrheit nicht so genau zu nehmen, hat eine Wurzel in der Infragestellung der Wahrheitstheorie, die in diesem Kapitel als Basis desjenigen Wahrhaftigkeitsverständnisses erläutert wurde, das mit infrage steht. Dieser Zusammenhang soll im folgenden Kapitel skizziert werden.

3. Zur Bewährung der Wahrhaftigkeit im postfaktischen Zeitalter

Wahrhaftigkeit, so haben wir das Phänomen bisher mit Aristoteles analysiert, ist eine Tugend, die dem Menschen als vernünftigem Gemeinschaftswesen dabei hilft, ein gutes Leben zu führen. Eine Person, die diese Tugend verinnerlicht hat, verfügt über eine gewisse Treffsicherheit, situationsgemäß und kontextsensitiv das richtige Maß dafür zu finden, die eigenen Überzeugungen zur Sprache zu bringen und ins Werk zu setzen. Weder ‚posaunt' sie die Wahrheit dort aus, wo das unangemessen oder gar lebensbedrohlich wäre, noch hält sie diese zurück, wo ihre Artikulation angebracht ist. Grundsätzlich aber orientiert sie sich daran, in Übereinstimmung mit demjenigen zu sprechen und zu agieren, was sie für wahr hält.

Bei Aristoteles und vielen anderen Denkern wird dieses Wahrhaftigkeitsverständnis – wie wir gesehen haben – mit einer Korrespondenztheorie der Wahrheit verknüpft. Letztere wurde in der Philosophie des 19. und v. a. des 20. Jahrhunderts immer wieder infrage gestellt, was aber nicht automatisch eine Entwertung der Wahrhaftigkeit zur Folge haben musste. Auch mit anderen Wahrheitstheorien lässt sich ein gehaltvolles Verständnis der Wahrhaftigkeit verbinden. Ein gutes Beispiel dafür findet sich bei Jürgen Habermas, der eine Konsens- oder Diskurstheorie der Wahrheit vertritt – ohne damit allerdings die Korrespondenztheorie komplett zu verwerfen. Die Wahrheit einer Aussage erweist sich demnach dadurch, dass ihr jeder potenzielle Gesprächspartner zustimmen kann.[16] Um dieser Theorie gerecht zu werden, ist darauf hinzuweisen, dass Habermas dabei eine bestimmte Gesprächssituation vor Augen hat, nämlich einen idealen Diskurs, der nur den „zwanglosen Zwang des besseren Arguments"[17] zulässt. Es geht also nicht darum, Wahrheit zu verhandeln, sich mit der eigenen Behauptung durchzusetzen oder gar darum, eine Mehrheitsentscheidung darüber herbeizuführen, ob etwas als wahr gelten kann. Erforderlich sei auch nicht, dass tatsächlich ein solcher Konsens herbeigeführt werde. Die Wahrheit einer Behauptung hänge aber davon ab, dass sie konsens*fähig* sei. Der Wahrhaftigkeit kommt im Rahmen dieser Theorie eine wichtige Bedeutung zu, da sie eine der Voraussetzungen für einen idealen Diskurs darstellt. Sie ist „die formale Eigenschaft reinen kommunikativen Handelns, die für die Teilnehmer praktischer Diskurse, soweit diese die Kraft rationaler Motivation sollen entfalten können, gefordert werden muß."[18] Dort, wo ich nicht davon ausgehen kann, dass jemand wahrhaftig seine Überzeugung zum Ausdruck bringt, ist kein vernünftiges Gespräch möglich, das der Wahrheitsfindung dienen könnte.

Wahrhaftigkeit kann also auch im Rahmen alternativer Wahrheitstheorien von gewichtiger Bedeutung sein – jedenfalls dann, wenn dort Wahrheit nicht in das subjektive Belieben gestellt wird. Wie aber steht es um die Wahrhaftigkeit, wenn Wahrheit relativiert oder überhaupt infrage gestellt wird? Innerhalb des postmodernen und poststrukturalistischen Denkens, das in der zweiten Hälfte des letzten Jahrhunderts seine Hochkonjunktur hatte, geschah dies in vielfältiger Weise. So ließe sich etwa mit Jean-François Lyotard gegen das

---

[16] Vgl. J. HABERMAS: *Wahrheitstheorien*. In: H. FAHRENBACH (Hg.): *Wirklichkeit und Reflexion*. Pfullingen 1973, S. 211–265, hier S. 218 f.
[17] Ebd., S. 240.
[18] Ebd., S. 256.

Habermas'sche Diskursverständnis einwenden, dass es keinen zwanglosen universalen Diskursraum geben könne, sondern lediglich „verschiedene Sprachspiele", die zu vereinheitlichen „nicht ohne weichen oder harten Terror" möglich sei: „Der durch Diskussion erreichte Konsens [...] tut der Heterogenität der Sprachspiele Gewalt an."[19] Hinter dieser Kritik steckt eine noch weiter reichende These, nämlich dass das zugrunde liegende – und nicht nur für die Konsens-, sondern auch für die Korrespondenztheorie konstitutive – Vernunftverständnis nicht universal sei, sondern historisch, kulturell und sozial bedingt. Die Rede von der einen, universalen Vernunft, die im altgriechischen Logos ihren Anfang nahm, gehört damit für Lyotard zu den sogenannten „großen Erzählungen", deren „Legitimationskraft" am Ende der Moderne erlahmt sei, was auch die darauf bezogene Wahrheit beträfe.[20] Daraus lassen sich unterschiedliche Konsequenzen ziehen, die mindestens eine Kontextualisierung und Relativierung dessen implizieren, was man dann noch als wahr bezeichnen kann: Wahr ist … für jemanden … zu einer bestimmten Zeit … in einer bestimmten Situation … innerhalb dieses oder jenes Sprachspiels …

Eine andere Variante des postmodernen Umgangs mit der Kategorie der Wahrheit besteht in deren Ästhetisierung. Sie wird damit zu einer Geschmacksfrage: „Wahrheit ist, was der Denkstil sagt, daß Wahrheit sei."[21] Mit dieser zugespitzten Diagnose des Wissenschaftstheoretikers Paul Feyerabend sieht Wolfgang Welsch eine Entwicklung auf den Punkt gebracht, die schon seit zweihundert Jahren andauere und nicht mehr rückgängig zu machen sei – auch nicht durch zweifelhafte und nur scheinbar effektive Gegenmaßnahmen:

> „Noch Fundamentalismen erweisen sich als Konstrukte von letztlich ästhetischer Art. Geht man auf die Grundlagen von Argumentationen zurück, so stößt man regelmäßig auf ästhetische Optionen. Weil Wahrheit sich in der Moderne selbst als ästhetische Kategorie entpuppt hat,

---

[19] J.-F. LYOTARD: *Das postmoderne Wissen. Ein Bericht.* A. d. Franz. v. O. PFERSMANN, hg. v. P. ENGELMANN. Wien [7]2012, S. 25 f.
[20] Ebd., S. 24.
[21] P. FEYERABEND: *Wissenschaft als Kunst.* Frankfurt a. M. 1984, S. 77.

vermögen auf Wahrheit pochende Einreden gegen die Ästhetisierung nichts mehr zu verschlagen."[22]

Wurde die Relativierung und Ästhetisierung von Wahrheit in den letzten Jahrzehnten des 20. Jahrhunderts vor allem in einer bestimmen Kultur- und Bildungsszene vertreten, die politisch eher dem linken Spektrum angehörte, so ist sie inzwischen nicht nur mitten in der Gesellschaft angekommen, sondern auch in Kreisen mit rechter Gesinnung – freilich in anderen, aber doch verwandten Varianten. Populistischen Zwecken scheint es nicht zu schaden, Behauptungen zu verbreiten, die sich vor einem wissenschaftlichen Hintergrund eindeutig als „fake news" erweisen, weil sie nicht mit der Wirklichkeit übereinstimmen. Ja sogar die Rede von „alternativen Fakten" scheint bei nicht wenigen Zeitgenossen salonfähig zu sein. Treten wir also gerade in ein „postfaktisches Zeitalter" ein, das im Englischen noch dramatischer klingt, weil man hier von „Post-Truth" spricht?[23]

Meines Erachtens deutet einiges darauf hin, dass wir an der Schwelle dazu stehen. Aber den Herolden einer solchen Ära wie auch den Unkenrufern ist entgegenzuhalten, dass diese Schwelle noch nicht überschritten wurde, geschweige denn, dass die Tür schon hinter uns ins Schloss gefallen ist. Es gibt gegenläufige Tendenzen, wie etwa in der Debatte zum menschengemachten Klimawandel oder im Umgang mit der Corona-Pandemie, wo die wissenschaftliche Expertise einen wichtigen Einfluss auf Politik und Gesellschaft hat, gerade in der jungen Generation. Im Übrigen muss selbst die Relativierung von Wahrheit nicht zwangsläufig eine Abwertung der Wahrhaftigkeit nach sich ziehen. Anders als ihre populistische Instrumentalisierung, die tatsächlich mit der Wahrheit auch die Wahrhaftigkeit desavouiert, ist der ursprüngliche Impuls der Postmoderne, das traditionelle Wahrheitsverständnis infrage zu stellen, häufig von einem Ethos der Wahrhaftigkeit getragen. Wer in

---

[22] W. WELSCH: *Das Ästhetische – eine Schlüsselkategorie unserer Zeit?* In: DERS. (Hg.): *Die Aktualität des Ästhetischen*. München 1992, S. 13–47, hier S. 43.
[23] Eine prägnante Erörterung dazu bietet: H. HEMPELMANN: *Faktisch, postfaktisch, postmodern? Kommunikation von Wahrheit(sansprüchen) in pluralistischen Gesellschaften als Problem und Herausforderung*. In: theologische beiträge 48 (2017), S. 6–23.

diesem Kontext eine (scheinbare) Wahrheit dekonstruieren will, ist ja davon überzeugt, dass es sich dabei um ein Konstrukt handelt, das überdies dazu dient, Machtverhältnisse zu etablieren oder aufrechtzuerhalten, die bestimmte Menschen unterdrücken. Mit dieser Überzeugung nichts gegen eine solche ‚Wahrheit' zu unternehmen wäre unwahrhaftig.

4. Gegen die Wahrhaftigkeit auf Abwegen

Um Wahrhaftigkeit als Tugend wertzuschätzen, ist man nicht an eine bestimmte Wahrheitstheorie gebunden. Wie wir gesehen haben, kann man sogar der Ansicht sein, dass es keine absolute Wahrheit gibt, und sich dennoch der Wahrhaftigkeit verschreiben. Unter Umständen reichen sogar rein pragmatische Motive schon dafür aus, sich wahrhaftig zu verhalten, weil man als Lügner – wenn überhaupt – nur kurzfristige Erfolge erzielt und einmal verspieltes Vertrauen nur schwer wiederherzustellen ist.[24]

Dass Wahrhaftigkeit dennoch eine Tugend ist, um die wir heute besorgt sein müssen, hängt meines Erachtens v. a. mit gesellschaftlichen Missverhältnissen zusammen. Schon vor dreißig Jahren diagnostizierte die Philosophin Sisella Bok einen „täglichen Zwang zur Unaufrichtigkeit"[25] in der Öffentlichkeit, im Berufs- und Privatleben. Unsere gegenwärtigen sozialen Strukturen tragen offensichtlich nicht besser als damals dazu bei, Wahrhaftigkeit zu fördern. Wo zur Sicherheit lieber kontrolliert als vertraut wird, unterstellt man Unwahrhaftigkeit als den Normalfall. Wo rücksichtsloses Konkurrenzdenken herrscht, ist es mit Vorteilen verbunden, sich zu verstellen. Wo Fehler und Schwächen der Selbstoptimierung im Weg stehen, liegt es nahe, sie zu verdrängen und zu verleugnen. Und wo eine Kultur der rasanten Beschleunigung herrscht, bleibt keine Zeit dafür, eine Tugend einzuüben, die der langen Weile bedarf.

---

[24] S. Bok: *Lügen. Vom täglichen Zwang zur Unaufrichtigkeit.* Übers. v. U. Schwarz. Reinbek b. Hamburg 1980, S. 42–47.
[25] Vgl. ebd.

Der tägliche Zwang zur Unaufrichtigkeit zeigt sich gegenwärtig vielleicht am prägnantesten in dem Druck, der in den ‚sozialen' Medien herrscht, sich selbst als authentisch zu inszenieren. Wer ihm ausgeliefert ist, muss so tun, als wäre er wirklich und wahrhaftig so, wie er sich darstellt – verbunden mit der existentiellen Gewissheit, dass das gar nicht der Fall ist. Es geht ja gerade nicht darum, authentisch zu sein, sondern so zu wirken. Besonders perfide an dieser Perversion der Tugend der Wahrhaftigkeit ist allerdings, dass sich viele dennoch nur schwer des Eindrucks erwehren können, diejenigen, deren Inszenierung von Authentizität gelingt, seien tatsächlich authentisch. Wie sehr diese Vorstellung schmerzt, ist ein Indiz dafür, dass die Wertschätzung der Wahrhaftigkeit auch heute noch lebendig ist. Damit sie künftig wieder mehr Raum zur Entfaltung bekommt, genügt es aber nicht, dass sich jeder Einzelne darum bemüht, wahrhaftig zu sein. Die sozialen Rahmenbedingungen müssen auch so gestaltet sein, dass diese Bemühungen gefordert und gefördert werden.

Sagen, was ist! Oder: Wie ich es sehe! Anmerkungen eines Psychologen zu einem nichtpsychologischen Begriff

Peter K. Warndorf

> **Fragen, Denkanstöße, Beispiele**
>
> Der Trainer einer Sportmannschaft macht öffentlich und intern den nächsten, (objektiv unbedeutenden), Gegner stärker und gefährlicher - mit dem Ziel, die Erwartungen des Publikums und die Siegesgewissheit der Mannschaft zu dämpfen.
>
> Ein Finanzminister oder Notenbankchef würden der Verantwortungslosigkeit bezichtigt, würden sie wahr und wahrhaftig davor warnen, daß in den nächsten Tagen das gesamte Banken- und Währungssystem (oder wenigstens eine Bank) kollabieren könnte.
>
> Erwartet heutzutage irgendjemand, daß die vom Hersteller angegebenen Verbrauchswerte bei Autos tatsächlich stimmen?
>
> Der groß angelegte Betrug von Automobilherstellern an ihren Kunden bezüglich diverser Emissionen hat doch nur in seinem Ausmaß überrascht, in seiner kriminellen Energie und der Ausprägung der Willfährigkeit und Fahrlässigkeit von Behörden und Politikern.
>
> Wer nimmt Aussagen von Politikern (vor allem zu Wahlkampfzeiten) für bare Münze?

P. K. Warndorf (✉)
Duale Hochschule Baden-Württemberg, Heidenheim, Deutschland
E-Mail: warndorf@me.com

Welcher Mensch von einigem Verstand schenkt Aussagen der Werbeindustrie Glauben, die für jedes denkbare Problem früher oder später das passende Produkt finden - und notfalls auch den umgekehrten Weg gehen?

Edward Snowdon löste die sog. NSA-Affäre aus, indem er die Spionage- und Überwachungsaktivitäten von Geheimdiensten offenbarte. Seit 2014 lebt er im Exil an einem geheimen Ort in Russland. Amerikanische Behörden fahnden nach ihm per Haftbefehl. 2016 wurde er für den Friedensnobelpreis vorgeschlagen.

Chelsea Manning wurde 2013 in den USA zu 35 Jahren Haft verurteilt, weil sie als Angehörige der US-Army (IT-Spezialistin) geheime Dokumente an WikiLeaks übergeben hatte. Inhalt dieser Dokumente waren u. a. Belege für die Folterungen durch US-Soldaten im Irakkrieg und Informationen zum Gefangenenlage in Guantanamo. Präsident Obama hat sie 2017 begnadigt.

Joseph Ratzinger, ehemaliger Papst Benedikt XVI, behauptet die wesentlichen Ursachen des sexuellen Missbrauchs durch katholische Priester liegen in der „68er-Bewegung".

§ 176 Strafgesetzbuch sieht eine Freiheitsstrafe von sechs Monaten bis 10 Jahren vor, „wer sexuelle Handlungen an einer Person unter 14 Jahren...vornimmt...". Wie viele katholische Priester sitzen deshalb in deutschen Gefängnissen?

Belächeln wir nicht all jene, die daran glauben wollen,

- daß das deutsche „Sommermärchen" 2006 ohne Geldflüsse aus und in dunkle Kanäle zustande gekommen ist?
- daß es dem IOC, den großen Sportverbänden, um ihren Sport geht, die Gesundheit, Völkerverständigung usw.?
- daß
- Warum trauen wir heutzutage jedem Politiker, Wirtschaftsboss und sonstigen Amts- und Würdenträgern jede ihnen zum Vorwurf gemachten Missetat zunächst einmal zu - bis zum Beweis des Gegenteils?
- Warum haben unsere Eltern uns angelogen, als sie uns beibrachten, daß man nicht lügen dürfe, wo doch der Mangel an Wahrhaftigkeit die Regel ist – und erfolgversprechender zudem?
- Warum ist ein Kind wahrhaftig, das stolz seine Geschenke „vom Christkind, Weihnachtsmann und Osterhasen" zeigt und ein Erwachsener, der das Gleiche tut, nicht?

Selbst eine kursorische semantische Analyse des Wortes „Wahrhaftigkeit" macht rasch deutlich, welcher Art die Grenzziehungen sein müssen.

Eine der wichtigsten ist zugleich jene, die im alltäglichen Sprachgebrauch allzu oft verwischt wird: Wahrheit (lat. Veritas) hat mit Wahrhaftigkeit (lat. Vericitas) wenig bis gar nichts zu tun. Schon in der Antike wurde jedoch schon nicht ganz korrekt festgestellt: „In vino veritas!" statt: „In vino vericitas!"

Begrifflich steht der Wahrhaftigkeit die Lüge gegenüber, der Wahrheit jedoch die Falschheit.

Spannt man einen Ereignisraum auf, innerhalb dessen sich eine Person zu Wahrheit (oder Wirklichkeit – für unsere Zwecke können diese Begriffe synonym gebraucht werden) und Wahrhaftigkeit verhalten kann, so erhalten wir mindestens folgende Matrix:

- Eine Person kann absichtlich die Wahrheit sagen (das würden wir als wahrhaftig bezeichnen) - oder lügen.
- Eine Person kann wahrhaftig sein (genauer: sich wahrhaftig verhalten) - oder taktieren, schönen, beruhigen, intrigieren, rücksichtsvoll oder höflich sein, vielleicht sogar ängstlich etc. - eben nicht wahrhaftig sein. Kopernikus hat sich im 16. Jahrhundert jahrzehntelang nicht wahrhaftig verhalten, aus Angst vor der katholischen Kirche. Erst gegen Ende seines Lebens wagte er die Veröffentlichung seiner Gedanken, die die Überwindung des geozentrischen Weltbildes erforderlich machte. Wenn Galileo Galilei, fast ein Jahrhundert später, weitere astronomische Belege für eine heliozentrische Perspektive publizierte, so sagte er die Wahrheit (beschrieb die Wirklichkeit), verhielt er sich wahrhaftig. Danach wurde er allerdings zur Lüge gezwungen – durch die katholische Kirche. Daß Kepler recht hat, Kopernikus, Galilei, Newton, Darwin usw., daß sie sich wahrhaftig verhielten, an der Wahrheit orientierten, ist heute unbestritten unter vernunftbegabten Menschen. Auch die katholische Kirche hat dies (etwa für Galileo Galilei) 500 Jahre später akzeptiert, sieht die Wirklichkeit auch offiziell so, wie sie ist. Wie verhält es sich hingegen mit den Inquisitoren? Ist deren Verhalten als wahrhaftig (wenngleich irrend) zu bezeichnen, oder handelten sie interessengeleitet,

- um die „Organisation Kirche" zu schützen? Und: Wären sie dadurch exkulpiert? Rekurrierten sie tatsächlich auf höher stehende Werte, wenn sie so handelten? Auf welche?
- Eine Person kann aber auch wahrhaftig sein und doch die Unwahrheit sagen, weil sie die Wahrheit nicht kennt. Mag man dies unter Aufbietung von reichlich Nächstenliebe zugunsten der zeitgenössischen Kleriker noch gelten lassen, so verliert diese „Entschuldigung" jedoch im Verlaufe der folgenden Jahrhunderte an Glaubwürdigkeit.
- „Das Wetter ist wunderbar!" kann eine wahrhaftige Äußerung sein, die möglicherweise von vielen Mitmenschen keineswegs als wahr, als zutreffende Beschreibung der Realität, gesehen wird. Wird der Satz dadurch unwahr? Ist der Sprecher nicht wahrhaftig? Wessen Wahrheit wäre die wahre Wahrheit?

Muß eigentlich die Intention mitgedacht werden, wenn man von Wahrhaftigkeit spricht?

Wie ist es zu bewerten, wenn jemand „versehentlich" die Wahrheit sagt – eine Lüge jedoch intendiert war? Die Aussage entspricht somit der Wahrheit ist im kommunikativen Kontext somit wohl als wahrhaftig zu bewerten, intraindividuell jedoch nicht. Oder: Wie steht es um die Wahrhaftigkeit eines Denunzianten, Verräters oder Intriganten?

Wir stellen fest, Wahrhaftigkeit und Wahrheit (Wirklichkeit) sind höchst unterschiedliche Phänomene. Möglicherweise befinden sie sich sogar in einem relativ unabhängigen Verhältnis. Und wir erhalten bereits deutliche Hinweise darauf, daß auch der ethische Aspekt von Wahrhaftigkeit kompliziert sein dürfte.

Wahrheit, Wahrhaftigkeit: Alles relativ?

„Sagen, was ist!", dieser Leitspruch des Gründers und langjährigen Herausgebers des SPIEGEL, Rudolf Augstein, könnte die kürzestmögliche Definition von Wahrhaftigkeit sein – so dürfte es auch gemeint sein. Und zugleich ist diese Formel als Definition falsch – jedenfalls nicht hinreichend. Denn genau genommen kann durch sie nur der Anspruch auf *Wahrhaftigkeit* erhoben werden, nicht jedoch auf eine objektive Darstellung der *Wirklichkeit*. Die Epistemologie, die Physiologie und die Psychologie der Wahrnehmung lehren uns hier mehr Bescheidenheit. Ist der Mensch überhaupt in der Lage Wirklichkeit und Wahrheit zu erkennen?

Peter Altenberg, der berühmte „Kaffeehausliterat" Wiens im ausgehenden 19. Jahrhundert, hat mit dem Titel seines vielleicht bekanntesten Werkes „Wie ich es sehe"[1] eine Formel geprägt, die die unvermeidlich subjektive Perspektive auf das, was wahr ist, verdeutlicht. Bis in die heutige Zeit kann man diese Formulierung immer wieder als Überschrift von Kommentaren, Glossen, Leitartikeln und Kolumnen finden – wenn also kenntlich gemacht werden soll, daß es auch eine andere als die offensichtliche Realität geben könnte, die Wirklichkeit/Wahrheit somit nicht ganz so eindeutig ist, wie es den Anschein haben mag.

Wahr oder wahrhaftig?

Ohne hier den Tiefen und Verästelungen des Solipsismus oder Konstruktivismus nachspüren zu können, doch einige knappe erkenntnistheoretische Anmerkungen:

Rene Descartes (1596–1650), George Berkeley (1685–1753) - die Reihe ließe sich fortsetzen – folgend kann sich der Mensch aus erkenntnistheoretischer Sicht nur der Existenz des eigenen Selbst, des eigenen Bewußtseins, gewiss sein. Darüber hinausgehende Bewustseinsgehalte sind möglicherweise eben nur dieses – und keinesfalls gesicherte Erkenntnisse über die Wirklichkeit. Arthur Schopenhauer (1788–1860) vertrat eine ähnliche Sichtweise, sah die (Außen-)Welt als Vorstellung – insoweit noch ganz bei den philosophischen Vorgängern wie Kant (1724–1804), aber auch Fichte (1762–1814) und Schelling (1775–1854). Anders als Immanuel Kant geben sich Schopenhauer,

---

[1] Erstmals erschienen 1896, inzwischen in vielen Neuauflagen bei div. Verlagen.

Fichte und Schelling damit nicht zufrieden, sie fügen diesem Gedanken noch eine Einflussgröße hinzu, die sie „Wille", „Urwille" oder „Willensakt" nennen. Dieser Aspekt, so wichtig er jeweils für die Philosophien gewesen sein mag, spielt im gegebenen Kontext allerdings eine vernachlässigbare Rolle.

Letztlich basieren die zahlreichen, facettenreichen Ansätze des Konstruktivismus[2] auf diesen frühen Überlegungen. Die Grundannahmen des Konstruktivismus (keineswegs nur in seiner radikalen Ausprägung) legen die Unmöglichkeit für das erkennende Subjekt nahe, die Welt (Wirklichkeit, Wahrheit) so zu erkennen, wie sie ist.[3] Im Unterschied zu solipsistischen Ansätzen negiert der Konstruktivismus nicht zwingend die Existenz von Realität außerhalb des erkennenden Subjekts. Er beschränkt sich vielmehr darauf die voraussetzungsfreie, quasi „abbildende" Erkenntnis (Erkennbarkeit) der Realität vehement zu bestreiten. Die Realität des erkennenden Subjekts ist immer(!) eine konstruierte, keine absolute.

Der Begriff der Wahrheit (als einem objektiven, absoluten Phänomen) ist im Übrigen schon längst vor den Konstruktivsten problematisiert worden – noch immer konkurrieren der konsenstheoretische Ansatz (von Jürgen Habermas neu belebt), mit der auf Aristoteles zurückgehenden Korrespondenztheorie (die das hier zu behandelnde Problem jedoch eher fokussiert, als dass es zu seiner Lösung einen Beitrag leisten könnte) und der Kohärenztheorie der Wahrheit.

Darüber muß hier jedenfalls nicht gesprochen werden, da Ausgangspunkt aller Überlegungen die Wahrhaftigkeit und nicht die Wahrheit ist.

Wenn wir uns also der Wahrheit nicht gewiss sein können, wie könnten wir uns dann der Wahrhaftigkeit eines Menschen gewiss sein?

Wir können es nicht!

Dann muß aber auf die Forderung nach Wahrhaftigkeit (als moralischem Imperativ) verzichtet werden.

---

[2] Vgl. z. B. von Glasersfeld 2018.
[3] Siehe dazu auch Watzlawick 2015.

Jedenfalls solange, wie wir Wahrhaftigkeit als eine korrekte Aussage über eine objektive, unbezweifelbare Realität betrachten.

Allerdings: Besteht Wahrhaftigkeit nicht eigentlich darin, eine Aussage als *subjektiv wahr* verstehen zu können? Kann logisch zwingend nur dies gemeint sein? Dies immerhin böte eine rationalere Zugangsweise – um den Preis des Verlustes illusionärer „Gewißheiten" natürlich.

Es bleibt nur den Rückzug anzutreten. Nicht „Sagen, was ist!" ist ein zu rechtfertigender Anspruch, sondern lediglich „Sagen, wie ich es sehe (sehen kann, sehen muss)".

Wahrhaftigkeit entfaltet per se keine sozialen Implikationen, sie bleibt ein individuelles, subjektives und letztlich nicht prüfbares Phänomen. Andere Konzepte, andere Kategorien menschlichen Verhaltens und Erlebens sind unabdingbar um diese Grenzen zu überwinden.

Wahrhaftigkeit ist kein psychologisches Konzept!

Wenig überraschend spielt der Begriff der Wahrhaftigkeit keine Rolle in der Psychologie. Folgerichtig kommt der Begriff auch „im Dorsch" – dem lexikalischen Standardwerk der Psychologie[4] nicht vor. Dies hat Gründe, die wesentlich im professionellen Selbstverständnis der Psychologie, als einer (natur-)wissenschaftlichen Disziplin, zu sehen sind. Die zuvor bereits angerissenen Problemfelder lassen erkennen, daß ein Erfassen von Wahrhaftigkeit, als einem Verhalten, daß die Relation zwischen der Kommunikation über die Realität und der tatsächlich existenten Realität in unzweifelhafter Weise beschreibt, nicht möglich ist. Im Unterschied zu inhaltlich benachbarten Begriffen – wie etwa Kongruenz, Authentizität, Identität, Aufrichtigkeit, Glaubwürdigkeit usw.; – enthält Wahrhaftigkeit eine massive präskriptive Konnotation. Werturteile sind aber nicht Gegenstand wissenschaftlicher Bemühungen.

---

[4]Vgl. z. B. M. A. WIRTZ (Hrsg.): *Dorsch – Lexikon der Psychologie*. Göttingen [18]2017.

Aus psychologischer Perspektive wäre Wahrhaftigkeit (so man sich denn dem Begriff nähern wollte) zunächst einmal ein Interpretationskonstrukt, keine beobachtbare Verhaltensweise!

Wahrhaftigkeit ist eine Zuschreibung, die man dem eigenen oder dem Verhalten anderer macht. Diese Zuschreibung (Interpretation) ist abhängig von Annahmen – weniger von objektiven Fakten – des Subjekts. Es handelt sich dabei v. a. um Plausibilitätsannahmen darüber, ob die kommunikativen Inhalte (Zeichen, Symbole, Worte…) und die wahrgenommenen Inhalte (die Wirklichkeit) möglichst kongruent sind.

Wahrhaftigkeit beschreibt(!) ausschließlich den Zusammenhang zwischen eigener subjektiver Wirklichkeit und der Kommunikation darüber. Diese Selbstzuschreibung kann in Zweifel gezogen werden, muss im Übrigen, nicht identisch sein mit einer – in der Psychologie mindestens ebenso bedeutsamen – externen Beurteilung. Diese externe Beurteilung der Wahrhaftigkeit ist wiederum assoziiert mit Konzepten wie Glaubwürdigkeit, Authentizität, Kongruenz etc.

Der Kern: Nicht Wahrheit, nicht Wirklichkeit – das Reden darüber!

Womit Wahrhaftigkeit hingegen definitiv – und wohl auch unbestritten – nichts zu tun hat, sind die Begriffe der Wahrheit bzw. der Realität. Es ist deutlich geworden, daß es bei dem Begriff der Wahrhaftigkeit nicht um den möglicherweise korrekten, nicht weiter zu hinterfragenden Realitätsbezug eines Menschen geht.

Die Äußerung eines Menschen kann, wie wir gesehen haben, jederzeit zugleich wahrhaftig und falsch sein. Oder sie kann nicht wahrhaftig sein – aber der Realität entsprechen (die Infamität, die sich im Nachhinein als wahr herausstellt).

Es kann deshalb bei der Wahrhaftigkeit nur darum gehen, den kommunikativen Akt darüber zu beurteilen: Ist davon auszugehen, daß der Inhalt einer Kommunikation der Wahrnehmung des Senders tatsächlich entspricht – dies kann der Fall sein ohne daß dieser wiederum der Wahrheit entspricht.

Psychologische Alternative I: Glaubwürdigkeit

Glaubwürdigkeit ist in der *Rechtspsychologie,* bzw. *Forensischen Psychologie* ein wichtiges Konzept. Der Wahrheitsgehalt einer Aussage (etwa vor Gericht) ist zu prüfen. Dabei ist es im geringeren Maße das Ziel die aussagende Person der Lüge zu überführen oder sie von diesem Verdacht zu befreien. Vielmehr geht es vor allem darum einer objektiven Wahrheit, bzgl. eines bestimmten Ereignisses, eines bestimmten Verhaltens etc. so nahe wie möglich zu kommen: Hat ein schuldhaftes Verhalten stattgefunden? Von wem? Hat eine Vergewaltigung tatsächlich stattgefunden,? Wer oder was war Auslöser für einen tödlichen Streit? Wie war der konkrete Ablauf einer Tat? Was waren (möglicherweise distale) Beweggründe? Liegt überhaupt so etwas wie eine Deliktfähigkeit vor usw. In diesem Kontext geht somit nicht um die Beschreibung des Verhältnisses von Aussage und Realität, sondern darum den objektiven Realitätsgehalt im Hinblick auf ein Geschehen, das sich a posteriori einer objektiven Beurteilung entzieht, herauszufiltern.

In *medienpsychologischen* Untersuchungen, in der *Kommunikationspsychologie,* wurden und werden immer wieder Feststellungen getroffen im Hinblick auf die *Glaubwürdigkeit* von z. B. Personen oder Gruppen, Organisationen (Verbänden, Parteien, Gewerkschaften, Wohlfahrtsverbänden etc.), Institutionen (Kirchen, Regierungen, Universitäten...) Medien (TV-Sender, Zeitungen, Zeitschriften, bestimmte Sendungen etc.)

Das Schweigen (und Schlimmeres) katholischer Bischöfe, denen Vorfälle des sexuellen Missbrauchs in ihrer Diözese bekannt werden ist definitiv nicht wahrhaftig nicht selten eine Lüge! Ob es jeweils eine „Tugendabwägung" (analog zu einer Rechtsgüterabwägung) gegeben hat, ist füglich zu bezweifeln, soll hier aber nicht vertieft werden. Wichtiger erscheint der derart evozierte Verlust an Glaubwürdigkeit – auch dadurch übrigens, daß sich der Klerus in solchen Fällen außerhalb (über?) rechtlicher Systeme wähnt und die Dinge nicht zur Anzeige bringt, sondern kircheninterne Regelungen präferiert. Dies widerfährt einer Institution, deren Fallhöhe hier gar nicht überschätzt werden kann.

Aber folgen die Kirchen, hier nicht einfach der Entwicklung anderer großer gesellschaftlicher Organisationen (selbstredend mit der typischen Verzögerung)? Ist nur der höhere moralische Anspruch von Religionen und Kirchen – die Fallhöhe eben – entscheidend für die öffentliche Wahrnehmung? Die Diskrepanz zwischen Anspruch und Wirklichkeit (d. h. der Mangel an Glaubwürdigkeit) ist nirgends so groß wie hier.

Sportverbänden wie dem IOC, der FIFA unterstellt kaum mehr jemand Wahrhaftigkeit, ohnehin fehlt jegliche Glaubwürdigkeit, wenn sie von sportlicher Fairness, Völkerverständigung, Gesundheit, Breitensport, usw. reden. Die Werte, die sie angeblich hochhalten, werden tagtäglich zugunsten profaner kommerzieller (Eigen-)Interessen beiseite geschoben. Parteien, die angeblich für „die kleinen Leute", „das Volk", „die Menschen draußen" kämpfen sind ebenso wenig glaubwürdig geworden, wie Staatenlenker, die ihre Armeen in ferne Länder schicken um dort mit Waffengewalt, Frieden, Demokratie und Menschenrechte einzuführen. Diese Liste ließe sich ad infinitum fortsetzen.

Nicht mehr messbar erscheint die Glaubwürdigkeit von Gebrauchtwagenhändlern, Immobilienmaklern, wahlkämpfenden Politikern usw. - jedenfalls nach weit verbreiteter und regelmäßig bestätigter Ansicht weiter Kreise der Bevölkerung. Aber die Psychologie weiß Rat: Es wurden und werden Methoden und Strategien entwickelt, wie Glaubwürdigkeit besser dargestellt werden kann.

Psychologische Alternative II: Kongruenz

Carl Rogers (1902–1987), Begründer der Klientenzentrierten Gesprächspsychotherapie, hat in diesem Kontext in den 1960er Jahren u. a. das Konzept der *Kongruenz* entwickelt. Gedacht als Grundhaltung des Therapeuten seinem Klienten gegenüber, beschreibt (und fordert!) es ein Verhalten, das die eigenen Gefühle innerhalb des therapeutischen Prozesses offen dem Klienten kommuniziert werden. In der *Klinischen Psychologie* insgesamt ist diese Variable empirisch nachweisbar (wenngleich manchmal versteckt hinter dem Begriff „Beziehung") von kaum zu überschätzender Bedeutung für den therapeutischen Erfolg und trägt mindestens ebenso viel zur aufgeklärten Varianz bei, wie die jeweiligen Therapie-Schulen.[5]

Psychologische Alternative III: Self disclosure

In der *Sozialpsychologie* insbesondere der zweiten Hälfte des zwanzigsten Jahrhunderts spielt das Konzept der *Selbstoffenbarung*[6] eine wichtige Rolle. Self disclosure ist als individuelle Bereitschaft zur Mitteilung sehr persönlicher Informationen an ein Gegenüber zu verstehen. Es geht um eher zentrale, selbstrelevante, tendenziell bedeutsame Inhalte, die nur an vertraute, vertrauenswürdige Personen weitergegeben werden. Es gibt hinsichtlich der Bedeutung des Konstruktes für die Entwicklung von Beziehungen – unterschiedlichster Art – eine ziemlich eindeutige und bestätigende Befundlage: Dauer, Harmonie, Intensität, Vertrauen und Belastbarkeit sind nur einige der Dimensionen zur Beschreibung von Beziehungen, die in signifikanter Weise durch self disclosure beeinflusst werden.[7] Auch die Wechselwirkungen mit anderen psychologischen Konstrukten (etwa Einstellungen, Persönlichkeitsmerkmale, kulturelle Hintergründe usw.) sind Gegenstand der Forschung.

---

[5] Vgl. z. B. K. Grawe, R. Donati, F. Bernauer: *Psychotherapie im Wandel. Von der Konfession zur Profession*. Göttingen ³2001; K. Grawe: *Psychologische Therapien*. Göttingen ²2000.

[6] Self disclosure; die deutsche Übersetzung hat sich nie wirklich durchgesetzt, da Offenbarung zu sehr anderweitig konnotiert ist – interessanterweise heutzutage weniger religiös, als vielmehr auf die Nutzung/Gefahren moderner Medien bezogen.

[7] Vgl. z. B.: B. Fehr: *Friendship*. In: V. S. Ramachandran (Hrsg.): *Encyclopedia of Human Behavior*. Oxford ²2012, S. 205–213; P. Kordoutis: *Psychology of Love an Intimacy*. In: J. D. Wright (Hrsg.): *International Encyclopedia of the Social and Behavioral Sciences*. Amsterdam, Boston, Heidelberg 2015, S. 375–381.

Psychologische Alternative IV: Entwicklung des moralischen Urteils

Wie mehrfach angedeutet, sind Wertediskussionen jenseits dessen, womit sich (Natur-)Wissenschaft beschäftigt. Dies muß jedoch nicht eine vollständige Enthaltsamkeit bedeuten: Die *Entwicklungspsychologie* jedenfalls beschäftigt sich intensiv mit der *Entwicklung der moralischen Urteilsfähigkeit* von Menschen. Bereits in den 50er Jahren des letzten Jahrhunderts begann Lawrence Kohlberg[8] damit sich mit den Bedingungen des moralischen Urteils zu beschäftigen. Ausgangspunkt war für ihn die Theorie der kognitiven Entwicklung nach Jean Piaget[9] der bereits in den Anfängen des 20. Jahrhunderts damit begonnen hatte, den strukturellen Verlauf der Kognitionsentwicklung von (Klein-)Kindern zu erforschen und zu beschreiben.

Der Unterschied muß betont werden: Kohlbergs Interesse waren nicht bestimmte Wertvorstellungen (etwa Wahrhaftigkeit). Ihm ging es ausschließlich darum, die Entwicklung der moralischen Urteilsfähigkeit in der Abhängigkeit der kognitiven Entwicklung zu beschreiben. Werte (Tugenden) konzipierte er als intellektuelle Leistung, eine Entscheidung darüber, wie in bestimmten Situationen zu handeln sei. Die auf Grundlage dieses Ansatzes gewonnenen Erkenntnisse beziehen sich also nie auf einen bestimmten Wert, sondern stets allgemeiner darauf aufgrund welcher kognitiver Bedingungen Menschen zu einem bestimmten Ergebnis (moralischen Urteil) kommen.

---

[8] Vgl. z. B.: L. Kohlberg: *Psychologie der Moralentwicklung*. Frankfurt 1996; L. Montada: *Moralisches Verhalten*. In: T. Herrmann, P. R. Hofstätter, H. Huber u. a. (Hrsg.): *Handbuch psychologischer Grundbegriffe*. München 1977, S. 289–296; L. Montada: *Entwicklung moralischer Urteilsstrukturen und Aufbau von Werthaltungen*. In: R. Oerter, L. Montada (Hrsg.): *Entwicklungspsychologie*. München 1982, S. 633–673.

[9] Vgl. z. B.: J. Piaget: *Das Weltbild des Kindes*. München [8]2005.

Präkonventionell, konventionell, postkonventionell

Wahrhaftigkeit als handlungsleitende Kognition (Tugend, Wert) setzt als absolute Mindestanforderung voraus, die Unterscheidung von dem, was man für wahr hält und dem, was man klar als nicht-wahr erkennt. Wenn diese Unterscheidung (noch) nicht möglich ist, kann auch kein moralisches Defizit zugeschrieben werden.

Ein wahrhaftiges Verhalten ließe sich theoretisch auf allen drei Ebenen (präkonventionell, konventionell, postkonventionell) resp. sechs Stufen, beobachten: aus Angst vor Strafe (das entspräche der Stufe 1 der präkonventionellen Ebene), aus dem übermächtigen Bedürfnis heraus ein braves Kind zu sein, sich an den Regeln zu orientieren (was der Stufe 3 innerhalb der Konventionellen Ebene entspräche) oder z. B. weil es auf einem hohen moralischen Argumentationsniveau, der postkonventionellen Ebene sich eine sozialverträgliche Perspektive zu eigen gemacht hat (Stufe 5) oder gar an grundsätzlicheren ethischen Prinzipien orientiert (Stufe 6). Es sei ergänzend hinzugefügt, daß die letzten beiden Stufen auch bei Erwachsenen nicht mehrheitlich gegeben sind. Übrigens ist das Welt- und Menschenbild von normsetzenden Institutionen nicht nur inhaltlich (an den Normen) zu erkennen, sondern auch an den Mitteln zur Durchsetzung. Je mehr an Kontrolle installiert wird, desto geringer ist offensichtlich das Vertrauen in die Moralentwicklung der Menschen gering ausgeprägt und kommt über die erste Stufe nicht hinaus. Es gibt beispielsweise Sportarten, die fast ohne Schiedsrichter o. Ä. auskommen (etwa Golf) und andere in denen viel mehr gebraucht werden (im Fußball etwa bis zu sechs, zuzgl. des Videobeweises). Manche Religionen meinen nicht ohne einen omnipräsenten und omnipotenten Beobachter und Bestrafer (mindestens im Jenseits) auskommen zu können und weisen damit der moralischen Integrität des Menschen den untersten entwicklungspsychologischen Status zu.

Interessant ist aus entwicklungspsychologischer Sicht indes eher die Begründung des Individuums für die individuelle Urteilsfindung, als die konkrete Entscheidung.

Die Psychologie, so kann resümiert werden, beschäftigt sich durchaus mit verwandten, benachbarten Konstrukten der Wahrhaftigkeit, beschränkt sich dabei jedoch im Wesentlichen auf den deskriptiven Aspekt. Allenfalls versucht sie noch die zugrundeliegenden „Mechanismen" von Glaubwürdigkeit zu ergründen, oder jene, die dazu führen können bestimmte Werthaltungen einzunehmen oder diese auch zu ändern.

Anmerkungen zur imperativen Konnotation von Wahrhaftigkeit

Insofern, als Wahrhaftigkeit als ethische Kategorie betrachtet wird, verlässt es den Bereich der (Natur-)Wissenschaften und öffnet sich einer metaphysischen oder ontologischen Diskussion. Die Frage nach dem „Warum?" stellt sich: Warum sollte Wahrhaftigkeit als ein Wert, eine Tugend betrachtet werden?

Die von christlichen Denkern wie Thomas von Aquin, Augustinus (und in der Folge auch von anderen) angeführte Argumentation, ein Gebot der Wahrhaftigkeit ergebe sich bereits aus dem Sinn von Sprache, ist logisch nicht zwingend. Dies allein schon deshalb, weil hier der Sprache eine ethische Qualität zugewiesen wird, die ihr nicht zukommt, die sie nicht hat:

Augustinus: „Und doch haben wir fürwahr die Sprache nicht zu dem Zweck, damit sich die Menschen gegenseitig irreführen, sondern damit einer dem anderen seine Gedanken mitteilen kann"[10] ...Thomas von Aquin: „Da nämlich die Worte natürlicherweise Zeichen für die Gedanken sind, ist es unnatürlich und ungehörig, mit dem Wort etwas auszudrücken, was man nicht im Sinn hat"[11]. Dieser Gedanke gehört zum ständigen Rüstzeug in der Behandlung der Frage Wahrhaftigkeit und Lüge."[12]

---

[10] AUGUSTINUS: *Ench. 7,22; PL 40,243.*
[11] T. von AQUIN: *S. Th. 2,2 q.110 a.3.*
[12] K. HÖRMANN: *Wahrhaftigkeit*. In: DERS. (Hrsg.): *Lexikon der Christlichen Moral*. Innsbruck, Wien, München 1976, Sp. 1693–1699, hier Sp. 1695.

Der Sprache wird ein ethischer Imperativ zugeordnet, den diese nicht in sich birgt, der ihr nicht inhärent ist. Sprache dient dem Austausch von Informationen. Dies ist ihr Zweck. Sonst nichts.

Zu räsonieren über nichtinstrumentelle Eigenschaften der Sprache (oder anderer moralischer Qualitäten) ist abwegig – hier hätten es die kirchlichen Denker bei den Zehn Geboten belassen sollen. Sprache ist ein Werkzeug. Ihr wohnt ebenso wenig eine darüber hinaus gehende moralische Qualität inne, wie anderen Werkzeugen. Die Funktion von Werkzeugen ist ausschließlich instrumentell. Sprache hat funktioniert, wenn die vom Sender intendierten Inhalte beim Empfänger genau so decodiert werden. Ob es wahrhaftig war? Irrelevant! Eine Lüge, eine Beschimpfung, eine Irreführung oder die Erklärung eines Sachverhaltes, ein Lob oder eine Liebeserklärung – was auch immer – widerspiegeln Möglichkeiten der korrekten Nutzung der Sprache. Jedweder Inhalt kann - „wahrhaftig" oder nicht – grundsätzlich durch Sprache transportiert werden. Und wie bei allen anderen Werkzeugen sind Grenzen des Gebrauchs (und seien es individuelle) wiederkehrend feststellbar.

Was Ethikern gelegentlich unterläuft (namentlich großen christlichen Denkern), ist einer bestimmten Sache, einem Gegenstand, einem Ereignis, eine inhärente moralische (religiöse) Qualität zuzuweisen und dann *daraus* wiederum „logische" Schlussfolgerungen zu ziehen.

Ein Hammer per se verpflichtet moralisch nicht zu einem bestimmten Gebrauch. Es ist völlig unerheblich welche Art von Nagel mit welcher Technik in welche Unterlage gehämmert wird. Auch ob es überhaupt ein Nagel ist, entzieht sich einer moralischen Beurteilung – es darf auch der Daumen sein, eine Fensterscheibe. Und wenn es der Kopf eines Menschen sein sollte, so tangiert dies die moralische Qualität des Hammers ebenso wenig – er hat keine. Die Grenzen aller Werkzeuge – auch der Sprache – sind technischer, nicht moralischer Natur: die Schraube aus der Wand mit einem Hammer drehen zu wollen ist jenseits der instrumentellen Grenzen.

Tugenden – primär und sekundär

Wahrhaftigkeit wird gemeinhin als Tugend betrachtet, genauer sogar als Sekundärtugend, der im Unterschied zu einer Primärtugend kein Eigengewicht zuzumessen ist, sondern gewissermaßen als Hilfsmittel dient im Hinblick auf die Primärtugenden. Folgerichtig findet man in den zahlreichen Listen dieser Primärtugenden (auch: Kardinaltugenden) nur bei Konfuzius „Wahrhaftigkeit", bzw. ein Konzept, das dem sehr nahe kommt. Sonst m. W. nirgends und dies spiegelt in der Tat den Status wider. Kardinaltugenden hingegen wie etwa Klugheit, Tapferkeit, Gerechtigkeit und vielleicht noch ein oder zwei weitere sind aber über die Jahrtausende hinweg mehr oder minder deutlich bei allen Autoren (Religionsstiftern, Philosophen) zu finden, die je den Versuch unternommen haben, einen universell gültigen Katalog ethischer Grundkategorien zu formulieren.

Spätestens die legendäre Sentenz von Oskar Lafontaine in einer lebhaft geführten politischen Diskussion (NATO-Doppelbeschluss) in den frühen 80er Jahren des letzten Jahrhunderts hat die sehr nachgeordnete Bedeutung der Sekundärtugenden verdeutlicht: „Damit kann man auch ein KZ betreiben." Eine ähnliche Formulierung ist auch von dem Schriftsteller Carl Amery in seinem Werk „Die Kapitulation" zwanzig Jahre davor bekannt geworden.

Mit Sekundärtugenden, wie etwa der Wahrhaftigkeit, (Pünktlichkeit, Verlässlichkeit, Sauberkeit, Fleiß, Ordentlichkeit usw.) ist also kein eigenständiger moralischer Wert gegeben. Dieser kann nur durch den jeweiligen Rekurs auf eine Kardinaltugend entstehen.

Um es noch etwas komplexer zu gestalten: Kant nahm allerdings die durchaus bedenkenswerte Position ein, daß es eine Tugend über allen anderen gäbe, der er als einziger den Rang einer Kardinaltugend zuweist (um in der Nomenklatur zu bleiben): der gute Wille. Wenn dieser nicht gegeben sei, so verkämen alle anderen (Kardinal-)Tugenden möglicherweise sogar zu Untugenden. Kant stuft somit implizit beispielsweise Wahrhaftigkeit sogar auf eine Tertiärtugend herab. Die Diskussion darüber, wie ein guter Wille wiederum beschaffen sein müsste, kann an dieser Stelle nicht geführt werden.

Nein, Wahrhaftigkeit – als ethische Kategorie, als moralischer Imperativ – muß anders fundamentiert werden. Gläubigen Juden oder Christen mag es genügen, sich hier auf den Dekalog zu stützen (Achtes Gebot) - es bleibt trotzdem eine Sekundärtugend.

Vermutlich lassen sich auch in anderen Religionen, bei anderen Göttern und heiligen Schriften, analoge Setzungen finden. Man kann dies achselzuckend hinnehmen – oder aber als ein Indiz dafür sehen, daß in allen Gesellschaften zu allen Zeiten Wahrhaftigkeit als wichtig für das Funktionieren einer Gesellschaft angesehen wurde und wird. Dies wird nicht zuletzt auch durch Hörmann beschrieben: „Der Wahrhaftige dient somit dem menschl. Zusammenleben u. übt so die Nächstenliebe."[13] Wahrhaftigkeit, als „Abwesenheit von Lüge" missverstanden, stellt indes ubiquitär einen erstrebenswerten Zustand dar. Stets mit Einschränkungen unterschiedlicher Art natürlich, aber die sind stets zu hinterfragen, stets neu im Diskurs zu bestimmen.

Diese Einschränkungen sind unvermeidlich, geradezu systemimmanent im Hinblick auf den Status von Wahrhaftigkeit als Sekundärtugend. Dies bedeutet mindestens, daß Wahrhaftigkeit kein Selbstzweck, keine für sich stehende unabhängige Kategorie (Tugend) ist, sondern einer Kardinaltugend zweckdienlich sein muss – jedenfalls nicht im krassen Widerspruch dazu stehen darf. Dies gilt es im Einzelfall zu prüfen. Für den Arzt, für Eltern – aber auch für Führungskräfte aller Art (Politiker, Trainer, Manager, Lehrer, Offiziere usw.), für eine Gesellschaft insgesamt.

Wahrhaftigkeit heute?

Wir haben uns – so scheint es – damit abgefunden, daß Wahrhaftigkeit keine Kategorie mehr ist, die auf bestimmte Personengruppen oder in bestimmten Situationen sinnvoll anzuwenden scheint. Dies mag für einen Sporttrainer vielleicht noch nachvollziehbar sein, vielleicht

---

[13] Ebd., Sp. 1695.

auch für den Chef einer Notenbank, einen Arzt – als Strategie zur Vermeidung größeren Unheils erscheint es vielfach entschuldbar. Auch dies ist stets diskutabel, kritisierbar und muß zu rechtfertigen sein. Einen grundsätzlichen Dispens (a priori) kann es nicht geben, lediglich den Versuch (a posteriori) der Rechtfertigung.

Das inzwischen in unserer Gesellschaft brisantere Problem ist m. E. ein anderes und deutlich beunruhigender:

Warum erwarten wir von Parteien, Interessenverbänden, Politikern, zumal in politisch brisanten Zeiten, wie etwa Wahlkampf oder einem Tarifkonflikt, längst keine Wahrhaftigkeit mehr? Wer erwartet von einem Verkäufer oder Berater wirklich noch eine ehrliche, unvoreingenommene und hilfreiche Auskunft? Niemand unterstellt dem Boulevardblatt Wahrhaftigkeit (vermutlich nicht einmal die meisten Leser und mit Sicherheit nicht die Autoren).

Warum nehmen wir die Unwahrhaftigkeit der Automobilindustrie (Verbrauchswerte, Emissionen!), der Pharmaindustrie (Preisgestaltung und Effektivität der Medikamente), als ebenso naturgegeben hin, wie etwa die dreisten (Wahlkampf-)Lügen von Politikern, die marktschreierischen Botschaften der Werbeindustrie usw.?

Gehen wir nicht (ziemlich ausgetretene) Irrwege, wenn der Mangel an Wahrhaftigkeit oft genug als „professionell" gekennzeichnet wird? Im Sport, in der Unterhaltungsindustrie, in der Politik, werden krasse Lügen geradezu professionell instrumentalisiert, dabei gesellschaftlich nicht einmal geächtet, um nicht zu sagen: geradezu erwartet.

Und auf der anderen Seite, müssen Menschen auf dieser Welt im 21. Jahrhundert in unserer hochzivilisierten und hochkultivierten (westlichen) Welt damit rechnen Sanktionen der unterschiedlichsten Art, durchaus regelmäßig existenzbedrohend, zu erleiden, nur weil sie nachweislich die Wahrheit öffentlich machen, diese Wahrheit aber kriminelle Sachverhalte offenbart, oder/und „im nationalen Interesse" nicht öffentlich werden sollte. Regelmäßig entzündet sich an ihnen eine lebhafte politische Diskussion ob die sogenannten Whistleblower wegen ihrer unbestrittenen(!) Wahrhaftigkeit zu verurteilen oder auszuzeichnen seien.

Wenn selbst Institutionen, deren wesentliches Kapital in ihrer Glaubwürdigkeit besteht, in der Nachhaltigkeit und Kompromisslosigkeit mit der der Anspruch erhoben wird übergeordnete, gottgegebene Werte zu vertreten, diese jederzeit zugunsten anderer Interessen hintanstellt, ist es nicht verwunderlich, daß weltlichere Organisationen es ihnen gleichtun. Und Individuen erst recht.

Vielleicht sollten wir häufiger darüber nachdenken, uns nicht allzu sehr an den eklatanten Mangel an Wahrhaftigkeit in unserer Welt zu gewöhnen. Möglicherweise sind die langfristigen Verluste für eine Gesellschaft größer, als die kurz- oder mittelfristigen ziemlich vordergründigen Erfolge.

Möglicherweise tut eine breiter angelegte und andauernde gesellschaftliche Diskussion not. Ein Diskurs – durchaus im Sinne einer Diskursethik, wie sie von Jürgen Habermas[14] und anderen beschrieben worden ist – der eben nicht nur im Parlament, nicht nur punktuell, nicht nur anlassbezogen zu führen wäre.

Gehören nicht ausgerechnet jene parlamentarischen Debatten, die nicht entlang der Parteilinien geführt werden, in denen kein Fraktionszwang die Wahrhaftigkeit der individuellen Perspektiven beeinträchtigt, häufig zu den Sternstunden eines Parlaments?

Und auf der anderen Seite: Sind nicht Tiefpunkte erreicht im Hinblick auf moralische Dignität, Glaubwürdigkeit, Konstruktivität etc., wenn (politische) Diskussionen eben nicht im Diskurs verlaufen, sondern durch partei- oder machtpolitische Interessen, ideologische Perspektiven und kommerzielle Strategien bestimmt werden?

„…alles andere ist primär!" (Rolf Miller, Kabarettist)

Ohnehin, um die skizzierte Diskussion um Kardinal- und Sekundärtugenden wieder aufzunehmen: Ob wahrhaftiges Verhalten tatsächlich als tugendhaft (im Sinne von wünschenswert) bewertet wird, hängt essentiell davon ab, auf welche übergeordnete (Kardinal-)Tugend dabei rekurriert wird:

„Rosa ist fett und dumm!"
„Kevin ist ein Prolet!"
„Chantal ist eine blöde Kuh!"

---

[14] Vgl. J. HABERMAS: *Theorie des kommunikativen Handelns*. Frankfurt [8]2011.

Ein Kind, das dies mit voller Inbrunst und Wahrhaftigkeit (und möglicherweise sogar der Wirklichkeit entsprechend) in die Welt schleudert, wird mit hoher Wahrscheinlichkeit zurechtgewiesen und nicht für seine Wahrhaftigkeit (oder seine Beobachtungsgabe) gelobt. Kinder und Jugendliche haben zu lernen, daß die Sekundärtugend Wahrhaftigkeit schnell zu normverletzenden Verhalten werden kann – wenn eine übergeordnete, im Regelfall für Kinder nicht erkennbare, Norm oder Tugend damit konfligiert.

Und ein weiteres:

„Frau Müller, ich liebe Sie!"

„Sie stinken wie ein Iltis, Herr Meier!"

„Der Anzug, den Sie tragen, Herr Schmidt, sieht aus, als hätten Sie darin mehrmals geschlafen!"

Wahrhaftig und wahr unter Umständen. Sätze jedoch, die mit Sicherheit allseits mit Befremden oder Empörung zur Kenntnis genommen würden. Niemand würde dafür Lob ernten, ob seiner Wahrheitsliebe. Es muß also konkurrierende, gar gewichtigere Tugenden geben – die Kardinaltugenden eben. Im Katalog der Kardinaltugenden läßt sich somit etwas finden, das im Widerspruch steht zu dieser Sekundärtugend, weshalb ihr zuwider gehandelt werden kann, oder gar muss.

Tugenden, wie etwa Mäßigung, Güte, Rücksichtnahme, soziale Normen (möglicherweise unausgesprochene), die für ein möglichst friktionsarmes Miteinander sorgen sollen, stehen dem entgegen – und werden hier höher bewertet.

In Werner Herzogs berühmten Kaspar-Hauser-Film („Jeder für sich und Gott gegen alle") gibt es mehrere fast verstörende Szenen, in denen Kaspar Hauser in seiner kindlichen Wahrhaftigkeit (jedoch als erwachsener Mann!) - und bar jeglicher Sozialisation – seine Umgebung vor den Kopf stößt (etwa wenn er sich als Gast offen über die Qualität des Essens beklagt, die körperlichen Vorzüge anderer Menschen, insbesondere von Damen, bewundert, die eigenen Verdauungsvorgänge kommentiert, usw.). Der Gedanke drängt sich auf, daß Kultur die Lüge braucht, Natur aber mit Wahrhaftigkeit ganz gut klar käme. Müssten wir somit also damit leben, daß die gesellschaftlichen, kulturellen Entwicklungen in unserem Kulturkreis die Lüge, den Schein, das Image begünstigen und Wahrhaftigkeit aus der Zeit fällt?

Wahrhaftigkeit als „personaler Wert"?

Der Gedanke Wahrhaftigkeit lediglich als einen personalen Wert anzusehen, der Gültigkeit nur für das erkennende Subjekt hat und haben kann, der sich jeglicher Überprüfung entzieht, ist gleichermaßen bestechend (enthebt er uns doch aller erkenntnistheoretischen etc. Probleme) und vermutlich wenig zielführend: Die handlungsleitende Funktion, die ein Wert notwendigerweise haben soll, verliert an Bedeutung, wenn dem Selbstbetrug, den Illusionen, der Aufrechterhaltung des Selbstkonzeptes usw. solcherart maximaler Spielraum gewährt wird. Bemerkenswerterweise taucht diese Überlegung selbst in der christlichen Ethik gelegentlich auf. So formuliert Hörmann: „Die sicherste Begründungen der W. scheint nicht in ihrem sozialen, sondern in ihrem personalen Wert zu liegen: Der Mensch hat sich selbst, seine Seinswahrheit zu verwirklichen, u. die ist nicht voll verwirklicht, wenn er sich außen anders gibt, als er innen ist."[15]

Glaubwürdigkeit!?

Andere Sekundärtugenden[16] bergen weniger Probleme in sich. Auch wenn für alle natürlich das Lafontainesche Diktum gilt, man könne mit ihnen auch ein KZ führen, so ist nur der Wahrhaftigkeit zuzuschreiben, daß sie *per se* auch unheilvolle Wirkungen entfalten kann. Pünktlichkeit, Fleiß, Disziplin, Ordnungsliebe…sind fast immer hilfreich, selten unnütz, manchmal lästig, aber nie schädlich! Wahrhaftigkeit, als Imperativ, ist mehr noch als andere (Sekundär-)Tugenden, darauf angewiesen, auf übergeordnete Wertvorstellungen bezogen zu werden.

Menschen, die rücksichtslos wahrhaftig sind, sind eben dies – zudem einsam, unsympathisch, nicht vertrauenswürdig und gelten oft als

---

[15] K. Hörmann: *Wahrhaftigkeit*. In: K. Hörmann (Hrsg.): *Lexikon der Christlichen Moral*. Innsbruck, Wien, München 1976, Sp. 1693–1699, hier Sp. 1696.
[16] Sie werden oft auch bürgerliche Tugenden genannt oder deutsche Tugenden.

verbittert und bösartig. Und Menschen, die eher selten wahrhaftig sind? Genauso darf man annehmen.

Es ist nicht leicht, eigentlich unmöglich, ein Ethos der Wahrhaftigkeit per se zu begründen (zumal mit einem universellen Geltungsanspruch), auch wenn intuitiv sicherlich manches dafür spräche. Vielleicht hat sich Wahrhaftigkeit, als ethische Kategorie, längst überlebt? Insofern, als diese sich hauptsächlich auf den Dekalog – ein ca. 3500 Jahre altes Werk – bezieht, kann dies nicht wirklich überraschen: Die großen philosophischen Denker und Erkenntnistheoretiker lebten und dachten erst Jahrtausende später.

Und im Hinblick auf die alltägliche Lebenspraxis haben die Psychologen vermutlich ohnehin die klügere Entscheidung getroffen: Nicht Wahrhaftigkeit zählt, sondern Glaubwürdigkeit, Kongruenz usw.!

Teil IV

Wahrhaftigkeit in Kirche

Wahrhaftigkeit in der Caritas

Oliver Merkelbach

Was bedeutet für mich „Wahrhaftigkeit"? Treu sein zu dem, was ich als wahr und richtig erkannt habe! Und da fällt mir als Caritasdirektor der Diözese Rottenburg-Stuttgart sofort das Thema Vielfalt ein: Die Vielfalt in unserer Gesellschaft und die Vielfalt in der Caritas als Wohlfahrtsverband der katholischen Kirche. Wohl kaum ein Thema hat mich in den vergangenen Jahren mehr beschäftigt. Denn sowohl in unserer Gesellschaft als auch in der katholischen Kirche wird Vielfalt nicht von allen automatisch positiv konnotiert. Sicherlich: Viele sehen in Vielfalt eine Chance und eine Bereicherung für das Miteinander in Gesellschaft und Kirche. Doch nicht selten beherrschen auch Gefühle der Skepsis, der Bedrohung oder der Sorge um Identitätsverlust den Diskurs. Im Caritasverband der Diözese Rottenburg-Stuttgart durfte ich eine Organisation kennenlernen, die sich dem Thema Vielfalt in „Wahrhaftigkeit" stellt. Ich bin dankbar, hier meinen Beitrag leisten zu dürfen und möchte genau davon in diesem Artikel berichten.

O. Merkelbach (✉)
Caritasverband der Diözese Rottenburg-Stuttgart, Stuttgart, Deutschland
E-Mail: merkelbach@caritas-dicvrs.de

Der Caritasverband der Diözese Rottenburg-Stuttgart ist der vom Bischof beauftragte Zusammenschluss aller katholisch-karitativen Einrichtungen in der Diözese. Ihm gehören rund 100 Mitglieder an, bei denen in Summe über 33.000 Frauen und Männer hauptberuflich tätig sind. Die Geschäftsstelle in Stuttgart und die Mitarbeitenden der neun rechtlich unselbständigen Regionen sind dem dreiköpfigen Vorstand mit mir als Vorstandvorsitzenden direkt zugeordnet.

Im Jahr 2018 feierte der Diözesanverband seinen 100. Geburtstag. Dieser war Anlass, im Vorfeld gemeinsam mit den Mitgliedern und den Mitarbeitenden einen in dieser Form bisher einmaligen Verbandsentwicklungsprozess durchzuführen. Wir haben uns anlässlich des 100jährigen Bestehens die Frage gestellt: „In welcher Gesellschaft wollen wir leben?" In großen Arenen und thematischen Foren wurden Führungskräfte wie Mitarbeitende nach ihren Vorstellungen für die kommenden zehn Jahre befragt.

Leben in einer Vielfaltsgesellschaft

Unter den zahlreichen Rückmeldungen wurde ein Anliegen mit Abstand am häufigsten benannt: Das Leben in einer Vielfaltsgesellschaft. Dabei wurde deutlich, dass unsere Mitarbeitenden diese Vielfalt nicht als Bedrohung, sondern als Bereicherung verstehen. Eine Bereicherung, die es als Caritas zu gestalten gilt.

In der sogenannten „Charta 28", in der der Caritasverband den Blick auf jene gesellschaftlichen Entwicklungen fokussiert, die er als wertegebundener Verband und Teil der katholischen Kirche in den kommenden zehn Jahren aktiv mitgestalten will, kommt dem „Leben in einer Vielfaltsgesellschaft" somit eine herausgehobene Bedeutung zu:

„Vielfalt steht für die Unterschiedlichkeit von Menschen hinsichtlich Geschlecht, Alter, Nationalität, ethnischer Herkunft, Religion oder Weltanschauung, sexueller Identität, körperlich-geistiger Merkmale und Fähigkeiten. Jeder Mensch ist, so wie er ist, einzigartig. Wie verstehen Vielfalt als Potential und Chance für unsere Gesellschaft. Unsere Perspektive ist Inklusion: Gemeinsam und verschieden als Menschen in einer Welt zu leben. In einer freiheitlich-demokratischen, rechtsstaatlichen Gesellschaft setzen wir uns für ein gelingendes Zusammenleben so ein, dass sich die Unterschiedlichkeit der Menschen bereichernd entfalten kann. Als Teil dieser Gesellschaft wollen wir Ausgrenzung (Exklusion) von Menschen verhindern und Inklusion fördern. Deshalb unterstützen und fördern wir entsprechende Haltungen, Prozesse und Strukturen."[1]

Der Caritasverband möchte Haltungen, Prozesse und Strukturen unterstützen und fördern, die Ausgrenzung von Menschen verhindern und Inklusion fördern. Wie dies geschehen kann, möchte ich im Folgenden an zwei Initiativen verdeutlichen, die uns in den vergangenen Monaten und Jahren intensiv beschäftigt haben und beispielhaft für dieses Grundanliegen stehen. Während die eine Initiative in ihrer Wirkung primär nach außen gerichtet ist, nämlich der Einsatz gegen jede Form von Menschenfeindlichkeit (aber natürlich auch Wirkung in die Mitarbeiterschaft hinein zeigt), richtet sich die andere Initiative primär nach innen: die Vielfalt in der Dienstgemeinschaft (was dann natürlich auch nach außen wirkt).

Werte der Caritas

Beide Initiativen sind ohne eine klare Wertorientierung nicht denkbar. Denn: Wer Vielfalt als Caritas nach innen und außen gestalten möchte, kommt nicht an der Frage vorbei, was uns in der Vielfalt verbindet: Was sind die Werte der Caritas, für die wir in der Gesellschaft einstehen wollen? Wer gut mit Vielfalt umgehen will, braucht einen eigenen Standpunkt und die Fähigkeit, über Wertefragen miteinander ins Gespräch zu kommen.

Im Jahr 2016 haben wir deshalb in unserer Geschäftsstelle und in den Regionen des Verbandes einen Prozess mit dem Titel „WERTvolle Caritas" initiiert: Rund 100 Mitarbeitende und Führungskräfte haben sich darüber ausgetauscht, welche Werte ihnen für ihre eigene

---

[1] CARITASVERBAND DER DIÖZESE ROTTENBURG-STUTTGART e. V. (Hrsg.): *Charta 28 des Caritasverbandes der Diözese Rottenburg-Stuttgart e. V.* Stuttgart 2018.

Arbeit wichtig sind. Das Ergebnis dieses Wertedialogs führte zu fünf Werten (zwei Substantive, drei Adjektive), die wir in folgendem Satz zusammengefasst haben: „Getragen von dem Handeln und der Botschaft Jesu, treten wir als Caritas ein für Menschenliebe und Gerechtigkeit: offen, anstößig und professionell."[2] Unsere Werte geben uns Orientierung für unser Handeln in einer Vielfaltsgesellschaft – und somit auch für die beiden verbandlichen Grundhaltungen bzw. Initiativen, die ich nun vorstellen möchte.

1. Caritasarbeit ist Demokratiearbeit – mit unseren Werten gegen jede Form von Menschenfeindlichkeit

In jüngster Vergangenheit sind in Deutschland politische Kräfte erstarkt, die menschen- und demokratiefeindliche Haltungen vertreten und fundamentale Werte des Rechts- und Sozialstaats hinterfragen. Insbesondere die Vielfaltsgesellschaft, in der Menschen in all ihrer Unterschiedlichkeit respektvoll zusammenleben, wird hierbei immer wieder infrage gestellt.

Als Caritasverband sind wir der Überzeugung, dass Vielfalt gleichermaßen Bereicherung und Herausforderung ist, die es zu gestalten gilt. Dies leiten wir aus der Präambel unserer Satzung[3] und der oben erwähnten Charta 28 ab. Eine freiheitlich-demokratische und rechtsstaatliche Gesellschaft muss sich daran messen lassen, wie sich die Unterschiedlichkeit der Menschen bereichernd entfalten kann und inwiefern Inklusion gefördert und Exklusion verhindert wird.

Wir begreifen Caritasarbeit daher stets auch als Demokratiearbeit, wobei Demokratie für uns nicht nur die Staatsform umfasst, sondern eine Lebensform der Vielfalt darstellt.[4] Unsere Caritasmitarbeitenden

---

[2] Die Werte sind in fünf Wertekarten (in CD-Format) publiziert.

[3] Dort wird festgehalten, dass das Handeln des DiCV Rottenburg-Stuttgart dem Ziel dient, „Menschen in ihrer Würde zu schützen, das solidarische Zusammenleben in einer pluralen Welt zu fördern und sich weltweit für ein Leben in Freiheit, Gerechtigkeit und Frieden einzusetzen." CARITASVERBAND DER DIÖZESE ROTTENBURG-STUTTGART e. V. (Hg.): *Satzung. Caritasverband der Diözese Rottenburg-Stuttgart e. V.* Stuttgart 2019, S. 2.

[4] Vgl. z. B. J. WIEBICKE: *Zehn Regeln für Demokratie-Retter.* Köln 2017, S. 17.

tragen an vielen Orten durch ihre tägliche Arbeit zu einem gelingenden Zusammenleben in einer Vielfaltsgesellschaft bei, indem sie sich zum Beispiel für gleichberechtigte Teilhabe und die Gestaltung von sozialen Räumen einsetzen.

Streit verstehen wir dabei als Wesensmerkmal der Demokratie und treten daher offensiv für demokratische Auseinandersetzungsprozesse ein. Wir sind uns der Verletzlichkeit bewusst, die mit dem Einlassen auf demokratische Prozesse einhergeht, doch gerade der konstruktive Umgang mit dieser Verletzlichkeit macht für uns eine offene Gesellschaft aus. Uns ist bewusst, dass wir uns Risiken aussetzen, wenn wir uns der öffentlichen Auseinandersetzung stellen, etwa der Instrumentalisierung durch Dritte oder öffentlichen Bloßstellung. Doch wir sind überzeugt: Wer sich für Demokratie und Vielfalt stark machen will, muss dieses Wagnis eingehen, auch auf die Gefahr hin, dass dabei Fehler unterlaufen.

Grundlage all unseres Handelns sind dabei unsere Werte. Sie bieten uns im alltäglichen Arbeiten sowie in der langfristigen Entwicklung Orientierung. Wir treten entschieden für unsere Werte und für die Demokratie ein, ohne uns zu Polarisierungen oder Emotionalisierungen hinreißen zu lassen. In Auseinandersetzung mit unseren Werten können wir reagieren, wenn wir wahrnehmen, wie Einzelne diskriminiert werden, und gleichzeitig organisierten Formen von politisch oder religiös motivierter gruppenbezogener Menschenfeindlichkeit, etwa Parteien, Vereinen und Initiativen, entgegentreten.

Menschenliebe

Orientiert am Handeln und an der Botschaft Jesu bilden das christliche Menschenbild und das Grundgesetz die Grundlage unserer Arbeit. Ein zentraler Wert ist für uns daher neben der Nächstenliebe die Menschenwürde, und zwar die Menschenwürde *eines jeden* Menschen. Die Achtung der Würde anderer in Wort und Tat fordern wir auch von unserem Gegenüber ein.

Für unsere Arbeit heißt das z. B.: Wenn sich jemand in unseren Dienststellen rassistisch oder auf andere Weise menschenfeindlich äußert, sprechen wir dies aktiv an. Wir benennen unsere Wertehaltung und machen deutlich, dass wir solch ein Verhalten innerhalb unserer Angebote nicht tolerieren.

Gerechtigkeit

Wir treten dafür ein, dass Fragen der sozialen Gerechtigkeit nicht mit Identitäts- bzw. Kulturkampffragen vermischt werden. Wenn wir mit Hetze gegenüber oder Herabwürdigung von anderen Menschen konfrontiert werden, beziehen wir eindeutig Position. Wir stehen für unsere Überzeugungen ein und setzen Grenzen. Hierbei unterscheiden wir zwischen dem Respekt vor der Person und der Kritik an der Sache: Wir bleiben respektvoll und werten unser Gegenüber nicht ab.

Für unsere Arbeit heißt das z. B.: In politischen Gremien oder öffentlichen Veranstaltungen achten wir darauf, einen diskriminierungsfreien Raum herzustellen und zu schützen. Bei von uns durchgeführten Veranstaltungen haben wir klare Spielregeln. Wir vermeiden zugleich Podien oder Talkshows, die von vorneherein auf Polarisierung ausgerichtet sind. Im Falle eines Ausschlusses von Einzelnen oder Gruppen aus unseren Veranstaltungen oder einem Kontaktabbruch begründen wir dies aus unserer Wertehaltung heraus.

Offen

In unserem Denken, Sprechen und Handeln brechen wir Gruppenkategorien und Gegenüberstellungen auf. Wir wenden uns jedem Menschen mit einer Haltung der Neugier zu und nehmen ihn als Individuum mit eigener Geschichte, eigenen Hoffnungen und Nöten wahr. Hierbei unterscheiden wir zwischen der individuellen Begegnung mit Menschen in ihrer Vielfalt und dem Umgang mit Vertreter*innen von systematisch und professionell agierenden Gruppierungen, die menschenfeindliche Positionen vertreten.

Für unsere Arbeit heißt das z. B.: Mitarbeitende aller Ebenen haben die Möglichkeit, sich im Rahmen von Schulungen und Fortbildungen zum Umgang mit Rechtspopulismus und mit dem Thema Vielfaltsgesellschaft zu befassen und entsprechende Fragestellungen zu reflektieren. Wir sorgen dafür, dass solche Angebote unterbreitet und wahrgenommen werden können.

Anstößig

Wo immer möglich, vernetzen und solidarisieren wir uns mit anderen Akteuren, die für Demokratie einstehen und unsere Werte teilen. Wir gestalten Orte, an denen Menschen aus unterschiedlichen Kontexten zusammenkommen und sich kennenlernen. So regen wir zum Austausch und zur Auseinandersetzung an und halten dies für ein friedliches Zusammenleben in einer demokratischen Gesellschaft für unverzichtbar.

Für unsere Arbeit heißt das z. B.: Mitarbeitende der Caritas können als solche erkennbar (bspw. durch Caritas-T-Shirts oder Caritasflagge) gemeinsam mit anderen Akteuren an einer Demonstration teilnehmen, sofern sie dort unsere Werte vertreten. Eine entsprechende Reflexion hierüber sollte im Vorfeld im Team stattgefunden haben.

Professionell

Vielfalt und Demokratie können herausfordernd sein, vor allem, wenn man mit Meinungen konfrontiert wird, die den eigenen Werten diametral gegenüberstehen – sei es bei Kolleg*innen, Klient*innen oder ehrenamtlich Engagierten. In solchen Fällen lassen wir uns nicht zu Emotionalisierungen hinreißen. Teil unserer Fachlichkeit ist es, dass wir es aushalten können, dass Menschen unterschiedlicher Meinung sind. Ebenso ist es aber auch wichtig, rote Linien aufzuzeigen und gegebenenfalls Grenzen zu setzen.

Für unsere Arbeit heißt das z. B.: Wenn eine in einem Tafelladen engagierte Person wiederholt durch rassistische oder andere menschenfeindliche Äußerungen auffällt, suchen wir das Gespräch und stehen für unsere Werte ein. Wenn sich daraus keine Verhaltensänderung ergibt, ist es vertretbar, das Engagement zu beenden. Davor sollte im Team eine entsprechende Beratung hierüber stattgefunden haben. Wenn das Engagement von unserer Seite aus beendet wird, benennen wir hierfür unsere Gründe.

2. Caritas in Vielfalt – Vielfalt in der Dienstgemeinschaft

Die zweiten Initiative, von der ich nun berichten möchte, trägt den Titel „Caritas in Vielfalt" und richtet den Blick eher „nach innen". Dabei fragen wir uns, was Vielfalt für das Miteinander in der Dienstgemeinschaft bedeutet: Wer darf bei der Caritas arbeiten? Muss man katholisch sein? Gibt es auch muslimische Mitarbeitende? Was ist mit wiederverheiratet geschiedenen oder homosexuellen Kolleg*innen? Und wie gehen wir mit dem Thema Kirchenaustritt um?

Vielfalt ist in der Caritas längst da! Und wir sehen Vielfalt für das Miteinander in der Dienstgemeinschaft als Reichtum. Bezogen auf die Religionszugehörigkeit sind aktuell in Geschäftsstelle und Regionen knapp 50 % der Mitarbeitenden katholisch, 33 % evangelisch und 5 % muslimisch. 8 % der Mitarbeitenden gehören keiner Konfession oder Religion an.

Von Anfang an war uns klar, dass ein rein arbeitsrechtlicher Zugang hier zu kurz greift. Caritas in Vielfalt ist mehr als eine Frage der Anstellung. Ebenso war uns wichtig, das Thema proaktiv anzugehen und sich gemeinsam als Verband eine Haltung zu erarbeiten. So wurden zunächst in einem Netzwerk von karitativ tätigen Theolog*innen die wesentlichen Orientierungen entwickelt.

Dabei wurde rasch deutlich, dass die entscheidende Motivation für den kirchlichen Umgang mit Vielfalt das Evangelium selbst sein muss, und nicht EuGH-Urteile, der Druck staatlicher Gerichte oder die Angst vor Antidiskriminierungsklagen. Vielfalt ist aus dem Evangelium heraus erwünscht und nicht nur „geduldet". Dies zu gestalten, ist genuiner Ausdruck des christlichen Auftrags in unserer Zeit!

Wichtige Etappen auf dem Weg

Zu Beginn des Prozesses stand die Beschäftigung mit weltanschaulicher und religiöser Vielfalt im Vordergrund.[5] Aus dieser Befassung und den entsprechenden Diskussionen heraus entwickelte sich folgerichtig die Frage nach dem Umgang mit den Aspekten Lebensform und sexuelle Identität: „Wenn ihr nicht auch offen über die Themen Wiederheirat und Homosexualität redet, bleibt ihr unglaubwürdig!" – so lautete immer wieder die kritische Anfrage der Mitarbeitenden.

Die Novellierung der Grundordnung 2015[6] war ein weiterer Anlass, sich mit diesen Aspekten zu befassen. Dabei legte es sich nahe, auch die Loyalitätsaspekte Kirchenaustritt und extreme religiöse und politische Positionierung miteinzubeziehen, sodass diejenigen Aspekte von Vielfalt und Loyalität bearbeitet wurden, die von der Grundordnung berührt sind. Wesentliche Grundhaltungen und Hinweise zur konkreten Umsetzung wurden daraufhin in einer Handreichung für Führungskräfte verschriftlicht.[7]

Speziell für die Kommunikation mit den Mitarbeitenden haben wir auf dieser Grundlage zusätzlich eine Kurzfassung „Caritas in Vielfalt" entwickelt. Sie gibt in einer leicht verständlicher Sprache Antworten auf Fragen, die uns immer wieder gestellt werden. Diese Kurzfassung ist nicht nur für die Mitarbeitenden von Belang, sondern auch für die Kommunikation nach außen und wird bei Bewerbungsgesprächen allen Interessierten überreicht.[8]

---

[5] Vgl. O. MERKELBACH, CARITASVERBAND DER DIÖZESE ROTTENBURG-STUTTGART e. V. (Hrsg.): *Vielfältig glauben – gemeinsam engagiert. Eine Handreichung für Leitungskräfte zum Umgang mit religiöser und weltanschaulicher Vielfalt in der Dienstgemeinschaft*. Stuttgart 2016.

[6] *Grundordnung des kirchlichen Dienstes im Rahmen kirchlicher Arbeitsverhältnisse* in der Fassung vom 27. April 2015. Verfügbar unter: https://www.dbk.de/fileadmin/redaktion/diverse_downloads/VDD/Grundordnung_GO-30-04-2015_final.pdf (Letzter Aufruf am: 20.07.2020). Die Grundordnung bildet den rechtlichen Rahmen für die Anstellung und Beschäftigung von Mitarbeitenden im kirchlichen Dienst.

[7] Vgl. O. MERKELBACH, CARITASVERBAND DER DIÖZESE ROTTENBURG-STUTTGART e. V. (Hrsg.): *Caritas in Vielfalt. Handreichung zum Umgang mit der Grundordnung des kirchlichen Dienstes im Caritasverband der Diözese Rottenburg-Stuttgart*. Stuttgart 2019.

[8] Vgl. die Kurzfassung: O. MERKELBACH, CARITASVERBAND DER DIÖZESE ROTTENBURG-STUTTGART e. V. (Hrsg.): *Caritas in Vielfalt*. (Kurzfassung) Stuttgart 2018.

Was heißt das jetzt konkret?[9]

Religiöse und weltanschauliche Vielfalt sehen wir als eine positive Stärke des Verbandes. Daher ist eine Anstellung von Menschen mit anderer Religionszugehörigkeit je nach Aufgabe und Funktion möglich. Entscheidend ist, ob die Mitarbeitenden die Werte und Ziele der Caritas mittragen und den kirchlich-religiösen Charakter der Caritas respektieren. Da Führungskräfte für die christliche Prägung der jeweiligen Organisationseinheiten eine besondere Verantwortung tragen, ist hier in der Regel die Mitgliedschaft in der katholischen bzw. in einer christlichen Kirche wünschenswert.

Wiederverheiratet geschiedene und homosexuelle Mitarbeitende gehören selbstverständlich zur Dienstgemeinschaft dazu. Eine Haltung des Respekts und des Vertrauens in die persönliche Lebensführung ist für uns hierbei leitend. Im Gespräch mit den Mitarbeitenden wurde jedoch deutlich: Die Sorge um arbeitsrechtliche Konsequenzen und die Erfahrung fehlender Wertschätzung haben bei vielen tiefe Spuren hinterlassen. Wir haben gelernt, hier als Organisation nicht bruchlos zum Ansatz einer Caritas in Vielfalt übergehen zu können. Es gilt, zuerst zu dieser Geschichte und dieser Schuld zu stehen und dies auch offen auszusprechen. Das verstehen wir als eine wichtige Etappe unseres Lernwegs.

„Ja nehmt ihr denn jetzt jeden?" Nein! Vielfalt darf nicht mit Beliebigkeit verwechselt werden. Wer beispielsweise einer Sekte angehört, menschenfeindliche, rassistische oder erniedrigende Meinungen vertritt oder Kirche und Religion verhöhnt, kann nicht beim Caritasverband arbeiten.

Die Situation des Kirchenaustritts braucht eine sorgfältige Abwägung der Einzelfallumstände. Es steht außer Frage: Ein Kirchenaustritt stellt einen Schritt der Distanzierung von Kirche dar. Caritas als Teil der Kirche steht daher vor der Herausforderung, zum einen die viel-

---

[9] Die Haltungen und Regelungen können hier nur verkürzt wiedergegeben werden. Vgl. die ausführlichere Darstellung in: O. MERKELBACH, CARITASVERBAND DER DIÖZESE ROTTENBURG-STUTTGART e. V. (Hrsg.): *Caritas in Vielfalt. Handreichung zum Umgang mit der Grundordnung des kirchlichen Dienstes im Caritasverband der Diözese Rottenburg-Stuttgart.* Stuttgart 2019.

schichtigen Gründe für einen Kirchenaustritt angemessen zu berücksichtigen und zugleich die Loyalität zum kirchlichen Charakter der Einrichtung sicherzustellen.

Im Bewerbungsverfahren fällt eine Entscheidung hierbei immer nach persönlichem Gespräch mit der jeweiligen Führungskraft in enger Absprache mit dem Vorstand. Die Handreichung Caritas in Vielfalt benennt entsprechende Orientierungen für das Gespräch und die Entscheidung. Gegebenenfalls erfolgt ein zusätzliches Gespräch, das ich selbst führe. Einen Wiedereintritt als Bedingung der Anstellung zu verlangen, lehnen wir hingegen ab. Es gehört zu unserem Selbstverständnis, hier die Gewissensentscheidung des Einzelnen zu achten.

Theologische Orientierung

Gottes Liebe teilt nicht nach Gruppenzugehörigkeiten, Taufscheinen und Identitätsmerkmalen ein. Sie gilt allen Menschen! Diese „Liebe ohne Grenzen und Bedingungen" für möglichst viele Menschen erfahrbar zu machen – das macht die Identität und die Glaubwürdigkeit von Caritas aus. Handeln und Botschaft Jesu geben uns hierfür Orientierung.

Leitend ist dabei für uns die Überzeugung, dass Menschen in ihren unterschiedlichen Religionen, Weltanschauungen, Lebensformen oder sexuellen Identitäten Zeuginnen und Zeugen für diese Liebe Gottes sein können. Was uns als Dienstgemeinschaft in aller Vielfalt verbindet, ist das gemeinsame Handeln im Sinne des Evangeliums.

Auf dieser Basis ergibt sich ein institutionelles Loyalitätsverständnis: Entscheidend ist nicht der Taufschein oder die Lebensform, sondern die Bereitschaft der Mitarbeitenden, die Werte und Ziele des Caritasverbandes zu teilen und den kirchlich-religiösen Charakter der Caritas zu respektieren. Die Verantwortung für die christliche Prägung der Organisation liegt zuallererst bei der Leitung der Einrichtung und kann nicht – wie früher oftmals geschehen – an die Mitarbeitenden delegiert werden.

„Ich bin stolz, bei der Caritas zu arbeiten …"

Loyalität ist immer wechselseitig. Sie entsteht, wenn Mitarbeitende erfahren, dass sie als ganze Menschen in ihrer Vielfalt da sein können. So wenden sich immer wieder Mitarbeitende an mich und melden mir zurück, dass es sie stolz macht, in einer kirchlichen Organisation zu arbeiten, die bewusst und offen mit dem Thema Vielfalt in der Dienstgemeinschaft umgeht. „Caritas in Vielfalt" trägt dazu bei, dass sich alle in ihren jeweiligen Lebenssituationen und religiösen Prägungen willkommen und anerkannt fühlen.

Gerade diese Öffnung führt nach unserer Erfahrung zu einer tieferen Identifikation mit dem kirchlichen Arbeitgeber und befördert die Bereitschaft, sich mit spirituellen und ethischen Fragen auseinanderzusetzen. Im Zentrum steht daher die Entwicklung einer Kultur, in der die Auseinandersetzung mit Religion, Spiritualität, Werten, Vielfalt, Menschenbild und christlicher Identität selbstverständlich dazu gehört und ein gemeinsames Suchen und Lernen ermöglicht. Loyalität ist nichts Starres, sondern etwas Lebendiges. Loyalität entsteht, wenn Mitarbeitende spüren, dass ihnen vertraut wird.[10]

Der Weg der Vielfalt geht weiter …

Was bedeutet für mich „Wahrhaftigkeit"? Am Beispiel der beiden Initiativen „Caritasarbeit ist Demokratiearbeit" und „Caritas in Vielfalt" habe ich versucht, die eingangs gestellte Frage auf das Thema Vielfalt bezogen darzustellen. Sich einem solchen Thema widmen zu dürfen, empfinde ich als „wahr und richtig". Noch dazu in einer Organisation, in der der Austausch zu Fragen von Vielfalt, Menschenbild, Spiritualität und eigenen Werthaltungen im Alltag als selbstverständliche Dimension der Fachlichkeit angesehen wird. Nur so kann eine Kultur

---

[10] Vgl. auch E. KEHLE: *Wie Mitarbeiter*innen sich dem Thema Loyalität im Caritasbereich nähern.* (im Erscheinen begriffen: *Dokumentation der Vierten Hirschberger Gespräche*).

der Wertschätzung und des Vertrauens wachsen. Nur so wird die christliche Identität von Caritas lebendig.

Dass dies nicht immer einfach ist, versteht sich von selbst. Aber es lohnt sich, sowohl in der Kirche als auch in der Gesellschaft. Denn:

„Eine freie, säkulare, demokratische Gesellschaft ist etwas, das wir lernen müssen. Immer wieder. Im Zuhören aufeinander. Im Nachdenken über einander. Im gemeinsamen Sprechen und Handeln. Im wechselseitigen Respekt vor der Vielfalt der Zugehörigkeiten und individuellen Einzigartigkeiten. Und nicht zuletzt im gegenseitigen Zugestehen von Schwächen und Verzeihen."[11]

---

[11] C. EMCKE: *Anfangen! Dankesrede.* Rede zur Verleihung des Friedenspreises des Deutschen Buchhandels am 23. Oktober 2016. Verfügbar unter: https://www.friedenspreis-des-deutschen-buchhandels.de/die-preistraeger/2010-2019/carolin-emcke (Letzter Aufruf am: 10.07.2020).

Wahrhaftigkeit in der Diakonie

Frank Rosenkranz

Wenn wir uns dem Thema Wahrhaftigkeit in Bezug auf Diakonie und diakonischem Handeln nähern wollen, müssen wir zunächst Begrifflichkeiten klären und Selbstverständnisse benennen.

Diakonie kommt vom griechischen diakonos und bedeutet dienen. Daher ist dieser Begriff in den christlichen Kirchen tradiert und seit Anbeginn mit den sozialen Diensten der Kirchen verbunden.

Die Diakonie Deutschland ist der Dachverband der sozialen Arbeit der Evangelischen Kirchen und der sich am Leitbild der Diakonie orientierenden Evangelischen Einrichtungen und Träger sozialer Arbeit.

Nun ist es m. E. unerlässlich, das Leitbild oder die Selbstverständnisse der Diakonie zu kennen, um weiter über Wahrhaftigkeit in der Diakonie nachzudenken;

F. Rosenkranz (✉)
Heidenheim, Deutschland
E-Mail: rosenkranz.f@diakonie-heidenheim.de

- Wir orientieren unser Handeln an der Bibel
- Wir achten die Würde jedes Menschen
- Wir leisten Hilfe und verschaffen Gehör
- Wir sind aus einer lebendigen Tradition innovativ
- Wir sind eine Dienstgemeinschaft von Frauen und Männern im Haupt- und Ehrenamt
- Wir sind dort, wo uns Menschen brauchen
- Wir sind Kirche
- Wir setzen uns ein für das Leben in der Einen Welt

Diese acht Punkte sind im Einzelnen die Selbstverständnisse und als Gesamtheit das Leitbild. Sie werden im Folgenden nicht kommentiert, denn sie sind die Grundlage allen diakonischen Handelns und es wird von jedem Mitarbeitenden in Diakonie und Kirche erwartet, dieses Leitbild in der täglichen Arbeit zu leben.

Die Diakonie Deutschland ist ein relativ junges Werk, welches sich im Jahr 1970 aus der Inneren Mission und dem Evangelischen Hilfswerk gründete und heute einer der größten Arbeitgeber Deutschlands ist. Außerdem gilt die Diakonie, ebenso wie die Caritas und andere Wohlfahrtsverbände, als zuverlässiger Partner des Staates, wenn es um die Sicherung des sozialen Friedens in Deutschland geht.

Die Hilfen, die die Menschen von der Diakonie erhalten können, sind ebenso vielschichtig wie ihre Problemlagen. Die hauptamtlichen Mitarbeitenden sind sämtlich Christen aus einer Gliedkirche der Arbeitsgemeinschaft Christlicher Kirchen (ACK). Diese, mittlerweile im vereinten Europa umstrittene, Regelung stellte in der Vergangenheit sicher, dass sich alle Mitarbeiter auf das Leitbild verpflichten ließen.

In der Entstehung dieses Kapitels habe ich viele Gespräche und Interviews mit Mitarbeitenden, Kollegen, Klienten und Freunden sowie meiner Familie geführt, Herangehensweisen besprochen und Konzepte entwickelt und wieder verworfen.

Die folgende Geschichte soll meinen eigenen und vor allem ganz persönlichen Umgang mit dem Leitbild, der Bibel, den Menschen mit denen ich täglichen Umgang pflege, meiner Werteorientierung und meinem Glauben, mein Verständnis von Wahrhaftigkeit in der Diakonie aufzeigen.

Im Frühjahr 2016 bekam ich in einer unserer Sprechstunden Besuch von einer jungen Muslima mit einem Kopftuch. Obwohl ich eigentlich keine Beratungen anbiete, wollte die junge Frau unbedingt mit mir persönlich sprechen.

Ihr Anliegen: Die junge Frau – nennen wir sie Melika – bat mich, eine Ausbildung bei der Diakonie Heidenheim absolvieren zu dürfen.

Sie können sich mein Erstaunen sicher vorstellen: eine muslimische Frau, die als äußeres Zeichen ihres Glaubens das doch immer noch umstrittene Kopftuch trägt, will in „meiner" Kirche ausgebildet werden. Wie soll das gehen? Was glaubte sie, wie ich das anstellen sollte? Wer würde so etwas genehmigen? Noch dazu in einem Bekenntnisbetrieb.

Auf meine Frage, wieso ich ihr einen Ausbildungsplatz geben sollte, bekam ich eine verblüffende Antwort.

Melika erzählte mir, dass sie vor einigen Jahren beschlossen habe, das Kopftuch als äußeres Zeichen ihres Glaubens zu tragen, obwohl ihre Eltern ihr davon abgeraten hätten. Seither ist sie erfolglos auf der Suche nach einer Ausbildungsstelle im kaufmännischen Bereich. Dennoch glaube sie fest, dass es für Gott kein Problem sei, ihr auch mit Kopftuch eine Ausbildung zu ermöglichen. Mittlerweile habe sie von Bekannten erfahren, dass viele junge Menschen bei mir ausgebildet wurden und sie wisse, dass eine Ausbildung beim Diakonischen Werk gut und ich selbst aufgeschlossen sei.

Diese Begründung brachte mich zum Nachdenken und ich bat die junge Frau um Bedenkzeit. Wir verabredeten uns zu einem weiteren Gespräch, zu dem ich auch ihre Eltern kennen lernen wollte.

Am Morgen dieses Tages hatte ich in der Bibel die Geschichte von Jesus Begegnung mit der kanaanäischen Frau (Mt 15,21–28) gelesen:

21 Und Jesus ging weg von dort und zog sich zurück in die Gegend von Tyrus und Sidon. 22 Und siehe, eine kanaanäische Frau kam aus diesem Gebiet und schrie: Ach Herr, du Sohn Davids, erbarme dich meiner! Meine Tochter wird von einem bösen Geist übel geplagt. 23 Und er antwortete ihr kein Wort. Da traten seine Jünger zu ihm, baten ihn und sprachen: Lass sie doch gehen, denn sie schreit uns nach. 24 Er antwortete aber und sprach: Ich bin nur gesandt zu den verlorenen Schafen des Hauses Israel. 25 Sie aber kam und fiel vor ihm nieder und sprach: Herr, hilf mir!

26 Aber er antwortete und sprach: Es ist nicht recht, dass man den Kindern ihr Brot nehme und werfe es vor die Hunde. 27 Sie sprach: Ja, Herr; aber doch fressen die Hunde von den Brosamen, die vom Tisch ihrer Herren fallen.

28 Da antwortete Jesus und sprach zu ihr: Frau, dein Glaube ist groß. Dir geschehe, wie du willst! Und ihre Tochter wurde gesund zu derselben Stunde.

Diese Geschichte kam mir wieder in den Sinn und der Wunsch von Melika ging mir nicht mehr aus dem Kopf. Kann es sein, dass hier unser Leitbild (Wir orientieren unser Handeln an der Bibel. Wir achten die Würde jedes Menschen. Wir leisten Hilfe und verschaffen Gehör) zum Tragen kommt? Wie würde Jesus handeln? Wie hat er an der kanaanäischen Frau gehandelt?

Als ich meine Perspektive wechselte, wurde auf einmal vieles klarer. Jesus hatte der fremden Frau geholfen, nur weil sie glaubte, dass Er es könne.

Welch eine Arroganz von mir, anzunehmen, dass ich hier nicht als Helfender, als diakonisch handelnder Christ gefragt bin. Einer meiner Freunde sagte in einem Gespräch zum Thema: „Wahrhaftigkeit ist die Übereinstimmung von Wort und Tat."

Im Wort, das ist klar, bekommt jeder Mensch bei der Diakonie Hilfe, egal welcher Herkunft, welcher Bildung, Weltanschauung usw.. In der Tat, also im praktischen, tatsächlichen Leben ist das nicht immer so leicht. Es gibt Menschen, bei denen die praktische Nächstenliebe einfacher ist und dann gibt es die, bei denen wir Haupt- und Nebenamtlichen im Diakonischen Werk unsere Mühen haben. Ein Moslem der in unserem Bekenntnisbetrieb arbeiten möchte, gehört eindeutig dazu.

Mir wurde immer klarer, dass mich hier eine Frau um Hilfe bittet und mir einfach zutraut, dass ich ihr helfen kann und die daran glaubt, dass das, was in unserem Leitbild zu lesen ist, von uns auch gelebt wird. Ich war mir allerdings nicht sicher, ob ich dieses Vertrauen nicht enttäuschen würde – und das wollte ich keinesfalls.

Die nächsten Tage verbrachte ich mit unzähligen Gesprächen und Telefonaten, die dazu führten, dass ich immer sicherer wusste, dass ich Melika ausbilden wollte.

Am Tag unseres zweiten Gespräches hatte ich von unserem Dachverband bereits die Genehmigung zur Ausbildung und das Versprechen des Oberkirchenrates eine schnelle Entscheidung zu treffen. Melika und ihre Eltern erzählten von ihrem ehrenamtlichen Engagement (auch bei der Diakonie in Schwäbisch Gmünd), wir unterhielten uns über Jesus und das Leitbild der Diakonie.

Melika versicherte, dass sie alle dort genannten Punkte leben und dass sie bereit sei, im Rahmen ihrer Arbeit alles, was von ihr erwartet werden würde, auch tragen könne. Auf meine Frage, was denn wäre, wenn ein Klient sie offen anfeinden oder gar vor ihr ausspucken würde, antworteten sie und ihre Mutter, dass sie den Umgang mit solchen Situationen wohl lernen müsse.

In den folgenden Wochen besprach ich die Situation in der Mitarbeiterschaft, die bis zu diesem Zeitpunkt noch nichts von meiner Absicht ahnte. Natürlich war meine Idee für die Mitarbeiter etwas Besonderes und ich begegnete nicht nur Begeisterung. Am Ende dieses Prozesses war sich das gesamte Team einig, dass niemand etwas gegen den Versuch einzuwenden hatte.

Als Melika ihre Ausbildung begann, betraten wir alle gemeinsam Neuland. Die drei Jahre vergingen im Flug. Unsere Klienten gewöhnten sich schnell an die junge Frau mit dem Kopftuch und ein türkischer Landsmann lernte, dass auch muslimische Mitarbeiter bei der Diakonie sich loyal gegenüber den Kollegen und dem Arbeitgeber verhalten.

Melika hatte kein Problem, wenn es nötig war, zu übersetzen oder eben darauf hinzuweisen, dass man in Deutschland deutsch spricht. Sie half selbstverständlich in der Vesperkirche mit, organisierte Gemeindeveranstaltungen, nahm an Diakoniegottesdiensten teil, diskutierte über diakonische Arbeit mit Gemeindegliedern und war aktiv bei der Eröffnung der Woche der Diakonie Württemberg und verschiedenen Synoden beteiligt. Und sie lernte unsere Evangelische Kirche von innen kennen.

Melika entwickelte sich bis zum Ende ihrer Ausbildung zu einem gleichwertigen Teammitglied und erwarb sich die Anerkennung aller Kollegen. Zu ihrem Ausscheiden wurde ein Fest ausgerichtet. Melika sagte zum Abschied zu mir, dass sie bei der Diakonie eine Heimat gefunden habe und gerne weiter in der Kirche arbeiten würde...

Haben wir in dieser wahren Geschichte Wahrhaftigkeit erlebt?

Melika die Möglichkeit zu geben, eine Ausbildung beim Diakonischen Werk zu machen, war in meiner Übersetzung wahrhaftiges Handeln von dem gesamten Team, aber insbesondere auch von Melika und ihrer Familie. Wahrhaftigkeit erfordert von jedem Einzelnen höchste Arbeit, sie ist vielschichtig, ist Menschlichkeit, ist Wahrheit und das Wissen, das wirklich jeder Mensch würdig ist.

Tag für Tag begegnen uns in der Diakonie Menschen mit Wünschen, Problemen oder Forderungen. Nicht immer sehen wir in diesen Menschen den Nächsten, dem wir bereitwillig und wahrhaftig helfen wollen. Diese Begegnungen erfordern von den Mitarbeitern viel Kraft, Mut und Toleranz und sind die Übereinstimmung von Wort und Tat.

Zwei Punkte sollen meine Ausführung beenden. Zum einen möchte ich einige der o.g. Statements zu meiner Frage: „Was verstehen Sie unter Wahrhaftigkeit?" einfügen und dann eine Zukunftsvision der Wahrhaftigkeit entwickeln.

„Ehrlichkeit, Wahrheit in Bezug zur Endlichkeit. Jeder Mensch ist im Sterben auf dem Weg zur Wahrhaftigkeit, der Mensch hört auf, sich selbst „in die Tasche zu lügen" und die Seele zudecken. Letztendlich bedeutet es auch Transparenz. Ziele und Personen müssen deckungsgleich sein." (Mitarbeiterin aus der Hospizarbeit).

„Ich muss das Wort „Wahrhaftigkeit" teilen. In wahr und haften. Wahrheit ist für mich subjektiv, d. h. jede Person empfindet oder erlebt bestimmte Situationen anders. Deshalb ist es für mich wichtig, dass wir durch die Gebote aus dem Alten Testament und dem Gebot von Jesus eine Richtung in unserem Leben haben. Jetzt kommt für mich der zweite Teil des Wortes hinzu, haften. Einfach ausgedrückt: an der Wahrheit bleiben und Verantwortung übernehmen." (Mitarbeiterin in der Sozialarbeit).

„Wahrhaftigkeit bedeutet für mich, nicht dem Mainstream zu folgen, sondern dem zu folgen, was mein Gewissen mir als richtig aufzeigt." (Ein Freund).

„Wahrhaftigkeit ist für mich in erster Linie natürlich, dass man authentisch bleibt, dass man nicht irgendeine Rolle spielt. Rollen müssen wir immer spielen, aber in der Wahrhaftigkeit liegt auch der Mut, zu sagen, da möchte ich jetzt nichts dazu sagen, oder sich den

Gegebenheiten auch diplomatisch anzupassen und das dann aber auch zugeben." (Eine sehr gute Freundin).

„An der Wahrheit haften, wenn man das im religiösen Sinne sieht. Gott sagt: Ich bin der Weg, die Wahrheit und das Leben. Und dann hafte ich an Gott. Wahrhaftigkeit im Sinne von haften" (Ein Familienmitglied).

Als letztes eine Zukunftsvision:

Was würde es bedeuten, wenn es uns gelingt, wahrhaftig zu leben?

Würden wir einen Umgang miteinander pflegen, der dem Anderen, unserem Nächsten, zum Segen gereicht?

Will der einzelne Mitarbeitende in der Diakonie wahrhaftig sein, dann bedeutet das auch, dass wirklich jeder Hilfesuchende als Mensch gesehen und anständig behandelt wird und dass sich dabei auch jeder treu zu bleiben vermag. Kein Verstellen, kein Lügen, kein Übervorteilen, aber auch kein Misstrauen und keine Abweisungen stehen dann zwischen uns Beratern und unseren Klienten mehr – ein wunderbarer Zustand, der wahrhaftig anstrebenswert erscheint.

Unser Gewissen ist dabei ein wunderbares Messinstrument, dass uns nicht im Stich lässt – die Entscheidung, wie wir letztendlich handeln, ob wahrhaftig oder nicht, treffen wir selbst und individuell – mit gutem oder schlechtem oder ohne Gewissen.

Alles wäre dann gut!?

„Am Ende wird alles gut. Und wenn es noch nicht gut ist, dann ist es auch noch nicht das Ende.

Ökumene erfordert Wahrhaftigkeit

Heinz Detlef Stäps

Für mich hat Ökumene sehr viel mit dem Heiligen Geist zu tun. Er ist ihr Rückgrat und er ist ihr Motor. Wenn ich an Ökumene denke, atme ich erst einmal tief durch, um mich in die Weite des Geistes einzuschwingen. Es geht ja nicht darum, zuerst die Mauern und Wälle, die Beschränkungen und Probleme zu sehen, sondern zuerst die Weite, in die der Geist uns führen will. Sicher, es gibt sie, die Grenzen und die Belastungen der Ökumene, aber es gibt sie auch, die Startbahnen in die Weite, die Fortschritte in der Ökumene, die wir nicht aus den Augen verlieren dürfen.

Ökumene lebt, Ökumene ist lebendig, das ist es, was wir zuerst feststellen dürfen und können. Man kann nicht katholisch oder evangelisch sein, ohne gleichzeitig ökumenisch zu sein. Ich darf hierzu das grundlegende Dokument der Ökumene zitieren, die Charta Oecumenica, die 2001 in Straßburg auf europäischer Ebene unterzeichnet wurde und 2003 beim ersten Ökumenischen Kirchentag in Berlin für die deutsche

---

H. D. Stäps (✉)
Bischöfliches Ordinariat Rottenburg, Rottenburg a. N., Deutschland
E-Mail: dstaeps@bo.drs.de

Ebene ratifiziert wurde: „Ökumene geschieht bereits in vielfältigen Formen gemeinsamen Handelns. Viele Christinnen und Christen aus verschiedenen Kirchen leben und wirken gemeinsam in Freundschaften, in der Nachbarschaft, im Beruf und in ihren Familien. (…) Wir verpflichten uns, auf allen Ebenen des kirchlichen Lebens gemeinsam zu handeln, wo die Voraussetzungen dafür gegeben sind und nicht Gründe des Glaubens oder grössere Zweckmässigkeit dem entgegenstehen" (Nr. 4).[1] Dies ist der Weg, den wir unumkehrbar eingeschlagen haben.

„Lasst uns nicht prahlen, nicht einander herausfordern und einander nicht beneiden," so heißt es im Galaterbrief (5,26). Dieser Satz scheint wie geschaffen zu sein als Leitsatz für die ökumenische Zusammenarbeit vor Ort: Wir wollen nicht prahlen mit dem, was wir den anderen vielleicht voraus zu haben meinen, sondern einander vielmehr dienen mit den Schätzen aus der je eigenen Konfession, die wir zum gemeinsamen Werk beitragen können. Wir wollen einander nicht herausfordern, wo immer wir die Verschiedenheiten sehr deutlich spüren, sondern versuchen, den anderen in seinem Anderssein zu verstehen und zu akzeptieren. Wir wollen einander nichts nachtragen, auch wenn wir uns aneinander in unserer 500-jährigen Trennungsgeschichte unzählige Male versündigt haben und auch heute noch versündigen. Jeden Tag gilt es, von vorne zu beginnen und der Ökumene neu eine Chance zu geben. Paulus formuliert es im Galaterbrief wunderbar: „Einer trage des anderen Last" (Gal 6,2). Dieser Satz kann das Verhältnis zwischen den christlichen Kirchen und zwischen einzelnen Christinnen und Christen zur Wahrhaftigkeit führen.

Im ökumenischen Zusammenleben haben wir die Feindschaft und die Zerwürfnisse – Gott sei Dank – schon lange überstanden. Aber sie haben jahrhundertelang das Verhältnis zwischen Evangelischen und Katholiken geprägt. Und diese Unheilsgeschichte hat sich in das kollektive Gedächtnis eingebrannt und davon werden wir auch heute noch beeinflusst. Lassen wir uns vom Geist in die Freiheit führen, in

---

[1] *Charta Oecumenica. Leitlinien für die wachsende Zusammenarbeit unter den Kirchen in Europa.* Verfügbar unter: https://www.oekumene-ack.de/fileadmin/user_upload/Charta_Oecumenica/Charta_Oecumenica.pdf (Letzter Aufruf am: 10.07.2020).

die große Ökumene, in der so vieles schon möglich ist. Aber verstehen wir die Freiheit immer als eine Freiheit zur Liebe. Dienen wir einander in Liebe (vgl. Gal 5,13). Achten wir die Freiheiten und die Grenzen, die der andere mit sich bringt. Eine Ökumene in der Freiheit des Geistes nimmt als allererstes dankbar zur Kenntnis, was sich alles schon positiv entwickelt hat, was alles an Gemeinsamen möglich geworden ist, meist erst im Laufe der letzten fünfzig Jahre. Eine Ökumene in der Freiheit des Geistes kennt sicher auch eine „heilige Ungeduld", weil es gut ist, sich nicht mit dem abzufinden, was uns immer noch trennt, sondern den Willen Jesu zu beherzigen, dass alle eins seien (vgl. Joh 17,21) und deshalb auch alle uns noch trennenden Gräben und Mauern überwunden werden müssen. Doch müssen wir uns für diesen Prozess auch eine „heilige Geduld" gönnen. Was in Jahrhunderten an Trennendem gewachsen ist, kann nicht in kürzester Zeit überwunden werden. Nicht in unseren Herzen und nicht in den Amtsblättern unserer Kirchen.

Fortschritt für die Konfessionsverbindenden Ehen

Ein wichtiger Fortschritt ist zweifellos, dass die Deutsche Bischofskonferenz 2018 eine Orientierungshilfe mit dem Titel „Mit Christus gehen – Der Einheit auf der Spur. Konfessionsverbindende Ehen und gemeinsame Teilnahme an der Eucharistie" veröffentlicht hat.[2] Viele Diskussionen gingen diesem Dokument voraus. Unser Bischof Dr. Gebhard Fürst ist schon seit vielen Jahren Schirmherr vom „Netzwerk Ökumene. Konfessionsverbindende Paare und Familien in Deutschland" und hat sich schon im Rahmen des Dialog- und Erneuerungsprozesses in der Diözese Rottenburg-Stuttgart 2011–2013 verpflichtet,

---

[2] Vgl. *Orientierungshilfe „Mit Christus gehen – Der Einheit auf der Spur. Konfessionsverbindende Ehen und gemeinsame Teilnahme an der Eucharistie".* 20. Februar 2018. Verfügbar unter: https://dbk.de/fileadmin/redaktion/diverse_downloads/dossiers_2018/08-Orientierungshilfe-Kommunion.pdf (Letzter Aufruf am: 10.07.2020).

eine Regelung zum Eucharistieempfang für evangelische Partner in einer konfessionsverbindenden Ehe zu erwirken. Und so haben wir uns über das Dokument der Bischofskonferenz sehr gefreut und unser Bischof hat es für unsere Diözese in Kraft gesetzt. Dazu hat Bischof Fürst zwei Briefe an die Pfarrer und pastoralen Mitarbeiterinnen und Mitarbeiter in den Gemeinden geschrieben und wir haben einen Flyer für die betroffenen Paare veröffentlicht.[3] Ich freue mich, dass es nun erstmals in Deutschland eine offizielle Regelung gibt, die evangelischen Partnern in einer konfessionsverbindenden Ehe erlaubt, in der katholischen Eucharistiefeier zur Kommunion zu gehen – und zwar aufgrund ihrer eigenen Gewissensentscheidung. Um bei dieser Entscheidung zu helfen, bieten wir ihnen das Gespräch an, aber dieses pastorale Gespräch ist keine Prüfung, es soll eine Hilfe sein und ein Paar kann sich auch entscheiden, auf diese Hilfe zu verzichten. In der gesamten Weltkirche gibt es zwar schon andere Regelungen für konfessionsverbindende Ehen, aber keine einzige, die so weit ginge wie diese. Ich finde, wir können uns alle freuen über diese Erklärung und sie als einen wichtigen Schritt auf unserem gemeinsamen ökumenischen Weg feiern. Sicherlich geht sie vielen nicht weit genug. Es ist ja auch noch nicht das Ziel, aber wir sind diesem Ziel damit ein großes Stück näher gekommen.[4] Dies ist für mich Wahrhaftigkeit in der Ökumene: Christen, die aus beiden Kirchen stammen und sich in einer Ehe zusammenfinden, müssen im Sonntagsgottesdienst nicht mehr getrennt werden, der evangelische Partner/ die Partnerin muss nicht sitzen bleiben, wenn der katholische Partner die Kommunion empfängt, sondern beide können gemeinsam zum Tisch des Herrn gehen und den Leib Christi empfangen, den sie in ihrer Ehe auch abbilden.

---

[3] Die Unterlagen sind verfügbar unter: https://ha-vii.drs.de/oekumene/download.html (Letzter Aufruf am: 10.07.2020).
[4] Vgl. hierzu: J. BREMER (Hrsg.): *Ein Kelch für zwei. Zur Ökumenischen Debatte um die Kommunion bei konfessionsverbindenden Paaren*. Ostfildern 2019.

Die Situation in Württemberg und die Arbeitsgemeinschaft Christlicher Kirchen

Auf der anderen Seite dürfen wir natürlich die Augen nicht verschließen vor den Problemen, dass wir zum Beispiel als evangelische und als katholische Kirche in Baden-Württemberg derzeit einen großen Mitgliederschwund erleiden, dass die Marke „Kirche" einen unglaublichen Imageverlust hinnehmen muss, dass viele Menschen sich von den Kirchen nichts mehr erhoffen oder erwarten. Aber gerade vor diesen Herausforderungen stehen wir gemeinsam und ich bin fest davon überzeugt, dass hier die Ökumene ein Lösungsweg sein kann, wenn wir das Kirchturmdenken überwinden. Wenn wir gemeinsam mit allen in der Arbeitsgemeinschaft Christlicher Kirchen (ACK) vereinten Kirchen und kirchlichen Gemeinschaften die Herausforderungen angehen, dann ergeben sich viele Synergien, dann werden wir miteinander weiter kommen als jeder für sich allein. Hier kommt es aber darauf an, in Ehrlichkeit den ungeschminkten Realitäten ins Gesicht zu schauen und sich auch nicht davor zu schämen, die tief greifenden Probleme in der eigenen Kirche vor den anderen auszusprechen und ehrlich in den Blick zu nehmen. Genauso nehme ich es wahr, wenn sich die Delegierten von 22 Kirchen (plus vier beratend mitwirkenden Kirchen[5]) in der Arbeitsgemeinschaft Christlicher Kirchen in Baden-Württemberg zweimal im Jahr treffen und austauschen – und dafür bin ich sehr dankbar!

Ohne Zweifel sind wir in der Ökumene aber schon viel weiter, als dies oft wahrgenommen wird. Was haben wir nicht alles erreicht seit dem Zweiten Vatikanischen Konzil vor gut 50 Jahren, als sich die katholische Kirche für die ökumenische Bewegung öffnete? Schon lange ist das konfessionelle Gegeneinander einem ökumenischen Miteinander auf allen Ebenen gewichen.

---

[5] Zu diesen gehört auch die Neuapostolische Kirche Süddeutschland. Die Neuapostolische Kirche hat in den letzten Jahren einen starken Wandlungsprozess initiiert, der sich bis in die dogmatischen Grundlagen hinein erstreckt und eine starke ökumenische Öffnung zur Folge hat. Vgl. *Katechismus der Neuapostolischen Kirche*. Zürich 2012.

Wir haben hier in Deutschland eine ganz besondere Situation. Wir sind nicht nur das Ursprungsland der Reformation, bei uns sind die beiden großen Kirche auch ungefähr gleich groß, was sowohl für Deutschland insgesamt, als auch für unsere Diözese bzw. Landeskirche gilt. Deshalb sind wir aufeinander angewiesen, können und müssen miteinander handeln, mit einer Stimme sprechen, wenn es z. B. um Anliegen gegenüber Staat und Gesellschaft geht.

In Württemberg haben wir ein gutes Miteinander und ein gutes Verständnis gerade zwischen den beiden großen Kirchen, es gibt institutionalisierte Begegnungen auf allen Ebenen. Die beiden Bischöfe treffen sich mehrmals im Jahr und tauschen sich zu Sachfragen in großer Offenheit und in großem Vertrauen aus. Genauso gibt es regelmäßige ökumenische Gottesdienste der beiden Bischöfe zum Beispiel zu Beginn des Advents und zur Eröffnung der Woche für das Leben. Einmal jährlich gibt es das Treffen zwischen dem Evangelischen Oberkirchenrat und der Sitzung des Bischöflichen Ordinariats, wo alle anstehenden Fragen in großer Offenheit beraten werden. Ich treffe mich mehrmals jährlich mit meinem Kollegen Prof. Heckel und wir haben die feste Abmachung, dass alle Probleme im ökumenischen Miteinander, die uns zur Kenntnis kommen, dort miteinander besprochen und möglichst bereinigt werden. Es ist ein im wahrsten Sinne des Wortes brüderlicher Austausch. Und es zeugt von unserer guten ökumenischen Praxis, dass jeweils ein Vertreter der Evangelischen Landessynode an den Sitzungen unseres Diözesanrats teilnimmt und umgekehrt. Und genauso gibt es auf der Ebene der Dekanate und Seelsorgeinheiten in den allermeisten Fällen eine Fülle von Begegnungen, Festen, ökumenischen Gottesdiensten, gemeinsamen Sitzungen der Kirchengemeinderäte, örtlichen Ökumenischen Kirchentagen usw. So gibt es ein Netzwerk gut funktionierender ökumenischer Kontakte und gewachsener und eingespielter ökumenischer Praxis, für die wir sehr dankbar sein können. In den allermeisten Fällen stimmt die Chemie zwischen den Amtsträgern und das ist eine gute Grundlage für eine gut funktionierende Ökumene vor Ort, für eine geistliche Ökumene, für eine gelebte Ökumene genau da, wo die Ökumene am wichtigsten ist: zwischen den Gemeinden.

Aber auch mit allen anderen in der ACK zusammengeschlossenen Kirchen bzw. kirchlichen Gemeinschaften bestehen freundschaftliche und gute ökumenische Kontakte. Im Rahmen der ACK Baden-Württemberg gibt es eine ständige gute ökumenische Zusammenarbeit an Sachthemen entlang. Diese ist weitgehend Tagesarbeit und vollzieht sich in kleinen Schritten. Die Haupttätigkeit der ACK entfaltet sich in vier Fachkommissionen, denen insbesondere die jeweiligen Referenten der einzelnen Mitgliedskirchen angehören:

A Theologie und ökumenische Spiritualität
B Ökumene am Ort
C Ökumenische Diakonie
D Gerechtigkeit, Frieden, Bewahrung der Schöpfung

Darüber hinaus wird in Fachgruppen gearbeitet:

- Weltanschauungsfragen
- Begegnung mit dem Islam
- Deutsch-Französische ökumenische Gruppe
- Neue Bewegungen – Junge Kirchen – Unabhängige Gemeinden

Die Arbeit der ACK ist der wichtigste Rahmen für die konkrete ökumenische Arbeit in unserer Diözese und das umfasst ja nicht nur die ACK auf Landesebene, sondern auch die ACK auf Ortsebene, an 97 Orten in Baden-Württemberg, also mittlerweile fast flächendeckend in der gesamten Diözese und übrigens viel weiter verbreitet als in der Erzdiözese Freiburg, weil dort viel mehr auf das Modell der Gemeindepartnerschaft gesetzt wurde als auf das Modell der Orts-ACK.

Das Reformationsjubiläum 2017

Wir haben ein besonderes Jahr hinter uns: Das Jahr 2017 mit seinen vielen Feierlichkeiten zum Reformationsgedenken. Landauf landab ist in unserer Diözese sehr viel geschehen und wir können gerade auch als Katholikinnen und Katholiken dankbar auf dieses Jahr zurückblicken:

Es war ja eigentlich ein evangelisches Ereignis und ein ökumenischer Fortschritt war ja nicht dessen eigentliches Ziel. Aber eines ist sicher: Noch nie wurde ein Reformationsjahr so ökumenisch begangen wie das Jahr 2017. Waren es bei den Jubiläumsfeierlichkeiten der vergangenen Jahrhunderte immer die Abgrenzung von der katholischen Kirche und die Stilisierung Martin Luthers zum Nationalhelden der Deutschen, die im Zentrum standen, so ist es nun sehr viel stärker das Gemeinsame, der gemeinsame Glaube, der Evangelische und Katholiken nicht trennt sondern verbindet, und die gerechtfertigten Anliegen der Reformation, die uns bis heute gemeinsame Anliegen sind.[6]

Es gab viele sehr beeindruckende Gottesdienste, auf Bundesebene in Hildesheim und Trier. Bei uns gab es zusätzlich zu den üblichen vier ökumenische Gottesdienste der beiden Bischöfe, die emotional sehr berührend waren. Besonders gerne denke ich an den ökumenischen Gottesdienst in der Simultankirche St. Martin in Biberach am 12. März 2017 zurück, der als Bußgottesdienst in der Passionszeit gestaltet war: Das stärkste und bewegendste Erlebnis war für mich, als wir gemeinsam vor dem großen Kreuz um Vergebung für all die Verletzungen gebetet haben, die sich Menschen, die getauft sind auf den einen Gott, in den vergangenen 500 Jahren gegenseitig zugefügt haben. Auch der evangelische Abendmahlsgottesdienst am Morgen des 31. Oktober 2017 in der evangelischen Stiftskirche in Stuttgart war ökumenisch sensibel gestaltet, die beiden Predigten der beiden evangelischen Landesbischöfe waren ökumenisch sehr offen.

Besonders beeindruckend war auch die Neugier auf katholischer Seite, vielerorts gab es eine sehr ernsthafte Auseinandersetzung mit Martin Luther, mit seinen theologischen Grundsätzen. Oft wurde ich angefragt, z. B. einen Vortrag „Der katholische Luther" zu halten. Wir haben das Reformationsgedenken auch in der Dekanekonferenz ausgewertet und da gab es an manchen Orten den Eindruck, dass die

---

[6]Vgl. dazu: LUTHERISCH, RÖMISCH-KATHOLISCHE KOMMISSION FÜR DIE EINHEIT (Hrsg.): *Vom Konflikt zur Gemeinschaft. Gemeinsames Lutherisch-katholisches Reformationsgedenken im Jahr 2017. Bericht der Lutherisch/römisch-katholischen Kommission für die Einheit*. Leipzig, Paderborn ²2013; D.SATTLER, V. LEPPIN (Hrsg.): *Reformation 1517–2017. Ökumenische Perspektiven*. Freiburg i. Br., Göttingen 2014.

Ökumene im Reformationsjahr eher von der katholischen Kirche ausging, dass manche Gemeinden lange gewartet haben, bis sie von den evangelischen Gemeinden zu ökumenischem Tun eingeladen wurden, manche sogar vergeblich darauf gewartet haben.

In jedem Fall kann man das Resümee ziehen, dass es eine starke Annäherung zwischen den handelnden Personen gab, dass vielerorts Misstrauen abgebaut werden konnte, was beispielhaft deutlich wurde im zunehmend freundschaftlichen Verhältnis zwischen Kardinal Marx (dem damaligen Vorsitzenden der Deutschen Bischofskonferenz) und dem damaligen EKD-Ratsvorsitzenden Bedford-Strohm. Markant und treffend ist der Satz vom Anstieg des Grundwasserspiegels der ökumenischen Freundschaft durch das Reformationsjubiläum.

Vielleicht kann man darauf hoffen, dass daraus eine größere ökumenische Ehrlichkeit resultiert, dass wir uns die ökumenischen Differenzen eher zumuten, um daran weiterzuarbeiten im Dialog.

Ökumenische Meilensteine

In den vergangenen 50 Jahren wurde sehr viel ökumenisch erarbeitet und sehr viel erreicht. Grundlegend war der Durchbruch des Zweiten Vatikanischen Konzils, das in seinem Dekret über den Ökumenismus „Unitatis redintegratio"[7] von 1964 feststellt, dass auch die Mitglieder anderer Kirchen in einer gewissen Gemeinschaft mit der katholischen Kirche stehen und auch diesen Gemeinschaften erkennt das Konzil Mittel zur Gemeinschaft des Heils zu. Die gemeinsame Taufe und das Wort Gottes werden hier besonders betont. Daraus entstand eine Öffnung gegenüber den anderen Kirchen, die eine ökumenische Entwicklung auslöste, deren Meilensteine ich in Auswahl nennen möchte (aus Platzgründen kann ich die ersten Jahrzehnte nach dem Konzil nicht darstellen): Schon 1986 haben Karl Lehmann und Wolfhart

---

[7] Vgl. Dekret über den Ökumenismus *Unitatis redintegratio*. In: P. HÜNERMANN, B. J. HILBERATH (Hrsg.): *Herders Theologischer Kommentar zum Zweiten Vatikanischen Konzil. Die Dokumente des Zweiten Vatikanischen Konzils. Konstitutionen, Dekrete, Erklärungen.* (Bd. 1) Freiburg, Basel, Wien 2009, S. 211–241.

Pannenberg den ersten Band der Reihe „Lehrverurteilungen – kirchentrennend?" herausgegeben und sich damit erstmals über die im 16. Jahrhundert im Laufe der Reformation entstandenen gegenseitigen Verdammungen verständigt.[8] Hier wurden wichtige Verständigungen in den Bereichen Rechtfertigung, Sakramente und Amt erreicht. Direkt aus der daraus entstandenen Entwicklung resultierte die feierliche Unterzeichnung der Gemeinsamen Erklärung zur Rechtfertigung am 31. Oktober 1999 in Augsburg zwischen römisch-katholischer Kirche und dem Lutherischen Weltbund (2006 trat auch die methodistische Kirche dem bei und 2017 die Weltgemeinschaft der reformierten Kirchen), die einen Grundkonsens in der für die Reformation entscheidenden Frage der Rechtfertigung „allein aus Gnade" zwischen den unterzeichnenden Kirchen feststellt.[9]

2001 wurde in Straßburg die Charta Oeumenica von der Konferenz Europäischer Kirchen und dem Rat der Europäischen Bischofskonferenzen unterzeichnet. Worum es geht, sagt der Untertitel: „Leitlinien für die wachsende Zusammenarbeit unter den Kirchen in Europa". Wichtig sind vor allem die Selbstverpflichtungen zu jedem der vorgelegten Themen.

11 Mitgliedskirchen der ACK haben am 29. April 2007 in Magdeburg die wechselseitige Anerkennung der Taufe im Rahmen einer feierlichen ökumenischen Vesper offiziell erklärt.[10]

2009 hat Kardinal Kasper das Buch „Harvesting the Fruits" veröffentlicht (2011 auch in deutscher Übersetzung)[11], in dem er die

---

[8] Vgl. K. LEHMANN, W. PANNENBERG (Hrsg.): *Lehrverurteilungen – kirchentrennend? Rechtfertigung, Kirche und Amt im Zeitalter der Reformation und heute.* (Bd. 1) Freiburg, Göttingen 1986.

[9] *Gemeinsame Erklärung zur Rechtfertigungslehre des Lutherischen Weltbundes und der Katholischen Kirche.* Verfügbar unter: http://www.vatican.va/roman_curia/pontifical_councils/chrstuni/documents/rc_pc_chrstuni_doc_31101999_cath-luth-joint-declaration_ge.html (Letzter Aufruf am: 10.07.2020).

[10] *Wechselseitige Anerkennung der Taufe.* Magdeburg 2007. Verfügbar unter: https://www.oekumene-ack.de/fileadmin/user_upload/Themen/Taufanerkennung2007.pdf (Letzter Aufruf am: 10.07.2020).

[11] Vgl. hierzu: W. KASPER: *Die Früchte ernten. Grundlage christlichen Glaubens im ökumenischen Dialog.* Paderborn, Leipzig 2011.

erreichten Konsense im Dialog mit den lutherischen, den reformierten, den anglikanischen und den methodistischen Kirchen dokumentiert und deutlich macht, wie weit die Gemeinsamkeiten reichen und wo nach wie vor Differenzen liegen. Diese Methode des differenzierten Konsenses ist in den ökumenischen Dialogen mittlerweile Standard: Man stellt den erreichten Konsens fest, markiert aber auch, wo die unterschiedlichen Auffassungen beginnen, um daran in Zukunft weiterzuarbeiten.

Ein besonders schwieriges Thema im ökumenischen Dialog ist zweifellos das Papstamt. Wie wäre eine Einheit der Kirche möglich, wenn man dabei die Stellung des Papstes mitbedenkt? Doch auch hierzu gibt es eine starke Annäherung vor allem seitens der lutherischen Kirche, die aber noch kaum rezipiert worden ist.[12]

Auf diese Weise sind in letzter Zeit sehr wichtige Dokumente veröffentlicht worden, wovon ich nur zwei nennen möchte: 2015 haben die Katholische Bischofskonferenz und die Evangelisch-Lutherische Kirche in den USA eine „Declaration on the Way. Church, Ministry and Eucharist" veröffentlicht, die einen sehr weitgehenden Konsens auch im Themenfeld der Eucharistie festhält.[13] Und 2017 haben die Evangelisch-Lutherische Kirche und die Katholische Kirche in Finnland das Dokument „Wachsende Gemeinschaft. Erklärung über Kirche, Eucharistie und Amt" veröffentlicht.[14] Was hier gemeinsam erklärt wird, ist ein wirklich weitgehender Fortschritt. Ich möchte zwei Beispiele zitieren: „Wir stimmen darin überein, dass das Messopfer auf dem Opfer Jesu Christi gründet. Das einmalige Opfer Jesu Christi wird in der Eucharistie sakramental gegenwärtig. (…) Die zweite Person des

---

[12] Vgl. hierzu: DIE GRUPPE VON FARFA SABINA (Hrsg.): *Gemeinschaft der Kirchen und Petrusamt. Lutherisch-katholische Annäherungen.* Frankfurt am Main 2010.

[13] EVANGELICAL LUTHERAN CHURCH IN AMERICA, UNITED STATES CONFERENCE OF CATHOLIC BISHOPS (Hrsg.): *Declaration on the Way. Church, Ministry, and Eucharist.* Minneapolis 2015. Verfügbar unter: http://download.elca.org/ELCA%20Resource%20Repository/Declaration_on_the_Way.pdf?_ga=2.164719679.1001659009.1580135878-1328947156.1580135878 (Letzter Aufruf am: 10.07.2020).

[14] Vgl. SUOMEN EVANKELIS-LUTERILAINEN KIRRKO, KATHOLISCHE KIRCHE DIÖZESE HELSINKI (Hrsg.): *Wachsende Gemeinschaft: Erklärung über Kirche, Eucharistie und Amt. Bericht der Lutherisch-Katholischen Dialog-Kommission für Finnland.* Paderborn, Leipzig 2018.

dreieinen Gottes ist in der Eucharistie als erlösendes und versöhnendes Opfer an Gott real gegenwärtig. Der Priester handelt in persona Christi, wenn er die Gaben von Brot und Wein konsekriert und den Heiligen Geist auf sie herabruft..." (Nr. 105). Zweites Zitat: „Wir stimmen darin überein, dass das Zeichen der Kommunion vollständiger ist, wenn sie unter beiderlei Gestalten gespendet wird, weil in dieser Form das Zeichen des eucharistischen Mahls in seiner klarsten Form erscheint. Die Gültigkeit der Eucharistie hängt von der Konsekration und der Gegenwart Christi in den Elementen ab, nicht von der Art und Weise, wie sie verwendet werden." (Nr. 129) Wenn Sie diese Zitate lesen, dann werden Sie merken, wie weit wir hier in unserem Land von einem solchen Konsens noch entfernt sind. Das liegt auch daran, dass die Evangelische Kirche in Deutschland eine andere ist als die Evangelisch-Lutherische Kirche in Finnland. Wir könnten aber einen solchen Konsens nur deutschlandweit feststellen, oder aber auf der Ebene der Weltkirche. Der Päpstliche Rat für die Einheit der Christen arbeitet derzeit an einer Gemeinsamen Erklärung mit dem Lutherischen Weltbund zum Themenfeld Amt, Eucharistie und Sakramente nach dem Modell der Gemeinsamen Erklärung zur Rechtfertigungslehre. Wann sie fertig sein wird, kann im Moment natürlich noch niemand sagen.

Wichtig ist ein Votum des Ökumenischen Arbeitskreises evangelischer und katholischer Theologen unter dem Titel „Gemeinsam am Tisch des Herrn". Er argumentiert sehr stark liturgisch und theologisch und kommt zu dem Schluss, dass „die wechselseitige Teilnahme an den Feiern von Abendmahl/Eucharistie in Achtung der je anderen liturgischen Traditionen als theologisch begründet"[15] anzusehen sei, für konfessionsverbindende Familien sogar pastoral geboten. Hier wird somit auch die Reziprozität gefordert, dass also auch katholische Christen am evangelischen Abendmahl teilnehmen dürfen, was bisher offiziell auch in Ausnahmefällen nicht möglich ist. Auch wenn

---

[15] *Gemeinsam am Tisch des Herrn. Ein Votum des Ökumenischen Arbeitskreises evangelischer und katholischer Theologen.* Nr. 8.1. Der Text ist ohne Datum, wurde aber am 11. September 2019 in Frankfurt am Main vorgestellt. Verfügbar unter: https://www.uni-muenster.de/imperia/md/content/fb2/zentraleseiten/aktuelles/gemeinsam_am_tisch_des_herrn._ein_votum_des____kumenischen_arbeitskreises_evangelischer_und_katholischer_theologen.pdf (Letzter Aufruf am: 10.07.2020).

namhafte Theologen und von beiden Kirchen je ein Bischof an dem Papier mitgewirkt haben, bleibt abzuwarten, ob diese Position von den Kirchenleitungen rezipiert wird, ein ablehnendes Votum seitens der vatikanischen Glaubenskongregation stimmt nicht hoffnungsvoll.

Auf diese Weise wird ganz klar, dass man nicht behaupten könnte, dass nichts passiert. Aber die positive Entwicklung ist noch nicht an ihr Ziel gekommen. Nur durch harte Knochenarbeit, durch Diskutieren und Ringen, können wir das Ziel erreichen zu dem wir alle unterwegs sind: Die gemeinsame Feier der Eucharistie.

Ich möchte noch auf das Projekt „Schatz des Orients" hinweisen, das der Begegnung mit den orientalischen und orthodoxen Christen und Kirchen in Baden-Württemberg diente. Dieses Projekt war angesiedelt an der Akademie der Diözese Rottenburg-Stuttgart. Projektleiter war Dr. Vladimir Latinovic, der selbst ein orthodoxer Christ ist und uns auf diese Weise die Türen zu vielen orthodoxen Herzen öffnete. Es ging um die Sichtbarmachung der orientalischen und orthodoxen Christen und Gemeinden. Sehr beeindruckend waren die Orientalische Woche und der Kongress an der Akademie (26. Juni bis 2. Juli 2017). Es geht auch um die Schaffung von strukturellen Rahmenbedingungen für eine ökumenische Zusammenarbeit. Sehr informativ ist die Homepage des Projekts: https://ostkirchen.info/.

Praktische Möglichkeiten vor Ort

Was können wir auf der Ebene der Gemeinden und Seelsorgeeinheiten tun? Vielleicht helfen ein paar ganz konkrete Ideen, die an manchen Orten vielleicht schon umgesetzt sind, aber andere sind vielleicht dankbar für solche Impulse:

- Gemeinsame Orientierung an der Heiligen Schrift: Ökumenische Bibelgespräche, Kinderbibeltage etc.
- Regelmäßiges Gebet füreinander in den Sonntagsgottesdiensten
- Sich mit der liturgischen Tradition des anderen befassen, Besuch der Gottesdienste
- Ökumenische Pilgerwege, Pilgerreisen

- Neue Formen ökumenischer Gottesdienste: Ökumenischer Gebetstag für die Bewahrung der Schöpfung, ökumenische Tagzeitengebete, Lobpreisgottesdienste, ökumenische Segensfeiern für Kranke, Trauernde, Ehejubilare
- Ökumenische Glaubensgespräche, neue Formen der Verkündigung und der Gottesdienste für Kirchenfernstehende (gute Erfahrungen in Hildesheim und in Ostdeutschland)
- Regelmäßige Treffen der Seelsorgerinnen und Seelsorger vor Ort
- Gemeinsame Projekte mit Konfirmanden und Firmbewerbern (wenn Altersstruktur passt)
- Gemeinsame Angebote für konfessionsverbindende Ehepaare
- Ökumenische Zusammenarbeit bei der Betreuung von Migrantinnen und Migranten, aber auch im ehrenamtlichen Engagement bei Tafeln, Kleiderkammern, Hospizen etc.
- Woche für das Leben wird auf der Ebene der Diözese und der Landeskirche immer sehr groß gefeiert, auf der Ebene der Gemeinden aber sehr wenig weitergeführt (hier gibt es jedes Jahr gute Materialien)

Wie sieht Ökumene in anderen Erdteilen aus?

Ohne Zweifel stehen wir als christliche Kirchen gemeinsam vor ähnlichen Herausforderungen. Ich habe aber den Eindruck, dass nach wie vor die Lösungswege eher getrennt gesucht werden. Hier ließe sich viel an Synergie und an gegenseitiger Bereicherung gewinnen. Das gilt für die Ebene der Diözese, aber auch für die der Gemeinden und Seelsorgeeinheiten.

Worum geht es in der Ökumene? Oft habe ich den Eindruck, dass die ökumenische Frage auf die Frage der gemeinsamen Feier von Abendmahl und Eucharistie enggeführt wird. Gewiss ist das eine zentrale Frage, aber eigentlich geht es in der Ökumene zunächst darum, nicht uns selbst ins Zentrum stellen, nicht unsere Art und Weise des Kircheseins, sondern Christus, die Mitte unseres Glaubens und unserer Kirchen. Dass wir nicht um uns selbst kreisen, sondern gemeinsam Zeugnis geben von unserem Glauben mitten in einer Welt, die immer mehr zu vergessen scheint, dass sie Gott vergessen hat. Dass wir uns gemeinsam engagieren für die Menschen in Not, für die Armen, Kranken und Unterdrückten, für Arbeitslose und Flüchtlinge – das ist es, worum es im Christentum geht und wir sollten nun gemeinsam die Ärmel hochkrempeln, die Herausforderungen unserer Zeit gemeinsam anpacken und uns um die kümmern, die Jesus Christus uns als unsere Nächsten vor Augen stellt und die eben oft die Übernächsten sind.

Und ich sehe eine Welt, die uns alle vor gewaltige Herausforderungen stellt. Mittlerweile kann man sich des Eindrucks nicht erwehren, dass die Zahl und Vehemenz der humanitären Katastrophen biblische Ausmaße angenommen hat. Ukraine, Afghanistan, Irak, Palästina, Syrien, Indonesien, Jemen, Nigeria (mit Niger, Tschad und Kamerun), Kongo, Burundi, Südsudan, Somalia, Jemen, Zentralafrikanische Republik, Mosambik, Malawi, Simbabwe, Kolumbien, Venezuela... die Welt scheint aus den Fugen geraten zu sein! Und das sind nur die aktuellsten Krisenherde, denen man viele stillere Katastrophen hinzufügen muss, die von den Nachrichten schon lange nicht mehr beachtet werden.

Was wir dagegen tun, ist eigentlich nur ein Ausdruck unserer Verzweiflung und Ohnmacht angesichts des massenhaften menschlichen Leids, das uns den Atem verschlägt. Ich bin bestürzt, dass wir als Deutsche unfreiwillig aber nicht unwissentlich an so vielen gewalttätigen Konflikten beteiligt sind, weil so viele Menschen weltweit durch deutsche Waffenexporte ermordet werden. Wenn die Bundesregierung beschließt, Waffen doch in Krisengebiete zu liefern, dann muss zumindest gewährleistet werden, dass die Kosten für Waffen die für humanitäre Hilfe nicht übersteigen, denn diese ist auch eine Gewaltprävention für die Zukunft. In jedem Fall muss eine Aufrüstung der Region verhindert werden, denn die Vergangenheit lehrt, dass die Waffen auf kurz oder lang immer in die falschen Hände gelangen.

Als Christinnen und Christen stehen wir an der Seite der von ungebändigter Gewalt bedrohten und vertriebenen Christen und aller anderen Minderheiten. Wir engagieren uns dafür, dass Flüchtlinge in Deutschland gastfreundlich aufgenommen werden. Wir haben viele Partner weltweit und mit ihnen gemeinsam versuchen wir uns mit Projekten gegen die Not zu stemmen. Und hier ist die ökumenische Zusammenarbeit ganz selbstverständlich und gut. Als die ersten großen Flüchtlingsgruppen 2015 in Deutschland ankamen, haben wir gemeinsam die Ärmel hochgekrempelt und geholfen, Caritas und Diakonie, evangelische und katholische Gemeinden und unzählig viele Ehrenamtliche. Dasselbe gilt für die Hilfe für die Menschen vor Ort, für Not- und Katastrophenprojekte, für Aufbauhilfe und Fluchtursachenvermeidungsprojekte. Wir alle kennen die Spendenaufrufe in den Medien, wo evangelische und katholische Hilfsorganisationen Seite an Seite stehen und sich nicht nur das Geld teilen, sondern auch vor Ort Hand in Hand arbeiten und die Not der Menschen im Vordergrund steht, nicht irgendwelche konfessionellen Grenzen.

Wir können also dankbar feststellen, dass da, wo es um die Hilfe für Menschen in Not, um konkrete christliche Nächstenliebe geht, die ökumenische Zusammenarbeit sehr gut funktioniert, weil wir dasselbe Ziel haben und gemeinsam handeln können.

Und wenn wir nun vor diesem Hintergrund auf die Situation in anderen Kontinenten schauen, dann sehen wir zunächst einmal große Unterschiede. In Lateinamerika ist die Monopolstellung der katholischen Kirche aufgebrochen durch unzählig viele kleine und kleinste Gemeinden evangelikaler oder pfingstlerischer Prägung, weitgehend aus den USA finanziert. Hier gibt es kein friedliches Nebeneinander, sondern es ist ein Gegeneinander, es geht um Abwerbung von Mitgliedern, es geht ganz massiv um Spenden, um Einnahmen, um Geld. Kein Wunder also, dass hier Ökumene nicht so gut funktionieren kann. Wenn ich in diese Länder reise und von unserer guten Ökumene erzähle, muss ich erst einmal deutlich machen, dass unsere ökumenische Partner andere sind als dort, dass es mit den Lutheranern breite Übereinstimmungen auch in den theologischen Grundüberzeugungen gibt, und dass wir in Deutschland die klare ökumenische Grundlage haben, dass wir gemeinsam den Proselytismus ablehnen: Wenn einzelne zu der Überzeugung kommen, dass sie in einer anderen Kirche besser ihren Glauben leben und bezeugen können, so wird das selbstverständlich akzeptiert, aber es wird nicht dafür geworben, wir missionieren nach außen, in die säkulare Gesellschaft hinein, nicht aber unter den anderen Kirchen.

Dabei ist das Interessante, dass Christinnen und Christen in anderen Regionen sich bei weitem nicht so sehr an eine Kirche gebunden fühlen.

Es gibt viele „Zickzack-Biographien" von Menschen, die sich mal in der einen, mal in der anderen Kirche zu Hause fühlen, dann vielleicht wieder zurückkehren und das muss dann auch noch nicht der Endpunkt sein. Es geht für viele Menschen eben nicht primär darum, zu einer Kirche zu gehören, sondern es geht darum, wo möglichst viele ihrer Erwartungen erfüllt werden, es geht darum, wo die fetzigste Musik gespielt wird, wo die besten (=emotionalsten!) Predigten gehalten werden, wo ihnen Heilungen von ihren Krankheiten versprochen werden und manchmal sind es auch Geschenke, die ihnen den Weg in eine Kirche bahnen, wo sie sich dann für eine bestimmte Zeit zu Hause fühlen. Dies kann man in Lateinamerika, aber auch in Afrika beobachten und bei uns scheint diese wechselnde Kirchenzugehörigkeit auch immer mehr um sich zu greifen.

Werfen wir einen Blick auf Afrika: Ich war einmal in Südafrika in einer katholischen Kirche zu Gast. Sie lag an einer Straßenkreuzung und an jeder der vier Ecken war eine Kirche einer anderen Konfession zu finden. Ich fragte den Pfarrer, ob er denn Kontakt zu den anderen drei Pfarrern oder Gemeinden habe und er sagte freimütig, dass dies nicht der Fall sei. Das war gar nicht als Perspektive in seinem Kopf vorhanden! Er war für die Katholiken in dem Stadtteil zuständig und damit hatte er genug zu tun, über seinen Tellerrand aber schaute er nicht hinaus, auch wenn er schon auf der anderen Straßenseite begann. Das ist ein kleines Beispiel, das aber zeigt, wie es leider vielerorts in der Welt zugeht: Zuerst kommt die eigene Kirche und dann kommt lange Zeit nichts. Dass wir als Katholiken auf das Ganze verwiesen sind, und dies bedeutet, auf den gesamten Leib Christi und nicht nur auf Rom, nicht nur auf die eigene Konfession, das ist leider vielerorts keine gelebte Realität.

Aber es gibt zum Glück auch andere Beispiele. Im Oktober 2018 konnte ich mir gemeinsam mit Oberkirchenrat Prof. Heckel ein sehr positives Bild von den ökumenischen Partnerschaften in Tansania machen. Es war die erste gemeinsame Reise einer ökumenischen Delegation aus den beiden großen Kirchen in Württemberg. Die Idee zu dieser gemeinsamen Reise entstand während des Reformationsjubiläums 2017. Auf der ostafrikanischen Insel Zanzibar trafen wir mit einem ökumenischen Rat aus sechs verschiedenen Kirchen zusammen.

Dort wurde uns klar, dass in einer extremen Diaspora-Situation (97 % der Bewohner auf Zanzibar sind Muslime) es besonders darum geht, dass die Christen mit einer Stimme sprechen und gegenüber der Regionalregierung ihre verfassungsmäßigen Rechte anmahnen. Dazu wäre die Anstellung eigener Anwälte hilfreich, doch dafür fehlen die nötigen Gelder. Ob dies in Zukunft ein ökumenisches Projekt sein könnte, wird sich in naher Zukunft zeigen. Ein prägendes Kennzeichen der Reise waren die gemeinsamen Besuche von evangelischen und katholischen Projekten, besonders von Schulen und Missionsprojekten.

Einen besonderen Schwerpunkt der Reise bildete der Besuch eines Flüchtlingscamps im Norden von Tansania. Dort erfuhren wir, dass 335.000 Menschen vorwiegend aus Burundi, aber auch aus der Demokratischen Republik Kongo und aus Ruanda in drei Lagern nahe der Stadt Kibondo lebten. Die Caritas der Diözese Kigoma unterhält in den Lagern insgesamt sieben Schulen, aber andere Kirchen kümmern sich um andere Grundbedürfnisse der Flüchtlinge, die wegen der anhaltend schlechten Lage in ihren Heimatländern wahrscheinlich für längere Zeit im Norden von Tansania bleiben müssen. Deshalb wurde mit Bischof Joseph Mlola von Kigoma überlegt, ob nicht ein ökumenisches Projekt zur Hilfe für die einheimische Bevölkerung, die selbstlos das Wenige, das sie selbst besaßen, mit den Flüchtlingen geteilt hatten und nun noch weniger zum Leben haben als zuvor, eine gute Gelegenheit für eine ökumenische Hilfe sein könnte. Am letzten Tag der ökumenischen Reise trafen wir in der Hauptstadt Vertreter der Christian Social Services Commission (CSSC), einer weltweit wohl einzigartigen ökumenischen Organisation, in der sowohl die katholische Bischofskonferenz als auch des Christian Council of Tanzania (CCT) vertreten sind. Seit 1992 kümmern sich die verschiedenen Kirchen hier gemeinsam um Projekte auf lokaler Ebene und haben dafür viele internationale Partner, wie z. B. Brot für die Welt und Misereor an ihrer Seite. Gemeinsam entwickelten wir hier Perspektiven, um in Zukunft gemeinsame Projekte zur Unterstützung des sozialen Engagements der Kirchen zu beginnen.

Dies ist ein sehr positives Beispiel für ökumenische Zusammenarbeit in einem afrikanischen Land, das aber auch durch die regional vorhandene Minderheitssituation der Christen geprägt ist. In vielen afrikanischen Ländern ist mir aber auch aufgefallen, dass die Zusammenarbeit mit den Muslimen stärker ist als die mit anderen christlichen Kirchen. Teilweise ist es selbstverständlich, dass sich Christen und Muslime zu hohen Feiertagen besuchen, dass sie geschwisterlich beieinander stehen, wenn Anschläge ihre Mitglieder betreffen und im Alltag in den Gemeinden versuchen miteinander zu leben. Ein Bischof sagte mir sogar einmal ganz frei, dass es mit den Muslimen einfacher sei als mit den anderen Kirchen, aber damit meinte er natürlich nicht die lutherische Kirche, die dort kaum vorhanden war.

Wenn man diese ökumenische Situation, die wir in vielen Teilen der Welt konstatieren müssen, zugrunde legt, dann wundert es nicht, dass ein Thema, das für uns ganz besonders wichtig ist, in anderen Teilen der Welt kaum eine Rolle spielt: Die Frage des gemeinsamen Abendmahls. Auf keiner meiner Reisen wurde mir gesagt, dass die Gemeinden diesen Wunsch ganz besonders stark haben und versuchen, in dieser Frage weiterzukommen. Dies sage ich nicht, um den Wunsch des gemeinsamen Abendmahls bei uns zu relativieren, sondern um für Verständnis zu werben, dass es für die katholische Kirche als Weltkirche auch andere Probleme gibt, die gelöst werden müssen als diese eine Frage, die bei uns als die entscheidende in der ökumenischen Zusammenarbeit angesehen wird. Ich denke, dass es auch bei uns darum gehen muss, dass Gemeinden miteinander leben, dass sie das Leben miteinander teilen, dass sie sich miteinander einsetzen für die Menschen in Not, dass sie miteinander die Bibel lesen und beten… und dann, wenn das gemeinsame Leben so reich ist, dann ist es gut und richtig, auch die Frage des gemeinsamen Abendmahls zu stellen und sich dafür einzusetzen, aber es kann nicht der erste Schritt sein und schon gar nicht der einzige.

Ausblick

In jedem Fall ist uns die Einheit heute sehr viel näher als vor 500 Jahren. Sie hat bereits begonnen. Wir sind nach 2017 nicht mehr wie nach 1517 auf dem Weg zur Trennung, sondern auf dem Weg zur Einheit. Immer wieder müssen wir uns an das Wort von Papst Johannes XXIII. erinnern: „Das, was uns verbindet, ist viel stärker als das, was uns trennt."[16] Ökumenischer Dialog bedeutet, sich von Denkmustern abzuwenden, die durch die Unterschiedlichkeit der Konfessionen entstanden sind und die deren Unterschiede betonen. Stattdessen blicken die Partner im Dialog zuerst auf das, was ihnen gemeinsam ist und gewichten erst dann die Bedeutung der Unterschiede.[17] Diese werden dabei nicht übersehen oder als unerheblich behandelt; denn der ökumenische Dialog ist die gemeinsame Suche nach der Wahrheit des christlichen Glaubens. Deshalb erfordert der ökumenische Dialog die Wahrhaftigkeit und wir müssen einander unsere Ehrlichkeit zumuten. Wenn wir Mut und Geduld haben, werden wir auf diesem Weg weiter vorangehen. Aber vergessen wir nicht, dass das Eigentliche nicht wir tun können. Gottes Geist ist es, der die Einheit schenken wird, und er wird es mit größter Wahrscheinlichkeit ganz anders tun, als wir alle es uns vorstellen.

---

[16] JOHANNES PAUL II.: Enzyklika *Ut unum sint. Über den Einsatz für die Ökumene.* Rom 1995, Nr. 20. Verfügbar unter: http://www.vatican.va/content/john-paul-ii/de/encyclicals/documents/hf_jp-ii_enc_25051995_ut-unum-sint.html (Letzter Aufruf am: 10.07.2020).

[17] Der Imperativ, immer von der Perspektive der Einheit, nicht von der Perspektive der Spaltung auszugehen (Vgl. LUTHERISCH, RÖMISCH-KATHOLISCHE KOMMISSION FÜR DIE EINHEIT (Hrsg.): *Vom Konflikt zur Gemeinschaft. Gemeinsames Lutherisch-katholisches Reformationsgedenken im Jahr 2017. Bericht der Lutherisch/römisch-katholischen Kommission für die Einheit.* Leipzig, Paderborn ²2013, Nr. 239) wird von Wolfgang Thönissen „Lund-Imperativ" genannt, da die fünf Imperative aus „Vom Konflikt zur Gemeinschaft" beim ökumenischen Gottesdienst mit Papst Franziskus am 31.Oktober 2016 in Lund vorgetragen wurden. Vgl. W. THÖNISSEN: *Keine Einbahnstraße zur Einheit. Reflexionen zur Lage der Ökumene.* In: Catholica 73 (2019), S. 218.

„Niemandem bleibt etwas schuldig, außer der gegenseitigen Liebe" Überlegungen eines kirchlichen Eherichters

Thomas Weißhaar

Diese Aufforderung des Apostel Paulus aus dem Römerbrief, der wohl schon unzähligen Paaren als Trauspruch bei der kirchlichen Trauung zugesprochen wurde, scheint nicht zum Beitrag eines kirchlichen Eherichters zur Wahrhaftigkeit als gesellschaftlicher Herausforderung zu passen. Die einen befürchten wohl sofort einen anklagenden Beitrag, den man eben so oft aus kirchlichen Kreisen hören kann, vom Verfall der Sitten, dem Beklagen der hohen Scheidungsraten oder auch von der scheinbar so leichten Entscheidung vieler Menschen heute zur Scheidung. Die anderen werden sofort eine fromme Meditation erwarten, die zwar vielleicht erbaulich, aber doch nicht viel mit dem Leben zu tun hat.

Das Katholische Kirchenrecht kennt viele Vorschriften über die Ehe, sei es über das Zustandekommen, Formvorschriften, aber auch ganz konkret zu Inhalten, die nach katholischer Überzeugung zur Ehe dazugehören: Die Sorge füreinander, das gemeinsame Gehen durch Höhen und Tiefen,

T. Weißhaar (✉)
Bischöfliches Offizialat, Rottenburg, Deutschland
E-Mail: Tweisshaar@bo.drs.de

die Unauflöslichkeit und die prinzipielle Offenheit für Kinder. Werte, die zumindest von vielen Menschen am Anfang der Ehe oder auch als Wunsch für das eigene Leben geteilt werden. Den Partner, die Partnerin für das Leben zu finden, gemeinsam das Leben zu teilen, eine Familie zu gründen, das gilt auch heute noch – gerade für junge Menschen – als große Hoffnung, ja wird von vielen Menschen, wenn sie auf der Straße nach Wünschen für das eigene Leben angesprochen werden, genannt werden.

Dennoch gibt es das Scheitern von Ehen, gehen nicht wenige Paare nach Jahren getrennte Wege, erleben Menschen in Beziehungen und Ehen, dass sich Partner im Laufe eines Lebens auseinander leben, dass keine gemeinsame Basis mehr da ist, dass man sich nichts mehr zu sagen hat. Alkohol, Gewalt oder auch die Erfahrung von Betrug sind für Menschen gerade in Beziehungen die von Liebe und Vertrauen geprägt sein sollen, schwere Enttäuschungen, ja Verletzungen, die einen für den Rest des Lebens zeichnen können. Oft genug war in der Vergangenheit die Botschaft der Kirche, aber auch die gesellschaftliche Erwartung, dass eben alles ertragen werden muss, dass die Liebe scheinbar immer geschuldet wird, dass eine Scheidung, ja eine Trennung nicht infrage kommt. Wie viele Menschen haben angesichts dieser kirchlichen, aber auch gesellschaftlichen Erwartungen in unerträglichen Situationen ausgehalten, sind daran selber zerbrochen? Wie viel Schuld hat hier auch die Kirche und die Gesellschaft auf sich geladen?

Es hat lange gedauert bis im staatlichen Scheidungsrecht das Schuldprinzip aufgehoben wurde. Es hat lange gedauert bis gerade Frauen nach Scheidungen einen Anspruch auf Unterhalt hatten und nicht neben der gesellschaftlichen Ächtung auch noch mit sozialen Problemen und der Angst für den Weg in die Zukunft leben mussten.

Gerade die Katholische Kirche verstärkte über viele Jahre den Druck auf Geschiedene, die wieder einen Partner für das Leben gefunden hatten, in dem Wiederverheiratet-Geschiedenen der Weg zur Kommunion und Beichte verweigert wurde, sie zwar nicht exkommuniziert, aber sich doch oft genug als Christinnen und Christen Zweiter Klasse empfunden haben. Auch wenn so mancher Pfarrer, wenn so manche Gemeinde unter der Hand einen anderen Weg gegangen ist, Bischöfe in Hirtenbriefen eine Praxis der Barmherzigkeit gefordert haben, so hat es doch bis zum Schreiben Amoris laetitae gedauert, bis die

Kirche hier – wenn auch nur in einer Fußnote – die Tür geöffnet hat, sich ein anderer Geist ausbreitet, auch wenn noch nicht in allen Ländern.

Wahrhaftigkeit als gesellschaftliche Herausforderung! - Was hat ein kirchlicher Eherichter angesichts dieser gesellschaftlichen und juristischen Klarstellungen mit seinen Beobachtungen beizutragen. Für den kirchlichen Eherichter gehören Menschen nach gescheiterten Ehen, vor allem, aber nicht nur, solche, die eine erneute Eheschließung erreichen wollen, zu den Menschen, die mir in meiner Aufgabe anvertraut sind. Das kirchliche Recht kennt keine Scheidung im Sinne der staatlichen Rechtsordnung, allerdings ist es das Recht eines jeden (nicht nur eines Katholiken oder einer Katholikin) durch ein kirchlichen Gericht prüfen zu lassen, ob eine erste Eheschließung nach katholischem Kirchenrecht gültig zustande gekommen ist oder nicht.

Dabei haben die Eheverfahren einen schweren Stand. Oft genug wird der Vorwurf erhoben, dass diese sowieso nur für Adlige oder reiche Menschen möglich wären (was sich seit dem Verfahren von Caroline von Monaco in den Köpfen der Menschen hält), oder auch, dass es doch nicht der Wirklichkeit einer Ehe entspricht, die Jahre bestanden hat, aus der Kinder hervorgegangen sind, dass sie nun nach Jahren so einfach für ungültig erklärt wird.

Judith Hahn, die Professorin für Kirchenrecht in Bochum schrieb vom kurzen in einem Beitrag: „Ob kirchliche Eheschließungen oder Ehenichtigkeitsverfahren: zumindest in den westlichen Ländern ist die Nachfrage nach kirchenrechtlichen Institutionalisierungs- und Rechtsschutzangeboten rückläufig. Entscheidungsnormen sind überwiegend Papierrecht. Mit Ausnahme der Missbrauchsverfahren kommen Strafverfahren selten vor, dasselbe gilt für zivile Klagen. Ehenichtigkeitsverfahren spielen eine Rolle, dies hierzulande aber weitgehend allein bei den Kirchengliedern, die im kirchlichen Dienst stehen und bei erneuter Heirat beschäftigungsrechtliche Konsequenzen befürchten. In dem Maße, in dem die Wiederheirat nach Scheidung arbeitsrechtlich nicht mehr sanktioniert wird, schwindet der Bedarf an kirchlichen Annullierungsverfahren"[1].

---

[1] J. HAHN: *Recht in der Krise. Neun soziologische Thesen zum Status des Kirchenrechts.* Beitrag vom 16.12.2019. Verfügbar unter: https://www.feinschwarz.net/recht-in-der-krise-neun-soziologische-thesen-zum-status-des-kirchenrechts/ (Letzter Aufruf am: 05. 04. 2020).

Auch wenn der Eindruck von Judith Hahn angesichts der konkreten Arbeit an den kirchlichen Gerichten im Hinblick auf den erhobenen Vorwurf, dass vor allem nur kirchlich Beschäftigte die Arbeit der Gerichte in Anspruch nehmen, widersprochen werden muss, so drückt diese Einschätzung die Meinung bis in innerkirchliche Kreise mehr als nur treffend aus.

Die Ehenichtigkeitsverfahren sind nicht die Lösung – auch wenn dies von konservativer Seite immer wieder behauptet wird – in der Frage, wie die Kirche mit dem konkreten Scheitern von Ehen umgehen soll. Wie die Kirche mit dem Wunsch von Menschen umgehen soll, die nach dem Scheitern einer Ehe, für eine neue Eheschließung sich wenn schon keine kirchliche Trauung so doch wenigstens eine Segensfeier von der Kirche wünschen. Es kann eben nicht davon ausgegangen werden, dass die Mehrheit der kirchlichen Eheschließungen wirklich ungültig sind, auch ist es aus meiner Sicht Ausdruck eines falschen Menschenbildes, wenn man davon ausgehen würde, dass die Mehrzahl der Menschen vor dem Traualtar nicht das wollen, was sie sich versprechen; ja kann auch nach dem Scheitern einer Ehe nicht einfach – ohne zynisch zu werden – davon gesprochen werden, dass dann eben von Anfang an etwas nicht gestimmt haben kann.

„Niemandem bleibt etwas schuldig, außer der gegenseitigen Liebe", was bleibt nun aber angesichts der Realität des Scheiterns von Ehen? Was bleibt ausgehend von meinen Erfahrungen in ganz konkreten Eheverfahren? Was bleibt gerade auch als Auftrag zur Wahrhaftigkeit? Ich möchte hier einige Beobachtungen und Überlegungen zur Diskussion stellen, von denen ich mir bewusst bin, dass sie leichter geschrieben, als dann in die Realität umgesetzt werden können. Dabei ist mir bewusst, dass zu einer zerbrochenen Ehe immer zwei Menschen gehören, es immer auch auf den gegenseitigen Umgang ankommt, dass auch manche Wunde von enttäuschtem Vertrauen Zeit braucht um zu heilen.

„Was will die blöde Kuh/der blöde Ochse den jetzt schon wieder", das ist noch eine der netteren Reaktionen, die ich manchmal in Schriftstücken bekomme, wenn ich Menschen darüber informieren muss, dass ihr ehemaliger Partner einen Antrag auf Nichtigkeitserklärung am kirchlichen Gericht eingereicht hat. Auch in diesen Verfahren geht es nicht um die Schuldfrage, auch hier wird geprüft, wer am Zerbrechen der Ehe Schuld gehabt hat Jaja in vielen Verfahren kommt es nicht einmal so sehr darauf an, woran die Ehe zerbrochen ist, aber ich bin immer wieder erstaunt, mit wie viel Hass, mit welcher Wucht von Emotionen sich da Menschen über einen anderen Menschen äußern, mit dem sie einmal ihr Leben verbringen wollten. Welche Macht gebe ich damit immer noch einem Menschen über mein Leben? Natürlich gibt es auch das andere, dass Menschen, die einmal verheiratet waren, drei oder vier Jahre nach der Scheidung nicht einmal mehr wissen, wo der andere gerade lebt, sodass erst einmal die eventuelle neue Anschrift gesucht werden muss. Da haben sich dann nicht nur zwei Menschen, sondern ganze Freundeskreise geteilt und Angehörige der verschiedenen Familien keinen Kontakt mehr.

„Ich bin bereit der Klage zuzustimmen, wenn er/sie auf das Sorgerecht für die Kinder verzichtet". Auch dieser Satz ist leider nicht erfunden, wird zu oft der Streit zwischen den Erwachsenen auf dem Rücken der gemeinsamen Kinder ausgetragen. Das gemeinsame Sorgerecht, das – wenn es funktioniert – wirklich ein Segen für die Kinder sein kann, wird oft genug auch zur Waffe. Der eine Partner wünscht die Erstkommunion des gemeinsamen Kindes, der andere nicht. Vor einigen Jahren musste in einer Gemeinde unserer Diözese die Frage nach dem Ort – die geschiedenen Eltern waren sich darüber einig, dass das Kind zur Erstkommunion geht – vor dem Familiengericht geklärt werden, also die Frage, ob das Kind in der Kirchengemeinde des Vaters oder der Mutter zur Kommunion geht. Was für eine Grundlage für ein Fest, dass doch für das Kind zu einem schönen Moment werden soll.

„Niemandem bleibt etwas schuldig, außer der gegenseitigen Liebe", wenn ich das Zitat aus dem Römerbrief, das am Anfang so vieler Ehen gestanden hat, die kirchlich geschlossen wurden, auf das Ende vieler Ehen anwende, so bleibt bei allem menschlichen Scheitern, bei allen Verletzungen und bei allen Auseinandersetzungen um Haus oder Eigentum, doch für mich die Forderung oder vielleicht besser die Erwartung, dass Eltern auch nach der Scheidung ihre Verantwortung für ihre gemeinsame Kinder gemeinsam tragen, wenn sie das nicht können, dann doch zumindest eine Regelung um der Kinder willen finden, die vor allem für das Kind sinnvoll ist, aber auch nach einer gewissen Zeit zu einem Umfang miteinander zu finden, dass man im anderen vor allem einen Menschen sehen kann.

Wahrhaftigkeit – eine gesellschaftliche Herausforderung, das ist und bleibt so. Aber auch diese Herausforderung beginnt in meinem ganz konkreten Leben, auch in meinem Umgang mit Scheitern und Brüchen in meinem Leben, ob in der Ehe oder auch in anderen Zusammenhängen.

Teil V

Wahrhaftigkeit in der Theologie

Anmerkungen zu „Wahrhaftigkeit" und „Authentizität" im Gottesdienst der Kirche

Hans-Jürgen Feulner

Zum Begriffspaar „Wahrhaftigkeit" und „Authentizität" ließe sich in Bezug auf den Gottesdienst der Kirche und das persönliche Beten des Einzelnen sehr viel aufzeigen (bei den Gesten und Gebärden im Gottesdienst, im Bereich der Ökumene in Verbindung mit gottesdienstlichen Feiern, im liturgischen Jahr u. a.). Die folgenden Ausführungen konzentrieren sich nach einer allgemeinen Darlegung auf einige ausgewählte Fallbeispiele (Krankensalbung und Trauung; Personalordinariate für ehemalige Anglikaner; Corona-Pandemie), wobei im sechsten Kapitel besonders auf ein Fallbeispiel, das im deutschsprachigen Raum und darüber hinaus wenig oder gar nicht bekannt ist, eingegangen wird.

H.-J. Feulner (✉)
Universität Wien, Wien, Österreich
E-Mail: hans-juergen.feulner@univie.ac.at

Begriffsbestimmungen

Die „Wahrhaftigkeit" (*veracitas*)[1] ist eine Art der „Wahrheit" (*veritas*), die im Allgemeinen die freiwillige und zuverlässige Übereinstimmung des Handelns und Sich-Äußerns von Menschen mit ihrer Überzeugung und Gesinnung bedeuten kann oder deren Willen zum Wahren.[2] Wahrhaftigkeit ist eine Tugend mit der andauernden Bereitschaft, die Übereinstimmung von Ausdruck und der damit verbundenen inneren Überzeugung herzustellen. Wahrhaftig ist also, wer dann, wenn er spricht, handelt oder schreibt, das ausdrückt, wovon er überzeugt ist.[3] Wahrhaftigkeit ist für die zwischenmenschliche Kommunikation, in der Gesellschaft wie auch in der Kirche, notwendig, da sie das Vertrauen der Menschen oder Gläubigen zueinander oder zur betreffenden Institution (Staat oder Kirche) weckt und somit Rückhalt in der entsprechenden Gemeinschaft gibt, was für die Selbstverwirklichung und Glaubwürdigkeit/Zuverlässigkeit oder Echtheit (= „Authentizität"[4]; *authenticitas*) unabdingbar ist. Darüber hinaus hilft der wahrhafte Mensch seinem Mitmenschen oder die um Wahrhaftigkeit bemühte Institution ihren Mitgliedern, das richtige Bild von der Wirklichkeit zu gewinnen, um so die eigene Persönlichkeit möglichst frei entfalten zu können.[5] „Wahrhaftigkeit" und „Authentizität" sind zwar eng miteinander verbunden, aber nicht identisch.

---

[1] Vgl. Art. *Wahrhaftigkeit*. In: H. SCHMIDT, G. SCHISCHKOFF (Hrsg.): *Philosophisches Wörterbuch*. Stuttgart ²²1991, Sp. 766; G. RAUSCHER: Art. *Wahrhaftigkeit*. In: *Lexikon für Theologie und Kirche* 10 (³2001), Sp. 926; J. SZAIF, U. THURNHERR: Art. *Wahrhaftigkeit*. In: *Historisches Wörterbuch der Philosophie* (Bd. 12). Basel 2004, Sp. 42–48; M. RATH: Art. *Wahrhaftigkeit*. In: P. KOLMER, A. G. WILDFEUER (Hrsg.): *Neues Handbuch philosophischer Grundbegriffe* (Bd. 3). Freiburg, München 2011, Sp. 2389–2397.

[2] Vgl. auch H. POMPEY: *Wahrheit und Wahrhaftigkeit*. In: Arzt und Christ 26 (1980) S. 5–13.

[3] Vgl. C. MAURER: *Wahrheit und Wahrhaftigkeit – ein Grundproblem kritischer Theologie*. München 1966; K.-H. SCHÖNEBURG (Hrsg.): *Wahrheit und Wahrhaftigkeit in der Rechtsphilosophie*. Berlin 1987.

[4] Vgl. K. KIENZLER, M. SECKLER: Art. *Authentizität, I: Systematisch-theologisch*. In: *Lexikon für Theologie und Kirche* 1 (³1993), Sp. 1287–1289. Das Adjektiv „authentisch" kann viele Bedeutungsvarianten besitzen: echt, glaubwürdig, zuverlässig, ungeschönt, unverfälscht, beglaubigt, dokumentiert, verbürgt. Siehe auch K. RÖTTGERS, R. FABIAN: Art. *Authentisch*. In: *Historisches Wörterbuch der Philosophie* (Bd. 1). Basel, Stuttgart 1971, Sp. 691 f.

[5] Thomas v. Aquin begründet seine Verwerfung der Unwahrhaftigkeit scharf: „Da nämlich die Worte natürlicherweise Zeichen für die Gedanken sind, ist es unnatürlich und ungehörig, mit einem Wort etwas auszudrücken, was man nicht im Sinne hat." [*Summa Theologiae* II–II q. 110

Authentischer Gottesdienst der (Universal-) Kirche

Es spricht für eine Wertschätzung von gottesdienstlichen Feiern, wenn auch für diese die Forderung nach Wahrhaftigkeit und Authentizität gestellt wird. Gläubige Menschen wollen und sollen eine „authentische" Liturgie feiern dürfen, wobei sich unter diesem Begriff allerdings nicht selten ganz unterschiedliche Vorstellungen verbergen.[6] Was als authentisch oder wahrhaftig verstanden wird, hängt mit der jeweiligen Interpretation der Liturgie zusammen.[7]

Gewährleistet allein die universalkirchliche Ordnung die Authentizität und damit auch die Wahrhaftigkeit der Liturgie, oder ermöglicht allein die schöpferische Freiheit, dass eine (ortskirchliche) gottesdienstliche Versammlung authentisch feiern kann?[8] Im kirchenamtlichen Sprachgebrauch beinhalten die Begriffe „authentisch" und „Authentizität" in der Regel eine autoritative (und oft auch kirchen-/liturgierechtliche) Komponente. In der Geschichte der Reliquienverehrung spielte die amtlich beglaubigte Authentizität (d. h. Echtheit) der Reliquien eine bedeutende Rolle.[9] Auch Tonarten des liturgischen

---

a. 3 c. (resp.); dt. Übersetzung nach *Die Deutsche Thomas-Ausgabe* (Bd. 20). München, Heidelberg 1943, S. 146]. Die Wahrhaftigkeitspflicht stellt sich für Thomas als Teil des Naturgesetzes (*lex naturalis*) dar. Vgl. dazu auch G. MÜLLER: *Die Wahrhaftigkeitspflicht und die Problematik der Lüge* (Freiburger Theologische Studien 78). Freiburg, Basel, Wien 1962, S. 150; A. FLIERL, *Die (Un-)Moral der Alltagslüge?!* (Studien der Moraltheologie 32). Münster 2005, S. 128 f.

[6] Hier und im Folgenden siehe bes. die sehr bedenkenswerten Ausführungen von W. HAUNERLAND: *Authentische Liturgie. Der Gottesdienst der Kirche zwischen Universalität und Individualität*. In: Liturgisches Jahrbuch 52 (2002) S. 135–157. Vgl. auch F. STEFFENSKY: *Was ist liturgische Authentizität?* In: Pastoraltheologie 89 (2000) S. 105–116.

[7] Vgl. dazu jüngst auch: N. MARX: *Authentic Liturgy: Minds in Tune with Voices*. Collegeville/MN 2020.

[8] So W. HAUNERLAND: *Authentische Liturgie. Der Gottesdienst der Kirche zwischen Universalität und Individualität*. In: Liturgisches Jahrbuch 52 (2002) S. 135–157, hier S. 135. Vgl. auch M. KLÖCKENER: *Freiheit und Ordnung im Gottesdienst – ein altes Problem mit neuer Brisanz*. In: Freiburger Zeitschrift für Philosophie und Theologie 43 (1996) S. 388–419.

[9] Vgl. SC 111: „Die Heiligen werden in der Kirche gemäß der Überlieferung verehrt, ihre echten Reliquien [reliquiae authenticae] und ihre Bilder in Ehren gehalten […]." (*Dokumente zur Erneuerung der Liturgie* [= DEL]. Hrsg. v. H. RENNINGS, Bd. 1, Kevelaer 1983, Nr. 111).

Gesangs sowie liturgische Texte oder Bücher können als „authentisch" bezeichnet werden, also solche von den zuständigen kirchlichen Autoritäten gebilligte (bzw. herausgegebene). Das katholische Kirchenrecht spricht in diesem Zusammenhang vom „amtlichen Gottesdienst"[10], der nur dann gegeben ist, „wenn er im Namen der Kirche von rechtmäßig dazu beauftragten Personen und durch Handlungen dargebracht wird, die von der kirchlichen Autorität gebilligt sind"[11], d. h. durch liturgische Feiern, die in eben solchen „authentischen" liturgischen Büchern – mit vielen legitimen Anpassungsmöglichkeiten – geregelt sind. Da die „liturgischen Handlungen [...] nicht private Handlungen [sind], sondern Feiern der Kirche selbst", gehen sie „den ganzen Leib der Kirche an."[12] Die für die Regelung der Liturgie zuständigen Autoritäten und ihre Zuständigkeiten werden dann im can. 838 aufgeführt: Apostolischer Stuhl – Bischofskonferenzen – Diözesanbischöfe.[13]

Authentischer Gottesdienst der Teilkirchen – in der Spannung zur Universalkirche[14]

Artikel 37 der Liturgiekonstitution *Sacrosanctum Concilium* [= SC] des II. Vatikanischen Konzils spricht im Kapitel über die „Regeln zur Anpassung der liturgischen Feiern an die Eigenart und Überlieferungen

---

[10] Can. 834 §1 CIC/1983.

[11] Can. 834 §2 CIC/1983.

[12] Can. 837 §1 CIC/1983.

[13] Papst Franziskus hat am 3. Sept. 2017 mit seinem Motu Proprio *Magnum Principium* [offizieller lat. Text in: Acta Apostolicae Sedis [= AAS] 109 (2017) S. 967–970] die Zuständigkeiten der Bischofskonferenzen bei der Approbation von volkssprachlichen Übersetzungen gestärkt und can. 838 §2+3, auch im Rückgriff auf SC 22 §2 und SC 36 §4, entsprechend abändern lassen. Der deutsche Text ist verfügbar unter: https://bit.ly/3wQ6UvP (letzter Aufruf am: 23.06.2021). Vgl. dazu auch W. HAUNERLAND: *Eine doppelte Korrektur. Zum Motu proprio Magnum principium von Papst Franziskus*. In: Gottesdienst 51 (2017) S. 169–171.

[14] Bei der authentischen Liturgie als Feier der konkreten Gottesdienstgemeinde möchte ich verweisen auf W. HAUNERLAND: *Authentische Liturgie*. In: Liturgisches Jahrbuch 52 (2002) S. 135–157, hier S. 138–141.

der Völker" davon, dass die Kirche keine unnötige Uniformität wünscht, also dass die Kirche in „den Dingen, die den Glauben oder das Allgemeinwohl nicht betreffen, [...] nicht eine starre Einheitlichkeit der Form zur Pflicht machen [will], nicht einmal in ihrem Gottesdienst", sondern Elementen aus dem geistigen „Erbe der verschiedenen [...] Völker [...] Einlaß in die Liturgie selbst [gewähren möchte], sofern es grundsätzlich mit dem wahren und echten Geist [authentici spiritus] der Liturgie vereinbar ist."[15] Damit wurde die Möglichkeit eröffnet, während der nachkonziliaren Liturgiereform die liturgischen Bücher (und damit die verschiedenen liturgischen Feiern) den nationalen und regionalen Gegebenheiten anzupassen (im Sinne einer „Inkulturation")[16].

Die am 28. März 2001 von der römischen Kongregation für den Gottesdienst und die Sakramentenordnung veröffentlichte fünfte Instruktion zur Ausführung der Liturgiekonstitution des II. Vatikanischen Konzils beginnt interessanterweise mit den Worten „Liturgiam authenticam".[17] Es geht in dieser Instruktion um Fragen oder Probleme, die sich mit der Übersetzung der lateinischen Liturgiebücher des Römischen Ritus in die verschiedenen Volkssprachen

---

[15] DEL 1, Nr. 37.

[16] Als nach fast 20-jährigem Bemühen des zuständigen Episkopats die *Kongregation für den Gottesdienst* am 30. April 1988 für die Diözesen des Zaire (seit 1997 Demokratische Republik Kongo) ein eigenes Messbuch konfirmierte, trug das liturgische Buch allerdings den Namen „Missel Romain pour les diocèses du Zaïre" [*Römisches* Messbuch für die Diözesen des Zaire] (Kinshasa 1989), wohl auch deshalb, um der Entstehung neuer eigenständiger nicht-römischer Riten vorzubeugen. Vgl. L. BERTSCH (Hrsg.): *Der neue Meßritus im Zaire. Ein Beispiel kontextueller Liturgie* (Theologie der Dritten Welt 18). Freiburg u. a. 1993, S. 209–256, bes. S. 209–213. Vgl. auch H. B. MEYER: *Zur Frage der Inkulturation in der Liturgie*. In: Zeitschrift für Katholische Theologie 105 (1983) S. 1–31 u. a.

[17] SEKRETARIAT DER DEUTSCHEN BISCHOFSKONFERENZ (Hrsg.): *Der Gebrauch der Volkssprachen bei der Herausgabe der Bücher der römischen Liturgie. Liturgiam authenticam* (Verlautbarungen des Apostolischen Stuhls 154). Bonn 2001 [= dt. Übersetzung zusammen mit dem lat. Text]; offizieller lat. Text in: AAS 93 (2001) S. 685–726.

stellen.[18] Zu den wichtigen Zielen der Instruktion gehört es, „dass die Übersetzungen der heiligen Liturgie in die Volkssprachen als *authentische* Stimme der Kirche *verlässlich* [d. h. auch wahrhaftig] sind."[19] Es möge mit dieser Instruktion Sorge getragen werden, „dass eine neue Zeit der Erneuerung anbricht, die mit der Eigenart und der Tradition der Teilkirchen übereinstimmt, aber auch den Glauben und die Einheit der gesamten Kirche Gottes sicherstellt."[20] Eine „authentische Liturgie" dient demnach der Darstellung der Universalkirche und ihres Glaubens *(lex orandi – lex credendi)*. Sie muss daher auch in der Intention der Kirche vollzogen werden, so dass man sich als gottesdienstmitfeiernder Gläubiger wahrhaftig und authentisch in das liturgische Geschehen mit hineinnehmen lassen kann, selbst wenn man sich mit bestimmten liturgischen Handlungen oder Gebeten persönlich schwer tun mag. Liturgie der Kirche gibt es nur in der Feier des konkreten Gottesdienstes und in der Vielfalt seiner Formen. Wer in der Tagzeitenliturgie die Psalmen rezitiert, tut dies nicht primär im eigenen Namen, sondern im Namen der Kirche. Diese Grundeinsicht kann die Schwierigkeit beheben, die sich aus der Spannung zwischen dem Text eines Psalms und der subjektiven Gemütslage des Beters ergeben könnte. So kann der Betrübte einen Jubelpsalm rezitieren, die freudig Gestimmte vermag auch ein Klagelied anzustimmen.[21] Und der Gläubige, der beispielsweise mit der Vergebungsbitte im Herrengebet („wie auch wir vergeben unseren Schuldigern") subjektiv hadert, kann das Vaterunser dennoch wahrhaftig mitbeten, weil er dies ebenso im Namen der Kirche tut, die sich in der konkreten Gottesdienst-

---

[18] Zur teils heftigen Diskussion (in kleiner Auswahl): R. KACZYNSKI: *Angriff auf die Liturgiekonstitution? Anmerkungen zu einer neuen Übersetzer-Instruktion.* In: Stimmen der Zeit 219 (2001) S. 651–668. Dazu die Erwiderung von J. RATZINGER: *Um die Erneuerung der Liturgie. Antwort auf Reiner Kaczynski.* In: Stimmen der Zeit 219 (2001) S. 837–843. Weiterhin: G. BRÜSKE: *„Kein verkleidetes Latein". Sinn und Grenze sakraler Sprache in volkssprachlicher Liturgie.* In: Heiliger Dienst 59 (2005) S. 62–72; P. JEFFERY: *Translating the Tradition: A Chant Historian Reads Liturgiam Authenticam.* Collegeville 2005 u. a.

[19] SEKRETARIAT DER DEUTSCHEN BISCHOFSKONFERENZ (Hrsg.): *Der Gebrauch der Volkssprachen bei der Herausgabe der Bücher der römischen Liturgie. Liturgiam authenticam.* Bonn 2001, S. 15 (Nr. 7) [eigene Hervorhebungen].

[20] Ebd.

[21] Vgl. *Allgemeine Einführung in das Stundengebet*, Nr. 108.

gemeinde als Glaubensgemeinschaft vor Ort manifestiert („wie auch **wir** vergeben"). Ähnliches gilt für liturgische Gesten und Gebärden,[22] wie das Sich-Bekreuzigen, das Knien oder die Kniebeuge. Solche (gemeinsamen) Gesten können durchaus auch helfen, den Gottesdienst wahrhaft und authentisch mitzufeiern.[23] Der Zelebrant hingegen muss sich an die von der Kirche vorgegebene liturgische Ordnung halten, weil er damit dem Glauben der Gesamtkirche authentischen Ausdruck verleiht, auch wenn er einer konkreten, noch so kleinen Gottesdienstgemeinde vorsteht. Natürlich dürfen und sollen die Liturgiefeiernden, Handlungsträger und Gemeinde, die vielfältig gewährten Anpassungsmöglichkeiten in den verbindlichen Gottesdienstformularen ausschöpfen, um ihren Glauben (jedoch nicht beliebige subjektive Frömmigkeitsformen) menschengerecht, zeitgemäß und situationsangepasst, d. h. authentisch, zu feiern, also keine Rollen „spielen". Eine liturgische Aufgabe oder Funktion darf nicht zur persönlichen Selbstdarstellung werden, sondern hat immer eine dienende Funktion.

Wahrhaftigkeit der liturgischen Symbole

Im Leben von Menschen, und ganz besonders im religiösen Leben, spielen Rituale eine große Rolle. Rituale bestehen aus Symbolen oder symbolhaften Handlungen sowie einer symbolhaften Sprache. Das Symbol ist weder ein rein objektives Zeichen noch eine rein subjektive Äußerung, sondern hat im liturgischen Bereich einen Hinweischarakter auf eine unsichtbare Wirklichkeit. Eine wichtige Anforderung für eine funktionierende Symbolik ist ihre Wahrhaftigkeit. Die Sorge der Kirche bezieht sich vor allem auf die sakramentalen Zeichen. Wenn die liturgische Tradition lebendig bleiben will, dann wird die innere

---

[22] Romano Guardini verweist in seinem immer noch lesenswerten Buch *Vom Geist der Liturgie* (in den Kap. 3 und 4) auf den liturgischen Stil und die liturgische Symbolik, die er auch mit der „Wahrhaftigkeit" des liturgiefeiernden Gläubigen verbindet. R. GUARDINI: *Vom Geist der Liturgie*. Mainz, Paderborn [20]1997 (zuerst Freiburg 1918), S. 39–56; vgl. DERS.: *Liturgie und liturgische Bildung*. Mainz, Paderborn [2]1992, S. 92 f.
[23] Vgl. auch *Allgemeine Einführung in das Messbuch*, Nr. 20.

Verbindung zwischen liturgischen Zeichen und der Kontinuität im Glauben bewahrt und unter Umständen wieder neu hergestellt werden müssen, denn das Fehlen dieser Kontinuität führt notwendigerweise zu einer Erstarrung und Unglaubwürdigkeit. Die Kontinuität im überlieferten Glauben ist die grundlegende Quelle, von der aus nach einer angemessenen Gestaltung gesucht werden kann. Andererseits ist es auch möglich, dass durch das Wiederaufnehmen traditioneller religiöser Symbole die Glaubensquelle selbst neu erschlossen werden kann.[24]

Die Wahrhaftigkeit liturgischer Symbolik verlangt,[25] dass die liturgische und besonders die sakramentale Symbolik anschaulich bleiben muss und aus sich selbst sprechen soll, da sie sonst ihren Hinweischarakter verlieren kann (allein die erklärenden Worte genügen hierbei nicht).[26] Wenn manche Symbole oder Rituale in der Liturgie im Laufe der Zeit „ausgehöhlt" wurden, also nicht mehr ohne weiteres in das wirkliche Leben der heutigen Menschen passen oder deren Symbolsprache nicht mehr (richtig) verstanden wird, dann müssen solche Symbole vorsichtig in die heutige Zeit „übersetzt" werden, damit sie als „wahrhaftig" und „authentisch" erfahren werden können, ohne dabei jedoch von einer kurzlebigen „Eventisierung" überformt zu werden.[27]

---

[24] Vgl. A. K. WUCHERER-HULDENFELD: *Theologie des Symbols*. In: E. HESSE, H. ERHARTER (Hrsg.): *Liturgie der Gemeinde*. Wien 1966, S. 93–106; Themenheft Symbol und Liturgie: Liturgisches Jahrbuch 31 (1991) S. 1–64 u. a.

[25] Zur Wahrhaftigkeit der liturgischen Zeichen gehört auch der zeitgerechte Ansatz von liturgischen Feiern (z. B. die Osternachtfeier nicht mehr am Karsamstagvormittag, wie vor der Karwochenreform unter Pius XII. 1951–1956; oder das vorkonziliare Vorverlegen der Vesper oder Komplet beim früheren „Brevierbeten" des Weltklerus etc.).

[26] Vgl. A. JILEK: *Symbol und symbolisches Handeln in sakramentlicher Liturgie. Ein Beitrag an Hand der mystagogischen Katechesen des Bischofs Ambrosius von Mailand (gest. 397)*. In: Liturgisches Jahrbuch 42 (1992) S. 25–62.

[27] Vgl. dazu auch H.-J. FEULNER: *„Eventkultur" und Liturgie. Zur „Eventisierung" des christlichen Gottesdienstes – Eine vorläufige Skizze*. In: Heiliger Dienst 71 (2017) S. 268–278. Eine digitalisierte Form (z. B. Tablet) des für die liturgischen Feiern bestimmten „Wortes Gottes" (in Form der Lektionare oder dem Evangeliar) ist beispielsweise abzulehnen, da dadurch der wichtige Symbolcharakter nicht mehr gewahrt wird.

„Lebensnahe" Formen und Formulierungen in den erneuerten Krankensalbungs- und Trauungsriten

Während z. B. Gisbert Greshake bei der Krankensalbung für eine stärker eschatologische Ausrichtung auf den Tod plädierte,[28] entspricht dies nicht dem erklärten Willen der Kirche nach dem II. Vatikanum, die sich mit guten Gründen und offensichtlich nicht willkürlich für eine andere Sinnbestimmung der Krankensalbung ausgesprochen hat.[29] Die Krankensalbung ist nach den Worten des aktuellen liturgischen Buches denjenigen Gläubigen zu spenden, „die sich wegen Krankheit oder Altersschwäche in einem bedrohlich angegriffenen Gesundheitszustand befinden" (Praenotanda Nr. 8),[30] was natürlich nicht ausschließt, dass der bzw. die schwerkranke Gläubige auch im Sterben liegen kann.[31] Die gesamte Ritusgeschichte bezeugt jedoch, dass das Sakrament der Krankensalbung nicht einfach als ein Sakrament der Sterbenden

---

[28] Vgl. G. GRESHAKE: *Letzte Ölung – Krankensalbung – Taufeneuerung angesichts des Todes? (Un-)Zeitgemäße Bemerkungen zur umstrittenen Sinngebung und Praxis eines Sakraments.* In: R. SCHULTE (Hrsg.): *Leiturgia – Koinonia – Diakonia,* Wien u. a. 1980, S. 97–126; DERS.: *Letzte Ölung oder Krankensalbung? Ein Plädoyer für eine differenzierte sakramentale Theorie und Praxis.* In: Geist und Leben 56 (1983) S. 119–136.

[29] Vgl. R. KACZYNSKI: *Feier der Krankensalbung.* In: Gottesdienst der Kirche. Handbuch der Liturgiewissenschaft 7/2. Regensburg 1992, S. 241–343, hier S. 247, S. 313.

[30] *Die Feier der Krankensakramente. Die Krankensalbung und die Ordnung der Krankenpastoral in den katholischen Bistümern des deutschen Sprachgebietes.* Freiburg u. a. ²1994, S. 15. Vgl. auch SC 73 (DEL 1, Nr. 73).

[31] In Nr. 11 der *Praenotanda* heißt es, dass die Krankensalbung auch „[a]lten Menschen, deren Kräftezustand sehr geschwächt ist", gespendet werden kann, „auch wenn keine ernsthafte Erkrankung ersichtlich ist." (*Die Feier der Krankensakramente.* Freiburg u. a. ²1994, S. 16). Das führte allerdings dazu, dass in öffentlichen Gottesdiensten die Krankensalbung gelegentlich unbesehen an alle Menschen ab einem bestimmten Alter gespendet wird. Es entspricht nicht dem Sinn der Krankensalbung, aus ihr ein „Sakrament der Pensionisten" zu machen – um es überspitzt auszudrücken. Ebenso wenig kann man sich auf das Konzil und die Kirche berufen, wenn man das Sakrament unterschiedslos allen anbietet, die sich irgendwie körperlich oder seelisch krank fühlen [ähnlich auch in einigen Ostkirchen; vgl. dazu H.-J. FEULNER: *Die Krankensalbung in der Praxis der Ostkirchen. Eine liturgievergleichende Übersicht.* In: Bibel und Liturgie 88 (2015) S. 80–92, hier S. 84 f.]. Da die Sakramente Ausfaltungen des „Wurzelsakramentes" Kirche sind, weil man sie zu Recht als gottesdienstliche Selbstvollzüge der Kirche ansieht, widerspricht es dem Wesen der Sakramente, diese gegen die Intention der Kirche zu feiern.

bestimmt werden kann, obwohl die Praxisgeschichte seit dem Mittelalter freilich weitgehend diese Deutung bezeugt („Letzte Ölung"). Wer die Liturgie jedoch als „locus theologicus" ernst nimmt, darf nicht nur die liturgischen Bücher mit ihrer „authentischen" Liturgie in den Blick nehmen, sondern muss auch die vielfältige liturgische Praxis würdigen (trotz vieler Irrwege). Dabei hatte die „Letzte Ölung" offensichtlich durchaus eine wichtige Funktion in der *ars moriendi*.[32]

Bereits die vorkonziliare zweisprachige *Collectio Rituum* der deutschen Bistümer von 1950 hatte bei der Krankensalbung eine zusätzliche Schlussoration, die einen wahrhaften liturgischen Vollzug ermöglichen sollte, wenn dort bei einem offensichtlich Sterbenden gebetet wurde: „[...] und wenn es dir gefällt, ihn (sie) heimzurufen, dann laß um Christi, deines Sohnes, willen sein (ihr) Leid und seine (ihre) Not eine Sühne sein für alles, was er (sie) in seinem (ihrem) Leben gefehlt hat, und nimm ihn (sie) auf in deinen Frieden [...]."[33] Im Blick auf eine liturgische Wahrhaftigkeit ist SC 75 sehr eindeutig, wenn es dort heißt: „Die Zahl der Salbungen soll den Umständen angepaßt werden; die Gebete, die zum Ritus der Krankensalbung gehören, sollen so überprüft [recognoscatur][34] werden, daß sie den verschiedenen Verhältnissen der das Sakrament empfangenden Kranken gerecht werden."[35] Mit Blick auf die verschiedenen möglichen Situationen bietet das nachkonziliare liturgische Buch beispielsweise fünf Texte zur Auswahl für die unmittelbar nach der Salbung vorgesehene Oration (auch für Altersschwache oder für ein Kind),[36] so dass ein wahrhafter Vollzug auch dann möglich ist, wenn medizinisch nicht mehr mit einer körperlichen Heilung gerechnet werden kann.

---

[32] Vgl. auch P. NEUER: *Ars moriendi – Sterbebeistand durch Laien. Eine historisch-pastoraltheologische Analyse* (Dissertationen. Theologische Reihe 34). St. Ottilien 1989, S. 110–113; K. ARNTZ (Hrsg.): *Ars moriendi. Sterben als geistliche Aufgabe*. Regensburg 2008.

[33] *Collectio Rituum ad instar appendicis Ritualis Romani pro omnibus Germaniae dioecesibus*. Regensburg ²1950, S. 60 [Nr. 14].

[34] In der amtlichen dt. Übersetzung steht hier ungenau „revidiert" (DEL 1, Nr. 75).

[35] DEL 1, Nr. 75.

[36] *Die Feier der Krankensakramente*. Freiburg u. a. ²1994, S. 93–95.

Analoges wird man auch für den Trauungsritus sagen können, wenn es in SC 77 heißt: „Der Eheritus des Römischen Rituale soll überprüft [recognoscatur][37] und bereichert werden, so daß er deutlicher die Gnade des Sakramentes bezeichnet und die Aufgaben der Eheleute eindringlich betont."[38] Die Befragung der Brautleute nach ihrer Bereitschaft zu einer christlichen Ehe ist eine unmittelbare Vorbereitung auf die zentrale Konsenserklärung. Die Fragen betreffen die Freiheit der Eheschließung und die Bereitschaft zur lebenslangen ehelichen Treue. Gemeinsam werden sie außerdem gefragt, ob sie bereit sind, Kinder anzunehmen und „sie im Geist Christi und seiner Kirche zu erziehen".[39] Aufgrund einer liturgischen Wahrhaftigkeit kann gemäß der einleitenden Rubrik zu diesen Fragen die dritte unterbleiben, „wenn es die Umstände, zum Beispiel das Alter der Brautleute, nahelegen."[40] Auf die Bereitschaft zur Liebe und Treue bis zum Tode wird auch bei der Segnung der Ringe hingewiesen.[41] Dass es dabei um eine gegenseitige Verpflichtung geht, wird heute mit Selbstverständlichkeit durch die gegenseitige Ringgabe[42] deutlich – im Gegensatz zu früher, wonach nur der Bräutigam der Braut den Ring ansteckte.[43] In der früheren „einseitigen" Ringgabe (bis in das 20. Jahrhundert hinein) fand die beiderseitige Treueverpflichtung keine symbolische Darstellung, weil – entsprechend der zugrunde liegenden römisch-antiken Vorstellung – der Bräutigam zwar die Braut an sich band und zur Treue verpflichtete, nicht aber umgekehrt.

---

[37] In der amtlichen dt. Übersetzung steht auch hier ungenau „überarbeitet" (DEL 1, Nr. 77).

[38] DEL 1, Nr. 77.

[39] *Die Feier der Trauung in den katholischen Bistümern des deutschen Sprachgebietes*. Freiburg u. a. ²1992, S. 36–38, hier S. 38.

[40] Ebd., S. 37 (Nr. 12). – Auch bereits in der *Collectio Rituum* (1950) konnte diese Frage, die an beide Eheleute einzeln gestellt wurde, gemäß der entsprechenden Rubriken entfallen (vgl. *Collectio Rituum*. S. 90 f.).

[41] Vgl. *Die Feier der Trauung*. Freiburg u. a. ²1992, S. 39.

[42] Vgl. ebd., S. 42 f. – So auch bereits in der *Collectio Rituum* (S. 91 f.).

[43] Vgl. auch R. Köstler: *Ringwechsel und Trauung. Eine kirchen- und rechtsgeschichtliche Untersuchung*. In: Zeitschrift der Savigny-Stiftung für Rechtsgeschichte, Kanon. Abt. 22 (1933) S. 1–35.

Eine authentische liturgische Ordnung für Katholiken anglikanischer Tradition[44]

Seit dem 15. Januar 2011, als per Dekret der *Kongregation für die Glaubenslehre* und in Abstimmung mit der englischen Bischofskonferenz das Personalordinariat „Unsere Liebe Frau von Walsingham" *(Personal Ordinariate of „Our Lady of Walsingham")*[45] als erstes von drei diözesanähnlichen Institutionen (kirchenrechtlich ähnlich einem Militärordinariat) innerhalb der Römisch-Katholischen Kirche errichtet wurde,[46] stellte sich für all die ehemaligen Mitglieder und Gemeinden der Anglikanischen Kirchengemeinschaft und anderer anglikanischer Gruppierungen (vor allem in den USA, Kanada, England, Wales, Schottland und Australien), die in die volle Gemeinschaft mit der Katholischen Kirche zurückkehren wollten,[47] die drängende Frage, wie

---

[44] Siehe zur Geschichte, den Hintergründen und der Entwicklung ausführlich: H.-J. FEULNER: *Divine Worship. Liturgierechtliche Anmerkungen zu einem neuen Usus des Römischen Ritus.* In: C. OHLY, W. REES, L. GEROSA (Hrsg.): *Theologia Iuris Canonici* (Kanonistische Studien u. Texte 67). Berlin 2017, S. 329–370 [mit Literatur]. Vgl. H.-J. FEULNER: *Die Einheit der Liturgie in der Vielfalt der Riten und Formen. Zwei Entwicklungen aus der jüngeren Vergangenheit.* In: J.-H. TÜCK (Hrsg.): *Erinnerung an die Zukunft. Das Zweite Vatikanische Konzil.* Freiburg u. a. ²2013, S. 185–218, hier S. 185–187, S. 206–218; DERS.: *The Ordo Missae of "Divine Worship: The Missal". Remarks on a Liturgical Development Based on the Anglican Patrimony.* In: Shared Treasure. Journal of the Anglicanorum Coetibus Society 4/9 (2019) S. 316–338.

[45] *Decree of Erection of the Personal Ordinariate of Our Lady of Walsingham.* In: AAS 103 (2011) S. 129–132.

[46] Am 1. Januar 2012 folgte das Personalordinariat „Kathedra Petri" *(Personal Ordinariate of „The Chair of Saint Peter")* für die USA mit Kanada [*Decretum: Quo erigitur Ordinariatus Personalis Cathedrae Sancti Petri.* In: AAS 105 (2013) S. 852–855] und am 15. Juni 2012 das Personalordinariat „Unsere Liebe Frau vom Kreuz des Südens" *(Personal Ordinariate „Our Lady of the Southern Cross")* für Australien [vgl. *Decree of Erection of the Personal Ordinariate of Our Lady of the Southern Cross.* In: AAS 104 (2012) S. 600–603].

[47] Diese Gläubigen müssen natürlich dem gesamten „authentischen" Glauben der Katholischen Kirche zumindest formal zustimmen (d. h. durch das Sprechen des Nizäno-Konstantinopolitanischen oder „Großen" Glaubensbekenntnisses mit den zusätzlichen Worten: „Ich glaube und bekenne alles, was die heilige, katholische Kirche als Offenbarung Gottes glaubt, lehrt und verkündet."), und nicht nur z. B. die Eucharistielehre der Katholischen Kirche teilen. Im Bereich der Ökumene gilt überhaupt, dass eine dauerhafte Kommuniongemeinschaft nur dann „wahrhaftig" wäre, wenn man nicht nur einzelnen (ausgewählten) Glaubenslehren einer anderen Kirche zustimmt. Ob beispielsweise das bloße Sprechen des „Amen" am Ende des Eucharistischen Hochgebets und beim Kommunionempfang (auch wenn innerliche Zustimmung zum wesentlichen Inhalt besteht) von nicht-katholischen Christen genügt, wäre doch mit Blick auf die „Wahrhaftigkeit" kritisch zu hinterfragen. Vgl. zur sog. „Amen-Regel" von Christoph

sie ihr von Papst Benedikt XVI. (2005–2013) zugesagtes anglikanisches Erbe („Anglican Patrimony"), auch im Bereich der Liturgie so weit wie möglich bewahren konnten. Vorausgegangen war die am 4. November 2009 von Papst Benedikt XVI. in Kraft gesetzte Apostolische Konstitution *Anglicanorum Coetibus*[48] [= AC] (mit ihren „Ergänzenden Normen"[49] – 2019 überarbeitet und ergänzt). In dieser Apostolischen Konstitution steht der liturgisch und auch ökumenisch bedeutsame Artikel III:

„Ohne liturgische Feiern gemäß dem Römischen Ritus auszuschließen, hat das Ordinariat die Befugnis, die Eucharistie, die anderen Sakramente, das Stundengebet und die übrigen liturgischen Handlungen *gemäß [den][50] eigenen liturgischen Büchern aus der anglikanischen Tradition zu feiern, die vom Heiligen Stuhl approbiert worden sind,* um so die geistlichen, liturgischen und pastoralen Traditionen der Anglikanischen Gemeinschaft [innerhalb der

---

Kardinal Schönborn und Walter Kardinal Kasper auch Stefan KOPP [DERS.: *Das „Amen" zum Hochgebet und beim Kommunionempfang.* In: T. SÖDING, W. THÖNISSEN (Hrsg.): *Eucharistie – Kirche – Ökumene. Aspekte und Hintergründe des Kommunionstreits* (Quaestiones Disputatae 298). Freiburg u. a. 2019, S. 111–134; siehe F. IHSEN: *Eine Kirche in der Liturgie. Zur ekklesiologischen Relevanz ökumenischer Gottesdienstgemeinschaft* (Forschungen zur systematischen u. ökumenischen Theologie 129). Göttingen 2010, S. 252–269].

Vgl. auch SEKRETARIAT DER DEUTSCHEN BISCHOFSKONFERENZ (Hrsg.): *Direktorium zur Ausführung der Prinzipien und Normen über den Ökumenismus* (vom 25 März 1993) (Verlautbarungen des Apostolischen Stuhls 110). Bonn 1993, S. 96–98 (Nr. 122–128; „Gemeinschaft im sakramentalen Leben mit den Mitgliedern der verschiedenen orientalischen Kirchen"), S. 98–101 (Nr. 129–136; „Gemeinschaft im sakramentalen Leben mit den Christen anderer Kirchen und kirchlicher Gemeinschaften").

[48] *Apostolische Konstitution Anglicanorum coetibus von Papst Benedikt XVI. über die Errichtung von Personalordinariaten für Anglikaner, die in die volle Gemeinschaft mit der katholischen Kirche eintreten, vom 4. November 2009.* In: Archiv für katholisches Kirchenrecht 178 (2009) S. 550–555. Lat. Text in: AAS 101 (2009) S. 985–990.

[49] *Ergänzende Normen der Kongregation für die Glaubenslehre zur Apostolischen Konstitution Anglicanorum coetibus vom 4. November 2009.* In: Archiv für katholisches Kirchenrecht 178 (2009) S. 555–560. Lat. Text in: AAS 101 (2009) S. 991–996; revidierte und erweiterte engl. Fassung von März 2019 verfügbar unter: https://bit.ly/2WhT1Gp (letzter Aufruf am: 23.06.2021).

[50] Der offizielle lat. Text hat naturgemäß keinen Artikel und könnte daher in der dt. Übersetzung auch ausfallen.

Katholischen Kirche][51] lebendig zu halten als wertvolles Gut, das den Glauben der Mitglieder des Ordinariates nährt, und als Reichtum, den es zu teilen gilt."[52]

Die bisherigen drei Personalordinariate für ehemalige Anglikaner können also liturgische Bücher der Anglikanischen Kirchengemeinschaft in adaptierter Form und nach Approbation durch den Heiligen Stuhl (d. h. üblicherweise im Auftrag des Papstes durch die *Kongregation für den Gottesdienst und die Sakramentenordnung*) weiter benutzen und nach ihnen die Eucharistie, die anderen Sakramente und Sakramentalien und die Tagzeitenliturgie feiern (wobei die Zelebration nach dem Römischen Ritus grundsätzlich nicht ausgeschlossen ist). Die als „wertvolles Gut" bezeichneten anglikanischen Traditionen, besonders im liturgischen Bereich, sollen nicht von der katholischen Gemeinschaft der Universalkirche absorbiert werden, sondern stellen einen Reichtum dar, der geteilt werden muss, und zwar mit den Katholiken außerhalb der Personalordinariate.[53] Hier werden also sehr weitgehende Zugeständnisse gemacht, die auch ökumenisch höchst bedeutsam sind.[54] Worin das spezifische „Anglikanische Erbe" (AC VI §5) besteht, wofür AC III einen hinreichend weiten Raum bietet, darüber wurde und wird sehr viel diskutiert. Ein breiter Konsens scheint zumindest darüber zu bestehen, dass der Schwerpunkt dessen, was die ehemaligen Anglikaner in die Katholische Kirche mitbringen, im liturgischen Bereich liegt (weniger in der stärker ausgeprägten synodalen Struktur

---

[51] Das in der lat. Fassung stehende „intra Catholicam Ecclesiam" bleibt im Deutschen leider unübersetzt! Vgl. dazu auch D. SEPER: *United not absorbed. Geschichte und Gottesdienst der Katholiken anglikanischer Tradition* (Österreichische Studien zur Liturgiewissenschaft u. Sakramententheologie 11). Wien 2020, S. 231 f.

[52] *Apostolische Konstitution Anglicanorum coetibus von Papst Benedikt XVI. über die Errichtung von Personalordinariaten für Anglikaner, die in die volle Gemeinschaft mit der katholischen Kirche eintreten, vom 4. November 2009.* In: Archiv für katholisches Kirchenrecht 178 (2009) S. 550–555, hier S. 552 [eigene Hervorhebung].

[53] Vgl. C. WIRZ: *Das eigene Erbe wahren. Anglicanorum coetibus als kirchenrechtliches Modell für Einheit in Vielfalt?* (Münsterischer Kommentar zum CIC. Beiheft 63). Essen 2012, S. 28–30.

[54] Vgl. ebd., S. 63–80.

der Anglikanischen Kirchengemeinschaft[55]), wobei hier immer wieder drei allgemeine Punkte genannt werden:[56] der Sinn für Schönheit und Ehrfurcht in der Liturgie (d. h. liturgische „Performance", liturgische Gewandung, auch des Chors und der verschiedenen Funktionsträger, u. ä.),[57] eine besondere kirchenmusikalische Tradition und der Gebrauch einer sakralen englischen „Hochsprache" („Prayer-Book-English").

---

[55] Dazu kommen noch: (1) der Ordinarius wird in seiner Leitungsaufgabe von einem mind. sechsköpfigen Leitungsrat („Governing Council") unterstützt, (2) er muss nicht unbedingt ein Bischof sein und wird vom Papst aufgrund eines Dreiervorschlags (*terna*) des Leitungsrates ernannt, (3) und die ehemaligen anglikanischen Geistlichen können in der Regel von der Zölibatsverpflichtung entbunden werden, wenn sie als Verheiratete zur kath. Priesterweihe zugelassen werden.

[56] Vgl. dazu C. WIRZ: *Das eigene Erbe wahren. Anglicanorum coetibus als kirchenrechtliches Modell für Einheit in Vielfalt?* Essen 2012, S. 90 f. mit Anm. 308–310.

[57] In seinem Beitrag *Die anglikanische Form des Römischen Ritus – ein liturgisches Modell für die Ökumene der Zukunft?* [In: S. KOPP, W. THÖNISSEN (Hrsg.): *Mehr als friedvoll getrennt? Ökumene nach 2017* (Theologie im Dialog 21). Freiburg u. a. 2017, S. 291–312] schöpft und wiederholt Stefan Kopp eigentlich überwiegend aus zwei Beiträgen von 2012/13 und 2016 (vgl. ebd., S. 292 Anm. 2, S. 294 Anm. 9) und erwähnt als Desiderat einer ausführlicheren Reflexion zur genannten „Schönheit und Ehrfurcht" im „anglikanischen Usus" des Römischen Ritus (ebd., S. 302 f. mit Anm. 40). Dort wie hier ließ bzw. lässt sich allerdings aufgrund der vorgegebenen Kürze der Beiträge nur marginal darauf eingehen: Liturgie und Schönheit oder Liturgie und Ehrfurcht werden oft in einem Atemzug genannt. Die Schönheit oder Ehrfurcht werden dabei häufig festgemacht an der Dichte von rituellen Handlungen, an den liturgischen Gewändern, an dem Mystischen, am liturgischen Gesang u.v.m. Die gottesdienstlichen Feiern des Römischen Ritus in all seinen liturgischen „Formen" oder Usus (und auch die anderer Riten und Ritenfamilien) vollziehen sich durch sinnenfällige Zeichen (SC 7), wobei es hier nicht um eine bloße ästhetische Schöngeisterei geht, sondern um das Grundverständnis liturgischen Geschehens. Romano Guardini hat die ästhetische Dimension der Liturgie schon zu Beginn der Liturgischen Bewegung in seiner programmatischen Schrift *Vom Geist der Liturgie* (Freiburg 1918) benannt. Die Schönheit und die Ehrfurcht eines Gottesdienstes sind nichts von Menschen Machbares, sei es in der (bis vor kurzem üblichen) „ordentlichen" oder in der „außerordentlichen" Form oder im „Divine Worship-Usus", sondern sie wurzeln in der Erfahrung der rettenden Nähe Gottes, sind Ausdrücke der Sehnsucht nach der Begegnung mit dem lebendigen Gott, zu dessen Attributen auch die Schönheit zählt, die in seiner Gegenwart in einer liturgischen Feier wahrgenommen werden will. Eine schöne und ehrfürchtige Liturgie ist dann gegeben, wenn sie sich von der Gewöhnlichkeit des alltäglichen Lebens in besonderer Weise unterscheidet, wie z. B. andere Gerüche, andere Räume, andere Gewandung, andere Sprache, andere Musik usw. Vgl. auch J. WOHLMUTH: *Überlegungen zu einer theologischen Ästhetik der Sakramente*. In: W. BAIER u. a. (Hrsg.): *Weisheit Gottes – Weisheit der Welt* (Bd. 2). St. Ottilien 1987, S. 1109–1128; B. JEGGLE-MERZ: *Von der Relevanz der Theologie für die Suche nach gefeiertem Leben*. In: *Lebenswelt und Theologie. Herausforderungen einer zeitsensiblen Lehre und Forschung* (Schriftenreihe der Theol. Hochschule Chur 9). Hrsg. v. E.-M. FABER. Fribourg 2012, S. 293–319, hier S. 310–313.

Um nun die „Wahrhaftigkeit" dieser in AC III (und an anderen Stellen der Apostolischen Konstitution und deren Ergänzenden Normen) in Aussicht gestellten „Privilegien" zu gewähren, wurde von der Glaubenskongregation und der Gottesdienstkongregation eine interdikasteriale Kommission (*Working Group*) ins Leben gerufen, die von Herbst 2011 (bzw. bereits seit Sommer 2010) bis Frühjahr 2015 bestand und mit der Bereitstellung einer für alle Personalordinariate gültigen Liturgieordnung beschäftigt war (dieser Usus des Römischen Ritus wird offiziell als „Divine Worship" bezeichnet, nachdem der frühere inoffizielle und m. E. bessere Begriff „Anglican Use [des Römischen Ritus]" abgelehnt wurde).[58] Dieser liturgische Usus wurde schließlich von der *Kongregation für den Gottesdienst und die Sakramentenordnung* in Absprache mit der *Kongregation für die Glaubenslehre* approbiert und konfirmiert. Es sind bisher mehrere „authentische" liturgische Bücher erschienen:[59] *Divine Worship: Occasional Services* (London 2014)[60] und *Divine Worship: The Missal* (London 2015). Ein drittes Liturgiebuch ist im Frühjahr 2020 erschienen: *Divine Worship:*

---

[58] Vgl. H.-J. FEULNER: *Divine Worship. Liturgierechtliche Anmerkungen zu einem neuen Usus des Römischen Ritus*. In: C. OHLY, W. REES, L. GEROSA (Hrsg.): *Theologia Iuris Canonici*. Berlin 2017, S. 329–370, hier S. 346–349. Zur Vorgeschichte vgl. D. SEPER: *United not absorbed. Geschichte und Gottesdienst der Katholiken anglikanischer Tradition*. Wien 2020.

[59] Der Apostolische Stuhl wollte offensichtlich keinen neuen Ritus innerhalb der Römisch-Katholischen Kirche ausbilden lassen oder anerkennen, sondern lediglich Anpassungen und Variationen des Römischen Ritus an das besondere spirituell-liturgische und kulturelle Erbe einer größeren (ehemals protestantischen) Gemeinschaft „[u]nter Wahrung der Einheit der Liturgie und des [R]ömischen Ritus im [W]esentlichen (vgl. SC 38; DEL 1, Nr. 38) zulassen. Reiner Kaczynski stellte nämlich bereits 1975 in seiner Untersuchung zum Ordo Missae in den Teilkirchen des Römischen Ritus fest, dass es eigentlich kein Missale Romanum in verschiedenen Sprachen gibt, sondern nur „Missalia particularia", die gemäß dem Missale Romanum herausgegeben wurden. Und 1988 sprach er vom sich entsprechend SC 37 „in Sonderformen verzweigenden Römischen Ritus" [R. KACZYNSKI: *Der Ordo Missae in den Teilkirchen des römischen Ritus*. In: Liturgisches Jahrbuch 25 (1975) S. 99–136, hier S. 129; DERS.: *Die Entwicklung des Missale Romanum und einiger volkssprachlicher Messbücher nach der Editio typica des Missale Romanum*. In: Liturgisches Jahrbuch 38 (1988) S. 123–137, hier S. 124"].

[60] Das Buch enthält eine Ordnung für die Taufe („The Order of Holy Baptism"), eine für die Trauung („The Order of Solemnisation of Holy Matrimony") und eine für die Beerdigung („The Order of Funerals").

Pastoral Care of the Sick and Dying (London 2020).⁶¹ Die Tagzeitenliturgie (*Divine Worship: Daily Office*) für die drei Personalordinariate liegt inzwischen in zwei teilkirchlichen Ausgaben vor (*North American Edition* [2020] und *Commonwealth Edition* [2021]), und zwar auf der Grundlage von verbindlichen Richtlinien für Morgen- und Abendlob („Morning und Evening Prayer"), die im Oktober 2015 von der *Glaubenskongregation* erlassen worden waren, gemäß denen jedes Ordinariat seine eigene angepasste liturgische Form erstellen durfte.⁶²

In jedem Fall zählt der liturgische Usus *Divine Worship*, soweit er bereits von den zuständigen kirchlichen Autoritäten approbiert ist bzw. noch approbiert werden wird, zu den „authentischen" Gottesdienstfeiern im Sinne von can. 834 §2 CIC/1983, an denen *jeder* Katholik, auch Nichtangehörige der drei Personalordinariate, selbstverständlich und legitimerweise (aktiv) teilnehmen kann.⁶³

---

⁶¹ Das Buch umfasst acht Kapitel: Krankenbesuch; Segnung eines kranken Kindes; Krankenkommunion – gewöhnliche Form; Krankenkommunion – Kurzform; Krankensalbung außerhalb der Messfeier; Bußsakrament, Krankensalbung und Wegzehrung in Todesgefahr – Versehgang; Begleitung Sterbender; zusätzliche Gebete für Kranke und Sterbende. – Interessanterweise wurde dieses liturgische Buch nicht, wie üblich und eigentlich vorgesehen, von der *Gottesdienstkongregation* approbiert, sondern mit Gutheißung durch den Papst von der *Glaubenskongregation*, ein bisher einmaliger Fall. Vgl. auch H.-J. FEULNER: *„Medicus animarum corporumque nostrorum, Dominus Iesus …" Anmerkungen zu einem neuen liturgischen Buch in der Katholischen Kirche.* In: J.-H. TÜCK, M. STRIET (Hrsg.): *Jesus Christus – Alpha und Omega. Für Helmut Hoping.* Freiburg u. a. 2021, S. 612–631.

⁶² Vgl. dazu auch H.-J. FEULNER: *Divine Worship. Liturgierechtliche Anmerkungen zu einem neuen Usus des Römischen Ritus.* In: C. OHLY, W. REES, L. GEROSA (Hrsg.): *Theologia Iuris Canonici.* Berlin 2017, S. 329–370, hier S. 355–358. Der zwischenzeitliche Versuch, *eine* gemeinsame Form des „Daily Office" für alle drei Personalordinariate durch die Gottesdienstkongregation approbieren zu lassen, wurde 2019 jedoch zurückgezogen, so dass es gemäß den Richtlinien von Okt. 2015 zu zwei Ausgaben gekommen ist, die *North American Edition* für die USA und Kanada (*Divine Worship: Daily Office – North American Edition*). Pine Beach/NJ 2020 [verbesserter Nachdruck 2021]) und die *Commonwealth Edition* für England und Wales sowie Australien (*Divine Worship: Daily Office – Commonwealth*. London 2021), beide nach Konsultation mit der *Glaubenskongregation* jeweils mit einem Publikationsdekret und Imprimatur der jeweiligen Ordinarien versehen. Diese beiden teilkirchlichen Liturgiebücher sind ebenso als „authentisch" anzusehen.

⁶³ Allerdings sind die Feiern der *Divine Worship*-Form außerhalb der Personalordinariate nur sehr eingeschränkt gestattet (vgl. *Divine Worship: Rubrical Directory,* Nr. 4–5. In: *Divine Worship: The Missal.* London 2015, S. 120 f.).

Nachtrag: Gottesdienstliche Feiern zur Zeit der Corona-Pandemie im Frühjahr 2020[64]

„Ostern in Zeiten von Corona: Die Kirchen stehen im Abseits", so war ein Gastbeitrag von Helmut Hoping in der Tagespost überschrieben.[65] Die Gottesdienste während der Kartage und das *Sacrum Triduum Paschale* wurden 2020 in verschlossenen Kirchen im kleinsten Kreis gefeiert (nicht nur in Deutschland und Österreich, sondern auch in den meisten anderen Ländern Europas und in Übersee).[66] Auch wenn ein striktes Verbot öffentlicher Gottesdienste für kurze Zeit tatsächlich gerechtfertigt sein kann, um bei der Eindämmung der Corona-Pandemie von kirchlicher Seite mitzuwirken, wunderte man sich, dass die deutschen und österreichischen Bischöfe das teilweise polizeilich überwachte Gottesdienstverbot überhaupt nicht hinterfragten – in Kanada untersagte ein Bischof seinen Priestern sogar ausdrücklich die Feier des *Sacrum Triduum* (in den Pfarreien)[67]. Während öffentliche Gottesdienste seit etwa Mitte März 2020 in Deutschland und Österreich verboten waren, auch bei Einhaltung der vorgeschriebenen hygienischen Maßnahmen (weniger als 50–100 Personen, genügend Abstand halten, kein Händereichen beim Friedensgruß, keine Mund- und Kelchkommunion, kein Weihwasser in den Becken usw.), konnten

---

[64] Vgl. dazu und darüber hinaus H.-J. FEULNER, E. HASLWANTER (Hrsg.): *Gottesdienst auf eigene Gefahr? Die Feier der Liturgie in der Zeit von Covid-19*. Münster 2020; P. BUKOVEC, E. VOLGGER (Hrsg.): *Liturgie und Covid-19. Erfahrungen und Problematisierungen* (Schriften der Kath. Privat-Universität Linz 10). Regensburg 2021.

[65] H. HOPING: *Ostern in Zeiten von Corona: Die Kirchen stehen im Abseits*. In: Die Tagespost (14. April 2020). Verfügbar unter: https://bit.ly/3xCt7xw (letzter Aufruf am: 22.06.2021).

[66] Vgl. die vielen Länder- und Konfessionsberichte aus Europa, Nord- und Südamerika, Afrika, dem Nahen Osten, Asien und Australien in H.-J. FEULNER, E. HASLWANTER (Hrsg.): *Gottesdienst auf eigene Gefahr? Die Feier der Liturgie in der Zeit von Covid-19*. Münster 2020. Siehe auch H.-J. FEULNER: *Nichts wird mehr so sein wie vorher? Zu Gottesdienstfeiern und liturgischer Hygiene während der ersten beiden Wellen von Covid-19 und was daraus folgen kann*. In: P. BUKOVEC, E. VOLGGER (Hrsg.): *Liturgie und Covid-19. Erfahrungen und Problematisierungen*. Regensburg 2021, S. 365–400.

[67] Vgl. D. CROSBY, Bischof von Hamilton (Dekret vom 23. März 2020): „3. The celebration of the Sacred Triduum is not to be celebrated in Parish churches. […] 7. The Easter Vigil is not to be celebrated in any Parish in the Diocese". Verfügbar unter: https://bit.ly/2Sm4FSc (letzter Aufruf am: 22.06.2021).

mit gewissen Einschränkungen Supermärkte und in einigen Bundesländern in Deutschland auch Baumärkte öffnen und Wochenmärkte abgehalten werden. Ab 14. April war dies dann ebenso in Österreich wieder möglich, mit Einlassbeschränkungen, genügend Abstand und mit Schutzmasken.[68] Hier hätte man sich von Seiten der kirchlichen Würdenträger allerdings mehr Mut erwartet[69] sowie außerdem das Unterlassen von unpassenden und verletzenden Aussagen, wie z. B. dass man Ostern „heuer halt ohne fettes Hochamt" feiern müsse und die versperrten Kirchentüren lediglich ein „Wahnsinn für rein dogmatisch gesinnte Superkatholiken" seien[70] oder „in der Reaktion mancher Gläubiger [...] die Eucharistie schon überbewertet" sei.[71]

Ein anderer Aspekt zur Zeit der Pandemie, den man unter dem Aspekt der „Wahrhaftigkeit" in den Blick nehmen sollte, ist die Kelchkommunion. Mit sehr guten Gründen hat man bereits vor den strikten Ausgangsbeschränkungen mit den faktischen Gottesdienstverboten die Kelchkommunion bei der Eucharistiefeier nicht mehr gereicht – dort wo es überhaupt üblich gewesen war. Wenn nach den Ausgangsbeschränkungen 2020 und 2021 das gottesdienstliche Leben wieder schrittweise zur „Normalität" zurückkehrt, wird im Bereich der öffentlichen Messfeiern sicher weiterhin ein Mindestmaß an hygienischen Bestimmungen einzuhalten sein. Denn je nach Jahreszeit und anderen Umständen können bestimmte Krankheiten übertragen

---

[68] Vgl. D. SEPER: *Stell dir vor, es ist Messe und nicht jeder darf hin. Die Auswirkungen der Covid-19-Pandemie auf das gottesdienstliche Leben der Katholischen Kirche in Österreich*. In: H.-J. FEULNER, E. HASLWANTER (Hrsg.): *Gottesdienst auf eigene Gefahr? Die Feier der Liturgie in der Zeit von Covid-19*. Münster 2020, S. 151–171.

[69] Erfreulicherweise schien das bischöfliche Schweigen bald teilweise zu bröckeln; vgl. W. KRAUTWASCHL [Bischof von Graz-Seckau]. Verfügbar unter: https://bit.ly/2SOdZP6 (letzter Aufruf am: 14.04.2020). Allerdings gab es harsche Kritik am Schweigen der meisten Bischöfe während des ersten Lockdowns im Frühjahr 2020. Vgl. dazu H. PRANTL im Interview mit Domradio.de (17. Juli 2020); K. GEIGER: *Heribert Prantl: Kirche wirkte in Pandemie kleinmütig und angepasst* (6. Januar 2021). In: katholisch.de. Verfügbar unter: https://bit.ly/2TOPNfr und https://bit.ly/3qImxly (letzter Aufruf am: 22.06.2021).

[70] T. FABER: *Ostern ist nicht abgesagt*. In: Die Presse am Sonntag (12. April 2020), S. 8.

[71] H. WILMER [Bischof von Hildesheim] im Interview mit dem Deutschlandfunk (12. April 2020). Verfügbar unter: https://bit.ly/2TOF5Wh (letzter Aufruf am: 22.06.2021).

werden (z. B. die reguläre Grippe, grippale Infekte, Masern).[72] Vor dem Hintergrund der stark infektiösen Corona-Viren bieten weder die Vergoldung des Kelches noch der relativ geringe Alkoholanteil des Messweines (10–15 %) Schutz vor verschiedenen widerstandsfähigen Viren (Herpes, Hepatitis-C, SARS-CoV-2 u. a.). Auch das Abwischen des Kelchrandes mit einem mit 70 %igen Alkohol befeuchteten Tüchlein wäre wohl nicht ausreichend. Mit großer Verwunderung mutet daher der vielgelesene und wichtige Kommentar eines renommierten Liturgiewissenschaftlers zur Liturgiekonstitution des Zweiten Vatikanischen Konzils an, wenn es dort zu Beginn einer Anmerkung zur Kelchkommunion heißt: „Untersuchungen in Schweden haben, wie glaubhaft versichert wird, ergeben, die Ansteckungsgefahr beim Trinken aus dem [gemeinsamen] Kelch sei nicht größer als bei Benutzung öffentlicher Verkehrsmittel"[73] Dafür wird kein Beleg angeführt, weil es eine solche Untersuchung offensichtlich gar nicht gab, sondern der Autor bereits in den späten 1980er Jahren dem Scherz eines Theologiestudenten, der sein Externjahr in Schweden verbracht hatte, aufsaß. Das Trinken aus dem Kelch ist zweifellos ein wichtiges Symbol der Gemeinschaft,[74] aber solange die Krise anhält wird man auf die direkte Kelchkommunion auf jeden Fall verzichten und sich im Sinne der „Wahrhaftigkeit" im liturgischen Bereich auch danach Gedanken zur gottesdienstlichen Hygiene machen müssen.[75]

Durch die Konsekration während des Eucharistischen Hochgebets wird aus dem Brot und dem Wein wahrhaft und wirklich der Leib und

---

[72] Vgl. dazu H.-J. FEULNER: *Liturgie und Hygiene. Gebotene Vorsicht.* In: Herder Korrespondenz 74/4 (2020) S. 13 f.; DERS.: *Der Kelch zum Leben. Durch die Corona-Pandemie wird auch die Kelchkommunion in Frage gestellt.* In: Die Tagespost (9. April 2020), S. 14.

[73] R. KACZYNSKI: *Theologischer Kommentar zur Konstitution über die heilige Liturgie Sacrosanctum Concilium.* In: P. HÜNERMANN, B. J. HILBERATH (Hrsg.): *Herders Theologischer Kommentar zum Zweiten Vatikanischen Konzil* (Bd. 2). Freiburg 2004, S. 1–227, hier S. 135 Anm. 343.

[74] Vgl. z. B. W. HAUNERLAND: *„Nehmet und trinket alle daraus…" Zum Sinn der Kommunion unter beiden Gestalten.* In: G. AUGUSTIN (Hrsg.): *Eucharistie verstehen, leben, feiern.* Ostfildern 2020, S. 219–231.

[75] Vgl. ausführlicher H.-J. FEULNER: *Liturgie und Hygiene in Geschichte und Gegenwart. Einige Anmerkungen zu Hygienefragen bei gottesdienstlichen Feiern in der Zeit von Covid-19 und danach.* In: H.-J. FEULNER, E. HASLWANTER (Hrsg.): *Gottesdienst auf eigene Gefahr? Die Feier der Liturgie in der Zeit von Covid-19.* Münster 2020, S. 29–72, hier S. 54–60.

das Blut Christi unter Beibehaltung der Gestalten oder Akzidenzien des Brotes und des Weines (d. h. deren äußeren Erscheinungsformen wie Form, Gewicht, Farbe, Geschmack u. ä.). Diese Wesensverwandlung *(Transsubstantiation)* besagt also – wie es das Konzil von Trient im Jahre 1551 unfehlbar und definitiv lehrt –, dass im „Sakrament der heiligsten Eucharistie wahrhaft *[vere]*, wirklich *[realiter]* und substanzhaft *[substantialiter]* der Leib und das Blut zusammen mit der Seele und Gottheit unseres Herrn Jesus Christus und daher der ganze Christus enthalten ist".[76] Es steht eindeutig nicht im Einklang zumindest mit der katholischen Eucharistielehre und wäre zumindest äußerst leichtgläubig sowie missverständlich, wenn man annimmt, dass von der Kelchkommunion kein Unheil oder keine Ansteckung zu erwarten sei (wie oft besonders von orthodoxer Seite behauptet wurde[77]). Denn die Akzidenzien des Brotes und Weines bleiben nach der Konsekration bestehen, und dazu zählt natürlich die chemische Zusammensetzung des Weines und damit dessen Alkoholkonzentration mit den völlig gleichen Wirkungen (auch die ungenügsam desinfizierende).[78]

Schlussbemerkungen

Eine liturgische Wahrhaftigkeit wird – auch dem Auftrag der Liturgiekonstitution *Sacrosanctum Concilium* entsprechend – in den Symbolen, Riten und Texten der erneuerten nachkonziliaren Liturgieordnungen deutlicher gemacht, indem besonders auf die verschiedenen Situationen der Gläubigen besser eingegangen werden kann (z. B. in

---

[76] DH 1651. Vgl. auch DH 700. 1640. 1642.

[77] Vgl. beispielsweise: https://bit.ly/3j2TTLv; https://bit.ly/2Tz8vnS; https://bit.ly/3e3Ntam; https://bit.ly/3wPkVdr (letzter Aufruf am: 22.06.2021). Zur orthodoxen Sichtweise, zumindest in Griechenland, siehe E. HASLWANTER: *Arznei der Unsterblichkeit? Gottesdienst und Kommunion in Griechenland zwischen Kirche, Politik und Pandemie.* In: H.-J. FEULNER, E. HASLWANTER (Hrsg.): *Gottesdienst auf eigene Gefahr? Die Feier der Liturgie in der Zeit von Covid-19.* Münster 2020, S. 603–632.

[78] Vgl. H.-J. FEULNER, *Liturgie und Hygiene in Geschichte und Gegenwart. Einige Anmerkungen zu Hygienefragen bei gottesdienstlichen Feiern in der Zeit von Covid-19 und danach.* In: H.-J. FEULNER, E. HASLWANTER (Hrsg.): *Gottesdienst auf eigene Gefahr? Die Feier der Liturgie in der Zeit von Covid-19.* Münster 2020, S. 29–72, hier S. 60 f.

den liturgischen Symbolen, bei den Feiern der Krankensalbung und der Trauung, im liturgischen Jahr etc.).

Es gehört außerdem zur Wahrhaftigkeit der Kirche (und damit der zuständigen kirchlichen Autoritäten), dass durchaus unter bestimmten Voraussetzungen und Umständen gottesdienstliche Vielfalt, unter Wahrung des Römischen Ritus im Wesentlichen, zugelassen wird, wodurch weder die Einheit der Kirche noch eine authentische Liturgie gefährdet werden. „Denn nicht die rein formale Übereinstimmung garantiert die Einheit und den Zusammenhang mit der universalen Kirche, sondern die Übereinstimmung im Glaubenszeugnis, das unterschiedliche Ausdrucksformen ermöglicht."[79] Es ist liturgiegeschichtlich ein *einzigartiger* Vorgang, dass erstmalig weltweit eine aus der protestantischen Tradition stammende Liturgieform innerhalb der Katholischen Kirche beheimatet wird, als Reichtum, „den es zu teilen gilt" (AC III). Wahrhaftigkeit heißt weiterhin, dass es sich bei der liturgischen Ordnung für ehemalige Anglikaner nicht um ein bloßes Übergangsphänomen handeln kann, sondern dass sowohl die Personalordinariate als teilkirchliche Institutionen wie auch deren liturgischer Usus auf Dauer ausgelegt sind.[80] Darauf müssen sich alle Gläubigen, die von der anglikanischen Tradition herkommend unter der Maßgabe und den Voraussetzungen von AC in die volle Gemeinschaft der Katholischen Kirche eingetreten sind, vollständig verlassen können, um ihre „geistlichen, liturgischen und pastoralen Traditionen der Anglikanischen Gemeinschaft" innerhalb der Katholischen Kirche „lebendig zu halten" (AC III) und damit auch Rückhalt in der Gemeinschaft der Katholischen Kirche sowie Selbstverwirklichung im spirituell-liturgischen Bereich gewährt zu bekommen.[81]

---

[79] W. Haunerland: *Authentische Liturgie. Der Gottesdienst der Kirche zwischen Universalität und Individualität.* In: Liturgisches Jahrbuch 52 (2002) S. 135–157, hier S. 150.

[80] Siehe oben auch das erste Kapitel zur Bestimmung von „Wahrhaftigkeit".

[81] In Bezug auf meinen Artikel [H.-J. Feulner: *Die Einheit der Liturgie in der Vielfalt der Riten und Formen. Zwei Entwicklungen aus der jüngeren Vergangenheit.* In: J.-H. Tück (Hrsg.): *Erinnerung an die Zukunft. Das Zweite Vatikanische Konzil.* Freiburg u. a. 2012 (nicht 2013), S. 165–197, hier S. 196 f. (^{2}2013, S. 185–218, hier S. 216 f.)] übersieht Stefan Kopp [Ders.: *Die anglikanische Form des Römischen Ritus – ein liturgisches Modell für die Ökumene der Zukunft?* In: S. Kopp, W. Thönissen (Hrsg.): *Mehr als friedvoll getrennt? Ökumene nach 2017.* Freiburg u. a. 2017, S. 291–312, hier S. 307] offensichtlich, dass die Apostolische Konstitution AC (2009)

Die Covid-19-Pandemie der Jahre 2020 und 2021 hat weltweit im Bereich des gottesdienstlichen Lebens zu harten Einschnitten geführt. Selbst während der Pestepidemien[82] und in den Kriegswirrnissen der Vergangenheit hat es ein solches flächendeckendes Verbot öffentlicher Gottesdienste nicht gegeben. Spätestens nach dieser Krise wird man viele von kirchlicher Seite erlassene Richtlinien und Aussagen rückwirkend (kritisch) hinterfragen müssen,[83] inwieweit sie angemessen waren und in welchem Umfang sie gegebenenfalls noch notwendig sein werden, auch um der Glaubwürdigkeit und Wahrhaftigkeit getroffener Entscheidungen willen.

---

und das frühere Motu Proprio *Summorum Pontificum* (2007) nur insofern miteinander zu tun haben, als dass es in beiden Fällen einem nicht wieder gutzumachenden Vertrauensbruch gleichkäme, also unwahrhaftig wäre, einer größeren Gruppe von Gläubigen erst etwas großherzig zuzugestehen, um es dann wieder zurückzunehmen oder gar zu untersagen. Es geht also nicht darum, den Divine Worship-Usus, mit den Begrifflichkeiten vor dem Motu Proprio *Traditionis Custodes* (vom 16.7.2021), „in innere Verbindung zur außerordentliche Form des Römischen Ritus" zu setzen (wenngleich einige Elemente aus der Anglican Missal-Tradition vor allem sekundär in den Appendizes aufscheinen). Es geht letztlich um „Wahrhaftigkeit", sicherlich doch nicht darum, dass „liturgische Formen zu einem politischen Druckmittel gemacht werden" (ebd., S. 308) sollen oder dürfen. Das erwähnte Zitat von Balthasar Fischer ist übrigens nicht meiner „gewagten These" (ebd., S. 307) angefügt, wie durch den neuen Absatz im Layout deutlich erkennbar ist, sondern bezieht sich auf das anschließende Plädoyer für eine liturgische Vielfalt innerhalb des Römischen Ritus. Dass außerdem das Konzil mit SC 37 und 38 „primär die jungen Kirchen im Blick hatte" (ebd., S. 306), ist nicht zu bezweifeln, aber die verkannte Tatsache dabei ist, dass man sich am Ende der *Praenotanda* der verschiedenen nachkonziliaren Liturgiebücher beim Hinweis der legitimen nationalen oder überregionalen liturgischen „Anpassungen durch die Bischofskonferenzen" bekanntermaßen selbstverständlich immer auf SC 37–40 beruft, nicht nur in den „jungen Kirchen". Vgl. mit einem offeneren Inkulturationsbegriff bereits auch H. B. MEYER: *Zur Frage der Inkulturation der Liturgie*. In: Zeitschrift für Katholische Theologie 105 (1983) S. 1–31; W. HAUNERLAND: *Authentische Liturgie*. In: Liturgisches Jahrbuch 52 (2002) S. 135–157, hier S. 150 f.

[82] Vgl. H.-J. FEULNER: *„Cito longe fugas et tarde redeas!" Gottesdienstkultur zu Zeiten von Lepra und Pest*. In: W. BUCHMÜLLER, J. P. CHAVANNE (Hrsg.): *Cor ad cor loquitur. Das Herz spricht zum Herzen*. Heiligenkreuz 2021, S. 202–230, hier S. 204 f., S. 216–225.

[83] Aber auch staatliche Maßnahmen werden hinterfragt werden müssen, besonders mit Blick auf künftige Pandemien. Vgl. dazu auch H.-J. FEULNER: *Lepra, Pest und Corona. Mit einem Blick in die Geschichte Pandemien verstehen?* In: Stimmen der Zeit 146 (2021) S. 689–695.

Sehr bedenklich ist, dass ein internes 17-seitiges Papier aus dem deutschen Innenministerium Ende März 2020 empfahl, den Deutschen „Corona-Angst" zu machen. Auch in Österreich legte etwa zur gleichen Zeit ein Sitzungsprotokoll der Regierung nahe, dass gezielt Angst in der Bevölkerung geschürt werden sollte. Vgl. FRAGDENSTAAT: *Wie wir COVID-19 unter Kontrolle bekommen* und *Protokoll zeigt: Regierung wollte Angst vor Coronavirus verbreiten* (27. April 2020). Verfügbar unter: https://bit.ly/3jBZl8k und https://bit.ly/3Af0994 (letzter Aufruf am: 30.06.2021).

Veritas legem constituit, lex autem ad rerum veridicentiam perducit
Wahrheit und Wahrhaftigkeit im Kirchenrecht

Markus Graulich

Wahrheit und Wahrhaftigkeit aus der Sicht des Kirchenrechtes zu betrachten heißt, das Recht der Kirche von seinen Voraussetzungen her und im Blick auf seine Zielsetzung zu verstehen. Die grundlegende These, welche in diesem Beitrag vertreten werden soll und in der Überschrift zum Ausdruck kommt lautet: Das Kirchenrecht gründet in der Wahrheit, ohne dadurch seine Eigenschaft, wirkliches Recht zu sein, zu verlieren. Zugleich ist es eines der Mittel, dessen sich die Kirche bedient, um die Gläubigen zur Wahrhaftigkeit in ihrer Lebensführung, zur Übereinstimmung mit dem Heilswillen Gottes zu führen.

Um diese These zu begründen und in ihren Grundzügen zu entfalten, ist es zunächst erforderlich, die Grundlagen des kirchlichen Rechts, die sich von den Grundlagen des weltlichen Rechts unterscheiden, in den Blick zu nehmen (1). In einem zweiten Schritt wird diese grundsätzliche Erwägung konkret auf das Eherecht bezogen und dadurch näher erläutert (2). Vor diesem Hintergrund wird dann verständlich, wie das

M. Graulich (✉)
Roma, Italien

Kirchenrecht die Wahrheit zum Regelungsgegenstand macht und dabei vor allem auf die Glaubenswahrheit Bezug nimmt (3). Im Blick auf die Zielsetzung des Rechtes in der Kirche können die Überlegungen zu Wahrheit und Wahrhaftigkeit im Kirchenrecht zusammenfassend abgeschlossen werden (4). Dabei kann vieles nur angedeutet oder in seinen Grundzügen erfasst werden.[1]

Das Kirchenrecht, gegründet in der Wahrheit

Die Kirche ist Sakrament[2] und zugleich eine *realitas complexa*, die aus menschlichen und göttlichen Elementen zusammenwächst und damit auch eine Sozialgestalt erforderlich macht, in der „die mit hierarchischen Organen ausgestattete Gesellschaft und der geheimnisvolle Leib Christi, die sichtbare Versammlung und die geistliche Gemeinschaft, die irdische Kirche und die mit himmlischen Gaben beschenkte Kirche"[3] nicht adäquat voneinander zu unterscheiden sind.

Zur Sozialgestalt der Kirche gehört notwendig auch die Rechtsordnung, die nicht als Derivat staatlichen Religionsrechts, sondern als eigenständige Erscheinungsform des Rechts anzusehen ist. Recht der Kirche ist nicht einfachhin Setzung des Menschen. In der Kirche gilt das rechtspositivistische Axiom *Auctoritas, non veritas facit legem* nicht – vielmehr muss es im Blick auf das Recht der Kirche heißen: *Veritas, non auctoritas facit legem.* Im Kirchenrecht sind das *ius divinum* (als geoffenbartes, positives göttliches Recht, oder als Naturrecht) und das

---

[1] In diesem Beitrag werden Überlegungen aufgegriffen und auf das Thema des Artikels hin zugespitzt, die sich in ausführlicherer Form in anderen Veröffentlichungen des Verfassers finden. Vgl. z. B.: M. GRAULICH: *Die Lebensentscheidung im Spannungsfeld von Recht und Moral. Erwägungen zur Theologie des kirchlichen Rechts bei Klaus Demmer.* In: Salesianum 63 (2001), S. 341–375; DERS.: *Baptismo homo constituitur persona in Ecclesia. Anthropologische Implikationen des Kirchenrechts.* In: Salesianum 64 (2002), S. 445–474; DERS.: *Unterwegs zu einer Theologie des Kirchenrechts. Die theologische Grundlegung des Rechts bei Gottlieb Söhngen (1892–1971) und die Konzepte der neueren Kirchenrechtswissenschaft.* Paderborn 2006; DERS.: *Salus animarum – suprema lex. Der Beitrag des Kirchenrechts zu einer Ethik der Seelsorge.* In: M. GRAULICH, M. SEIDNADER (Hrsg.): *Unterwegs zu einer Ethik pastoralen Handelns.* Würzburg 2011, S. 23–40.

[2] Vgl. LG 1.

[3] LG 8.

ius humanum (als positives, von Menschen gesetztes Recht) in ihrer Unterschiedenheit und zugleich in ihrer Bezogenheit aufeinander zu durchdenken und näher zu bestimmen.

Daher gehört es zu den Grundlagen des Kirchenrechts, das zu berücksichtigen, was Schrift und Tradition als Ausfluss der einen göttlichen Quelle[4] über Recht und Gerechtigkeit sagen, denn kirchliches Recht ist nicht allein philosophisch begründbar, es bedarf auch der theologischen Reflexion. Das Kirchenrecht ist eine rechtliche Umsetzung dessen, was theologisch als wahr erkannt und definiert wurde. Dabei ist das Kirchenrecht an das neutestamentliche Ethos, an Verkündigung und Anspruch Jesu rückgebunden, der sich selbst als der Weg, die Wahrheit und das Leben geoffenbart hat (vgl. Joh 14,6) und nicht gekommen ist, um das Gesetz aufzuheben, sondern um es zu erfüllen (vgl. Mt 5,17).

Dem Gesetz des Alten Testamentes, das durch die Kasuistik der Pharisäer im Laufe der Zeit in seiner konkreten Anwendung den Ansprüchen und der Schwäche des Menschen angepasst worden war, setzt er die Wahrheit der Schöpfungsordnung entgegen, die diesem Gesetz erst seinen Grund und seine Fülle gibt. Dem, was „man" so tut, dem „Uralten", stellt Jesus „das Ursprüngliche gegenüber"[5] und erneuert damit das Verständnis des Gesetzes, indem er es auf die von Gott geoffenbarte Wahrheit bezieht.

In der Kirche sind daher Rechtsordnung und Heilsordnung zwar zu unterscheiden, aber nicht strikt voneinander zu trennen. Der vorpositive Grund der einzelnen Normen tritt im Kirchenrecht deutlich hervor und spielt eine größere Rolle, als dies im staatlichen Recht der Fall ist. Aufgabe des kirchlichen Rechts ist es, auf der Grundlage des *ius divinum* und vor dem Hintergrund der Vorgaben des Lehramtes eine Rechtsordnung zu gestalten, welche der Sendung und den Zielen der Kirche gerecht wird, und zugleich der Wahrheit des Glaubens entspricht.[6] Das Kirchenrecht hat das Ziel, der Gemeinschaft des Volkes

---

[4] Vgl. DV 9.

[5] J. Ratzinger: *Zur Theologie der Ehe*. In: JRGS IV, S. 565–592; hier: S. 567.

[6] Zu diesem Zusammenhang vgl. einführend: M. Graulich: *Das ius divinum im Decretum Gratiani – ein Wegweiser*. In: Ders., R. Weimann (Hrsg.): *Ewige Ordnung in sich verändernder Gesellschaft? Das göttliche Recht im theologischen Diskurs*. Freiburg 2018, S. 116–129, bes. 127–129.

Gottes eine Ordnung zu geben, mit deren Hilfe sich die Sendung der Kirche verwirklichen lässt. Dies soll dazu führen, dass das Leben aus dem Glauben und im Licht der geoffenbarten Wahrheit in Wahrhaftigkeit gelingen kann.

In der Kirche kommt dabei die Kompetenz der Gesetzgebung dem Papst und den Bischöfen, d. h. denjenigen zu, die das Lehramt innehaben. Diese Verflechtung soll auf ihre Weise die Bindung des Rechts der Kirche an die Wahrheit sichern und zugleich die Verbindung zwischen moralischer und rechtlicher Ordnung in der Kirche deutlich werden lassen.

Im Gegensatz dazu ist in den demokratischen Kulturen „die Meinung weit verbreitet, wonach sich die Rechtsordnung einer Gesellschaft darauf beschränken sollte, die Überzeugungen der Mehrheit zu verzeichnen und anzunehmen, und daher nur auf dem aufbauen, was die Mehrheit selber als moralisch anerkennt und lebt. Wenn dann sogar die Meinung vertreten wird, eine allgemeine und objektive Wahrheit sei de facto unannehmbar, würde es die Achtung vor der Freiheit der Bürger – die in einem demokratischen System als die eigentlichen Souveräne gelten – erfordern, dass man auf Gesetzgebungsebene die Autonomie der einzelnen Gewissen anerkennt und daher bei der Festlegung jener Normen, die auf jeden Fall für das soziale Zusammenleben notwendig sind, ausschließlich dem Willen der Mehrheit, welcher Art immer sie sein mag, gerecht wird. Auf diese Weise müsste jeder Politiker in seinem Tun den Bereich des privaten Gewissens klar von dem des öffentlichen Verhaltens trennen."[7]

In der staatlichen Gesetzgebung ist die „parlamentarische Rechtssetzung im Wesentlichen Produkt von politischem Wettbewerb und Mehrheitsentscheidungen."[8] Sie beruht auf der „Mehrheit, nicht auf der Wahrheit."[9]

---

[7] JOHANNES PAUL II.: Enzyklika *Evangelium vitae* über den Wert und die Unantastbarkeit des menschlichen Lebens (25. März 1995) (VdAS 120), Nr. 69.
[8] H. DREIER: *Staat ohne Gott? Religion in der säkulären Moderne*. München ²2018, S. 107.
[9] Ebd., S. 108.

„In einem Großteil der rechtlich zu regelnden Materien kann die Mehrheit ein geeignetes Kriterium sein. Aber dass in den Grundfragen des Rechts, in denen es um die Würde des Menschen und der Menschheit geht, das Mehrheitsprinzip nicht ausreicht, ist offenkundig. Jeder Verantwortliche muss bei der Rechtsbildung die Kriterien seiner Orientierung suchen."[10] Bei dieser Suche stellt der Dialog mit der Kirche kein Hindernis, sondern eine Bereicherung dar.[11]

Die Kirche legt dem Staat kein Offenbarungsrecht vor, wie es die islamischen Autoritäten tun, sie verweist ihn „auf Natur und Vernunft als die wahren Rechtsquellen ... – auf den Zusammenklang von objektiver und subjektiver Vernunft, der freilich das Gegründetsein beider Sphären in der schöpferischen Vernunft Gottes voraussetzt."[12] Damit wendet sie sich gegen den Positivismus im Verständnis der Natur und des Rechts, der alles der Funktion unterordnet und keine Verbindung zwischen Recht und Moral kennt. Die positivistische Weltsicht nimmt den Menschen nicht als Ganzen in den Blick und schneidet damit die Verbindung des Rechts zu seinen Grundlagen ab, denn der Mensch lässt sich nicht auf eine rein funktionale, positivistische und im letzten utilitaristische Dimension beschränken.

Genauso wenig, wie das Prinzip der Mehrheit bei der Rechtssetzung der Wahrheit des Menschen gerecht wird, erschöpft sich die Gerechtigkeit des Rechts in der Legalität, d. h. im Prinzip der Gesetzlichkeit, der Korrektheit gesetzgeberischer Vorgänge. „Die Erfahrung zeigt, dass sich die Gesetzlichkeit oft gegenüber der Gerechtigkeit durchsetzt, wenn das Beharren auf Rechten diese als ausschließliches Ergebnis legislativer Maßnahmen oder normativer Entscheidungen erscheinen lässt, die von den verschiedenen Einrichtungen derjenigen getroffen werden, die an der Macht sind. Wenn sie bloß in Begriffen der Gesetzlichkeit

---

[10] BENEDIKT XVI.: *Ansprache vor dem Deutschen Bundestag*. Berlin, 22. September 2011.
[11] Vgl. BENEDIKT XVI.: *Ansprache in der Westminster Hall*. London, 17. September 2010. Vgl. auch: M. GRAULICH: *Naturrecht – Menschenrechte – Positives Recht. Der Beitrag der Katholischen Kirche zur Rechtskultur in pluralistischer Gesellschaft*. In: A. RAUSCHER (Hrsg.): *Handbuch der Katholischen Soziallehre*. Berlin 2008, S. 787–799.
[12] BENEDIKT XVI.: *Ansprache vor dem Deutschen Bundestag*. Berlin, 22. September 2011.

dargestellt werden, laufen Rechte Gefahr, zu schwachen Aussagen zu werden, die von der ethischen und rationalen Dimension losgelöst sind, die ihr Fundament und Ziel ist."[13]

Dieses System von Mehrheit und Legalität bzw. Gesetzlichkeit, das die Wahrheit durch die Mehrheitsentscheidung ersetzt, sich auf einen gesellschaftlichen Minimalkonsens beschränkt und daher auch Handlungen toleriert, welche der Moralität widersprechen, ist der Kirche und ihrer Rechtssetzung fremd. Das kirchliche Recht gründet in der Wahrheit und sie tritt als vorpositiver Grund der einzelnen Normen wesentlich stärker hervor, als dies im staatlichen Recht der Fall sein kann. Je näher eine Norm des Kirchenrechts dem göttlichen Recht ist, desto schwieriger wird es, sie zu verändern, denn im Hinblick auf das göttliche Recht gibt es nur die Möglichkeit eines vertieften Verständnisses seiner Bedeutung, keine Veränderung seines Inhaltes.[14]

Das Recht der Kirche gibt den Rahmen für die Gläubigen vor, die Wahrheit zu leben, ohne dabei den Anspruch zu erheben, den Weg der Wahrheit und Wahrhaftigkeit für den Einzelnen erschöpfend erfassen zu können. Auch im Hinblick auf Wahrheit und Wahrhaftigkeit gilt, was Papst Johannes Paul II. bei der Promulgation des derzeitig gültigen Gesetzbuches der Katholischen Kirche feststellt, nämlich, „dass es keineswegs der Zweck des Codex sein kann, im Leben der Kirche den Glauben, die Gnade, die Charismen und vor allem die Liebe der Gläubigen zu ersetzen. Im Gegenteil, der Codex zielt vielmehr darauf ab, der kirchlichen Gesellschaft eine Ordnung zu geben, die der Liebe, der Gnade und den Charismen Vorrang einräumt und gleichzeitig

---

[13] BENEDIKT XVI.: *Ansprache vor der Vollversammlung der Vereinten Nationen*. New York, 18. April 2008.

[14] Auch im Hinblick auf das göttliche Recht gilt, was die Konstitution *Dei Verbum* allgemein für die Offenbarung festhält: „Diese apostolische Überlieferung kennt in der Kirche unter dem Beistand des Heiligen Geistes einen Fortschritt: es wächst das Verständnis der überlieferten Dinge und Worte durch das Nachsinnen und Studium der Gläubigen, die sie in ihrem Herzen erwägen (vgl. *Lk* 2,19.51), durch innere Einsicht, die aus geistlicher Erfahrung stammt, durch die Verkündigung derer, die mit der Nachfolge im Bischofsamt das sichere Charisma der Wahrheit empfangen haben; denn die Kirche strebt im Gang der Jahrhunderte ständig der Fülle der göttlichen Wahrheit entgegen, bis an ihr sich Gottes Worte erfüllen." (DV 8).

deren geordneten Fortschritt im Leben der kirchlichen Gesellschaft wie auch der einzelnen Menschen, die ihr angehören, erleichtert."[15] Das Kirchenrecht ist Dienst an der Wahrheit und der Wahrhaftigkeit mit den Mitteln des Rechts.

Das Eherecht als Normierung der Wahrheit über die Ehe

Diese allgemeinen Überlegungen zur Eigenart des kirchlichen Rechts im Hinblick auf Wahrheit und Wahrhaftigkeit lassen sich im Blick auf das Eherecht der Kirche konkretisieren. Das kirchliche Eherecht drückt die Wahrheit über die Ehe zwischen Mann und Frau, wie sie vom Lehramt auf der Grundlage der Offenbarung vorgelegt wird, in juristischer Sprache aus. Dadurch bietet es einen Rahmen, der dazu dient, diese Wahrheit zu schützen und in konkrete Pflichten und Rechte umzusetzen.[16]

Da der derzeit geltende *Codex Iuris Canonici* nach dem Zweiten Vatikanischen Konzil promulgiert wurde, greift er dessen personale Perspektive der Ehelehre auf, ohne das reiche Erbe des kirchlichen Eherechts aufzugeben oder in einen Subjektivismus zu verfallen. Dadurch wird einmal mehr deutlich, dass auch in der Überarbeitung des *Codex* nach dem Zweiten Vatikanischen Konzil „die Bemühungen um die ‚Reform' oder um die ‚Erneuerung unter Wahrung der Kontinuität' vorangebracht"[17] wurden.

Daher wird die Ehe im Kirchenrecht weiterhin als Vertrag auf der Grundlage des personalen Konsenses, zugleich aber in der Perspektive des Bundes *(foedus)* der Eheleute verstanden: „Der Ehe-

---

[15] JOHANNES PAUL II.: Apostolische Konstitution *Sacrae disciplinae leges*. In: *Codex Iuris Canonici. Lateinisch-Deutsche Ausgabe*. Kevelaer ⁸2017, S. XVII.

[16] Vgl. einführend zum kirchlichen Eherecht: M. GRAULICH: *Anders als gedacht? Ehe und Familie im Kirchenrecht*. In: G. AUGUSTIN, I. PROFT (Hrsg.): *Ehe und Familie. Wege zum Gelingen aus katholischer Perspektive*. Freiburg 2014, S. 177–186.

[17] BENEDIKT XVI.: *Ansprache an die Rota Romana am 27. Januar 2007*; mit Verweis auf seine *Ansprache an die Römische Kurie am 22. Dezember 2005*.

bund *(matrimoniali foedus)*, durch den Mann und Frau unter sich die Gemeinschaft des ganzen Lebens *(totius vitae consortium)* begründen, welche durch ihre natürliche Eigenart auf das Wohl der Ehegatten und auf die Zeugung und die Erziehung von Nachkommenschaft hingeordnet ist, wurde zwischen Getauften von Christus dem Herrn zur Würde eines Sakramentes erhoben."[18]

Die innige Gemeinschaft des Lebens und der Liebe *(intima comunitas vitae et amoris)*,[19] wird in der Ehe zur Gemeinschaft des ganzen Lebens *(totius vitae consortium)*, ist aber mehr als nur eine subjektive Empfindung der Partner, denn „gemäß der Tradition der Kirche wird diese Gemeinschaft durch eine Gesamtheit von Prinzipien göttlichen Rechts bestimmt, die ihren wahren und anthropologischen Sinn festlegen."[20]

Die Reform des kirchlichen Eherechts nach dem Konzil hat sich „auf der Grundlage der unbestrittenen Voraussetzung entwickelt, dass die Ehe ihre eigene Wahrheit besitzt, zu deren Entdeckung und Vertiefung Vernunft und Glaube gemeinsam harmonisch beitragen: also die vom Wort Gottes erleuchtete Erkenntnis über den geschlechtlichen Unterschied zwischen Mann und Frau, mit ihrem tiefen Verlangen nach gegenseitiger Ergänzung."[21]

Zu dieser Wahrheit über die Ehe gehören auch rechtliche Verpflichtungen, die vor allem die Wesenseigenschaften der Ehe betreffen. „Die Wesenseigenschaften der Ehe sind die Einheit und die Unauflöslichkeit, die in der christlichen Ehe im Hinblick auf das Sakrament eine besondere Festigkeit erlangen."[22]

Einheit und Unauflöslichkeit als konstituierende Elemente der Ehe entsprechen jener Wahrheit, die in der Bundestheologie offenbar wird, da dieses Modell zugleich die Einheit von Christus und seiner Kirche beschreibt (vgl. Eph 5, 30–31). „Und die wesentlich rechtliche Natur

---

[18] Can. 1055 §1 CIC.
[19] GS 48.
[20] BENEDIKT XVI.: *Ansprache an die Rota Romana am 27. Januar 2007*, mit Verweis auf GS 48.
[21] Ebd..
[22] Can. 1056 CIC.

der Ehe liegt eben in diesem Band, das für den Mann und die Frau eine Erfordernis der Gerechtigkeit und der Liebe darstellt, der sie sich zu ihrem eigenen Wohl und zum Wohl aller nicht entziehen können, ohne in Widerspruch zu dem zu stehen, was Gott selbst an ihnen getan hat."[23]

Die vom Lehramt der Kirche vorgelegte Wahrheit über die Ehe, wie sie sich in der Schöpfungs- und Erlösungsordnung findet, ist die Grundlage des Eherechts der Kirche. Das unterscheidet das kirchliche Eherecht vom staatlichen, das immer mehr vom Relativismus – basierend auf Mehrheitsentscheidungen – geprägt wird und nicht nur dem gesellschaftlichen Minimalkonsens untergeordnet ist, sondern zudem unter dem Druck von Lobbys und *pressure groups* steht. So werden mithilfe des staatlichen Rechts häufig subjektive Forderungen und Befindlichkeiten formalisiert und positiv sanktioniert.

Dadurch verliert die Wahrheit über die Ehe ihre „existentielle Relevanz in einem Kontext, der vom Relativismus und vom Rechtspositivismus geprägt ist, die die Ehe als eine bloß gesellschaftliche Formalisierung der affektiven Bande betrachten. Infolgedessen wird die Ehe nicht nur kontingent, so wie es menschliche Gefühle sein können, sondern sie erscheint als eine rechtliche Überstruktur, die der menschliche Wille nach Gutdünken manipulieren und sogar seiner heterosexuellen Natur berauben kann."[24]

Der staatliche Gesetzgeber beschränkt sich darauf, im Bereich des Eherechts formal richtige Gesetze zu erlassen, welche politisch und gesellschaftlich mehrheitsfähig sind. Dadurch „entsteht eine Kluft zwischen Recht und menschlichem Leben, die jede Möglichkeit einer anthropologischen Grundlegung des Rechts radikal ausschließt"[25] und von der Wahrheit der Ehe absieht. Es wird nun als Aufgabe des Staates betrachtet, zu definieren, was Ehe ist.[26] Das kirchliche Eherecht steht dem diametral entgegen: „Angesichts der subjektivistischen und

---

[23] BENEDIKT XVI.: *Ansprache an die Rota Romana am 27. Januar 2007.*
[24] Ebd.
[25] Ebd.
[26] Vgl. dazu: R. T. ANDERSON: *Truth overruled. The Future of Marriage and Religious Freedom.* Washington 2015.

anarchischen Relativierung sexueller Erfahrung bekräftigt die Tradition der Kirche klar die rechtliche Natur der Ehe, das heißt ihre von Natur aus gegebene Zugehörigkeit zum Bereich der Gerechtigkeit in den zwischenmenschlichen Beziehungen."[27]

Anders als die Staaten, die in der Gefahr stehen, sich in ihrer Gesetzgebung vom gesellschaftlichen Relativismus leiten zu lassen, setzt die Kirche in ihrer Ehegesetzgebung in Kontinuität mit der Tradition auf die Wahrheit der Ehe als Grundlage des Rechts und der Moral. Ehe ist mehr als ein Rahmen für die subjektive Befriedigung der Bedürfnisse der Partner. Jeder, der in der Kirche mit der Aufgabe der Gesetzgebung betraut ist, oder Recht auszulegen und anzuwenden hat, trägt eine Verantwortung dafür, dass die Wahrheit der Ehe nicht verdunkelt wird. Diese Wahrheit ist kein hehres Ideal, sie überfordert den Menschen nicht, sondern entspricht seinem Wesen.

Wahrheit und Recht bedingen einander auch, wenn es um die Vorbereitung der Eheschließung geht. In der Kirche gilt das sogenannte *ius connubii*, d. h., „alle können die Ehe schließen, die rechtlich nicht daran gehindert werden."[28] Dieses Recht konstituiert aber in keiner Weise einen subjektiven Anspruch, der von Seiten der Kirche erfüllt werden müsste. „Das Recht auf Ehe setzt voraus, dass man sie wirklich schließen kann und will, also in der Wahrheit ihres Wesens, wie die Kirche es lehrt. Niemand kann das Recht auf eine Trauung beanspruchen. Das *ius connubii* bezieht sich nämlich auf das Recht, eine wahre Eheschließung vorzunehmen."[29]

Deshalb muss vor der Eheschließung geprüft werden, ob die Voraussetzungen gegeben sind und wo sie mangeln, müssen sie geschaffen werden. Gerade in einer Gesellschaft, in welcher die Wahrheit über die Ehe verdunkelt wird, soll durch eine gute Ehevorbereitung verhindert werden, dass ungültige Ehen geschlossen werden.

Auf diese Weise „kann vermieden werden, dass emotive Impulse oder oberflächliche Gründe die beiden jungen Leute dazu führen, Ver-

---

[27] BENEDIKT XVI.: *Ansprache an die Rota Romana am 27. Januar 2007*.
[28] Can. 1058 CIC.
[29] BENEDIKT XVI.: *Ansprache an die Rota Romana am 22. Januar 2011*.

antwortungen zu übernehmen, denen sie dann nicht gerecht werden können. Das Gute, das die Kirche und die ganze Gesellschaft von der Ehe und der auf sie gegründeten Familie erwarten, ist zu groß, um sich in diesem spezifischen pastoralen Bereich nicht bis zum Grunde einzusetzen. Ehe und Familie sind Einrichtungen, die gefördert und gegen jegliches Missverständnis bezüglich ihrer Grundwahrheit verteidigt werden müssen, denn jeder Schaden, der ihnen zugefügt wird, ist in der Tat eine Verletzung, die dem menschlichen Zusammenleben als solchem beigebracht wird."[30]

Das unmittelbare Ziel der Ehevorbereitung besteht darin, die gültige Eheschließung zu ermöglichen. In der Vorbereitung „wird dem Paar keine von außen kommende ideologische Botschaft vermittelt, und es wird erst recht kein Kulturmodell aufgezwungen. Vielmehr werden die Verlobten in die Lage versetzt, die Wahrheit einer natürlichen Zuneigung und der Fähigkeit, eine Verpflichtung einzugehen, zu entdecken, die sie in ihrem beziehungsorientierten Sein als Mann und Frau in sich tragen."[31]

Die Ehevorbereitung in ihren verschiedenen Etappen[32] und auch das sogenannte Brautexamen sind keine bloßen Formalitäten. Sie sind Ausdruck des Bemühens der Seelsorger, „der Person zu helfen, sich der Wahrheit über sich selbst und über ihre menschliche und christliche Berufung zur Ehe ernsthaft zu stellen."[33] Die Wahrheit über die Ehe kennzeichnet die Ehevorbereitung, damit die Eheführung in Wahrhaftigkeit vor Gott und vor sich selbst gelingen kann.

---

[30] BENEDIKT XVI.: Nachsynodales Apostolisches Schreiben *Sacramentum caritatis* über die Eucharistie Quelle und Höhepunkt von Leben und Sendung der Kirche (22. Februar 2007) (VdAS 177), Nr. 29.

[31] BENEDIKT XVI.: *Ansprache an die Rota Romana am 22. Januar 2011*.

[32] Zur Ehevorbereitung vgl. PÄPSTLICHER RAT FÜR DIE FAMILIE: *Die Vorbereitung auf das Sakrament der Ehe* (13. Mai 1996) (VdAS 127); DIE DEUTSCHEN BISCHÖFE: *Auf dem Weg zum Sakrament der Ehe. Überlegungen zur Trauungspastoral im Wandel* (28. September 2000); M. GRAULICH, R. WEIMANN: *Im Glauben das „Ja" wagen. Auf dem Weg zur Ehe*. Freiburg 2015.

[33] BENEDIKT XVI.: *Ansprache an die Rota Romana am 22. Januar 2011*.

Wahrheit als Regelungsgegenstand des Kirchenrechts

An verschiedenen Stellen nimmt das Kirchenrecht auf die Wahrheit Bezug, vor allem, wenn es um die Wahrheit des Glaubens geht. Der Rückbezug auf das *depositum fidei,* ist für das Kirchenrecht nicht nur von Bedeutung, wenn es um seine eigene Begründung geht, sondern ist – direkt oder indirekt – die Grundlage, aus der sich seine Normen ableiten.

So lautet der Leitkanon des III. Buches des *Codex Iuris Canonici* über den Verkündigungsdienst der Kirche: „Christus der Herr hat der Kirche das Glaubensgut anvertraut, damit sie unter dem Beistand des Heiligen Geistes die geoffenbarte Wahrheit heilig bewahrt, tiefer erforscht und treu verkündigt und auslegt; daher ist es ihre Pflicht und ihr angeborenes Recht, auch unter Einsatz der ihr eigenen sozialen Kommunikationsmittel, unabhängig von jeder menschlichen Gewalt, allen Völkern das Evangelium zu verkündigen."[34]

Diesem Recht der Kirche zur Verkündigung der Wahrheit entspricht die Pflicht aller Menschen, die Wahrheit zu suchen: „Alle Menschen sind gehalten, in den Fragen, die Gott und seine Kirche betreffen, die Wahrheit zu suchen; sie haben kraft göttlichen Gesetzes die Pflicht und das Recht, die erkannte Wahrheit anzunehmen und zu bewahren."[35] Zwar hat keiner „jemals das Recht, Menschen zur Annahme des katholischen Glaubens gegen ihr Gewissen durch Zwang zu bewegen,"[36] aber die Grundwahrheit des Glaubens erfordert, wenn sie erkannt worden ist Annahme und ist nicht von der Beliebigkeit der Gläubigen abhängig.

„Wenn für den Menschen das Recht besteht, auf seinem Weg der Wahrheitssuche respektiert zu werden, so besteht noch vorher die für jeden schwerwiegende moralische Verpflichtung, die Wahrheit zu suchen und an der anerkannten Wahrheit festzuhalten. In diesem Sinne

---

[34] Can. 747 §1 CIC.
[35] Can. 748 §1 CIC.
[36] Can. 748 §2 CIC.

behauptete Kardinal J.H. Newman, herausragender Verfechter der Rechte des Gewissens, mit Entschiedenheit: Das Gewissen hat Rechte, weil es Pflichten hat."[37]

Es ist nicht nur das Recht, sondern eine Pflicht der Gläubigen, sich eine tiefere Erkenntnis der Wahrheiten des Glaubens anzueignen, damit sie ihren Glauben wahrhaftig, d. h. „gemäß der christlichen Lehre zu leben vermögen, diese auch selbst verkünden und, wenn es notwendig ist, verteidigen zu können und damit sie in der Ausübung des Apostolates ihren Teil beizutragen imstande sind."[38]

Dies schließt das Recht auf christliche Erziehung ein, durch welche die Gläubigen „in angemessener Weise zur Erlangung der Reife der menschlichen Person und zugleich zur Erkenntnis des Heilsgeheimnisses und zu einem Leben danach angeleitet werden"[39] und setzt sich in der Möglichkeit der wissenschaftlichen Ausbildung fort.[40] Um auch im akademischen Bereich „die geoffenbarte Wahrheit zu verkünden,"[41] hat die Kirche das Recht, kirchliche Universitäten und Fakultäten zu errichten und zu führen, die der theologischen Forschung und der wissenschaftlichen Ausbildung dienen. Wer Theologie unterrichtet, ist der Wahrheit und dem Lehramt der Kirche gegenüber besonders verpflichtet,[42] sonst würde er nicht zur Vertiefung der Kenntnis der Wahrheit und zu einem wahrhaftigen Leben des Glaubens beitragen.

Die gleiche Verpflichtung gilt allen, die in der Kirche mit der Verkündigung beauftragt sind. Sie haben allen das Evangelium zu verkünden[43] und für die katechetische Unterweisung Sorge zu tragen, „damit der Glaube der Gläubigen durch die Unterweisung in der Lehre

---

[37] JOHANNES PAUL II.: Enzyklika *Veritatis splendor* über einige grundlegende Fragen der kirchlichen Morallehre (6. August 1993) (VdAS 111), Nr. 34.
[38] Can. 229 §1 CIC.
[39] Can. 217 CIC.
[40] Vgl. can. 229 §2 CIC.
[41] Can. 815 CIC.
[42] Vgl. can. 218 CIC. Vgl. hierzu auch: KONGREGATION FÜR DIE GLAUBENSLEHRE: Instruktion *Donum veritatis* über die kirchliche Berufung des Theologen (24. Mai 1990) (VdAS 98); J. RATZINGER: *Wesen und Auftrag der Theologie. Versuche zu ihrer Ortsbestimmung im Disput der Gegenwart.* Freiburg 1993.
[43] Vgl. can. 762 CIC.

und durch die Erfahrung christlichen Lebens lebendig wird, sich entfaltet und zu Taten führt."[44]

Ausdrücklich wird dies im *Codex Iuris Canonici* im Hinblick auf den Diözesanbischof und den Pfarrer gesagt: „Der Diözesanbischof ist gehalten, die Glaubenswahrheiten, die gläubig anzunehmen und die im sittlichen Leben anzuwenden sind, den Gläubigen darzulegen und zu verdeutlichen, indem er selbst oft predigt; er hat auch dafür zu sorgen, dass die Vorschriften der canones über den Dienst am Wort, vor allem über die Homilie und die katechetische Unterweisung, sorgfältig befolgt werden, damit so die ganze christliche Glaubenslehre allen überliefert wird."[45]

Ähnlich heißt es im Hinblick auf den Pfarrer, er sei „verpflichtet, dafür zu sorgen, dass denen, die sich in der Pfarrei aufhalten, das Wort Gottes unverfälscht verkündigt wird; er hat deshalb dafür zu sorgen, dass die Laien in den Glaubenswahrheiten unterrichtet werden, besonders durch die Homilie an den Sonntagen und den gebotenen Feiertagen und durch die katechetische Unterweisung; er hat die Werke zu unterstützen, die den Geist des Evangeliums fördern, auch in Bezug auf die soziale Gerechtigkeit; seine besondere Sorge hat der katholischen Erziehung der Kinder und Jugendlichen zu gelten; er hat sich mit aller Kraft, auch unter Beiziehung der Hilfe von Gläubigen, darum zu bemühen, dass die Botschaft des Evangeliums auch zu jenen gelangt, die religiös abständig geworden sind oder sich nicht zum wahren Glauben bekennen."[46]

Die Verkündigung des Evangeliums und der Glaubenswahrheiten setzt auch im Verkünder selbst die Annahme der Wahrheit und die Wahrhaftigkeit in der Lebensführung voraus. Wer mit der Verkündigung beauftragt ist, darf nicht seine Wahrheit verkünden, sondern hat sich an das zu halten, was Kraft göttlichen und katholischen Glaubens zu glauben, fest anzunehmen und zu bewahren ist.[47]

---

[44] Can. 773 CIC.

[45] Can. 386 §1 CIC.

[46] Can. 528 §1 CIC.

[47] Vgl. can. 750 CIC, welcher durch das Motu proprio *Ad tuendam fidem* präzisiert wurde. Vgl. JOHANNES PAUL II.: Motu proprio *Ad tuendam fidem*, durch das einige Normen in den *Codex Iuris Canonici* und in den *Codex Canonum Ecclesiarum Orientalium* eingefügt werden (18. Mai

Besonders der Diözesanbischof hat die Wahrheit, d. h. „die Unversehrtheit und Einheit der Glaubenslehre ... mit Mitteln, die ihm geeignet scheinen, in fester Haltung zu schützen *(firmiter tueatur)*, in Anerkennung jedoch der gerechten Freiheit für die weitere Erforschung der Wahrheit."[48]

Wenn der Verkünder selbst die Wahrheit des Glaubens nicht annimmt, kann er in die Häresie fallen. „Häresie nennt man die nach Empfang der Taufe erfolgte beharrliche Leugnung einer kraft göttlichen und katholischen Glaubens zu glaubenden Wahrheit oder einen beharrlichen Zweifel an einer solchen Glaubenswahrheit."[49] Häresie zieht die Tatstrafe der Exkommunikation und die Enthebung aus dem Kirchenamt, sowie eventuell auch weitere Strafen bis hin zur Entlassung aus dem Klerikerstand nach sich.[50] Auf diese Weise wird in der Kirche die Wahrheit auch durch das Strafrecht geschützt; leider wird es derzeit nicht konsequent angewandt.

Die Pflicht zur Verkündigung der (Glaubens-)Wahrheit wird im Hinblick auf die Missionstätigkeit der Kirche noch einmal explizit hervorgehoben. Die Missionare „haben durch das Zeugnis ihres Lebens und ihres Wortes mit den nicht an Christus Glaubenden einen ehrlichen Dialog zu führen, sodass diesen in einer ihrer Eigenart und Kultur entsprechenden Weise die Wege zur Erkenntnis der Botschaft des Evangeliums geöffnet werden. Sie haben dafür zu sorgen, denjenigen, die sie zur Annahme der Botschaft des Evangeliums bereit erachten, die Glaubenswahrheiten so zu lehren, dass diese, frei darum bittend, zum Empfang der Taufe zugelassen werden können."[51]

Auch nach dem Empfang der Taufe sind die Gläubigen „in angemessener Unterweisung zu vollerer Kenntnis der Wahrheit des Evangeliums und zur Erfüllung der durch die Taufe übernommenen

---

1998). In: Kongregation für die Glaubenslehre: *Lehramtliche Stellungnahme zur „Professio fidei"* (VdAS 144). S. 11–15.
[48] Can. 386 §2 CIC.
[49] Can. 751 CIC.
[50] Vgl. can. 1364 CIC iVm can. 194 §1, Nr. 2 CIC.
[51] Can. 787 CIC.

Pflichten zu führen; sie sind zu aufrichtiger Liebe zu Christus und seiner Kirche anzuleiten."[52]

Dieser Zusammenhang zwischen der Annahme und Vertiefung der Wahrheit und der Taufe gilt nicht nur in den Missionsländern, sondern grundsätzlich. Auch der erwachsene Taufbewerber „muss über die Glaubenswahrheiten und über die christlichen Pflichten hinreichend unterrichtet" sein;[53] bei einer Taufe in Todesgefahr wird zumindest eine gewisse „Kenntnis der grundlegenden Glaubenswahrheiten" vorausgesetzt.[54] Bei der Taufe eines Kindes muss wenigstens „die begründete Hoffnung bestehen, dass das Kind in der katholischen Religion erzogen,"[55] und damit in der Wahrheit des Glaubens unterrichtet und zur Wahrhaftigkeit eines Lebens aus dem Glauben angeleitet wird.

Diese Wahrhaftigkeit der Lebensführung kennt Höhen und Tiefen, Fortschritte und Rückschritte, Zeiten des Enthusiasmus und Momente der Resignation. Um wahrhaftig auf dem Weg der Wahrheit zu bleiben, sind die Gläubigen verpflichtet, häufig das Bußsakrament zu empfangen und in der Beichte „alle nach der Taufe begangenen schweren Sünden" zu bekennen.[56] Dieses Bekenntnis muss persönlich und vollständig sein und sollte auch die lässlichen Sünden umfassen.[57] Die Absolution ist der einzige ordentliche „Weg, auf dem ein Gläubiger, der sich einer schweren Sünde bewusst ist, mit Gott und der Kirche versöhnt wird."[58] Die Beichte ist die Gelegenheit, sich im Licht der Wahrheit Gottes ernsthaft zu prüfen, um die Wahrhaftigkeit der eigenen Lebensführung nicht aus dem Blick zu verlieren.

Der Rahmen dieses Beitrages erlaubt es nicht, die Beziehung von Wahrheit und Wahrhaftigkeit im Bereich des Heiligungsdienstes der Kirche und besonders im Hinblick auf die Sakramentenspendung,

---

[52] Can. 789 CIC.
[53] Can. 865 §1 CIC.
[54] Can. 865 §2 CIC.
[55] Can. 868 §1, Nr. 2 CIC.
[56] Can. 988 §1 CIC.
[57] Vgl. can. 988 §2 CIC.
[58] Can. 960 CIC.

im Einzelnen darzulegen.[59] Auf jeden Fall dient der Heiligungsdienst der Kirche dazu, die „Gläubigen in der Wahrheit" zu heiligen *(ut christifideles sanctificati sint in veritate)*.[60] An dieser Stelle möge ein allgemeiner Hinweis genügen, der deutlich macht, wie Wahrheit und Wahrhaftigkeit sich auch auf die kirchliche Gesetzgebung im Bereich des Heiligungsdienstes im Allgemeinen und der Sakramentenpastoral im Besonderen auswirken.

Das allgemeine Kirchenrecht bestimmt: „Die geistlichen Amtsträger dürfen die Sakramente denen nicht verweigern, die gelegen darum bitten, in rechter Weise disponiert und rechtlich an ihrem Empfang nicht gehindert sind."[61] Kein Seelsorger kann also eigenmächtig Voraussetzungen für den Empfang der Sakramente aufstellen (dieses Recht steht allein der kirchlichen Autorität zu[62]), sondern hat die Kriterien anzuwenden, welche tatsächlich universal- und partikularrechtlich bestehen. Dies gilt sowohl in positiver als auch in negativer Hinsicht.

Das heißt, die Anforderungen dürfen nicht höher geschraubt werden, als dies allgemein vorgesehen ist, sie dürfen aber auch nicht niedriger gesetzt werden. So ist z. B. die Tatsache, dass die Eltern eines Täuflings nicht in einer gültigen Ehe leben, kein Grund, dem Kind die Taufe zu verweigern. Dennoch sollte sich damit die Einladung verbinden, die Eltern auf ihrem Weg seelsorglich zu begleiten und sie ggf. zu einer kirchlichen Eheschließung zu führen, ohne dass davon die Taufe des Kindes abhängig gemacht werden könnte. Genauso ist es weder ethisch noch pastoral zu verantworten, Sakramentenspendungen in Aussicht zu stellen oder gar vorzubereiten, im Wissen darum, dass die Voraussetzungen dazu fehlen und sie dann „höhernorts" in letzter Minute doch noch verhindert oder später als ungültig erklärt werden. Der Seel-

---

[59] Zum besonderen Problem der Sakramentenspendung an Nichtkatholiken vgl., M. Graulich: *Gemeinsamer Kommunionempfang in konfessionsverschiedenen Ehen. Kirchenrechtliche Rückfragen.* In: J. BREMER (Hrsg.): *Ein Kelch für zwei. Zur ökumenischen Debatte um die Kommunion bei konfessionsverbindenden Paaren.* Ostfildern 2019, S. 114–133.
[60] Can. 839 §1 CIC.
[61] Can. 843 § 1 CIC.
[62] Vgl. can. 838 CIC.

sorger hat dann zwar den „Schwarzen Peter" weitergeschoben, seiner ethischen Verantwortung gegenüber der Wahrheit ist er nicht gerecht geworden.

Hier lädt das Kirchenrecht zum verantwortlichen Handeln ein, wenn es festlegt: „Die Seelsorger und die übrigen Gläubigen haben jeweils gemäß der ihnen eigenen kirchlichen Aufgabe die Pflicht, dafür zu sorgen, dass jene, die Sakramente erbitten, auf ihren Empfang durch die erforderliche Verkündigung und katechetische Unterweisung unter Beachtung der von der zuständigen Autorität erlassenen Normen vorbereitet werden."[63] Nicht mehr, aber auch nicht weniger.

Zusammenfassung: Wahrheit, Wahrhaftigkeit und die Zielsetzung des Kirchenrechts

Die Gemeinschaft der Gläubigen im Volk Gottes ist nicht irgendeine Gemeinschaft, sie ist nicht nur Rechtsgemeinschaft, sie ist vor allem Glaubensgemeinschaft, in der es letztlich um das Heil der Seelen und die Gottesbeziehung des Einzelnen geht. Diese einzigartige Beziehung zwischen Gott und den Menschen, die in der aus der Taufe geschenkten Gotteskindschaft zum Ausdruck kommt, soll zur Teilhabe an jener Sendung führen, die der Kirche anvertraut ist. Aus ihr ergeben sich auch Implikationen für das Handeln in der Kirche, die bei der Achtung vor der Würde des Einzelnen und seiner Berufung zum Leben aus der Gotteskindschaft ihren Ausgang nehmen.

Die von Gott geoffenbarte Wahrheit, wie sie vom Lehramt der Kirche vorgelegt wird, ist daher Maßstab der kirchlichen Gesetzgebung. Das Recht der Kirche dient auch, aber nicht in erster Linie, der kirchlichen Organisation. Es steht vor allem in der Verpflichtung, dem *salus animarum*, dem Heil der Seelen, zu dienen.[64] Deshalb hat es der *communio* des Volkes Gottes eine Ordnung zu geben, auf deren Grundlage sich Glaube, Gnade, Charisma, Liebe und Wahrheit entfalten

---

[63] Can. 843 § 2 CIC.
[64] Vgl. can. 1752 CIC.

können und sich nach dem Anspruch des Evangeliums richtet, ohne es ersetzen oder überlagern zu wollen.

Die Wahrheit, nicht die Mehrheit oder die Autorität ist die Grundlage kirchlicher Gesetzgebung, wie in diesem Beitrag im Hinblick auf das Kirchenrecht im Allgemeinen und auf das Eherecht im Besonderen gezeigt worden ist.

Das Kirchenrecht kennt, wenn es um den Verkündigungs- und Heiligungsdienst der Kirche geht, die Wahrheit auch als Regelungsgegenstand. Wahrheit liegt dem Recht nicht nur zugrunde; Wahrheit wird auch durch das Recht geschützt und ihre Einhaltung kann, vor allem, wenn es um die Wahrheit des Glaubens geht, zur Pflicht gemacht werden.

Die Wahrhaftigkeit, das Streben nach Heiligkeit, das Leben nach der Wahrheit und in Übereinstimmung mit dem Willen Gottes und den Verpflichtungen, die sich aus der Gotteskindschaft ergeben, geht im letzten über die Rechtssetzung hinaus. Wahrhaftigkeit ist das Ziel der Gesetzgebung und schafft den Rahmen, der für das Heil der Seelen notwendig ist. Wenn die Gerechtigkeit das Minimum der Liebe garantiert, so garantiert die Umsetzung des Rechts das Bleiben in der Wahrheit und ein Leben in Wahrhaftigkeit vor Gott und den Menschen.

Das höchste Zeugnis für die Wahrheit ist das Martyrium,[65] auch wenn zum Martyrium niemand rechtlich verpflichtet werden kann. Im Hinblick auf die Wahrheit und die Wahrhaftigkeit lädt das Kirchenrecht zum alltäglichen Zeugnis ein, zum Zeugnis in kleiner Münze. Das aber ist zumindest ein Anfang.

---

[65] Vgl. JOHANNES PAUL II.: Enzyklika *Veritatis splendor* über einige grundlegende Fragen der kirchlichen Morallehre (6. August 1993) (VdAS 111), Nr. 90–94; R. WEIMANN: *Il Martirio. Suprema testimonianza d'amore*. In: M. GRAULICH, R. WEIMANN (Hrsg.): *Deus Caritas Est. Porta di Misericordia*. Città del Vaticano 2016, S. 123–141.

Wahrheit und Wahrhaftigkeit in der Bibel und im Koran

Josef Wehrle

Der Baalschem sprach: „Was bedeutet das, was die Leute sagen: „Die Wahrheit geht über die ganze Welt?" Es bedeutet, dass sie von Ort zu Ort verstoßen wird und weiterwandern muss."

M. BUBER: Die Erzählungen der Chassidim. S. 158.

Das Streben nach Wahrheit und Erkenntnis gehört zum Schönsten, dessen der Mensch fähig ist, wenn auch der Stolz auf dieses Streben meist im Munde derjenigen ist, die am wenigsten von solchem Streben erfüllt sind.

A. CALAPRICE (Hrsg.): Albert Einstein. Einstein sagt, Zitate, Einfälle, Gedanken. S. 266.

J. Wehrle (✉)
Freiburg, Deutschland
E-Mail: svenvanmeegen@web.de

Begriffsbestimmung und Differenzierung von Wahrheit und Wahrhaftigkeit

Allgemein kann man den Begriff „Wahrheit" definieren als „Übereinstimmung von Aussagen oder Urteilen mit einem Sachverhalt, einer Tatsache oder der Wirklichkeit im Sinne einer korrekten Wiedergabe."[1] Die Frage nach der Wahrheit gehört zu den zentralen Problemen der Philosophie und Logik.[2] Je nach Theorie wird sie unterschiedlich beantwortet.

Wahrhaftigkeit wird dementsprechend allgemein die Neigung oder Gewohnheit bezeichnet, die Wahrheit zu sagen.[3] Synonym kann man eine solche Haltung mit Aufrichtigkeit, Ehrlichkeit, Wahrhaftigsein umschreiben. Antonyme sind: Falschheit, Heuchelei, Unwahrhaftigkeit, Unehrlichkeit, Verlogenheit, Lüge. Wahrhaftigkeit ist also eine Denkhaltung, die das Streben nach Wahrheit kennzeichnet. „Zur Wahrhaftigkeit gehört die Bereitschaft, für wahr Gehaltenes zu überprüfen."[4]

---

[1] *Wahrheit*. Verfügbar unter: https://de.wikipedia.org/wiki/Wahrheit (Letzter Aufruf am: 13.07.2020).

[2] Moderne Theorieansätze verwenden die Bezeichnung „Wahrheit" in einem breiteren Sinne für eine Eigenschaft von Überzeugungen, Meinungen oder Äußerungen für Alltagsgegenstände, Physik, Moral, Metaphysik etc. Die verschiedenen Theorien der Wahrheit sind (z. B. Korrespondenztheorie, sprachanalytisch orientierte Wahrheitstheorien, deflationistische Wahrheitstheorien, Kohärenztheorien, Intersubjektivitätstheorien, Konsenstheorie u. a.) aber nicht das Thema dieses Beitrages. Vgl. zur Logik als Wissenschaft von den allgemeinsten Strukturen des richtigen Denkens, mit deren Mitteln Aussagen, Sätze, Thesen, Urteile etc. allererst wahrheitsfähig und wissenschaftlich relevant werden: A. Pieper: *Einführung in die Ethik*. Tübingen, Basel⁶2007, S. 81–84.

[3] *Wahrhaftigkeit*. Verfügbar unter: https://de.wiktionary.org/wiki//Wahrhaftigkeit (Letzter Aufruf am: 13.07.2020).

[4] Ebd.

Im Alten Testament

Begriffliche Bestimmung und semantische Eingrenzung

Ein direktes abstraktes Äquivalent zu den deutschen Substantiven „Wahrheit, Wahrhaftigkeit" gibt es im Biblischen Hebräisch nicht.[5] Semantisch am nächsten kommt die Basis' *MN* in Betracht.[6] Das Verb ist polysem. Seine Grundbedeutung dürfte „fest, sicher, zuverlässig" sein.[7] Davon gibt es mehrere nominale Ableitungen. Die wichtigsten sind die beiden femininen Substantive $^{æ}mūnāh$ = Festigkeit, Treue, Zuverlässigkeit, Redlichkeit, Wahrhaftigkeit, (ständige) Amtspflicht[8] und $^{æ}mæt$ = Beständigkeit, Dauer, Zuverlässigkeit, Treue, Wahrheit.[9] Vor allem in späten Texten fokussiert sich die Semantik im Kontext der Vorstellung von Festigkeit, Zuverlässigkeit und Treue auf „Wahrheit".[10] Eine genauere Monosemierung kann nur mit Hilfe des jeweiligen unmittelbaren Kontextes erfolgen.

---

[5] THAT I, S. 204.

[6] Die hebräische Wurzel ist in den verwandten semitischen Sprachen (Akkadisch, Ugaritisch, Kanaanäisch-Phönizisch) nicht mit Sicherheit nachzuweisen. Deshalb kann deren semantisches Spektrum auch nicht mithilfe dieser Sprachen eindeutiger definiert werden. Für das Substantiv $^{æ}mæt$ = Beständigkeit, Dauer, Gewissheit, Wahrheit ist ugaritisch *iMT* = „Wahrheit", „wahrlich" bezeugt. Vgl. Ges[18], S. 78; HALAT, S. 66.

[7] Vgl. THAT I, S. 180. Zu weiteren Möglichkeiten der Grundbedeutung, die umstritten ist, vgl. z. B. HALAT, S. 61 f. und Ges[18], S. 73 f.

[8] HALAT, S. 60 f.; Ges[18], S. 72. Das Ägyptische kennt kein Wort, das dem hebräischen $^{æ}mūnāh$ entsprechen würde. Vgl. J. ASSMANN: *Ma'at. Gerechtigkeit und Unsterblichkeit im Alten Ägypten*. München 1990, S. 22 ff.

[9] HALAT, S. 66 f.; Ges[18], S. 78 f.

[10] THAT I, S. 183.

Texte

Texte mit ʼæmūnāh (= *Wahrhaftigkeit*)

Oft erscheint „Lüge, Trug" (hebr. *šæqær*) als Oppositum zur Wahrhaftigkeit. Inkludiert ist hier auch der Aspekt der „Redlichkeit".[11]

Referenztext: Jer 9,2 [Klage über Juda]: Sie machen ihre Zunge zu einem gespannten Bogen; Lüge nicht Wahrhaftigkeit herrscht im Land...[12]

Es ist zu unterscheiden zwischen „*ʼæmūnāh* in personhaftem Sinn (Zuverlässigkeit, Treue, Redlichkeit, Wahrhaftigkeit) und in sachlichem Bezug (Zuverlässigkeit, Wahres)".[13] Die personhafte, subjektive Seite gibt vor allem die Präpositionsverbindung „in Wahrheit" (hebr. *bæʼæmūnāh*) = aufrichtig, auf Treu und Glauben, gewissenhaft, zuverlässig wider.[14]

Referenztext: 2Kön 12,16 [Die Reparatur des Tempels]: Mit den Männern, denen man das Gold anvertraut, um es an die Handwerker zu zahlen, soll nicht abgerechnet werden, denn *auf Treu und Glauben* handeln sie.[15]

Das Substantiv *ʼæmūnāh* drückt also ein Verhalten aus, das auf innerer Festigkeit, Lauterkeit, auf Gewissenhaftigkeit beruht. Somit wird mehr die innere Haltung und das daraus folgende Verhalten betont. Für viele Texte ist deshalb die Übersetzung „Gewissenhaftigkeit" zutreffend.[16] Im Gegensatz zu *ʼæmæt* wird *ʼæmūnāh* nie ausschließlich auf ein Wort bezogen, sondern auf das Verhalten der ganzen Person. Diese ist

---

[11] Zu den folgenden Ausführungen und biblischen Belegstellen vgl. THAT I, S. 196 ff.
[12] Vgl. auch: Jes 59,3.4; Jer 5,1.2; Ps 119,29.30; Spr 12,17.22; 14,5.
[13] THAT I, S. 197.
[14] Vgl. 2Kön 22,7; 2Chr 19,9 u. a.
[15] HALAT, S. 61. Vgl. 2Kön 22,7; 2Chr 34,12. Die hebr. Präp. *bˊ* = indiziert hier zusammen mit dem Lexem *ʼæmūnāh* eine positiv ethische Eigenschaft (E. JENNI: *Die hebräischen Präpositionen Bd. 1: Die Präposition Beth*. Stuttgart u. a. 1992, S. 335).
[16] ThWAT I, S. 341 f. Mögliche Unterschiede zu *ʼæmæt* sind unter 2.2.2 genannt.

durch *ᵉmæt* bestimmt und handelt so in *ᵉmūnāh*, welche man als Wahrhaftigkeit, Zuverlässigkeit, Gewissenhaftigkeit umschreiben kann.[17]

Häufig sind im Kontext von Wahrhaftigkeit (*ᵉmūnāh*) „Treue" (hebr. *ḥæsæd*) und „Recht und Gerechtigkeit" (hebr. *sædæq; sᵉdāqāh; mišpāṭ*) zu finden, vor allem in den Psalmen.

Referenztexte mit Treue: Hos 2,21 f.; Ps 33,4 f.; 36,6; 40,11 f.; 88,12; 89,2.3.25.34.50 u. a.[18]

Referenztexte mit Recht und Gerechtigkeit: Dtn 32,4; 1Sam 26,23; Jes 11,5, 33,5 f.; Hos 2,21 f.; Ps 33,4 f.; 36,6 f.; 40,11; 88,12 f. u. a.[19]

Aufschlussreich sind besonders die Texte, die von Jahwes *ᵉmūnāh* sprechen. Dies geschieht überwiegend im Psalter, wo sich derartiges Reden überwiegend auf Hymnen, Dank- und Klagelieder konzentriert.[20] Semantisch ist mit dem Wort *ᵉmūnāh* vor allem die stetige, nicht zu erschütternde Treue Gottes gemeint. Prinzipiell gehört im AT die Wahrhaftigkeit/Treue zum Wesen Gottes. Dtn 32,4 bezeichnet ihn z. B. als „Gott der Wahrhaftigkeit/Treue". Im Kontrast dazu steht die Verkehrtheit des Volkes Israel.

Zur *ᵉmūnāh* Jahwes bietet Ps 89,1ff (bes. V. 1–3) wichtige Ausführungen. Inhaltlich geht es um Gott und den König.[21] V. 2 und V. 3 verbinden Huld und Treue (Wahrhaftigkeit) mit dem Kosmos. Dahinter enthüllt sich die Vorstellung, dass im Himmel bereits eine göttliche Grundordnung existiert, bevor sie auf Erden verwirklicht wird. Der König ist auf Erden Sachwalter dieser „prästabilierten Harmonie", welche die Versammlung der Heiligen im Himmel loben (Ps 89,6).[22] Der einzelne Mensch kann nichts Besseres tun als sich bewusst in diese Ordnung hineinzustellen, ein „Mensch der Wahrheit" (hebr. *îš ᵉmūnōt*[23]

---

[17] ThWAT I, S. 342.
[18] THAT I, S. 198. B. JANOWSKI: *Anthropologie des Alten Testaments. Grundfragen-Kontexte-Themenfelder*. Tübingen 2019, S. 257. 454.
[19] Weitere Belege werden aufgeführt in THAT I, S. 198.
[20] THAT I, S. 199 und die vorher aufgeführten Referenztexte.
[21] F.-L. HOSSFELD, E. ZENGER: *Psalmen 51–100* (HThKAT). Freiburg u. a. 2000, S. 576–601.
[22] THAT I, S. 200.
[23] Der Plural im Hebräischen ist ein Steigerungsplural bzw. Elativ (H. F. FUHS: *Das Buch der Sprichwörter. Ein Kommentar* (FzB 95). Würzburg 2001, S. 374).

Spr 28,20) zu werden und zu sein und nicht der Lüge. Diese Grundordnung, die menschliches Zusammensein überhaupt erst ermöglicht, wird strikt der Herrschaft Jahwes unterstellt. Er schafft die *ᵉmūnāh* (Jes 25,1). Konsequenterweise heißt es dann in Spr 12,22: Lügnerische Lippen sind Jahwe ein Gräuel, die aber Wahrheit üben, sind sein Wohlgefallen und in Spr 12,17: Wer Wahrheit spricht sagt aus, was recht ist, der falsche Zeuge aber betrügt.

Mit Klopfenstein ist zudem festzuhalten, dass der Charakter der Lügenhaftigkeit bzw. Wahrhaftigkeit die ganze Person trifft und sich nicht nur auf lügenhafte bzw. wahre Worte bezieht.[24]

Hier bricht sich unmissverständlich die Erkenntnis Bahn, dass die Lüge kein Kavaliersdelikt ist, sondern auf allen Ebenen ein vertrauensvolles, positives Miteinander mit fatalen Folgen unterhöhlt. Das Streben nach Wahrheit und Wahrhaftigkeit entspricht dem göttlichen Willen. Nur auf dieser Basis kann die Menschenwürde für alle Menschen garantiert werden. Diese Erfahrung und Erkenntnis hat auch bewirkt, dass das Verbot des „Falsch Schwören" in den Dekalog aufgenommen wurde.

Wenn hingegen *ᵉmūnāh* im Land fehlt, gehen Recht und Ordnung zugrunde, klagt der Prophet Jeremia.[25] Darum ergeht die Mahnung zu solcher *ᵉmūnāh*, die aus einer inneren Haltung die Voraussetzung für richtiges Leben schafft.[26] Und so kommt es auch zur positiven Entscheidung des Psalmenbeters in Ps 119,29f, er wolle im Gegensatz zum Leben in der „Lüge" das Leben in der *ᵉmūnāh* wählen.[27] Ein solches Leben, heißt es in Spr 28,20, bringt viel Segen. Und es entspricht ganz und gar dem Willen Jahwes.[28] Deshalb vergilt er einem Mann seine „Gerechtigkeit" (*sᵉdāqāh*) und „Wahrhaftigkeit[29]/Treue" (*ᵉmūnāh*).[30]

---

[24] M. A. KLOPFENSTEIN: *Die Lüge nach dem Alten Testament. Ihr Begriff, ihre Bedeutung und ihre Beurteilung.* Zürich 1964, S. 25 f.
[25] Siehe oben.
[26] Vgl. Ps 37,3.
[27] ThWAT I, S. 343.
[28] Vgl. Spr 12,22.
[29] Gemeint ist „das der Wahrheit entsprechende Verhalten" = Wahrhaftigkeit.
[30] 1Sam 26,23.

Texte mit ʼæmæt (= Wahrheit)

Auch bei ᵉmæt ergibt sich ein weites semantisches Spektrum.³¹ Das Lexem ist kein volles Synonym zu ᵉmūnāh.³² Die Texte weisen aber darauf hin, dass bei ᵉmæt von der Bedeutung „Beständigkeit, Sicherheit, Dauer, Zuverlässigkeit auszugehen ist.³³

Wo ᵉmæt von Personen und von Gott ausgesagt wird geht die Semantik von „Zuverlässigkeit" in „Treue" über. Hier tritt das Lexem häufig zusammen mit ḥæsæd (= Huld, Güte, Treue) auf. Es ist die Rede von der Huld und Treue von Menschen (vgl. Gen 24,49; Spr 3,3), aber auch von Gott (Gen 24,27). Allerdings scheint ᵉmæt nicht selbstverständlich zu sein. Vielleicht ist es die Erklärung dafür, dass es so selten auf Menschen angewandt wird (vgl. Ex 18,21; Neh 7,2).³⁴

Die präpositionale Verbindung bæᵉmæt (= in Treue, getreulich, aufrichtig) beschreibt die Verlässlichkeit des Gesagten und des Handelns des Menschen. Oft kann man kaum mit letzter Sicherheit entscheiden, ob ᵉmæt subjektbezogen „Aufrichtigkeit" oder objektbezogen „Wahrheit" meint. Die objektgerichtete Bedeutung tritt klar zutage im juridischen Bereich, wo keineswegs „bloß die subjektive Wahrhaftigkeit, sondern die objektive Wahrheit in Frage steht."³⁵ Ob diese Differenzierungen dem Hebräer so bewusst waren, bleibt allerdings fraglich. Zeugen vor Gericht können zur Aussage eines Prozessgegners erklären: ᵉmæt = es ist wahr. Das bedeutet: Eine Aussage stimmt mit der Wirklichkeit überein (Jes 43,9). In Spr 22,21 sind Worte der ᵉmæt Explikation von Wahrheit (qōšt).³⁶

---

[31] Die LXX übersetzt überwiegend ἀλήθεια, ἀληθινός (Wahrheit).
[32] Das historische Verhältnis der beiden Lexeme (z. T. mit weiteren morphologischen Varianten) kann nicht endgültig geklärt werden. Vgl. ThWAT I, S. 341. Unterschiede bestehen aber. Darauf weist die Übersetzung der LXX hin, die außerhalb des Psalters ᵉmūnāh mit πίστις, nicht mit ἀλήθεια wiedergibt.
[33] Mit Präp. bᵉ =. Vgl. Jes 16,5; Jer 14,13: Friede von Dauer = bleibender Friede.
[34] ThWAT I, S. 335.
[35] Vgl. THAT I, S. 203.
[36] HALAT, S. 1075; Ges¹⁸, S. 1199; THAT I, S. 204.

Grundlegend lässt sich jedoch in den Texten feststellen, dass die Vorstellung von Wahrheit und Wahrhaftigkeit im AT eng mit der Verlässlichkeit verknüpft ist. Bei Personen wird dann von der Verlässlichkeit einer Sache oder eines Wortes gesprochen. Ein Wort, das wirklich wahr ist, auf das man sich verlassen kann.[37] Einem solchen zuverlässigen Menschen kann man auch ein Amt anvertrauen. Allerdings ist die $^{\ae}m\ae t$ beim Menschen nicht selbstverständlich, obwohl sie Voraussetzung für Recht und Ordnung ist.

Generell kann verlässlich nur sein, „was der Wirklichkeit entspricht bzw. ihr voll gerecht wird".[38]

Dies trifft dann erst recht auf Jahwes $^{\ae}m\ae t$ zu, die vor allem in den Klage- und Danklieder des Psalters bezeugt wird. Auch im Hinblick auf Gott tritt wie im profanen Bereich $^{\ae}m\ae t$ gern mit *ḥæsæd* in der Bedeutung Huld, Güte, Liebe, Gemeinschaftswille mit dem Akzent der Zuverlässigkeit auf (Hos 4,1; Mi 7,20; Ps 86,15). Jahwe selbst wird als ein Gott bezeichnet, dessen Wesen durch $^{\ae}m\ae t$ bestimmt ist (Ps 31,6 „Jahwe, Gott der Treue"). Was dem Menschen fehlt, gehört zum Wesen Gottes. Auf einen solchen Gott kann der Beter sein Reden und Handeln absolut bauen (Ps 40,12: Deine Huld und deine Treue, ständig schützen sie mich). Auf Jahwes Wort und Werk, auf sein Verhalten zu den Menschen, besonders zu seiner Gemeinde Israel ist unbedingt Verlass. Menschenwort mag oft trügerisch sein. Gottes Worte sind immer $^{\ae}m\ae t$ (2Sam 7,28). Die Verlässlichkeit gehört zu Jahwes Wesen (Ps 132,11). Besonders Ps 119 hebt die Zuverlässigkeit des göttlichen Wortes (V. 43.160), der göttlichen Weisung (V. 142) und der göttlichen Gebote (V.151) hervor.[39] Deshalb kann auch die göttliche Weisheit nur $^{\ae}m\ae t$ reden. Auch die Wahrheit und Zuverlässigkeit eines Prophetenwortes wird daran erkennbar, dass es in Erfüllung geht (1Kön 22,16; Jer 23,28; 28). „Wahrheit und Recht" werden als Werke Gottes bezeichnet (Ps 111,7f). Gott ist gerecht und handelt in Treue (ver-

---

[37] ThWAT I, S. 337.
[38] THAT I, S. 204.
[39] Vgl. auch Ps 19,10; Neh 9,13.

lässlich) (Neh 9,33). Die Menschen hingegen zeichnen sich oft durch Untreue und Unzuverlässigkeit aus (vgl. Hos).

Wie das Licht den Weg erhellt, so führt auch Gottes $^{’ä}mæt$, seine Verlässlichkeit, den rechten Weg. Aus dieser Erfahrung und Überzeugung bittet der Psalmenbeter: „Sende dein Licht und deine Wahrheit ($^{’ä}mæt$); sie sollen mich leiten…". (Ps 43,3). Da man sich auf Gottes Reden und Handeln unbedingt verlassen kann, ist die adäquate Antwort auf diese $^{’ä}mæt$ Gottes nur der Dank und das Lob: „Dann will ich dir danken mit Harfenspiel und deine Treue preisen, mein Gott, ich will dir auf der Leier spielen, du Heiliger Israels". (Ps 71,22).

Aus dem Dargelegten ergibt sich: Ein Gott mit den in den Texten beschriebenen Charakteristika kann nicht ein Gott neben anderen Göttern sein. Es ist vielmehr der eine, wahre Gott, neben dem es keinen anderen Gott geben kann (Jer 10,10: Jahwe aber ist in Wahrheit Gott, lebendiger Gott und ewiger König…) und auf den man sich verlassen kann. Die Zeit ohne den wahren Gott schildert der Prophet Asarja in 2Chr 15,3 als gottlose schreckliche Zeit. Umgekehrt resultiert daraus: Wer vor Gott aufrichtig mit ganzem Herzen wandelt (1Kön 2,4), ihn (aufrichtig) anruft (Ps 145,18) oder bei seinem Namen schwört (Jer 4,2), soll es immer *(bæ$^{’ä}$æmæt)*, ehrlich, wahrhaftig, zuverlässig tun.

Resümee und aktuelle Konsequenzen

Es ist nicht die abstrakte Frage nach der Wahrheit an sich als ontologisches bzw. erkenntnistheoretisches Problem, das die Menschen im Alten Israel bewegte. Wahrheit bzw. Wahrhaftigkeit sind vielmehr an den Schutz des Nächsten gebunden.[40] „Wahr reden ist ein Stehen in der Treue, die sich dem Nächsten verbunden weiß und von der Tat und ihrer Wirkung auf den Nächsten nicht absehen kann. Der kalte, von aller Wirkung auf den Nächsten absehende, nur sach- und nicht menschbezogene Wahrheitsfanatismus dürfte kaum als die biblische

---

[40] J. WEHRLE: *Der Dekalog. Text, Theologie und Ethik* (Bibel und Ethik Bd. 7). Münster 2014, S. 154.

Wahrheitsforderung angesprochen werden."⁴¹ Deshalb wird vom Menschen immer direkt $^{æ}mæt =$ Zuverlässigkeit, Treue und Wahrheit gefordert. Im Dekalog geschieht dies implizit im Kontrast zu dem Verbot des falschen Zeugnisses, der Lüge, des Meineids. Stets ist zu überlegen, ob eine wahrheitsgemäße Auskunft dem Nächsten schaden oder nützen wird.⁴² Vielleicht ist es dann günstiger, nur das zu sagen, was hilft, ohne zu schaden. Das ist entscheidend. Beispiele für ein solches Verhalten gibt es bereits im AT. So lassen z. B. die Hebammen entgegen der Anordnung des Pharaos die Neugeborenen der Hebräerinnen am Leben. Auf die Frage des Pharao, warum sie das tun, weichen sie, ohne direkt zu lügen, aus (Ex 1,15–22). Eindeutig hingegen sagt Jeremia auf das Geheiß des Königs Zidkija die Unwahrheit (Jer 38,24–27).

M. A. Klopfenstein kommt am Ende seiner ausführlichen Studie zu folgendem Ergebnis: „So wenig Wahrheit und Wahrhaftigkeit in einem idealistischen Sinn um ihrer selbst als eines in sich ruhenden sittlichen Gutes oder um der geistigen Werte der Persönlichkeit willen erstrebt werden, so wenig wird die Lüge um der Verletzung dieser Güter und Werte willen verworfen. Ihre Verurteilung geht vielmehr in erster Linie davon aus, dass sie die Gemeinschaft zwischen Gott und seinem Volk, zwischen Gott und Mensch, zwischen Volksglied und Volksglied, zwischen Mensch und Mensch zerstört. Lüge ist gemeinschaftswidrig."⁴³

Das achte Gebot bezieht sich zunächst auf die Wahrhaftigkeit nicht im privaten, sondern im öffentlichen Bereich. Es geht auch nicht um eine abstrakte Werteordnung eines „Wahrheitsabsolutismus", die leichter zu verordnen als selbst einzuhalten ist. Wahrheit und Wahrhaftigkeit sind auch im achten Gebot vom Nächsten aus und auf ihn

---

⁴¹ W. ZIMMERLI: *Grundriss der alttestamentlichen Theologie* (Theologische Wissenschaft Bd. 3,1). Stuttgart u. a. ⁷1999, S. 121 f.

⁴² Zum Folgenden vgl. J. WEHRLE: *Der Dekalog. Text, Theologie und Ethik* (Bibel und Ethik Bd. 7). Münster 2014, S. 154–156.

⁴³ M. A. KLOPFENSTEIN: *Die Lüge nach dem Alten Testament. Ihr Begriff, ihre Bedeutung und ihre Beurteilung.* Zürich 1964, S. 353.

hin zu sehen. Allerdings besteht kein Zweifel, dass die zehn Gebote den Charakter absolut geltender Wahrheit haben.[44]

Wahrheit im Koran

Einen hohen Stellenwert nimmt der Begriff „Wahrheit" (*ḥaqq*) auch im Koran ein. In weit über 50 Suren tritt er häufig auf.[45] Das Wort *ḥaqq* bedeutet „Wahrheit", „wahr". Es steht im Gegensatz zum „Falschen", „Nichtigen" (*bāṭil*). Gott wird sogar als *al-ḥaqq* (= die Wahrheit) bezeichnet.[46] Er ist die absolute Wahrheit. Später wurde *ḥaqq* von den Sufis verwendet, um auf das innerste Wesen Gottes hinzudeuten.[47] Vor der Wirklichkeit und Wahrheit verschwindet alles, was „nichtig" ist.[48] Manche Verbindungen zum AT sind unübersehbar. In der Lehre von Gut und Böse spielt die Bezeichnung des Korans als „*al-furqān*" = die Unterscheidung (Entscheidung) zwischen Wahrem und Falschem, zwischen Gutem und Bösen eine wichtige Rolle.[49] Die Lüge ist etwas Böses, die Wahrhaftigkeit hingegen etwas Gutes.

Was den Koran betrifft, so ist nur Gott sein alleiniger Autor. Nur er allein konnte ein derartiges Werk schaffen. Der Koran ist also göttlichen Ursprungs. Darin unterscheidet er sich von den anderen geoffenbarten Büchern, wie z. B. von der jüdischen Tora oder vom Evangelium. So wird die Unüberbietbarkeit des Koran zum Glaubwürdigkeits-

---

[44] Vgl. dazu J. ASSMANN: *Exodus. Die Revolution der Alten Welt.* München 2015, S. 256.

[45] Vgl. das ausführliche Stellenverzeichnis in: H. BOBZIN: *Der Koran. Aus dem Arabischen neu übertragen und erläutert von Hartmut Bobzin unter Mitarbeit von Katharina Bobzin.* München ²2017, S. 823.

[46] Vgl. Z. KHAMEHI (Hrsg.): *Die 99 Namen Gottes. Zeugnisse aus Judentum, Christentum und Islam.* Düsseldorf 2008, S. 92.

[47] Vgl. A. SCHIMMEL: *Mystische Dimensionen des Islam. Die Geschichte des Sufismus.* München ²1992, S. 49.90.

[48] A. SCHIMMEL: *Die Zeichen Gottes. Die religiöse Welt des Islams.* München 1995, S. 275.

[49] A. T. KHOURY, L. HAGEMANN, P. HEINE: *Islam – Lexikon A-Z Geschichten – Ideen – Gestalten.* Freiburg u. a. 2006, S. 172 f. Vgl. die interessanten Ausführungen, die dazu in der Schule der Muʿtaziliten gegen die Ashʿariten konträr vertreten wurden. H. BOBZIN: *Der Koran. Aus dem Arabischen neu übertragen und erläutert von Hartmut Bobzin unter Mitarbeit von Katharina Bobzin.* München ²2017, S. 785.

kriterium seines Inhaltes.⁵⁰ Da der Koran unnachahmlich ist, ist das aber auch der Beweis für die Wahrhaftigkeit des Propheten. Der Islam ist eine Religion der Orthopraxie. Er fordert die bedingungslose Hingabe an Gott. Denn nach Sure 33,4 sagt Gott die Wahrheit und er führt den (rechten) Weg. Somit ist er der sicherste Garant für die beste Rechtleitung der Gläubigen.⁵¹

Der Koran verbietet, falsche Aussagen zu machen⁵² und falsches Zeugnis abzulegen.⁵³ Die Gläubigen sollen „zutreffende Worte sprechen", dann werden sie Gottes Wohlgefallen und Erbarmen erfahren.⁵⁴ Heuchelei⁵⁵, Unaufrichtigkeit⁵⁶, Mutmaßungen und Verdächtigungen⁵⁷, üble Nachrede⁵⁸ und Verleumdung⁵⁹ werden verurteilt.

Im Neuen Testament

Begriffliche Bestimmung und semantische Eingrenzung

Im neutestamentlichen Griechisch wird „Wahrheit" mit dem Substantiv ἀλήθεια (*alētheia*) wiedergegeben. Der jeweilige Inhalt von „Wahrheit" kann nur aus dem konkreten Kontext eruiert werden. Eine Abgrenzung

---

[50] Vgl. Suren 2,23; 10,39; 11,13; 28,49; 52,34.

[51] Vgl. A. T. Khoury, L. Hagemann, P. Heine: *Islam – Lexikon A-Z Geschichten – Ideen – Gestalten.* Freiburg u. a. 2006, S. 308–310. Zum Islam als „Religion der Wahrheit" (*dīn al-ḥaqq* vgl. Suren 9,33; 48,28; 61,9), zur „richtigen Religion" (Sure 9,36) vgl. die Ausführungen von H. Bobzin: *Der Koran. Eine Einführung.* München ⁸2014, S. 46–57.

[52] Sure 22,30.

[53] Sure 25,72.

[54] Sure 33,70–71.

[55] Sure 2,264.

[56] Sure 3,188.

[57] Sure 49,12.

[58] Sure 24,19.

[59] Sure 4,112.

zum AT oder zur antiken griechischen Literatur lässt sich isoliert nicht durchführen.[60]

„Wahrheit" in den Evangelien und neutestamentlichen Briefen

Die synoptischen Evangelien verwenden den Begriff „Wahrheit", wenn es um die wahrheitsgetreue und die der Wirklichkeit entsprechende Rede Jesu geht. Sogar die Gegner Jesu konzedieren, dass er wahrheitsgemäß den Weg Gottes lehre, weil er sich nicht nach dem Ansehen bei den Menschen richte (Mk 12,14b parr.).[61] Deshalb wird von Jesus gesagt, dass er wahrhaftig (ἀληθῶς / alēthōs) der Gottes Sohn ist (Mt 14,33; 27,54; Mk 15,39). Der Wahrheitsanspruch Jesu und seine damit begründete Autorität ist mit einleitendem „wahrlich, ich sage euch" sprachlich realisiert (Lk 9,27; 12,44; 21,3). „Das Aussprechen der Wahrheit begründet die Wahrhaftigkeit der Person."[62] Die befreiende Wahrheit des Evangeliums schließt deshalb nicht nur die Aufdeckung der Unwahrhaftigkeit des Menschen ein, sondern sagt zugleich die Neuorientierung des Gewissens an der erschienen Wahrheit zu. Diese durchbricht den Zusammenhang von Lüge, Selbsttäuschung und Selbstrechtfertigung durch Vergebung, Rechtfertigung und Versöhnung.[63]

Im Johannesevangelium und in den Johannesbriefen kommt dem Begriff „Wahrheit" eine herausragende theologische Bedeutung zu.[64] Wahrheit ist ein bestimmbarer Gegenstand des Wissens, der Erkenntnis und der Rede (Joh 8,32.40; 1Joh 2,21; 2Joh 1). Jesus selbst sagt die Wahrheit (Joh 8,45 f.). Sein Zeugnis ist wahr (Joh 5,31 f.; 8,13 f.). Er

---

[60] RGG⁴ Bd. 8, S. 1247.
[61] RGG⁴ Bd. 8, S. 1248.
[62] RGG⁴ Bd. 8, S. 1249.
[63] RGG⁴ Bd. 8, S. 1245.
[64] Zum Wahrheitsbegriff im Johannesevangelium vgl. U. SCHNELLE: *Theologie des Neuen Testaments*. Göttingen ³2016, S. 657 f.; Y. IBUKI: *Die Wahrheit im Johannesevangelium* (BBB 39). Bonn 1972.

ist vom wahrhaftigen Gott (Joh 3,33) gesandt (Joh 7,28; 8,26). Er selbst ist die personale Verkörperung der Wahrheit.[65] Der Wahrheitsbegriff ist also im Johannesevangelium betont christologisch konnotiert. Jesus sagt von sich: „Ich bin der Weg, die Wahrheit und das Leben." (Joh 14,6).

Aber auch andere Menschen sagen und bezeugen die bestimmbare Wahrheit (Joh 4,17 f.; 10,41; 19,35; 3Joh 12). Das Zeugnis des Johannes vom Kreuzesgeschehen ist wahr (Joh 19,35).

Der Beistand (παράκλητος) wird als Geist der Wahrheit näher gekennzeichnet (Joh 14,16 f.; 15,26; 16,13; 1Joh 4,6). Dieser Geist ist in der Gemeinde gegenwärtig und verschafft ihr den Zugang zu Jesus Christus. Er führt die Jünger in die ganze Wahrheit ein. Die enge Verbindung von Geist, Gott und Jesus Christus wird deutlich, wenn der Geist der Wahrheit vom Vater ausgeht und vom Sohn gesandt wird (Joh 15,26). In 1Joh 5,6 wird der Geist selbst als Wahrheit benannt (…denn der Geist ist die Wahrheit).

Die Frage des Pilatus „Was ist Wahrheit?" (Joh 18,38) manifestiert, dass er Jesus und damit die Wahrheit nicht erkennt. Die Wahrheit steht für seinen Unglauben. Wer dagegen auf die Stimme Jesus hört, d. h. an ihn glaubt, der ist aus der Wahrheit (Joh 18,37; vgl. Joh 8,44 f.).

In 1-2Joh wird der ethische Aspekt der Wahrheit hervorgehoben. Das Tun der Wahrheit bedeutet, die relevanten Gebote zu erfüllen (1Joh 1,6; 2Joh 4). Die Sünde verdrängt die Wahrheit (1Joh 1,8; 2,4).

Der Wahrheitsanspruch darf jedoch niemals mit Gewalt durchgesetzt werden. Das joh. Christentum ist eine Religion der Liebe. Nicht Wahrheit und Gewalt, sondern allein Wahrheit und Liebe gehören für Johannes zusammen. Wahrheit und Leben sind für die Menschen nicht verfügbar. Es gibt sie im eigentlichen Sinne nur bei Jesus Christus. Johannes versteht Wahrheit nicht abstrakt, sondern personal. Deshalb muss der Wahrheitsbegriff inhaltlich präzisiert werden. Gottes Heilswerk in Jesus Christus kann nach joh. Sicht nur als ein Akt der Liebe Gottes verstanden werden (Joh 3,16; 1Joh 4,8.16). Wahrheit und Liebe legen sich somit gegenseitig aus.[66]

---

[65] NBL III, S. 1055.
[66] U. SCHNELLE: *Theologie des Neuen Testaments*. Göttingen ³2016, S. 658.

Nach Paulus ist die Wahrheit ebenso ein bestimmbarer Gegenstand des Redens. Dieser bringt die Wirklichkeit angemessen zur Sprache. Paulus beansprucht die Wahrheit zu sagen und nicht zu lügen (Röm 9,1; 2Kor 12,6). Die Wahrheit Gottes ist der Lüge der Menschen entgegengesetzt (Röm 1,25; 3,4.7). Die Menschen als Sünder verweigern sich dem Willen Gottes, indem sie die Wahrheit durch Ungerechtigkeit verdrängen (Röm 1,18) und ihr ungehorsam sind (Röm 2,8). Gott hingegen ist wahrhaftig (Röm 3,4). Die Wahrheit des Evangeliums wird nach Paulus von dessen Gegnern bestritten (Gal 2,4 f.14) und verfälscht (2Kor 4,2). Die galatischen Gemeinden werden von ihm aufgefordert, dem Evangelium als der Wahrheit gehorsam zu sein (Gal 5,7). Seine Inhalte dürfen nicht verändert werden. Mit der Verkündigung des Evangeliums kommt das wahrhaftige Wort Gottes zur Sprache, das schöpferisch den Glauben hervorruft (1Thess 2,13). Der Glaube macht die Wahrheit des Evangeliums zugänglich. Er verschafft den Glaubenden die Freiheit zu einem dem Willen Gottes entsprechenden Leben (Röm 6–8).

In den weiteren neutestamentlichen Schriften dominiert Wahrheit als ein Ausdruck für semantisch bestimmbares Reden, Lehren, Erkennen, Hören und Glauben (Eph 4,21.25; 2Thess 2,12 f.; 1Tim 2,4.7; 4,3; 2Tim 2,25; 3,7; Tit 1,1; Hebr 10,26). Mit der Wortverbindung „Wort der Wahrheit" (Eph 1,13; Kol 1,5) wird auf das Evangelium bzw. dessen Verkündigung verwiesen. Jesu göttliche Hoheit wird hervorgehoben wenn er „der Heilige" und „der Wahrhaftige" genannt wird (Offb 3,14; 6,10; 19,11).

Resümee und aktuelle Konsequenzen

Wahrheit und Wahrhaftigkeit sind im NT christologisch zentriert. Die befreiende Wahrheit des Evangeliums schließt aber nicht nur die Aufdeckung der Unwahrhaftigkeit ein, sondern sagt zugleich die Neuorientierung des Gewissens an der erschienen Wahrheit in Jesus Christus und seiner Botschaft vom Reich Gottes zu. Wie im Dekalog sind Wahrheit und Wahrhaftigkeit vom Nächsten aus und auf ihn hin zu sehen. Das zeigen vor allem die neutestamentlichen Texte, die auf das Lügen zu sprechen kommen:

Referenztext: Eph 4,24: Zieht den neuen Menschen an, der nach dem Bild Gottes geschaffen ist in wahrer Gerechtigkeit und Heiligkeit. 25: Legt deshalb die Lüge ab und redet untereinander *die Wahrheit (λαλεῖτε ἀλήθειαν);* denn wir sind als Glieder miteinander verbunden.[67]

Bei der moralischen Bewertung des Lügens ist ganz eindeutig der Bezug zum Mitmenschen entscheidend.[68] Wichtig ist die Frage, ob einem anderen Menschen Schaden zugefügt wird oder nicht. Solche „Schadenslügen" wiegen viel schwerer als „Notlügen", durch die man von anderen und von sich ungerechten Schaden fernhalten möchte. Der vielzitierte Grundsatz „Was wahr ist, darf man (weiter) sagen", widerspricht dem biblischen Ethos, wenn man damit verborgene Verfehlungen von Mitmenschen ohne zwingenden Grund, unbarmherzig anderen Menschen oder der Öffentlichkeit preisgibt. Dazu gehören auch die unkontrollierten grassierenden Informationen im Internet, die Menschen ungeschützt ihrer Personenwürde berauben und zerstören können. Studien scheinen zu belegen, dass Menschen mehr lügen, sobald sie online sind und sich in der Anonymität des Internets verbergen können. Dazu gehört auch das Vortäuschen geistiger Leistungen im akademischen Bereich.[69] Manche fragwürdigen Kommunikationsmethoden der heutigen Massenmedien, die je nach Sympathie mit

---

[67] Vgl. auch: Kol 3,9; 1Tim 1,10.

[68] Zu den folgenden Ausführungen vgl.: J. WEHRLE: *Der Dekalog. Text, Theologie und Ethik* (Bibel und Ethik Bd. 7). Münster 2014, S. 155 f.

[69] Vgl. dazu M. SPITZER: *Digitale Demenz. Wie wir uns und unsere Kinder um den Verstand bringen.* München 2012, S. 110–113.127 f. Eine allgemeine, evolutionstheoretisch begründete Theorie der Täuschung und Selbsttäuschung unternimmt der Sozio- und Evolutionsbiologe R. TRIVERS in seinem Buch *„Betrug und Selbstbetrug. Wie wir uns selbst und andere erfolgreich betrügen".* Berlin 2013. Aufgrund seiner Studien kommt R. TRIVERS zur Auffassung, dass das Lügen die erfolgreichste Form der menschlichen Kommunikation darstellt. So können wir nicht nur mit Hilfe der Sprache lügen, sondern die Sprache selbst verschafft uns erst die Möglichkeit, den Anwendungsbereich zu erweitern. Vgl. ferner die luzide Studie von H. WEINRICH: *Linguistik der Lüge. Kann Sprache die Gedanken verbergen?* Heidelberg [4]1970. Hinzuweisen ist auch auf den interessanten Sammelband von J. MÜLLER, H.-G. NISSING (Hrsg.): *Die Lüge. Ein Alltagsphänomen aus wissenschaftlicher Sicht.* Darmstadt 2007. Hier wird das Phänomen aus interdisziplinärer Sicht beleuchtet.

völlig ungleichen zerstörerischen Maßen messen, berechtigen die Christen nicht zu ähnlichem Vorgehen. Die Aussagen des Alten und des Neuen Testaments zur Wahrheit und Wahrhaftigkeit widerstreiten eindeutig jeder Verleumdung und jeglicher „Ehrabschneidung". Das Kolportieren verborgener Freveltaten von Mitmenschen kann vor Gott schlimmer wiegen als diese Verfehlungen selbst. Weitsichtig und treffend hat A. Deissler schon festgestellt: „Man darf von der „großen Welt", wo das pharisäische Aufspüren und Aburteilen der Schwächen anderer durch selbsternannte „Richter" Triumphe feiert, erst dann eine Umkehr erwarten, wenn man in seiner eigenen „kleinen Welt" die Hinkehr zu Respekt und Diskretion gegenüber der Person des Mitmenschen vollzogen hat".[70]

Wenn Wahrheit durch falsche und irreführende Berichte ersetzt wird, wenn sich Lügen aufgrund von Mangel an Wahrhaftigkeit verbreiten, machen sich in einer Gesellschaft blinder Hass, Gewalt, Intoleranz, Respektlosigkeit, Verrohung und Missachtung breit, die ein positives, von Respekt und Toleranz im biblischen Sinne von echter Nächstenliebe geprägtes und getragenes Miteinander auf Dauer verhindern und zerstören. All das widerspricht diametral einer biblisch fundierten und am Wort Gottes orientierten Verhaltensethik.

Auf eine brutale und erschreckende Weise zeigen das die sog. Fake News. Das sind Berichterstattungen, die erstens entweder falsch oder irreführend sind. Es liegt hier also ein eklatanter Mangel an Wahrheit vor. Zweitens verfolgen ihre Verfasser bewusst eine Täuschungsabsicht oder sind der Wahrheit der Behauptungen gegenüber gleichgültig.[71]

Neben vielen Vorschlägen, wie man dieser verhängnisvollen Entwicklung entgegen steuern kann,[72] sollte man sich in einer christlich geprägten Kultur wieder mehr das biblische Menschenbild ins Bewusst-

---

[70] A. Deissler: *Ich bin dein Gott, der dich befreit hat. Wege zur Meditation über das Zehngebot.* Freiburg u. a. 1975, S. 130.

[71] Vgl. dazu: R. Jaster, D. Lanius: *Die Wahrheit schafft sich ab. Wie Fake News Politik machen* (Reclams Universal-Bibliothek Nr. 19.608). Ditzingen ²2019, S. 31–33.

[72] R. Jaster, D. Lanius: *Die Wahrheit schafft sich ab. Wie Fake News Politik machen* (Reclams Universal-Bibliothek Nr. 19.608). Ditzingen ²2019, S. 103–109 machen drei Vorschläge, die einen Rückgang in der Verbreitung von Fake News bewirken können: 1. Demokratische Streitkultur leben; 2. Kritisches Denken fördern; 3. Mechanismen „foolproof" gestalten.

sein rufen und sich in seinem konkreten Verhalten danach ausrichten. Alle Werte und Möglichkeiten, die den Fehlentwicklungen im Gebiet der Wahrheit und Wahrhaftigkeit in unserer Gesellschaft entgegensteuern können sind in zentraler Form im Dekalog und in kurzer Fassung im Gebot der Gottes- und Nächstenliebe enthalten. Eines ist allerdings klar: Die biblische Nächstenliebe darf nicht durch eine unpersönliche Fairness ersetzt werden und wir sollten wieder lernen, „eins mit Gott zu werden in Liebe, Gerechtigkeit und Wahrheit."[73]

Für eine heute weitgehend vom Säkularismus geprägten Welt und Gesellschaft stellt Y. N. Harari fest, dass sich viele säkulare Werte auch in verschiedenen religiösen Traditionen finden.[74] Obwohl säkulare Menschen nicht glauben, dass Moral und Weisheit an einem bestimmten Ort und zu einer bestimmten Zeit vom Himmel herabgekommen sind, sondern sie als das natürliche Erbe aller Menschen betrachten, ergibt sich nach Harari unter Wahrung und Beibehaltung der jeweils eigenen Religion und Glaubensmöglichkeiten die Möglichkeit für einen weltlichen Moralkodex, der von den verschiedensten Religionen, Atheisten und Säkularisten definiert und akzeptiert werden kann. Er umfasst die Werte der Wahrheit, der Barmherzigkeit, Gleichheit, Freiheit, des Mutes und der Verantwortung. Dieser säkulare Moralkodex ist ein erstrebenswertes Ideal, an dessen Verwirklichung möglichst viele Menschen unterschiedlichster Herkunft und Einstellungen gemeinsam mitarbeiten können. Da die wichtigste säkulare Verpflichtung nach Harari der Wahrheit gilt,[75] wäre hier m. E. ein geeignetes und breites Forum für eine intensive und konstruktive Rezeption der biblischen Aussagen zur Wahrheit und Wahrhaftigkeit

---

[73] E. FROMM: *Die Kunst des Liebens*. München 2006, S. 126. Der Philosoph Volker Gerhardt vertritt hingegen die Meinung, dass die Wahrheit davon abhängt, „ob ein Gott sie verbürgt, sondern allein daran, dass sie eine korrekte Beschreibung, eine verlässliche Verständigung und eine erfolgreiche Praxis ermöglicht". (V. GERHARDT: *Humanität. Über den Geist der Menschheit*. München 2019, S. 215). Allerdings räumt er auch ein, dass es schwer zu entscheiden sei, ob sich der Mensch dadurch das Leben leichter mache.

[74] Y. N. HARARI: *21 Lektionen für das 21. Jahrhundert*. München 2019, S. 318 ff. Vgl. dazu auch: A. ADLER: *Menschenkenntnis*. Köln 2008, S. 31–36.

[75] Y. N. HARARI: *21 Lektionen für das 21. Jahrhundert*. München 2019, S. 320. Zu den verschiedenen Formen des Vergessens und deren potentiellen Konsequenzen vgl. A. ASSMANN: *Formen des Vergessens*. Göttingen 2016, bes. S. 67 f.

gegeben. Entsprechende Diskurse könnten eine tragfähige Basis für eine humanere und zukunftsfähige Gesellschaft bilden, deren Markenzeichen gegenseitiger Respekt und Toleranz wären. Dies wird nur möglich sein, wenn die genannten Werte wieder ins Bewusstsein der Menschen treten und so eine tragfähige Grundlage für die Zukunft der Menschheit insgesamt eröffnen. Dabei können uns die immensen individuellen und kollektiven Erfahrungen vom Gelingen und Scheitern menschlicher Konzeptionen für eine bessere und humanere Gemeinschaft Hilfe und Richtschnur sein. Es wäre in höchstem Maße unverantwortlich und gefährlich, dieses über Jahrtausende hinweg tradierte und schriftlich fixierte Kulturgut ungenutzt im Orkus des Vergessens verschwinden zu lassen.

Teil VI

Wahrhaftigkeit in der Wirtschaft

Wenn wir ehrlich sind, wissen wir was falsch ist Wahrhaftigkeit – eine gesellschaftliche Herausforderung

Michaela Eberle

Wenn also Wahrhaftigkeit eine gesellschaftliche Herausforderung darstellt, dann gehört sie wohl zu jeder gesellschaftlichen Herausforderung, die sich uns stellt.

So möchte ich behaupten, eine unserer gesellschaftlichen Herausforderungen, die leider nach wie vor und nicht unerheblich besteht, ist die geschlechterunabhängige Gerechtigkeit bzw. die Geschlechter-Gerechtigkeit oder auch Gleichstellung. Nennen Sie es, wie Sie wollen.

Wenn Sie allerdings schon jetzt am liebsten wieder aufhören möchten zu lesen, kann ich das sogar verstehen (aber springen Sie doch bitte noch schnell an das Ende des Beitrages). Denn, man möchte meinen, dieses Thema ist doch – spätestens seit Frau Schwarzer grauere Haare hat – ein alter Hut. Oder nicht? Es ist schließlich auch nicht so, dass wir dazu nicht vermeintlich alles in den letzten 25 bis 30 Jahren gelesen,

M. Eberle (✉)
Kabena GmbH, Hamburg, Deutschland
E-Mail: eberle.michaela@outlook.de

© Der/die Autor(en), exklusiv lizenziert durch Springer Fachmedien Wiesbaden GmbH, ein Teil von Springer Nature 2022
S. van Meegen (Hrsg.), *Wahrhaftigkeit – eine gesellschaftliche Herausforderung*, https://doi.org/10.1007/978-3-658-34333-0_19

gehört und besprochen hätten. Stimmt irgendwie: Zeitschriften und Talkshows waren gefüllt und exerzierten die „Gleichberechtigung" – ein furchtbares Wort im Übrigen – von vorne bis hinten und wieder zurück über die Jahrzehnte hinweg durch. Quoten- und viele weitere wie Vereinbarkeits-Diskussionen wurden dabei rauf und runter geführt und irgendwann teilweise Gesetze erlassen und Rechtsansprüche zugesichert. Außerdem sind Schulen und Universitäten längstens für Mädchen und Jungen, für Frauen und Männer gleichermaßen offen; und überhaupt: Frauen sind heute genauso Topmanagerinnen oder Ingenieurinnen, wie das Männer sind. Stimmt irgendwie auch. Und dort, wo es noch nicht so viele Frauen in atypischen Positionen oder mit gleichen Einkommen gibt, wird sich das schon noch angleichen, mit der Zeit, es dauert eben seine selbige. Und wenn nicht, liegt das an den Wünschen und dem Tun der Frauen selbst. Auch das mag, oberflächlich betrachtet, stimmen.

Mindestens aber meinen das einige, denken es einige und sagen dies wenige. Sie können noch immer aufhören zu lesen. Vielleicht war Ihnen das schon zu frech und Sie fragen sich, warum ausgerechnet ich darüber schreibe. Ich, die diese Geschlechterdiskussion generell nicht führt, sie auch nicht mag, nie auf vermeintliche Nachteile von Frauen in der Wirtschafts- und Arbeitswelt abstellt und stets bei allen Fragen dazu die gleiche Antwort gibt „Es kommt nicht darauf an, ob ein Mann oder eine Frau etwas macht, sondern darauf, was man macht, damit erreicht und bewirkt; und dass es gemacht wird!". Und noch mehr fraglich mag erscheinen, was dieses „Geschlechterding" überhaupt mit dem Titel der Wahrhaftigkeit zu tun haben soll.

Wenn wir ehrlich sind, wissen wir es.

Wenn wir ehrlich sind, wissen wir, dass wahrhaftig – ob wir es nun nach 30 Jahren noch hören, lesen oder besprechen wollen – keine geschlechterunabhängige Gerechtigkeit besteht. Und wenn wir ehrlich sind, wissen wir sogar, warum.

Es geht um weitaus mehr als Chancengleichheit, um weitaus mehr als Entgelt- und (Lebens-)Einkommens-Gleichheit, auch um mehr als innerpartnerschaftliche Gleichstellung und Vereinbarkeit, um noch mehr als gleiche Existenzsicherungschancen und das Schließen von heute dramatisch vorhandenen Rentenlücken zwischen Männern und

Frauen und in Folge Altersarmut bei Frauen. Und dabei ist alleine das schon ganz schön viel.

Wahrhaftig geht es darum, dass Gerechtigkeit nicht vergleichen muss! Wenn etwas gleich und gerecht ist, müssen wir nicht mehr davon hören oder lesen, nicht mehr darüber sprechen. Das wäre unglaublich toll, ist aber bei diesem Thema leider noch nicht der Fall.

Allein, dass wir jährlich am Equal-Pay-Day daran erinnert werden, wie viele Tage „wir Frauen" (natürlich im Durchschnitt und auf den unbereinigten Einkommensunterschied bezogen) im Jahr „umsonst" arbeiten müssen, zeigt das.

Meistens liegt der Tag ca. Mitte März. Und natürlich wissen wir, dass dieser unbereinigte, durchschnittliche Einkommensunterschied zwischen Frauen und Männern von 21 % – also einem Fünftel weniger Einkommen bei Frauen – nicht heißt, dass jede Frau für immer und alles, das sie im Vergleich zu einem Mann leistet, diese 21 % weniger entlohnt bekommt. Natürlich wissen wir, dass bei der Berechnung dieses Durchschnitts (Statistisches Bundesamt p. a.) nur die Daten von rund 1,9 Mio. sozialversicherten Beschäftigten aus allen Branchen und Berufen ausgewertet werden und dabei nur die Geschlechter miteinander verglichen werden. Unberücksichtigt bleibt der Umfang der Beschäftigung oder das generelle Verdienstniveau nach Branchen oder Berufsgruppen.

Wir wissen also auch, dass Frauen viel häufiger in Teilzeit arbeiten, während Vereinbarkeitsphasen länger im Job aussetzen, anders und oft auch anders entlohnt als Männer danach wieder einsteigen, häufiger in Branchen oder Berufen mit geringerem Gehaltsniveau wie in Erziehung und Pflege arbeiten, noch immer seltener in Führungspositionen sind usw. Statistiker*innen gehen demnach davon aus, dass drei Viertel dieses Verdienstunterschiedes von 21 % rein „strukturbedingt" (ein herrliches Wort) sind. Damit wäre das ja wahrhaft schon einmal geregelt.

Und die unerklärliche Lücke nach Bereinigung, also unter der Voraussetzung gleicher Tätigkeit, Qualifikation und Erwerbsbiographie, von sechs Prozent, was ist das schon? Wo sie herkommt, wissen wir ohnehin nicht so recht. Für die einen sind es weniger bezahlte Überstunden die Frauen leisten, für die anderen spielt das schlechtere weibliche Verhandlungsgeschick beim Gehalt die entscheidende Rolle oder es werden schlicht private persönliche Entscheidungen der Frauen als Erklärung dafür herangezogen, wo frau arbeiten möchte und ob sie nicht vielleicht einfach weniger Ansporn und Ehrgeiz auf Verdienst und Karriere hat als man(n) das üblicherweise hat. Vielleicht können wir die bereinigte Lücke aber auch gar nicht ermitteln oder wollen sie nicht ermittelt wissen – getreu dem Motto: „Das bisschen Haushalt,…".

Genug der Ironie!

Zurück zur Wahrhaftigkeit. Die wahren, faktischen Gehaltsunterschiede zwischen Männer und Frauen – und wir sollten dabei mehr an Lebenserwerbseinkommen, damit Möglichkeiten der privaten Altersvorsorge und die spätere gesetzliche Versorgung der Rente denken – sind groß. Im „Muster-Ländle" Baden-Württemberg liegt der Gehaltsunterschied (ganz knapp hinter Hessen) mit über 19 Tausend Euro Unterschied (im Durchschnitt!) am zweithöchsten Deutschland weit. Das traditionelle Familienbild und Rollenmodell sagt „Grüß Gott". Dies liegt natürlich daran, dass so viele Tausend Männer mehr als Frauen in höheren Gehaltsklassen ihr Geld verdienen. Wir sprechen hier übrigens von bereits schon ab 25 Tausend Euro Jahres-Brutto, wo sich die Zahl der Verdienenden dreht – darunter sind nämlich die Frauen in der Überzahl.

Und um zu verstehen, dass sich dies auf wie erwähnt Lebenserwerbseinkommen und das, was einem nach dem Erwerbsleben zum Leben im Alter bleibt oder zusteht auswirkt, müssen wir nun wahrlich nicht studiert haben. Damit wären wir beim Stichwort der Altersarmut, von der oft Frauen betroffen sind – öfter als Männer. Insgesamt hat die Armut bei Menschen ab 65 Jahren im Vergleich zu allen anderen Altersgruppen in Deutschland im Zeitraum von 2005 bis 2016 am stärksten zugenommen, wie eine Studie des Paritätischen Wohlfahrtsverbandes zeigt. Damit sei fast jede sechste Person im Rentenalter mittlerweile von der sogenannten relativen Einkommensarmut (orientiert sich am mittleren Einkommen aller Haushalte) betroffen.

Und jetzt kommen die Unterschiede zwischen Frauen und Männern einmal mehr zum Tragen: laut den Zahlen der deutschen Rentenversicherung bekamen in Westdeutschland bspw. im Jahr 2016 langjährig rentenversicherte Männer im Durchschnitt rund 1.200,- Euro Rente.

Die Durchschnittsrente von langjährig versicherten Frauen in Westdeutschland lag in demselben Jahr bei rund 700 €. Damit wären wir nun (quasi kumuliert, exponentiell oder einfach leider in Folge logisch) bei einem Gender-Gap – also unserer Geschlechter-Lücke von knapp 42 %. Leider sind diese 42 % für die Rentenbezieherinnen spürbar, sehr bereinigt! Und Frauen, die für die Familie (wie auch heute vielfach noch Gang und Gebe und der Fall) ihren Beruf aufgegeben oder jahrelang pausiert haben, bekommen im Alter noch weniger Geld als diese 700 €.

Ein leichter (noch vorhandener) Lichtblick ist, dass der Unterschied in den ostdeutschen Bundesländern nicht ganz so groß ausfällt wie im Westen, da Frauen in der DDR-Gesellschaft keine Erwerbslücken wegen Kindererziehung hatten. Sie wären auch „schief angeschaut" worden, hätten sie der Kinder oder des Kindes wegen aufgehört zu arbeiten oder auch nur pausiert. So erzählen dies zumindest Frauen, die in der damaligen DDR Mutter und nach der Geburt des Kindes wieder Vollzeitbeschäftigte waren. Da das Rentenniveau im Durchschnitt in den ostdeutschen Bundesländern allerdings ohnehin niedriger ist als im Westen, ist auch dieser Umstand der etwas kleineren Geschlechter-Lücke nicht wirklich erhellend. Zumal sich der DDR-Mütter-Arbeits-Effekt nicht mehr allzu lange auswirken und weiter an den „westlichen Standard" angleichen wird. Allein schon deshalb, weil nach der Wende ein einheitliches Betreuungsangebot herrschte und die ostdeutschen Bundesländer, was die Vereinbarkeit von Familie und Beruf bzw. von Kinderbetreuung und Beruf anbelangte, auf das schlechtere Westniveau zurückgeworfen wurden und ebenso in den „Genuss" des westdeutschen (wer hat´s erfunden?) Systems des Ehegattensplittings kamen.

Es ist schon, ganz frei von Ironie, kurios aber doch nachvollziehbar, dass in den wohlhabenderen (und ländlich geprägten, vielleicht auch „konservativeren") Bundesländern wie Bayern oder Baden-Württemberg noch immer 80 % der Frauen mit Kindern (nicht auf Säuglinge oder unter Einjährige beschränkt) in Teilzeit arbeiten. Insbesondere in Dörfern, kleineren Gemeinden und damit eben in ländlicheren Strukturen sind Krippen und Kindertagesstätten häufig Fremdwörter und Kindergärten über Mittag mehrstündig geschlossen oder nur teilweise überhaupt am Nachmittag nochmals für zwei Stunden geöffnet.

Zugegeben, da fällt es schon schwer überhaupt einer teilzeitlichen Beschäftigung nachzugehen.

Und dann wäre da ja noch das Wollen und Machen, das Sollen und Müssen. Wenn wir fassen, was wir wissen, beginnend bei den – zugegebenermaßen heute sehr viel besseren Betreuungs- und Bildungsangeboten – Themen der Vereinbarkeit, über die Erwerbs- und Gehaltsdiskussionen hinweg bis hin zu der (auch jedem und jeder zusätzlich in seiner Verantwortung liegenden) Vorsorge für später, stellt sich für mich schlicht die Frage zur Gültigkeit des Systems.

Klingt verklausuliert. Lassen Sie mich versuchen, es aufzufächern. Dabei stelle ich zunächst folgende – meine persönliche – These in den Raum:

Das Modell der steuerlich begünstigten Ehepartnerschaft ist mindestens längst nicht mehr zeitgemäß, kostet Milliarden, die damit nicht an anderer Stelle sinnvoller investiert werden können und verhindert (genderunabhängig) die Geschlechter-Gerechtigkeit.

Gehen wir die Schritte (hin zur These), die, wie Sie richtigerweise sagen werden, nun wahrlich keine neue Erkenntnis sind.

Step eins: Mädchen und Frauen – das schrieb ich schon und wir wissen es alle – haben die gleichen Bildungs- und Berufsbildungschancen wie Jungen und Männer. Und vielfach nutzen sie sie auch.

Step zwei, Option 1: gut bis sehr gut gebildete und ausgebildete Mädchen und Frauen erarbeiten und verdienen sich in der Arbeitswelt in gut bezahlten Branchen ein eigenständiges und finanziell unabhängiges Leben – und können zudem für „später" vorsorgen, sowohl gesetzlich wie privat.

Step zwei, Option 2: gut bis sehr gut gebildete und ausgebildete Mädchen und Frauen erarbeiten und verdienen sich in der Arbeitswelt in weniger gut bezahlten Branchen ein zu Erwerbszeiten eigenständiges und finanziell unabhängiges Leben, können jedoch oft nicht ausreichend für „später" vorsorgen, sowohl gesetzlich wie privat.

Step drei, Option 1: In Partnerschaft (oder alleinstehend) lebend, unverheiratet und kinderlos verdienen Frauen, wie wir wissen unbereinigt bis bereinigt zwar zwischen 21 und sechs Prozent weniger, sind aber weiterhin gehalten, eigenständig und finanziell unabhängig ihren Lebensunterhalt zu bestreiten und sorgen mindestens gesetzlich sowie möglicherweise auch privat für „später" vor.

Step drei, Option 2: In Partnerschaft lebend, verheiratet und kinderlos verdienen Frauen, wie wir wissen unbereinigt bis bereinigt zwar zwischen 21 und sechs Prozent weniger, sind dabei aber nicht zwingend weiterhin gehalten, unbedingt eigenständig und finanziell unabhängig ihren Lebensunterhalt zu bestreiten. Verdienen die beiden Ehepartner ungefähr ähnlich, auch das wissen wir, wird gerne von der Variante der Klassen 4/4 des Steuermodells Gebrauch gemacht und so sorgen beide Partner weiterhin mindestens gesetzlich sowie möglicherweise auch privat für „später" vor. Bei unterschiedlichen Einkommen wird über das Klassenmodell 3/5 zwar die „Familienkasse" mit dem höheren Nettolohn einer der beiden Ehepartner bedient, immerhin sorgen bei vollzeitlicher Beschäftigung sinnvoll beide Akteure jedoch mindestens gesetzlich sowie möglicherweise auch privat für „später" vor.

Step drei, Option 3: In Partnerschaft lebend, verheiratet und mit Kindern gesegnet verdienen Frauen, wie wir wissen unbereinigt bis bereinigt zwar zwischen 21 und sechs Prozent weniger, sind dabei aber nicht zwingend weiterhin gehalten und vielleicht auch gar nicht in der rahmengebenden Lage, unbedingt eigenständig und finanziell unabhängig ihren Lebensunterhalt zu bestreiten.

Step vier, daher fokussiert zu Option 3: „die" Vereinbarkeit gibt es nicht. Einer der beiden verheirateten Elternteile will oder muss für das Kind oder (insbesondere bei mehr als einem) die Kinder erziehend, begleitend, „betreuend" Elternteil sein. So, und dabei wird nun unter anderem bzw. maßgeblich zu den 21 % beigetragen. Dies durch Eltern- oder Erziehungszeit, einen ggf. weniger gut bezahlten Wiedereinstieg danach, einen Wiedereinstieg über Teilzeit oder weitere „Familienmodelle" wie beispielsweise (zugegebenermaßen werden diese Varianten weniger) dauerhaft keine Aufnahme mehr einer sozialversicherungspflichtigen Beschäftigung, dauerhafte Teilzeittätigkeit, Arbeitslosigkeit, etc. Und in Folge? Direkte Auswirkungen auf die rein theoretische Möglichkeit der eigenständigen und finanziell unabhängigen Lebensunterhaltsbestreitung und der Vorsorge für „später", sowohl gesetzlich wie oft auch privat. Um nicht zu verallgemeinern: Natürlich gibt es die Beispiele, wo beide Elternteile in einem tollen und zwingend gut bezahlten Arbeitsverhältnis aktiv sind und das Kind oder die Kinder mit Au-Pair oder Nanny und weiteren Betreuungsangeboten aufwachsen. Einzelfälle, die mit dem weit überwiegenden Teil der Familien wenig zu tun haben, auch weil das Modell stark kalkulationsabhängig ist (Einkommen vs. Vereinbarkeitskosten).

Das „Familienbild" der Alleinerziehenden habe ich dabei bewusst gar nicht erst gezeichnet oder beschrieben. Denn, dass es diese Elternteile meist noch weit schwerer haben eigenständig und finanziell unabhängig ihren Lebensunterhalt zu bestreiten und für „später" vorzusorgen, gesetzlich wie privat, bedarf niemandem einer separaten Darstellung. Auch nicht, dass es überwiegend die Mütter der Kinder sind, die diese allein erziehen und auch nicht, dass die alleinerziehenden Mütter meist in Folge einer beendeten (Ehe-)Partnerschaft ohnehin bereits über benannte Modelle mit verringerten Erwerbsmöglichkeiten und Rentenansprüchen auskommen müssen. Denn nur ein sehr geringer Teil entscheidet sich bewusst, das Kind/die Kinder von Geburt an alleine zu erziehen.

Und nun noch einmal (und ab hier für alle, die zu Beginn es Beitrages aufhörten zu lesen, aber dankenswerterweise doch der Bitte folgten, noch direkt ans „Ende" zu springen):

Das Modell der steuerlich begünstigten Ehepartnerschaft ist mindestens längst nicht mehr zeitgemäß, kostet Milliarden, die damit nicht an anderer Stelle sinnvoller investiert werden können und verhindert (genderunabhängig) die Geschlechter-Gerechtigkeit.

Es ist (wäre, wenn wir es genau nehmen), bereits nicht mehr zeitgemäß gewesen seit dem Recht der Mädchen und Frauen auf Bildung und Ausbildung, seit dem Recht wählen zu dürfen und seit dem Recht, eigenständig und ohne die Erlaubnis des ihnen Angetrauten bestimmte Entscheidungen zu treffen. Allerspätestens wäre es jedoch – Wählerstimmen hin oder her und dass oft nur Männer entschieden haben, geschenkt – in den letzten 20 bis 30 Jahren zu reformieren gewesen, als sich vielfach die Rolle und das Verständnis der Mädchen und Frauen, das „Familienbild", wenn man so will und die Arbeitswelt und Betreuungslandschaft zu verändern begannen.

Nicht auszudenken, wie viel schneller und einfacher die Rahmenbedingungen (wie Vereinbarkeit) dieser Veränderung hätten dazu passen können, den Wandel begleiten und beschleunigen hätten können und die heute zu beklagenden „Spätfolgen" (bereinigte und unbereinigte Gehaltsunterschiede und Gefahr bis Fakt der Altersarmut der Frauen) hätten abmildern, reduzieren oder sogar nach und nach eliminieren können. (Denken wir nochmals an die kleinere Rentenlücke in den ostdeutschen Bundesländern zwischen Frauen und Männern und dass es in der DDR das System des Ehegattensplitting nicht gab.)

Denn die Milliarden an, nicht in das Ehegattensplitting investierten, Steuergeldern hätten wohl längst für eine flächendeckende und für jedermann und jede Frau bezahlbare und überall in hoher und gleicher Qualität verfügbare Betreuungslandschaft und einen vielfältigen Angebotsmix fließen können. Vielleicht wäre sogar die eine oder andere „Rentenreform" im Sinn von weiterem Absenken des Anspruchsanteils gar nicht nötig geworden. Vielleicht gäbe es sogar längst deutschlandweit kostenlose Kindergärten und Kindertagesstätten – denn sie sind die erste Bildungsstätte unserer Kinder. Vielleicht wäre auch noch anderes mehr möglich gewesen.

In jedem Fall aber wären ohne das überalterte System „traditionelle Familienbilder" weder finanziell attraktiv noch würden diese begünstigt werden und jede und jeder wäre viel mehr faktisch und psychologisch gehalten, sich eigenständig und finanziell unabhängig seinen Lebensunterhalt zu sichern (von anderen Einflussfaktoren und Fällen der sozialen Unterstützungsbedarfe natürlich abgegrenzt).

Und wenn man ganz mutig ist, denkt man das Thema sogar noch weiter und stellt insgesamt die Frage, warum es eine Verbindung, die Menschen schließlich oft vor Gott schließen, im Pendant dazu auch auf Verwaltungs- und damit Vertragsebene gibt. Absurd eigentlich. Und vor allem, warum, also konkret wofür? Für den Witwen-/Witwern-Rentenanspruch? Für das Erbrecht an sich? Für das Sorge- und Vormundschaftsrecht bei Kindern? Das ließe sich alles auch anders gestalten, den Menschen anbieten und „regeln", behaupte ich. Denken wir doch mal frei; zudem bin ich sicher, nicht nur ausgewiesene Experten haben längst Vorschläge dazu in ihren (hoffentlich digitalen) Schubladen. Sie sollten dort nicht vergilben.

Warum also gibt es diesen rechtsbindenden Partner-Vertrag namens Ehe zwischen Menschen und warum ist er mit so unattraktiven

Kündigungsmodalitäten oder Ausstiegsklauseln versehen? Damit genau die Menschen noch ein wenig geschützt werden, die, nur aufgrund seines Bestehens und seiner steuerlichen Ausgestaltung, mit den für sie negativen Entwicklungen bei Vertragsauflösung betroffen sind? Oder damit der Staat mehr Planungssicherheit bei Ausgaben und Einnahmen hat und damit Zuständigkeiten generell geregelt sind? Oder vielleicht, damit er sicher sein kann, dass sich Menschen rechtlich gebunden gegenseitig finanziell versorgen (zu Lebzeiten und danach) und den Sozialhaushalt damit wiederum finanziell entlasten? Unterm Strich steht derzeit vor dem Haushalts-Ergebnis wahrscheinlich ein Plus. Würde das System nun, wie es derzeit besteht aufgelöst, kann ich mir vorstellen, dass die Kalkulation auf Dauer so nicht bleibt. Wäre das System längst aufgelöst worden, würde wohl unser Haushalt mittlerweile auch dabei nicht mehr Minus machen und hätte es das System nie gegeben, würde niemand erst rechnerisch vergleichen können.

Hätte es das System nie gegeben, gäbe es im Ergebnis einen, meiner Meinung nach äußerst gewichtigen, Hinderungsfaktor der Geschlechter-Gerechtigkeit weniger. Wird also das System besser spät als nie aufgelöst, besteht die Chance, Ungleichgewichte in den beschriebenen Themen auf Sicht hin abzubauen, sie insbesondere aber nicht weiter aufzubauen. Ungleichgewichte, die als solche zwangsläufig immer vergleichbar sind.

Gerechtigkeit aber muss wahrhaftig nicht vergleichen. Und wenn wir ehrlich sind, wissen wir doch, dass das am besten ist.

Wahrhaftige Probleme der Kommunikation in der Wirtschaft

Hermut Kormann

Persönliche Vorbemerkung

Themen der Wirtschaftsethik genießen in der gegenwärtigen Diskussion hohe Aufmerksamkeit. Da sie allerdings nicht zu meinen wissenschaftlichen Arbeitsgebieten gehören, kann ich nur versuchen, mich auf der Basis meines früheren praktischen Wirkens in der Wirtschaft diesem Gebiet zu nähern.

H. Kormann (✉)
Zeppelin Universität, Ulm, Deutschland
E-Mail: hermut.kormann@buero-kormann.de

Grenzen der Wahrhaftigkeit

Der chinesische Science-Fiction-Autor Cixin Liu lässt in seiner „Trisolaris"-Trilogie[1] die Erdbewohner Kontakt zu einer entfernten Zivilisation herstellen, den Trisolariern. Diese sind um Weltzeitalter fortgeschrittener als der Homo Sapiens und kommunizieren durch Gedankenlesen. Dieses – im Gedankenmodell – einfache Kommunikationsprinzip verhindert schon im Ansatz Lug und Trug. Allerdings führt es gleichzeitig dazu, dass von der Manipulationsfreiheit der Kommunikation zu leicht auch auf die Richtigkeit ihrer Inhalte geschlossen wird. Ein noch gravierenderer Nachteil für die Trisolarier besteht jedoch darin, dass sie über keinerlei Übung in strategischem Denken verfügen, weil sie meinen, alles über die Planungen ihrer Umgebung zu wissen. Sie befürchten, dass die Menschen ihren zivilisatorischen Rückstand irgendwann aufholen und sich dann zu einer gefährlichen Konkurrenz im Weltall entwickeln könnten. Daher wollen sie die Erde vorsorglich erobern. Obwohl die gedankenlesenden Trisolarier von Natur aus wahrhaftig sind, hindert sie das nicht daran, finstere Pläne zu verfolgen.

Wahrhaftigkeit und Wahrheit

Das Bemühen um oder gar die Verpflichtung zur Wahrhaftigkeit ist eine Qualität der Kommunikation, doch sie sagt nur etwas über die Intentionen des Kommunikators aus, nicht über die inhaltliche Richtigkeit seiner Botschaft. Dennoch liegt es nahe, aus der *Wahrhaftigkeit* des Senders auch auf die *Wahrheit* des Inhalts zu schließen. So hören die Trisolarier alles mit, was die Menschen reden und schreiben, und halten alle Aussagen, da sie es nicht anders kennen, für wahr. Diesen Irrtum können sie erst korrigieren, als ein Mensch sie darüber aufklärt, das man Wahrhaftigkeit und Wahrheit bei der öffentlichen Kommunikation von Menschen – insbesondere bei Politikern und anderen Führungs-

---

[1] Vgl. C. Liu: *Die drei Sonnen.* München ²2017.

kräften, die sich in der Gestaltung von Public Relations beraten lassen – gerade nicht als selbstverständlich unterstellen kann.

Die Kommunikation im wirtschaftlichen Kontext ist zweckbezogen auf die Empfänger der Kommunikation, die Stakeholder. Es geht daher gerade nicht um die „volle Wahrheit". Zu gerne würde mancher Unternehmer alle seine Absichten offen und aufrichtig mit seinem Wettbewerber austauschen, doch das verbietet schon das Kartellrecht. Auch ist der Automobilhersteller nicht dazu angehalten, seinem Zulieferer zu offenbaren, dass dessen Angebot „konkurrenzlos" günstig ist.

Auch angesichts einer solchen Relativierung des Wahrhaftigkeitsanspruches bleibt festzuhalten, dass es nicht nur unverantwortlich, sondern auch dumm ist, die blanke Unwahrheit zu sagen oder falsche Tatsachen vorzuspiegeln. Anzunehmen, dass solche Lügen unentdeckt bleiben, wäre naiv.

Gerne wird daher auf die Regel verwiesen, dass man nie die Unwahrheit sagen, aber mit der Wahrheit durchaus klug umgehen sollte im Blick auf die Frage, ob und in welchem Umfang sie gegenüber wem offenzulegen sei.

Kommunikation des „guten" Unternehmens

Im Bereich der Wirtschaft kann es nur darum gehen, wie ein Unternehmen bzw. seine Repräsentanten die Kommunikation eines „guten" Unternehmens gestalten sollen. Die Herausforderung liegt dann natürlich darin, zu bestimmen, was „gut" sei. In der ersten Annäherung sei „gut" dann erfüllt, wenn das Unternehmen in seiner Kommunikation vorbildlich den Zwecksetzungen gerecht wird, für die es geschaffen worden ist. Diese Zwecke werden weitgehend von den großen Stakeholder-Gruppen vorgegeben: den Kunden, den Mitarbeitern, den Kapitalgebern und schließlich auch von der Zivilgesellschaft im Tätigkeitsbereich des Unternehmens. In dem Bestreben, diesen Anspruch zu erfüllen, gelten zwei generelle moralische Forderungen: Die Stakeholder dürfen durch die Transaktionen mit dem Unternehmen nicht ernsthaft geschädigt werden: Non nocere! Hinzu tritt die Anforderung, dass das Unternehmen Nutzen stiften soll: Utile esse! Aus derart einfachen Maximen lassen sich durchaus praktische Richtlinien ableiten.

Es ist selbstverständlich oder müsste es zumindest sein, dass den Kunden keine falschen oder auch nur unvollständigen Informationen über die Einsatzfähigkeit der verkauften Produkte vermittelt werden. Die erheblichen Rechtsrisiken bei Produkthaftpflichtfällen machen Fehler in diesem Bereich, etwa das Verschweigen schwerwiegender Produktmängel, zur schieren Dummheit der Unternehmensführung.

Interessante Fragen zur wahrhaftigen und zweckgerichteten Kommunikation stellen sich auch im Blick auf die interne Kommunikation: In der Handhabung von Mitarbeiter-Beurteilungs-Systemen zeigt sich immer wieder, wie schwierig es für die Vorgesetzten ist, mit Mitarbeitern über deren unzureichende Leistungen zu sprechen. Beide Seiten scheuen oft die offene Kommunikation über unangenehme „Wahrheiten". Kommt es dann wegen fortgesetzter Mängel in der Arbeitsleistung doch zur Auflösung des Arbeitsverhältnisses, so wird – meistens zu spät – deutlich, wie schädlich es war, sich nicht früher und nicht unmissverständlicher über die Probleme auseinandergesetzt zu haben.

Andererseits kann eine offene und aufrichtige Kommunikation aber auch negative Folgen haben. Ein besonders seltsamer Fall solcher dysfunktionaler Wirkungen zeigt sich bei der Kommunikation von Personalabbauplänen. Da verkündet etwa ein DAX-Konzern den Abbau von 10.000 Stellen in den nächsten Jahren. Damit werden alle 180.000 Mitarbeiter verunsichert, wen wohl der Arbeitsplatzverlust treffen wird. Dies führt dazu, dass gerade die leistungsfähigen Mitarbeiter sich auf die Suche nach einem neuen Arbeitgeber machen. Eine nüchterne Betrachtung zeigt dagegen, dass ein Stellenabbau von 5 % bis 6 % in gut zwei Jahren ohne viel Aufhebens durchzuführen wäre. Die plakative Ankündigung dient jedenfalls nicht den Mitarbeiterinteressen und wird allenfalls als Stützungsaktion für den Aktienkurs verständlich und als Voraussetzung dafür, Rückstellungen für künftige Abfindungen vorziehen zu können.

Unaufrichtigkeit als Grundannahme der modernen Theorie

Blicken wir nun auf die Beziehungen zu den Kapitalgebern – oder enger gefasst: zu den Eigenkapitalgebern –, so zeigt sich ein erstaunliches Bild: Die moderne Betriebswirtschaftslehre geht hier von der Prinzipal-Agent-Theorie der Neuen Institutionenökonomie aus, die aus der selbstverständlichen Einsicht, dass jeder Mensch eigene Interessen hat und verfolgt, die Modellannahme ableitet, der Agent werde seine Eigeninteressen ohne Rücksicht auf Nachteile für das Unternehmen durchsetzen. Einer der dabei eingesetzten Tricks sei z. B. die Vereinbarung von Informationsvorsprüngen des Managements vor den Aktionären und die Ausnutzung solcher „Informations-Asymmetrien" zu Gunsten der – vornehmlich finanziellen – Managerinteressen. Obwohl solche egoistischen Verhaltensweisen durchaus vorkommen können, zeigt sich in der generalisierenden Annahme derartiger Verhaltensmuster ein teilweise angsterregendes Menschenbild. Es stellt sich die Frage, ob nicht gerade die Verkündung solch pessimistischer Grundannahmen über professionelle Berufsträger und die Gewährung finanzieller Incentives in Höhe von Bestechungssummen den Boden für ein derartiges Fehlverhalten vorbereiten. So warnte etwa der Betriebswirt Sumantra Ghoshal: „Bad theories destroy good management practice".[2]

Transparenzanforderungen

Natürlich haben die Kapitalmärkte, die Wissenschaft und der Gesetzgeber zunehmend auf die Gefahren reagiert, die durch die angenommenen Unaufrichtigkeiten in der Beziehung zwischen Agenten und Prinzipalen sowie anderen Stakeholdern entstehen können. Institutionen, die die maßgeblichen Standards setzen, – Gesetzgeber, Rechnungslegungs-Normierer und Kapitalmarkt-Regulierer – versuchen

---

[2] Vgl. S. GHOSHAL, P. MORAN: *Towards a good theory of management.* In: J. BIRKINSHAW, G. PIRAMAL: *Sumantra Ghoshal on Management.* Harlow 2005, S. 1–27.

daher seit geraumer Zeit, die Problematik der Unaufrichtigkeit durch die Forderung nach maximaler Transparenz zu bannen. Der Inhalt von Transparenzberichten kann weitgehend vorgeschrieben werden und ihre Erstellung kann überprüft werden. Für die Dienstleister, die die entsprechenden Prüfungen anbieten, ergibt sich aus diesen Vorgaben eine beachtenswerte Nachfrageausweitung. Insbesondere Finanzunternehmen, aber auch Industrieunternehmen klagen inzwischen über die enormen offenen und versteckten Kosten dieser Bürokratisierung. Man muss sich ohnehin fragen, wer denn außerhalb des Unternehmens überhaupt noch 400-seitige Geschäftsberichte liest – möglicherweise ist selbst die Anzahl der internen Leser außerhalb des Finanzresorts recht überschaubar. Noch scheint der Trend zu neuen Aufsichtsbehörden und immer mehr Transparenzberichterstattung ungebrochen. Es könnte aber sein, dass er bald „ad absurdum" geführt wird. Langfristig wird die positive Dynamik der wirtschaftlichen Entwicklung gedämpft, wenn sich die Governance-Gremien in den Unternehmen mehr mit Rechtsrisiken beschäftigen müssen als mit dem Chancenmanagement. Den großen Betrugsfällen ist durch eine Transparenzberichterstattung ohnehin nicht beizukommen.

Grundsätze professioneller Berufsausübung

Die Forderung, aufrichtig zu sein und den Eigennutz gegenüber der Verantwortung für den Kunden oder das Gemeinwohl zurückzustellen, gilt grundsätzlich für alle Berufe. Daher wurden in unserer Gesellschaft schon lange und mit durchaus eindrucksvollen Ergebnissen Grundsätze der professionellen Berufsausübung für einige wichtige Berufe wie Ärzte, Richter, Anwälte und Ingenieure entwickelt. Die Einhaltung dieser Grundsätze wird durch berufsständische Gremien überprüft und ihre Verletzung wird gegebenenfalls sanktioniert.

Bei dem Beruf des Unternehmensführers konnte dieser Weg wohl anfänglich nicht gegangen werden, weil man noch keine Vorstellungen von guter und richtiger Unternehmensführung hatte.[3] Man wird zwar nie definieren können, welches Handeln grundsätzlich erfolgreich ist – was auch in der Medizin oder in der Rechtsberatung nicht möglich ist –, doch es ist sehr wohl möglich, Grundsätze für das Vermeiden von Fehlhandlungen aufzustellen. „Primum non nocere" ist so ein Grundsatz: nie den Kunden zu schädigen, der den Produkten des Unternehmens vertraut. Nie das eigene Unternehmen aufs Spiel zu setzen, um – vielleicht – durch Akquisitionen den Gewinn steigern zu können. Es ist nicht auszuschließen, dass – z. B. durch den Gesetzgeber oder die Rechtsprechung zur Organhaftung – auch für Unternehmensführer im Laufe der Zeit detaillierte Grundsätze richtigen beruflichen Handelns entwickelt werden. Die sogenannte „Business Judgement Rule" (§ 93 Abs. 1, Satz 2 AktG) ist ein solcher Ansatz. Sie billigt dem Unternehmensführer einen weiten Ermessensspielraum zu, die für seine Entscheidung relevanten Einflussgrößen auszuwählen, setzt aber immer voraus, dass er sich eine ausreichende Informationsbasis verschafft.

Restrisiken der Unaufrichtigkeit

Eine menschliche Gesellschaft darf wohl nicht erhoffen, je vom Risiko des Fehlverhaltens einzelner Mitglieder befreit zu werden. Es ist aber ein Unterschied, ob man seinem Gegenüber zunächst einmal vertraut oder ob man von der Grundannahme und Unterstellung der Unaufrichtigkeit ausgeht.

Weil wir jedoch immer damit rechnen müssen, dass der Andere eine versteckte Agenda hat, entwickeln wir Gegenstrategien: Führung, Kontrolle und Governance sind eine Voraussetzung für Vertrauen – nicht dessen Gegensatz! Und wir haben Strategien entwickelt, mit dieser Unsicherheit umzugehen, z. B. die Spieltheorien. In den Science-Fiction-Romanen von Cixin Liu[4] führt die Überlegenheit der Menschen im strategischen Denken dazu, dass sie die Erde retten!

---

[3] F. MALIK: *Führen – Leisten – Leben.* Frankfurt, New York 2019.
[4] Vgl. C. LIU: *Die drei Sonnen.* München ²2017.

Führung und Glaubwürdigkeit

Manfred Träger

Die „Entdeckung" der Betriebswirtschaftslehre als eigenständige wissenschaftliche Disziplin

Wirtschaftliches Handeln im Sinne von Herstellung von Gütern, Anbietern einer Arbeitsleistung oder Dienstleistung gegen Geld oder Sachleistungen, dem Handel mit Gütern im Tausch oder auch gegen Zahlungsmittel war Gegenstand menschlicher Kultur schon in frühen Formen der Zivilisation von der Antike über das Mittelalter bis in die Neuzeit. Gleichwohl entwickelte sich die Betriebswirtschaftslehre als eigenständige, wissenschaftliche Disziplin erst spät am Übergang des 19. zum 20. Jhdt. Die deutsche Volkswirtschaftslehre, die sich nach damaligem Verständnis wissenschaftlich vorrangig mit dem wirtschaftlichen Handeln von Staaten bzw. Nationalökonomien auseinandersetzte, erwies sich als ungeeignet den Qualifikationsbedarfen

M. Träger (✉)
Duale Hochschule Baden-Württemberg, Heidenheim, Deutschland
E-Mail: traeger@dhbw-heidenheim.de

der Wirtschaftspraxis gerecht zu werden. So entstanden Ende des 19./ Anfang des 20. Jhdt. die ersten sog. Handelshochschulen in denen Kaufleute auf akademischem Niveau für ihre berufliche Tätigkeit qualifiziert werden sollten. Die Begründung der Betriebswirtschaftslehre – zunächst als Privatwirtschaftslehre bzw. Handelswissenschaft – als eigenständige Wissenschaft ist somit auf die Gründung dieser ersten Handelshochschulen zurück zu führen.[1]

Für die betriebswirtschaftliche Forschung in der Bundesrepublik Deutschland nach dem 2. Weltkrieg war vor allem Erich Gutenberg prägend. Sein produktivitäts-orientierter Ansatz beschrieb die, für eine betriebliche Leistungserstellung erforderlichen sog. „Produktivitätsfaktoren". Für die vorliegende Betrachtung der Rolle des Menschen in der Betriebswirtschaft ist von Bedeutung, dass bereits Gutenberg zwischen der (ausführenden) menschlichen Arbeit als sog. „Elementarfaktor" und den Aufgaben der Unternehmensführung als sog. „Dispositiven Faktor" unterschieden hat.[2] Die wirtschaftstheoretisch fundierte Betriebswirtschaftslehre übernahm zudem zunächst das aus der klassischen Nationalökonomie stammende Verhaltensmuster eines „homo oeconomicus", welcher nach Eigennutzmaximierung auf der Basis beschränkten Wissen strebt.[3]

Die Rolle des Menschen und der menschlichen Arbeit in der Betriebswirtschaft

Die wissenschaftliche Diskussion über eine wirtschaftstheoretisch begründete, nach Gewinnmaximierung strebende Betriebswirtschaft und die aufkommenden Kritik an der Reduktion der menschlichen Arbeit auf einen eher technokratisch interpretierten Produktionsfaktor führte zu einer stärkeren Berücksichtigung verhaltenswissenschaftlicher

---

[1] Vgl. u. a. D. SCHNEIDER: *Geschichte betriebswirtschaftlicher Theorie*. München u. a. 1981, S. 1 ff.
[2] Kurzcharakterisierung u. a. in: O. SCHNECK: *Lexikon der Betriebswirtschaft*. München ⁹2015, S. 734.
[3] Vgl. G. WÖHE, U. DÖRING: *Einführung in die Allgemeine Betriebswirtschaftslehre*. München ²⁵2013, S. 6.

Erkenntnisse. Dem entscheidungsorientierten Ansatz (insbes. Heinen), dem system-orientierten Ansatz (insbes. Ulrich) und dem umweltorientierten Ansatz (insbes. Hopfenbeck) ist es zuzuschreiben, dass das ursprünglich ausschließlich ökonomisch ausgerichtete Zielsystem um soziale und später auch ökologische Ziele erweitert wurde. Betriebe wurden in einer verhaltenswissenschaftlich orientierten BWL als sozioökonomisches System beschrieben, in welchem allen Anspruchsgruppen (Stakeholdern) gleiche Partizipationsrechte zugestanden wurden und damit eine Demokratisierung der unternehmerischen Tätigkeit einhergeht. Offen bleibt allerdings, wie konfliktäre Zielbeziehungen und gegensätzliche Ansprüche bzw. Erwartungshaltungen der Stakeholder in einem „gewaltfreien Diskurs" ausgehandelt werden sollen.[4]

Ergänzend zu den in der Bundesrepublik entwickelten neueren wirtschaftswissenschaftlichen Konzepten, gelangte die Betriebswirtschaftslehre in den 70-er/80-er Jahren zunehmend unter den Einfluss der angelsächsischen Managementlehren.

Wie wird ein Unternehmen geführt?

In Ermangelung wissenschaftlicher Erkenntnisse oder empirischer Befunde orientierten sich die sehr frühen Führer von industriellen oder handwerklichen Betriebsformen an den wenigen, bis dahin national verbreiteten Organisationen (Militär, Steuereintreibung, mithin auch Kirche). Vorgesetzter/Untergebener, Befehl und Gehorsam sowie ausgeprägte hierarchische und autoritäre bzw. patriarchalische Strukturen bestimmten somit auch die frühen wirtschaftlichen Organisationsformen. Wie oben schon beschrieben, fokussierten zudem die ersten Ansätze wissenschaftlicher Betriebsführung auf das Leistungs- und Effizienz-denken, eine strenge Arbeitsteilung (Taylor) und Rationalisierung sowie dem Streben nach möglichst hohem Output bei definiertem Mitteleinsatz. Der Mensch in seiner Rolle im Betrieb wurde eher wie eine Maschine behandelt, die für „gerechte", d. h.

---

[4] Vgl. ebd., S. 7.

ausbringungsbezogene Entlohnung einen bestimmten Arbeitseinsatz zu erbringen hatte.

Die neueren Ansätze zur Unternehmensführung bzw. Managementlehre befassen sich demgegenüber mit den Prozessen bzw. Aufgaben der Unternehmensführung (funktional) und der Gestaltung des Verhältnisses zwischen Führungskräften und Mitarbeiter*innen (personal).

Unternehmensführung umfasst demnach funktional alle die Aufgaben und Handlungen, die einer zielorientierten Gestaltung, Steuerung und Entwicklung des Unternehmens dienen.[5] Üblicherweise werden folgende Phasen des Unternehmensführungsprozesses (auch Management-Regelkreis) unterschieden:

1. Entwicklung von Unternehmenszielen
2. Planung
3. Durchführung

- Organisation
- (Mitarbeiter-)Führung

4. Steuerung und Kontrolle[6]

Auf die stärker personenbezogen bzw. sozialwissenschaftlichen Aspekte der (Unternehmens-)Führung und deren Bedeutung für den Prozess der Leistungserbringung werden wir an späterer Stelle näher eingehen. Insbesondere die Persönlichkeitsmerkmale erfolgreicher Führungskräfte und deren Führungsverhalten soll noch eingehender diskutiert werden.

---

[5] Vgl. R. Dillerup, R. Stoi: *Unternehmensführung, Management & Leadership.* München ⁵2016, S. 11 f.

[6] Vgl. ebd., S. 45 ff. und vgl. S. Wettengl: *Einführung in die Betriebswirtschaftslehre.* Weinheim 2018, S. 129 ff.

Werteorientierte Unternehmensführung – nur ein Modebegriff?

Der Vorwurf an die klassische Betriebswirtschaftslehre, dass sie sich ausschließlich bzw. zumindest maßgeblich vom ökonomischem Prinzip bzw. Wirtschaftlichkeitsprinzip[7] leiten ließ, gilt zumindest nicht für das gelebte wirtschaftliche Handeln. Die Wurzeln eines Leitbilds eines ehrbaren Kaufmanns reichen nämlich bis auf eine Versammlung von Kaufleuten in der Hansestadt Hamburg im Jahr 1517 zurück. Demnach verpflichten sich dessen Mitglieder insbesondere zu folgenden Prinzipien:

- Kaufleute sind weltoffen und freiheitlich,
- stehen zu ihrem Wort,
- sind Vorbild in ihrem Handeln,
- schaffen in ihrem Unternehmen Voraussetzungen für ehrbares Handeln,
- legen ihr unternehmerisches Wirken langfristig und nachhaltig an,
- handeln nach dem Prinzip von Treu und Glauben,
- übernehmen Verantwortung für die Wirtschafts- und Gesellschaftsordnung.[8]

Neuzeitliche Ansätze der Betriebswirtschaftslehre unternehmen nun den Versuch, einige dieser humanistischen Grundwerte in einer sog. Werteorientierten Unternehmensführung abzubilden. Um demnach ein Unternehmen verantwortlich und human zu führen, sollen neben den Wirtschaftlichkeitszielen (Gewinnerzielung/Rendite, Marktanteile, Innovationen, Stakeholderbeiträge etc.) auch folgende Wertedimensionen in die Unternehmensverfassung integriert werden:

---

[7] Maximalprinzip: Erwirtschafte einen maximalen Ertrag mit gegebenem Aufwand/Mitteleinsatz – Minimalprinzip: Erbringe einen definierten Ertrag mit einem möglichst geringen Aufwand/Mitteleinsatz.

[8] Vgl. *Leitbild des Vereins „Versammlung Eines Ehrbaren Kaufmanns" zu Hamburg (VEEK)*. Zitiert in: S. WETTENGL: *Einführung in die Betriebswirtschaftslehre*. Weinheim 2018, S. 47.

- Aufrichtigkeit, Toleranz
- Partnerschaft, Fairness, Vertrauen
- Respekt, Gerechtigkeit, Solidarität.[9]

Als konkrete, in Betrieben bereits praktizierte Ausprägungen einer werte-orientierten Mitarbeiter-Führung beschreibt Dowie für die Bosch-Siemens-Hausgeräte GmbH (BSH) beispielsweise:

- Veränderte Rolle der Mitarbeiter*innen als „Erfolgsfaktor"
- Kompetenzentwicklung der Mitarbeiter*innen
- Frauenförderung
- Work-Life-Balance; Vereinbarkeit von Familie und Beruf
- Engagement für ältere Mitarbeiter*innen
- Bildungspatenschaften mit Hochschulen und Schulen; Bereitstellung von Ausbildungsangeboten
- Integration Flüchtlinge, Ausländer
- Arbeitsplatzangebote für Behinderte oder leistungsschwache Arbeitskräfte
- Spenden für bildungspolitische, wissenschaftliche, kulturelle Zwecke.[10]

Tauchen darüber hinaus ökologische und Generationengerechtigkeit in einem Zielsystem der Unternehmung auf, benennt dies die neuere Betriebswirtschaftslehre als „Nachhaltige Unternehmensführung (Substainability)".[11]

Die so gefundenen Unternehmenswerte sollen demnach in Form eines übergeordneten Selbstverständnisses beschreiben, wie das Unter-

---

[9] Vgl. R. DILLERUP, R. STOI: *Unternehmensführung, Management & Leadership*. München ⁵2016, S. 71 ff.

[10] Vgl. W. DOWIE: *Leadership und wertorientierte Mitarbeiterführung*. In: D. GRAMLICH, M. TRÄGER (Hrsg.): *Herausforderungen einer zukunftsorientierten Unternehmenspolitik*. Wiesbaden 2007, S. 39 ff.

[11] Vgl. Handlungsempfehlungen der von den Vereinten Nationen eingesetzten sog. Brundtland-Kommission (World Commission on Environment and Development, WCED) 1987 und Übersichtsdarstellung in: R. DILLERUP, R. STOI (Hrsg.): *Unternehmensführung, Management & Leadership*. München ⁵2016, S. 79, S. 82.

nehmen gegenüber den externen „Stakeholdern" (Kunden, Lieferanten, Wettbewerb, Verbände, Gewerkschaften, kommunales und staatliches Umfeld, Umwelt, Gesellschaft etc.) und den internen Stakeholdern (Mitarbeiterinnen, Führungskräften, Arbeitsschutz, Gesundheitseinrichtungen, Betriebsrat etc.) handeln möchte. Viele Unternehmen ergänzen den Wertekanon um verbindliche Regeln zur Verhinderung von Fehlverhalten bzw. Verstößen gegen die Unternehmenswerte in einem sog. Compliance-Kodex („So dürfen wir nicht handeln.").[12]

Erfreulicherweise zeigt die betriebswirtschaftliche Praxis und auch verschiedene empirische Studien, dass eine ökonomische, soziale und ökologische Aspekte umfassende Unternehmensverfassung bzw. Unternehmensphilosophie und daraus abgeleitete Leitbilder bzw. Unternehmensstrategien und Unternehmensziele durchaus auch zu nachhaltig wirtschaftlichen Erfolg führen können.[13]

Klassische Führungstheorien und – modelle sowie neuere Ansätze

Für die (Personal-/bzw. Mitarbeiter-) Führung wurden eine Vielzahl von Theorien und Modellen entwickelt, die das Leistungsverhalten und die Motivation von MA beschreiben, Führungsgrundsätze, Führungsstile, Führungstechniken kategorisieren oder das Vorgesetztenverhalten bzw. die Führungspersönlichkeit und deren Einfluss auf den Führungserfolg erklären sollen.

Führung soll hier als zielbezogene Einflussnahme von Mitarbeiter*innen bzw. Gruppen von Mitarbeiter*innen (Team) verstanden werden.[14] Erfolgreiche Führungskräfte müssen sich demnach zunächst

---

[12] Vgl. S. WETTENGL: *Einführung in die Betriebswirtschaftslehre*. Weinheim 2018, S. 46.

[13] Empirische Studien zu den Motiven für und der Bedeutung von werteorientierter bzw. nachhaltiger Unternehmensführung sowie Praxisbeispiele siehe insbesondere S. WETTENGL: *Einführung in die Betriebswirtschaftslehre*. Weinheim 2018, S. 40 ff.; R. DILLERUP, R. STOI: *Unternehmensführung, Management & Leadership*. München ^{5}2016, S. 76 ff.

[14] Vgl. L. v. ROSENSTIEL: *Grundlagen der Führung*. In: L. v. ROSENSTIEL, E. REGNET, M. E. DOMSCH (Hrsg.): *Führung von Mitarbeitern*. Stuttgart ^{5}2003, S. 3–24, hier S. 4 ff.

mit den Beweggründen auseinandersetzen, die Menschen zu Handlungen anregen (Motive). Wir müssen in diesem Rahmen auf eine detaillierte Darstellung der klassischen Motivationstheorien (Maslow, Herzberg, Mc Gregor) und insbesondere auf eine tiefere Diskussion der Begrenztheit ihres Aussagegehalts verzichten. Gleichwohl lieferten diese erste Hinweise für eine erfolgsversprechende Bewältigung von Führungssituationen:

- Es ist wichtig, sich mit der Bedürfnisstruktur der Mitarbeiter*innen oder auch von Beschäftigungsgruppen auseinanderzusetzen.
- Inwieweit sind nicht ausreichend befriedigte Defizitmotive bzw. Hygienefaktoren Auslöser für Unzufriedenheit oder Demotivation?
- Die Leistungsbereitschaft von Mitarbeiter*innen kann insbesondere durch die Stimulation der Motivatoren bzw. der Wachstumsmotive gefördert werden.

Ausgehend von den Erkenntnissen „Was" Mitarbeiter*innen zu Arbeitsleistung motiviert und welche Faktoren die Zufriedenheit mit ihrer Arbeitssituation beeinflussen, sollte das Führungsverhalten insbesondere folgende Sachverhalte berücksichtigen:[15]

- Gestaltung interessanter und sinnstiftender Arbeitsaufgaben
- Handlungs- und Entscheidungsspielräume „zugestehen"
- leistungsgerechte Vergütung
- Anerkennung und Wertschätzung für Geleistetes
- Offensives Informations- und Kommunikationsverhalten
- Entwicklungsmöglichkeiten aufzeigen und „zulassen".

---

[15] Vgl. u. a. R. WUNDERER: *Führung und Zusammenarbeit.* Köln [8]2009, S. 176 ff.; L. v. ROSENSTIEL: *Motivation von Mitarbeitern.* In: L. v. ROSENSTIEL, E. REGNET, M. E. DOMSCH (Hrsg.): *Führung von Mitarbeitern.* Stuttgart [5]2003, S. 155–122, hier S. 195 ff.

Früh wurde auch versucht, das Führungsverhalten von Führungskräften in sog. Führungsstilen zu kategorisieren. Die Verhaltensmuster von Vorgesetzten wurden u. a. charakterisiert als:[16]

a. autoritär
b. patriarchalisch
c. bürokratisch
d. charismatisch
e. beratend
f. kooperativ
g. partizipativ
h. demokratisch
i. laissez-faire

Die klassische Unterscheidung in autoritär – kooperativ und ursprünglich auch laissez-faire-Führungsstil wird vornehmlich durch das zu Grunde liegende Menschenbild (schon bei Mc Gregor als X- und Y-Typ auftauchend) bestimmt.

Autokratischer bzw. autoritärer Führungsstil betrachtet den Mitarbeiter als Untergebenen, der durch klare Aufträge und Kontrolle zu steuern ist. Das Leitbild eines patriarchalischen Führungsstils ist der (Personen-) Unternehmer als Patriarch, dessen „väterlicher" Führungsanspruch auch durch Verantwortung gegenüber der Belegschaft geprägt ist.

Eine „Renaissance" erfährt dieser Führungsstil aktuell in Form des charismatischen Führungsstils, bei dem der Führungsanspruch von der Persönlichkeit und der Ausstrahlung der Führungskraft abgeleitet wird. In der Literatur wird teilweise zwischen autoritärem (innerhalb eines hierarchisch gestaffelten Führungsapparates) und dem autokratischen Führungsverhalten (alleinige Entscheidungsgewalt) unterschieden.[17] Der bürokratische Führungsstil kann insofern als

---

[16] Vgl. R. TANNENBAUM, W. H. SCHMIDT: *How to Choose a Leadership Pattern.* In: Howard Business Review 2 (1958), S. 96 und vgl. R. WUNDERER: *Führung und Zusammenarbeit.* Köln [8]2009, S. 210.

[17] Vgl. H. LAUFER: *Grundlagen erfolgreicher Mitarbeiterführung.* Offenbach 2005, S. 85 fund vgl. G. WÖHE, U. DÖRING: *Einführung in die Allgemeine Betriebswirtschaftslehre.* München [25]2013, S. 151.

Weiterentwicklung des autokratischen Führungsstils angesehen werden, als hier strukturelle bzw. prozessuale Regelwerke die Führungsverantwortung determinieren.

Demgegenüber basieren partizipative bzw. demokratische bzw. kooperative Formen der Führung auf dem Bild eines Mitarbeiters(!), der bereit ist (anteilig) Verantwortung zu übernehmen und dessen Beitrag zur Erreichung des Arbeits-/Unternehmenserfolgs wertgeschätzt wird. Die Führungskraft beteiligt die Mitarbeiter*innen in der Entscheidungsfindung und lässt Gestaltungs- und Handlungsspielräume in der Umsetzung zu.

Einen weiteren Versuch zur Kategorisierung des Führungsverhaltens stellen die Management-by-Techniken dar. Vor allem in den 70-er und 80-er Jahren des vorigen Jahrhunderts fanden diese Ansätze:

Management by Objectives
Management by Delegation
Management by Exception
Management by Systems
Management by Results etc.

in der betriebswirtschaftlichen Literatur und folgend auch in der betrieblichen Praxis breite Beachtung.

Die intensive Diskussion der Führungsmodelle und deren gelegentlich missionarisch anmutende Verbreitung in Managementseminaren und der Unternehmensberatung darf nicht darüber hinwegtäuschen, dass es nicht *den* richtigen Führungsstil oder *die* ausschließlich erfolgsversprechende Management-by-Technik gibt. Unstrittig ist vielmehr, dass die Eignung des Einsatzes bestimmter Führungsinstrumente zwingend von personen- und situationsbezogenen Konstellationen abhängig ist.

Neuere Ansätze

Diesen Bedingungen Rechnung tragend, entwickelten sich sog. Situationstheorien der Führung[18], die zu differenzieren suchten, welcher Führungsstil in Abhängigkeit von:

* den Machtkonstellationen und organisatorischen Rahmenbedingungen
* der Erfahrungen, Kenntnissen und dem Engagement der Mitarbeiter („Reifegrad") und
* der Persönlichkeit und den Führungsqualitäten der Führungsperson

anzuwenden wäre. So scheinen in extremen, sehr komplexen Situationen ein eher aufgabenorientiertes, auch autoritäres Führungsverhalten angezeigt – während z. B. bei unstrukturierten, aber wenig komplexen Aufgabenstellungen mitarbeiterorientiertes Führen empfohlen wäre. Qualifizierte Mitarbeiter mit hoher Motivation wollen eher den Lösungsprozess mitbestimmen bzw. bevorzugen es, selbstständig innerhalb eines definierten Handlungsspielraums zu agieren.

Außer der augenscheinlichen Erkenntnis, dass es kein allgemeingültiges „Rezept" für erfolgreiches Führungsverhalten geben kann, lenkten die situativen Führungstheorien aber immerhin den Fokus darauf, dass außer den objektiven Merkmalen einer Führungskraft auch deren Wertesystem, deren Selbstsicherheit und Auftreten sowie deren Menschenbild weitere und wesentliche Bestimmungsfaktoren für Führungsqualität und Führungserfolg darstellen. (Dazu mehr im folgenden Abschnitt.)

Zunächst wollen wir aber noch einen kurzen Blick auf den aktuellen Stand der Führungsforschung werden. Es fällt auf, dass die Weiterentwicklung der Führungslehre vor allem von der Kritik an den Motivations-, Verhaltens- und Situationstheorien der Führung

---

[18] Wichtige situative Modelle: Führungsstil-Kontinuum (Tannenbaum/Schmidt 1958), Kontingenzmodell (Fiedler 1967), Verhaltensgitter bzw. Managerial Grid (Blake/Mouton 1978), Reifegradmodell (Hersay/Blanchard 1988).

getrieben wurde. Den Menschen im Unternehmen als beeinflussbaren Produktionsfaktor zu betrachten, welcher nur unter Einsatz entsprechender, möglichst „maßgeschneiderter" Anreize dazu bewegt wird, seine Kenntnisse und Fertigkeiten zur Erreichung der Unternehmerziele einzusetzen, wird einer ganzheitlichen, „humanen" Betrachtung des Menschen nicht gerecht.

Sprenger geht so weit, den Anreiz- Motivations-Modellen vorzuwerfen, die menschliche Freiheit zu unterlaufen und er fasst seine Kritik in folgenden Thesen zusammen:[19]

- Alles Motivieren ist (eigentlich) Demotivieren und Motivierung zerstört die (natürliche) Motivation.
- Extrinsische/geldorientierte Anreize üben einen negativen Einfluss auf die intrinsisch motivierte Leistungsbereitschaft aus.
- Führungslehren basieren auf einem von Misstrauen geprägten Menschenbild. („Wie kann ich eine/n Mitarbeiter*in dazu bewegen, etwas zu tun, was er allein aus sich heraus nicht tun will?")
- Nur schwache Führungskräfte benötigen Anreizsysteme als Führungsprothesen und ihre Motivationsstrategien seien durch die fünf großen „B" gekennzeichnet:
    - **B** elohnen
    - **B** elobigen
    - **B** estehen
    - **B** edrohen
    - **B** estrafen

Seine Weiterentwicklung des Führungsansatzes basiert auf der anthropologischen Erkenntnis, dass Leistungswille allen Menschen innewohne und dass Führung vor allem davon bestimmt sein müsse, Demotivation zu vermeiden.[20] Folgendes Verhalten von Führungskräften sei hierfür förderlich:

---

[19] Vgl. R. K. SPRENGER: *Mythos Motivation*. Frankfurt a.M. [20]2014, S. 9 ff.
[20] Vgl. ebd., S. 200 ff.

- Mitarbeiter*innen wahrnehmen
- (wirklich) dialogisch kommunizieren
- Glaubwürdigkeit (!)
- Zutrauen
- Handlungsspielräume und
- Raum für Entwicklung lassen.[21]

Auch aus meiner persönlichen Sicht scheint es überzeugend, dass die Erwartungshaltung eines Vorgesetzten die (Entwicklung der) Leistungsbereitschaft und die tatsächliche erbrachte Leistung beeinflusst. Wenn wir als Führungskraft die Stärke und die Ausdauer aufbringen, Mitarbeiter*innen so zu begegnen und zu behandeln, wie wir sie gerne hätten, erhöhen wir deren Chancen (und die Wahrscheinlichkeit) dass sie sich dazu entwickeln – Frustrationen und Misserfolge nicht ausgeschlossen.

Den Menschen in seiner Ganzheit zu begreifen und ihn nicht nur nach seiner fachlichen Qualifikation bzw. seiner Leistungserbringung zu bewerten, fordern auch weitere neuere Ansätze der Führungslehre. Weder das Verhalten der Mitarbeiter*innen, noch der Führungskraft lässt sich mittels eines ausschließlich rational handelnden homo oeconomicus erklären. Führen ist demnach immer auch mit Gefühlen verbunden. So ergänzen neuere Führungsansätze den Führungsbegriff um den Aspekt (der Authentizität und) der Steuerung im Umgang mit eigenen und fremden Emotionen[1]. Führungskräfte sollen in der Lage sein, sich ein möglichst realistisches Bild von der emotionalen Motivations- und Bedürfnislage anderer Menschen machen zu können und gleichzeitig sich ihrer eigenen Gefühle bewusst zu sein und diese zu reflektieren. Emotionale Intelligenz, Empathie und Einfühlungsvermögen sollen die Führungskraft in die Lage versetzen, die Mitarbeiter*in als ganzheitliches rationales und emotionales Wesen zu erfassen und sein Führungsverhalten daran auszurichten. Nach Goleman wird Führungserfolg weniger durch die Fachkompetenz der Führungskraft, sondern vielmehr von ihrer Fähigkeit bestimmt, wie

---

[21] Beispielsweise E.-M. LEWKOWICZ, B. WEST-LEUSER: *Führung und Gefühl.* Heidelberg 2016.

diese mit sozial-emotionalen Beziehungen und den eigenen Emotionen umgehen kann.[22]

Etwas überraschend tauchen in der aktuellen Literatur auch wieder „Wiederbelebungsversuche" bzw. Weiterentwicklungen autokratischer Varianten des Führungsverhaltens auf.

Charismatische (auch: transformationale) Führungskonzepte heben die Bedeutung der persönlichen Ausstrahlung der Führungsperson hervor. Charismatische Führungspersönlichkeiten zeichnen sich durch ein konsistentes eigenes Wertesystem, die Fähigkeit Emotionen stark zu empfinden sowie anderen Menschen starke Gefühle erleben zu lassen sowie durch eher regelfremde, außergewöhnliche Handlungsmuster aus.[23] Es ist nachvollziehbar, dass gerade in Phasen heftiger struktureller Umbrüche, unsicherer Umfeldbedingungen oder Krisensituationen charismatische Führungspersönlichkeiten durch Visionen, Vorbild, Stärke, Mut die Mitarbeiter*innen begeistern und Erfolge für das Unternehmen erzielen können. Beispiele auch aus der jüngeren Vergangenheit (Stadler, Wiedeking, Piech etc.) zeigen aber auch die Risiken charismatischer Führungsansätze auf – oder wie Wettengel es ausdrückt: „Charisma und Stigma liegen nah beieinander".[24] Auch Wunderer kritisiert die Überhöhung charismatischer Führungspersönlichkeiten und fordert, dass Führung von „normalen" Führungskräften ökonomisch und sozial effizient erledigt werden sollte.[25]

Welche Kompetenzen und Eigenschaften am Ende nun eine Person befähigen, erfolgreich den Anforderungen der täglichen Führungspraxis zu begegnen, soll abschließend diskutiert werden.

---

[22] Vgl. D. GOLEMANN, R. BOYATZIS, A. MCKEE: *Emotionale Führung*. Berlin ^{6}2010, S. 65 ff.
[23] Vgl. U. WEHRLIN: *Charismatic Leadership*. Göttingen ^{2}2014, S. 99 ff.
[24] S. WETTENGL: *Einführung in die Betriebswirtschaftslehre*. Weinheim 2018, S. 180.
[25] Vgl. R. WUNDERER: *Führung und Zusammenarbeit*. Köln ^{8}2009, S. 25.

Aktuelle und zukünftige Anforderungen an eine Führungskraft

An dieser Stelle kann nur kurz auf die aktuellen und sich abzeichnenden zukünftigen Einflüsse auf die Personalwirtschaft insgesamt verwiesen werden:[26]

- Wertewandel
- Demographische Entwicklung, Quantität und Qualität des Arbeitskräfteangebots
- Technologische Entwicklung, Digitalisierung
- Internationalisierung
- Veränderung der Beschäftigungsformen
- Gesellschaftliche und politische Rahmenbedingungen.

So ist es nicht verwunderlich, dass die von den Führungskräften geforderten Persönlichkeitsmerkmale bzw. Kompetenzen ebenfalls Veränderungen unterworfen sind. In der Tat sind die Persönlichkeitsprofile und Verhaltensweisen historischer (politischer und wirtschaftlicher) Führungspersönlichkeiten nur noch bedingt geeignet, ein Anforderungsprofil für eine moderne Führungskraft zu spezifizieren. Zum Zusammenhang zwischen Persönlichkeitsmerkmalen und Führungserfolg wurden und werden eine Vielzahl empirischer Untersuchungen angestellt. Seit etwa Mitte der 80-er Jahre wird hierfür regelmäßig eine Kategorisierung von Persönlichkeitsmerkmalen eingesetzt, die als „Big Five" bezeichnet wird; den fünf Persönlichkeitsfaktoren werden jeweils Unterfaktoren bzw. „Facetten" zugeordnet, die in der nachfolgenden Übersicht jedoch nur auszugsweise dargestellt werden:[27]

---

[26] Vgl. D. LINDNER-LOHMANN, F. LOHMANN, U. SCHIRMER: *Personalmanagement.* Berlin, Heidelberg ³2016, S. 8 ff.

[27] Vgl. K. SCHAUFELBÜHL, W. HUPENTOBLER, M. BLATTNER (Hrsg.): *Betriebswirtschaftslehre für Bachelor.* Zürich 2007, S. 892.

1. Emotionale Stabilität (z. B. Impulsivität, Ängstlichkeit, Reizbarkeit etc.)
2. Extraversion (z. B. Geselligkeit, Durchsetzungsfähigkeit)
3. Offenheit für Erfahrungen (Offenheit für Ideen, Gefühle etc., Entwicklung des Werte- und Normensystems)
4. Verträglichkeit (Vertrauen, Entgegenkommen, Bescheidenheit etc.)
5. Gewissenhaftigkeit (Kompetenz, Leistungsstreben, Pflichtbewusstsein, Disziplin etc.)

Es deutet eine Vielzahl der Befunde darauf hin, dass Führungskräfte in Wirtschaft und Verwaltung besonders dann erfolgreich sind, wenn Sie über hohe Ausprägungen u. a. folgender Persönlichkeitsmerkmale verfügen:

- Intelligenz
- Soziale und kommunikative Kompetenzen, Extraversion
- Emotionale Stabilität
- Lern- und Veränderungsbereitschaft
- Einsatz- bzw. Leistungsbereitschaft

vereinzelt auch:

- Ganzheitliches, systemisches Denken
- Teamfähigkeit
- Glaubwürdigkeit
- Durchsetzungsstärke
- Selbstreflexion, Selbstkritik.[28]

---

[28] Vgl. hierzu u. a. L. v. ROSENSTIEL: *Grundlagen der Führung*. In: L. v. ROSENSTIEL, E. REGNET, M. E. DOMSCH (Hrsg.): *Führung von Mitarbeitern*. Stuttgart ^{5}2003, S. 3–24, S. 10 f.; K. SCHAUFELBÜHL, W. HUPENTOBLER, M. BLATTNER (Hrsg.): *Betriebswirtschaftslehre für Bachelor*. Zürich 2007, S. 892; M. PELLNY, J. SCHMELCHER, A. BEINLICH: *Führungskompetenz*. Erlangen 2014, S. 12; U. WEHRLIN: *Charismatic Leadership*. Göttingen ^{2}2014, S. 256 ff.; H. LAUFER: *Grundlagen erfolgreicher Mitarbeiterführung*. Offenbach 2005, S. 27 ff.

Für die Qualifizierung und Auswahl von Führungs- und Nachwuchskräften, die auf die zukünftigen Herausforderungen der Unternehmens- und Mitarbeiterführung vorbereitet sind, kommt der folgenden Frage zentrale Bedeutung zu: Welche der Führungskompetenzen werden zukünftig (noch) bedeutender und welche werden zukünftig weniger relevant sein?

Vor dem Hintergrund der vorne kurz skizzierten prognostizierten Veränderungen der Unternehmensstrukturen, der Qualifikationen und Motivation der Belegschaft, der Märkte und des politischen und gesellschaftlichen Umfelds erwartet u. a. Regnet einen Bedeutungszuwachs für folgende Führungskompetenzen/Anforderungen:

- Motivation selbstbewusster, qualifizierter Mitarbeiter*innen, denen tendenziell weniger Chancen für vertikalen Aufstieg geboten werden können
- lebenslange Bereitschaft Qualifikationen anzupassen (eigene Lernbereitschaft und Mitarbeiter*innen fördern)
- Interkulturelle Kompetenzen (für globalere Märkte bzw. in internationalen Unternehmen)
- Managing Diversity (Arbeitsformen werden flexibler, Belegschaft „bunter")
- soziale Kompetenzen (Kommunikationsfähigkeit, auch fremdsprachlich, Teamfähigkeit)
- Selbstkontrolle.[29]

Exkurs: Christliche Führungsethik

Woran orientieren sich aber nun Führungskräfte, die sich zum christlichen Glauben bekennen – wie sollte deren Führungsverhalten geprägt sein?

---

[29] Vgl. E. REGNET: *Der Weg in die Zukunft – Anforderungen an die Führungskraft.* In: L. v. ROSENSTIEL, E. REGNET, M. E. DOMSCH (Hrsg.): *Führung von Mitarbeitern.* Stuttgart ⁵2003, S. 51–66, hier S. 58 ff.

Grundlage und Ausgangspunkt für ein christlich motiviertes Führungsverhalten ist ein christlich begründetes Menschenbild und die aus biblischen Texten ableitbaren Maßgaben Gottes für seinen Bund mit den Menschen. Nass entwirft hierzu eine Übersicht wesentlicher normativer Aspekte, die sich aus einem, auf biblischen Texten basierenden christlichen Menschenbild ableiten lassen:[30]

- Gott schenkt jedem Menschen Würde und (individuelle) Freiheit
- Nächsten-, Eigen- und Gottesliebe
- Kreative Entfaltung der Talente
- Wertschätzung und nachhaltige Nutzung der Schöpfung

Die christliche Soziallehre bietet ihrerseits drei grundlegende Prinzipien an, die als Wertebasis für ein, an einem christlichen Menschenbild orientierten Führungsverhalten dienen können:[31]

- *Personalitätsprinzip:* Der Mensch ist Geschöpf und Ebenbild Gottes und ist ihm mit einer unveräußerlichen Würde und Individualität ausgestattet.
- *Solidarität:* Der Mensch wurde als soziales Wesen geschaffen, das dem Gebot der Nächstenliebe folgend sich für eine sozialere und faire Gesellschaftsordnung und das Gemeinwohl einbringt.
- *Subsidiarität:* Solidarisches Handeln achtet die Würde und die Rechte des Einzelnen; Unterstützung ist daher dem Wesen nach subsidiär und wahrt die Selbstbestimmtheit und Eigenverantwortung der Glieder der Gesellschaft.

Ergänzt werden die grundlegenden Sozialprinzipien um das, aus dem Auftrag zur Bewahrung der Schöpfung abgeleiteten Nachhaltigkeitsprinzip. Wirtschaftlichkeit wird im Übrigen von der christlichen Soziallehre durchaus als legitime Zielsetzung unternehmerischen Handelns

---

[30] Vgl. E. Nass: *Handbuch Führungsethik.* Stuttgart 2018, S. 194 f.
[31] Vgl. Bund Katholischer Unternehmer e. V. (Hrsg.): *Christliche Unternehmerverantwortung.* Köln o. J.

befürwortet und auch, dass Personalführung die Leistung, Fähigkeiten und Motivation der Mitarbeiter*innen zur Erreichung einer angestrebten Produktivität fördern sollte.[32] Allerdings darf der Mensch nicht nur als austauschbare Ressource zum Zwecke der Renditeerzielung betrachtet werden. Vielmehr werden die Einzigartigkeit und die Achtung der Würde des Einzelnen (Mitarbeiter*innen, Führungskräfte) in einer Rangordnung über die Erreichung der Wirtschaftlichkeitsziele gesetzt. Nicht übersehen werden darf aber auch, dass wirtschaftlicher Erfolg Mittel zum Zweck und Voraussetzung für die Erreichung „sozialer" unternehmerischer Zielsetzungen – wie etwa angemessene Bezahlung oder Erhalt von Arbeitsplätzen – darstellt. Sehr interessant und beachtenswert ist in diesem Zusammenhang der Versuch des Bundes Katholischer Unternehmen e. V. (BKU), die biblischen zehn Gebote in eine zeitgemäße Fassung für Unternehmer zu übersetzen. In diesen „10 Geboten für Unternehmer" wird beispielsweise das 2. Gebot: „Du sollst den Namen Gottes nicht verunehren" wie folgt beschrieben: „Mißbrauche Gott und die religiösen Symbole nicht zu Werbezwecken. Rede nicht von höchsten Werten, wenn du nicht danach handelst. Verstecke Deine Geschäftsinteressen nicht hinter hohen moralischen Ansprüchen"[33]
oder
das 9. Gebot: „Du sollst nicht begehren deines Nächsten Frau: Handle nie bloß nach Sympathie. Fördere keine Mitarbeiter, nur weil du eine persönliche Vorliebe für sie hast. Nutze Deine Vormachtstellung nicht aus, um Mitarbeiter sexuell zu mißbrauchen."[34]

Vergleichbar fasst der Arbeitskreis Evangelischer Unternehmer in Deutschland e. V. (AEU) das Selbstverständnis und die Werte eines christlich geprägten unternehmerischen Handelns in einer Leitbild-Broschüre zusammen.[35]

---

[32] Vgl. E. NASS: *Handbuch Führungsethik.* Stuttgart 2018, S. 206 f.
[33] BUND KATHOLISCHER UNTERNEHMER e. V.: *10 Gebote für Unternehmer.* 2019. Verfügbar unter: https://www.bku.de *(Letzter Aufruf am:* 26.02.2019), o. Seitenangabe.
[34] Ebd.
[35] Vgl. ARBEITSKREIS EVANGELISCHER UNTERNEHMER IN DEUTSCHLAND E.V.: *Unternehmerisch denken und handeln.* 2013. Verfügbar unter: https://www.aeu-online.de (Letzter Aufruf am: 26.02.2019).

Zusammenfassend lassen sich folgende Werte und Grundsätze für eine Vision guter christlicher Führung und konkret für ein christlich motiviertes Führungsverhalten erkennen:

- Glaubwürdigkeit, Wahrheitsliebe
- Nächstenliebe und daraus abgeleitet:
- Einfühlungsvermögen/Empathie und aufrichtiges Interesse am Befinden und den Beweggründen von (einzelnen) Mitarbeiter*innen, Führungskollegen, Vorgesetzten
- Respekt und Wertschätzung für Mitarbeiter*innen und Kollegen
- Fairness, nach Gerechtigkeit strebend
- Eigenverantwortung fördern; Ermöglichen statt Beeinflussen, Entscheidungs- und Handlungsspielräume zulassen/fördern
- Entwicklungsmöglichkeiten anbieten/aufzeigen
- Wertschätzung der Schöpfung, verantwortlicher Umgang mit den Ressourcen
- Vereinbarkeit von Familie und Beruf (unterstützen)
- selbstreflektierender, achtsamer Umgang mit sich selbst
- Demut, Dankbarkeit für die geschenkten Talente

Auch aufgrund eigener Führungserfahrungen, sollen insbesondere das Streben nach Ehrlichkeit gegenüber sich selbst und den anderen, die Bereitschaft den Kollegen in seiner Ganzheit begreifen und wertschätzen zu wollen sowie die Demut und die Dankbarkeit für die von Gott geschenkten Fähigkeiten hervorgehoben werden. Dem Nächsten (und Gott) zu dienen, gerade auch wenn einem herausgehobene berufliche Stellung und Führungsverantwortung übertragen ist, zeugt von wahrer menschlicher Größe.

Zusammenfassung und persönliche Wertung

Die Betriebswirtschaftslehre hat (spät?) verstanden, dass eine einseitige Fokussierung auf ökonomische Zielsetzung und kurzfristige Gewinnmaximierung den nachhaltigen wirtschaftlichen Erfolg einer Unternehmung sogar gefährden kann. Erkenntnisse anderer wissenschaftlicher Disziplinen, wie etwa den Sozial- und Gesellschaftswissenschaften, der Psychologie und Pädagogik, aber auch Grundwerte des Humanismus und mithin auch der christlichen Soziallehre(n) führten zu einer Erweiterung der betriebswirtschaftlichen Forschung. Wie vorne dargestellt, wurde das betriebswirtschaftliche Zielsystem vornehmlich in der 1970er/-80er Jahren um „postmaterielle" und später auch um ökologische Dimensionen erweitert. Insbesondere die Führungslehre(n) entdeckten immer neue und weitere Einstellungen, Werte, Persönlichkeitsmerkmale und Verhaltensweisen, die dem Führungserfolg dienlich sein könnten.

Von „A" wie Authentizität (dazu später noch einige Gedanken), über kommunikative Kompetenzen, den 3 großen „V"s (Vertrauen, Verantwortung, Verbindlichkeit) bis hin zu „Z" wie Zuhör- und Zuwendungsbereitschaft reicht das Spektrum.

Bei aller Beachtung sozialer, kommunikativer methodischer Kompetenzen einer Führungskraft darf nicht übersehen werden, dass die Führungskraft nach wie vor in einem Spannungsfeld zwischen den wirtschaftlichen, rationalen Zielen und den humanen bzw. mitarbeiter- und gesellschaftsbezogenen Zielen zu agieren hat. Vasella geht so weit, eine Hybris zwischen der rational dominierten Identität der Führungskraft im Unternehmen und seiner sozialen Identität im Privatleben zu erkennen.[36] Tatsächlich sind die Rollenerwartungen an eine Führungskraft noch wesentlich vielfältiger als oben beschrieben. Sie/er senkt die Kosten und erhöht damit den Beitrag zum Unternehmenserfolg in ihrem/seinen Verantwortungsbereich, sie/er befriedigt (mit) die Kundenbedürfnisse, sie/er ist einfühlsam gegenüber den Mitarbeiter*innen, motiviert diese, schafft sinnstiftende Arbeitsbereiche und erhöht ihre Arbeitszufriedenheit, sie/er kooperiert fair mit Führungskollegen und achtet stets auf die Unternehmensregeln, gesetzliche Rahmenbedingungen und den CO_2-footprint seiner Handlungen; nicht zuletzt sorgt sie/er für eine Balance zwischen Familie/Freizeit und

---

[36] Vgl. D. L. VASELLA: *Emotionale Herausforderungen und Chancen der Unternehmensführung.* In: E.-M. LEWKOWICZ, B. WEST-LEUSER (Hrsg.): *Führung und Gefühl.* Heidelberg 2016, S. 46 f.

Beruf und achtet auf ihre/seine Gesundheit (zum Erhalt ihrer/seiner Arbeitskraft).

Diese, zugegeben schon absurd klingende Beschreibung der Rollenerwartungen an eine Führungskraft führt Niermeyer u. a. auch als Begründung dafür an, dass eine Führungskraft nicht immer authentisch sein könne.[37] Es sei demnach ein Mythos, dass eine Führungskraft in Erfüllung ihrer Führungsaufgaben immer sie selbst sein könne. Rollenerwartungen, Spielregeln, Konventionen und „ungeschriebene" Gesetze würden (immer wieder) zu einer (partiellen) Selbstaufgabe zwingen. Er fordert daher Souveränität in der Erfüllung der Rollen, statt Authentizität und geht so weit, dass ein nach außen Kehren der eigenen Befindlichkeit von der Umgebung auch als eher „naiv" empfunden werde. Es sei unmöglich, nicht eine Rolle zu spielen. Und er ersetzt daher Authentizität durch Glaubwürdigkeit in dem Sinne, (zuverlässig äußere Ansprüche zu erkennen und einzuschätzen und…) die eigenen Persönlichkeitsmerkmale und Werte konsistent mit den äußeren Rollenerwartungen zu vereinbaren.[38]

Inwiefern dieser (n.m. E. zum „Arrangieren" tendierende) Glaubwürdigkeitsbegriff sich mit der Forderung nach Glaubwürdigkeit bei Sprenger, beim Bund Katholischer Unternehmer oder dem Arbeitskreis Evangelischer Unternehmer deckt, muss an dieser Stelle offen gelassen werden.

Gleichwohl kann festgestellt werden, dass aktuelle Führungsansätze zunehmend „Glaubwürdigkeit" als wesentliches Persönlichkeitsmerkmal anführen, das Führungsverhalten auszeichnet und Führungserfolg fördert. Tatsächlich ist aber weder den Eigenschaftstheorien der Führung, noch der experimentellen Führungsstilforschung ein empirischer Nachweis dafür zu entnehmen, wie ausgeprägt der korrelative Bezug dieses spezifischen Persönlichkeitsmerkmals einer Führungskraft zum Führungserfolg bzw. zum Erlangen einer Führungsposition ist.

---

[37] Siehe R. NIERMEYER: *Mythos Authentizität*. Frankfurt a. M. 2010.
[38] Vgl. R. NIERMEYER: *Mythos Authentizität*. Frankfurt a. M. 2010, S. 184.

Wie vorne bereits aufgezeigt, bestätigen – aus wissenschaftlicher Sicht völlig irrelevant – meine persönlichen Führungserfahrungen die Bedeutung insbesondere folgender Persönlichkeits- und Verhaltensmerkmale für einen nachhaltigen Führungserfolg:

1. Ein stabiles Wertesystem der Führungskraft und damit Berechenbarkeit in ihren Entscheidungen und Handlungen für das Umfeld.
2. Streben nach durchgängig hoher Arbeitsqualität – diesbezüglich Verlässlichkeit
3. Glaubwürdigkeit i. S. von Streben nach einer höchstmöglichen Wahrhaftigkeit und Ehrlichkeit
4. Vertrauen(-svorschuss) gegenüber Mitarbeiter*innen, und grundsätzlicher Glaube an das Gute im Menschen
5. Empathie, aufrichtige Zuwendung
6. Wertschätzung der Familie und Wahrung eines privaten Umfelds als „Rückzugszone"
7. Demut und Bereitschaft sich selbst zu hinterfragen.

Teil VII

Wahrhaftigkeit in der Begleitung von Menschen

Bunt – begabt – wahrhaftig: ehrenamtliches Engagement

Gabriele Denner

Ehrenamt stiftet Sinn

„Schafft euch ein Ehrenamt, ein unscheinbares, womöglich ein geheimes Ehrenamt. Tut die Augen auf und sucht, wo ein Mensch ein bisschen Zeit, ein bisschen Teilnahme, ein bisschen Gesellschaft, ein bisschen Fürsorge braucht. Vielleicht ist es ein Einsamer, ein Verbitterter, ein Kranker, ein Ungeschickter, dem du etwas sein kannst. Vielleicht ist's ein Greis, vielleicht ein Kind. Wer kann die Verwendungen alle aufzählen, die das kostbare Kapital Mensch genannt, haben kann!"[1]

Mit diesen Worten wirbt der Theologe und Mediziner Albert Schweitzer (1875–1965) für das Ehrenamt. Zu Recht, denn das

---

[1] A. Schweitzer: *Kulturphilosophie I + II.* München 2007, S. 321.

G. Denner (✉)
Bischöfliches Ordinariat, Rottenburg, Deutschland
E-Mail: Gdenner@bo.drs.de

ehrenamtliche Engagement ist ein unschätzbarer Reichtum für jeden Einzelnen, aber auch für das Gemeinwohl. Ohne Ehrenamt wäre unsere Gesellschaft arm und weniger menschlich. So viele Frauen und Männer, Kinder und Jugendliche bringen ihre vielseitigen Begabungen, Erfahrungen und auch ihren Glauben ins Spiel. Sie setzen sich ein mit ihrer Kompetenz, ihrem Mut und ihrer Phantasie. Dabei investieren sie freiwillig Zeit, Energie und Kreativität mit zum Teil großer Hingabe und einem hohen Maß an Identifikation für ihr Engagement. Für viele Menschen ist ehrenamtliches Engagement zum sinnstiftenden Bestandteil ihres Lebens geworden. Ein wahrhaft menschlicher, unbezahlbarer und wertvoller Dienst. Wahrhaftig – authentisch, freimütig, glaubwürdig, offenherzig, aufrichtig, ehrlich, geradlinig, zuverlässig, vertrauenswürdig, etc. Alle Synonyme treffen zu, um die innere Haltung für ein ehrenamtliches Engagement zu beschreiben.

Sich selber treu…

Albert Schweitzer sieht in der Wahrhaftigkeit vor allem die Treue zu sich selbst: „Tatsächlich aber ist es die Ehrfurcht, die wir unserem eigenen Dasein entgegenzubringen haben, die uns anhält, uns immer selber treu zu bleiben, indem wir auf jede Verstellung, von der wir in dieser oder jener Lage Gebrauch gemacht hätten verzichten, und im Kampfe, durchaus wahrhaftig zu bleiben, nicht erlahmen."[2]

Die Freiwilligkeit fördert die Kongruenz und Identifikation der Person mit dem Engagement; die Menschen „machen Ihres", bleiben sich unter diesen Voraussetzungen am ehesten selber treu. Entsprechend der Einzigartigkeit engagieren sich Menschen aus ganz unterschiedlichen und vielfältigen Motiven. Hier zeigt sich ein buntes und heterogenes Bild – über viele Jahrzehnte hinweg bis in die Gegenwart.

Eines vorweg: Die Bereitschaft sich zu engagieren ist nach wie vor groß. Besonders auch bei jenen, die sich bisher noch nicht einbringen,

---

[2] DERS.: *Die Lehre der Ehrfurcht vor dem Leben*. München 2013, S. 31.

zeigt sich eine große Offenheit. In Deutschland nimmt die Zahl der Menschen, die sich freiwillig engagieren, laut Umfragen stetig zu.

Allerdings ändert sich die Art und Weise, warum und wie sich Menschen heute engagieren wollen. Formen des Engagements sind immer auch Kinder ihrer Zeit. Das was wir heute als Engagement vorfinden, wurde durch unterschiedliche geschichtliche, politische und gesellschaftliche Entwicklungen strukturell geprägt. Diese Entwicklungen zu entschlüsseln ist wichtig, um das heutige Engagement angemessen zu verstehen.

...in allen geschichtlichen Veränderungen[3]

Mit der Gründung der Vereine, auch den sozialen Reformen und Bewegungen Mitte des 19. Jahrhunderts entstand das klassische, traditionelle Ehrenamt, quasi die Version 1.0. Dieser typisch deutsche Wurzelstrang hat ein Bild von Ehrenamt geprägt, das mit Amtlichkeit, gesellschaftlichem Ansehen und Staatsnähe, aber auch mit klaren Hierarchien verbunden ist. Es war und ist eine Ehre ein öffentliches Amt auszuüben, quasi als „Ehrenbeamter".

In den 1980er-Jahren wird diese Form zunehmend fraglich. Vieles ist im Wandel, die traditionellen Bindungen an Kirchen, Gewerkschaften oder Parteien nehmen ab. Den Menschen wird immer wichtiger, in allen Bereichen ihres Lebens mitzubestimmen, ihre eigenen Ideen zu entfalten und eine gute Balance von Eigennutz und Gemeinwohl zu finden. Neue Formen des ehrenamtlichen Engagements entstehen, auch im Sinne einer sogenannten „Selbsthilfebewegung". Es entsteht ein „Engagement 2.0".

Ende des 20. Jhd. ändert sich der Blick auf die Bedeutung des Engagements für die Stärkung der Demokratie, für eine nachhaltige Entwicklung, für den gesellschaftlichen Zusammenhalt und für die Daseinsvorsorge insgesamt. Mit dem neuen Begriff des „Bürgerschaft-

---

[3] Nach PROF. DR. PAUL-STEFAN ROSS (Institut für angewandte Sozialwissenschaften, Duale Hochschule Baden-Württemberg Stuttgart).

lichen Engagements" (Engagement 3.0) wird zum einen die gesellschaftspolitische Bedeutung betont, zugleich die demokratischen Qualitäten hervorgehoben.

Aktuell spricht vieles dafür, dass sich derzeit ein erneuter Wandel, zum Engagement 4.0 vollzieht. Das Engagement wird insgesamt vielfältiger und es zeigt sich ein deutlicher Unterschied im Grad der Formalisierung. Auch die Veränderung der Arbeits- und Lebensbedingungen und die Prägung der Digitalisierung beeinflusst das zukünftige Engagement. Dabei geschieht Engagement längst nicht mehr ausschließlich im Großen, wie in Organisationen, Institutionen, Verbänden oder Vereinen, sondern eher projektbezogen, also zeitlich befristet und selbstorganisiert in autonomen kleineren Formen. Menschen kommen vermehrt direkt über ein Thema zum Engagement und weniger über die Organisation. Es zeigt sich ein klarer Anspruch auf Selbstbestimmung hin und wehrt sich gegen jede Art von Vereinnahmung. Somit ist eine Verschiebung von Pflicht- und Akzeptanzwerten hin zu Selbstentfaltungswerten zu beobachten. Man möchte beteiligt werden und sinnvoll seine Fähigkeiten und Begabungen einbringen, um sich auch persönlich weiter entwickeln zu können. Das derzeitige Engagement ist somit ausgesprochen vielfältig, mitunter unübersichtlich, spannungsreich und sogar widersprüchlich, wenn konträre Anliegen vertreten werden.

Bunt – vielfältig – wahrhaftig

Sind nun die anderen, sogenannten klassischen, traditionellen Formen des Ehrenamts out und überholt? Nein, die verschiedenen Typen des Ehrenamts bzw. des Engagements werden weiterhin nebeneinander existieren. Entscheidend wird sein, ob jede/r ganz persönlich, aber auch die Institutionen und Organisationen, die Gesellschaft insgesamt, offen und bereit sind für die vielfältigen Formen und Zugänge des Engagements. Und ob sie tolerant genug ist, diese Vielfalt nebeneinander zu zulassen. So bunt und vielfältig die Menschen in ihren unterschiedlichen Lebensentwürfen sind, so reich und verschiedenartig ist auch ihr ganz individuelles Engagement. Und jede/r der sich dabei authentisch, glaubwürdig, offenherzig und aufrichtig einsetzt ist dabei wahrhaftig und einmalig. Unabhängig davon, wie er/sie das Ehrenamt oder Engagement versteht, entscheidend ist, dass er/sie mit dem ganzen Herzen dabei ist und das Wohl des anderen, das Gute im Blick hat. Wahrhaftigkeit im ehrenamtlichen Engagement ist – egal in welcher Form sie ausgeübt wird – für das Gemeinschaftsleben unerlässlich, denn ohne sie schwindet das gegenseitige Vertrauen, das zwischenmenschliche Miteinander wird nicht nur beeinträchtigt, sondern fast unmöglich. Entscheidend wird sein, ob sich das Engagement an wahrhaftig menschlichen Motiven ausrichtet und orientiert.

Dann ist nicht mehr vorrangig, zu welcher Kategorie das Ehrenamt gezählt wird, sondern mit welcher inneren Haltung das Engagement verstanden wird. Nicht die einzelnen Formen des Ehrenamts sollten dabei bewertet, bzw. auch abgewertet werden, entscheidend ist ihr Kern, jede einzelne gute Tat. Eine wertbezogene, offene, menschenfreundliche und plurale Gesellschaft sollte diese Vielfalt nicht nur tolerieren, sondern Räume und Orte dafür bieten, um Breite und Weite im Engagement zuzulassen und zu ermöglichen.

An erster Stelle muss immer der Mensch und seine Würde stehen. Das bedeutet, seinem Wesen, seinem wahren Selbst gemäß zu leben und sich zu engagieren. Wenn er dabei entsprechend nach seiner inneren Gesinnung und ehrlichen Absicht handelt, wird er sich wahrhaftig auf das Gute in sich und auf sein Gegenüber hin ausrichten.

Begabungen frei legen...

Wahrhaftiges Ehrenamt hat immer auch zuerst den einzelnen, individuellen Menschen mit seinen Bedürfnissen, seinen Begabungen und Talenten im Blick.

Bislang ist es jedoch meist so, dass Entscheidungen auf allen Ebenen meist noch zentral und top-down gefällt und zur Erledigung an die weitergegeben werden, die ohnehin schon „alles" machen. Allerorten scheint die Suche nach ehrenamtlich Engagierten für zu erledigende Aufgaben oder zum Erhalt einer Organisation, einer Gruppe oder einer Sache im Mittelpunkt zu stehen. Bei diesem Ansatz besteht dazu die

Gefahr, dass Menschen ein Ehrenamt „bekleiden", weil es gut aussieht, aber sie stecken selber gar nicht drin, es bleibt äußerlich und wird nicht zur gelebten Überzeugung.

Was wäre, wenn die Perspektive dahingehend verändert werden würde, nämlich weg von der Versuchung Mitarbeiter/innen für vorgegebene und feststehende Aufgaben zu gewinnen, hin zu einer Haltung, die es ermöglicht, die ganz persönliche Begabung und das besondere Talent zum Vorschein zu bringen?

Ehrenamtsentwicklung und Engagement-Förderung sollten immer zuerst Räume und Möglichkeiten bieten, in dem sich jeder Einzelne entfalten und seine Potenziale freilegen kann. Dabei wird deutlich: die wahrhaft persönliche Berufung hat weniger damit zu tun, in vorgegebenen Bahnen zu funktionieren und Vorstellungen anderer zu erfüllen, sondern vielmehr damit, die Tiefe seiner/ihrer Person zu finden, die er/sie ist. Es ist ein Hineinwachsen in das, was in jedem zutiefst angelegt ist und zum Vorschein gebracht werden möchte. Es geht darum, Menschen an konkreten Orten mit ihren Gaben, Potenzialen oder auch Talenten wahrzunehmen und zu ermutigen, diese zu entfalten und einzubringen. Wenn es dann also nicht primär um den Ruf nach einer klassischen „Ehrenamtsgewinnung" geht und auch nicht um ein aufgabenorientiertes Nothilfeprogramm, sondern vielmehr darum, wahrhaftig angelegte Begabungen frei zu legen, dann hat dies auch Auswirkungen auf eine wahrhaftig tolerante und menschenfreundliche Gesellschaft. Das heißt dann aber auch, einen Weg zu gehen, der geprägt ist größtmögliche Partizipation zu ermöglichen und das Bewusstsein und die innere Akzeptanz dafür zu schaffen.

... sondern Berufene/r

Die Frage, ob dann jeder machen kann was er will, erübrigt sich. Denn wenn die jeweiligen Gaben primär im Dienste einer Gemeinschaft ihre Wirkung entfalten, ist dies ein deutliches Kriterium dafür, wie die Geister unterschieden werden können. Richtig verstanden gibt es dann zu jeder Gabe eine Aufgabe. Eine persönliche Berufung bedeutet dann auch für jeden Einzelnen, das eigene Charisma zu entdecken und wahrhaftig in den Dienst einer Gemeinschaft zu stellen. Oder wie es Aristoteles formuliert: „Wo die Not dieser Welt Deine Begabungen kreuzen, dort liegt Deine Berufung."

Es geht darum, tiefer zu durchdringen, was dem einzelnen Menschen geschenkt ist und wie er/sie damit das Gemeinwohl bereichern kann. Denn von Anfang an bilden Gaben und Aufgaben ein Tandem. Wo beides zusammenkommt, erfährt sich der Mensch sinnerfüllt und überzeugend. Ehrenamtsentwicklung bedeutet in diesem Zusammenhang einen Perspektivwechsel, der das begabte Subjekt stärker in den Blick nimmt und versucht, Möglichkeiten der Entfaltung zum Wohle der Gemeinschaft zu schaffen.

Dies eröffnet den Weg von einem eher „geschlossenen" zu einem „offenen" System. Wenn die Prämisse nämlich gilt, dass jeder Mensch Gaben und Talente besitzt, die für die Allgemeinheit förderlich sind, und wenn gleichzeitig davon ausgegangen werden kann, dass bei vielen die „Passung" zwischen angebotener Aufgabe und persönlicher Gabe nicht stimmt, dann muss der Blick für deren Wirkungsmöglichkeiten über bestehende Muster hinausgehen. Es öffnen sich neue Räume für die unterschiedlichen Gaben, die die bisherige Fassungskraft ihrer selbst geschaffenen Strukturen übersteigt. Diese Öffnung für das scheinbar „Unpassende" hat vielen Bereichen in der Vergangenheit immer wieder „neues Leben eingehaucht".

...zum Segen für eine menschlichere Gesellschaft

Eine derart entwicklungsoffene Gesinnung ist allerdings nicht zum Nulltarif zu haben. Sie erfordert Mut und Risikobereitschaft oder – spirituell ausgedrückt – Gottvertrauen. Sie muss großzügig sein im Eröffnen von Möglichkeiten – im Sinne einer ermöglichenden Ehrenamtskultur – damit Gaben nicht verborgen bleiben. Sie muss pragmatisch sein im Ausprobieren neuer Wege, damit Entdeckungsprozesse geschehen können.

Ehrenamt hat zutiefst mit Nächstenliebe zu tun. Wahrhaft den anderen im Blick haben – im gegenseitigen Erkennen. Ehrenamtliche sind Helden der Nächstenliebe, sie geben die Hoffnung nicht auf, dass keiner in seiner Not allein bleiben muss, dass zum Leben viel mehr gehört, als voneinander nur Gewinn im materiellen Sinn zu erwarten.

Ehrenamtliche sind Helden der Weltliebe: Sie kümmern sich um die Natur, um ausgesetzte Tiere, um die politische Willensbildung, den gesellschaftlichen Fortschritt. Sie schöpfen Freude aus der Erfahrung einer Gemeinschaft, die viel weiter ist als die, die man per Familie oder enger Nachbarschaft „geerbt" hat.

Ehrenamtlich Engagierte haben Ahnung – von den Dingen dieser Welt, vom Leben und vom Glauben. Sie setzen sich ein für eine menschenfreundliche Gesellschaft, sie stehen auf, um miteinander Gegenwart, aber auch Zukunft zu gestalten. Engagement ist für den gesellschaftlichen Zusammenhalt von entscheidender Bedeutung. Sie ist konkrete Demokratieförderung.

Eine demokratische und wertbezogene Gesellschaft weist ein hohes Potential auf, Motivation für ehrenamtliches Engagement zu wecken. Sie kultiviert sinn- und solidaritätsstiftende Ziele, die von vielen Menschen mitgetragen werden. Die sogenannte menschliche Wertegemeinschaft darf diese Umstände nicht vergessen. Eine Grundsatzentscheidung wird lauten: offen zu sein und kreative Ideen für Engagement-Räume zu schaffen, für unterschiedliche Menschen „guten Willens" mit vielfältigen Ideen, Bereitschaften, Motiven, Lebenssituationen und Lebensentwürfen. Das schafft Weite und öffnet Grenzen – ganz persönliche, aber auch die Grenzen der Gesellschaft.

Im Wissen der vielen Frauen und Männer, Kinder und Jugendliche, die sich wahrhaftig für eine menschliche Gesellschaft engagieren, liegt ein verheißungsvoller Schlüssel für einen wahrhaft guten Weg in die Zukunft.

Wahrhaftigkeit – Wofür stehen Sie und was möchten Sie in Ihrem Leben erreichen?

Michael Vaas

Dramatische Veränderungen bestimmen unser Leben

Wir leben in einer Zeit dramatischer Veränderungen. Unser Alltag verändert sich tagtäglich und wir müssen uns permanent auf neue Situationen und Gegebenheiten einstellen. Die Art und Weise, wie wir kommunizieren und die vielen verschiedenen Möglichkeiten dazu, stellen jeden von uns vor große Herausforderungen. Viele Dinge, auf die man sich bisher verlassen konnte, werden infrage gestellt.

Täglich strömen neue Erkenntnisse und Informationen auf uns ein und die Welt ist gefühlt kleiner geworden. Wir werden mit Problemen und Situationen konfrontiert, die uns bisher in keiner Art und Weise beschäftigt haben. Die vielen Informationen, die täglich auf uns hereinströmen belasten, ja überfordern viele Menschen.

M. Vaas (✉)
Gaishardt, Deutschland
E-Mail: info@michaelvaas.de

© Der/die Autor(en), exklusiv lizenziert durch Springer Fachmedien Wiesbaden GmbH, ein Teil von Springer Nature 2022
S. van Meegen (Hrsg.), *Wahrhaftigkeit – eine gesellschaftliche Herausforderung*,
https://doi.org/10.1007/978-3-658-34333-0_23

Es vollzieht sich ein regelrechter Paradigmenwechsel und die Art und Weise, wie wir unser Leben gestalten verändert sich in rasanter Geschwindigkeit. Das führt dazu, dass sich immer mehr Menschen getrieben fühlen, von Stress und Hektik. Man kommt nicht mehr richtig zur Ruhe, um sich zu Entspannen und nachzudenken, was man denn überhaupt will und was nicht. Viele fragen sich, warum sie denn bestimmte Entscheidungen getroffen oder Zusagen gemacht haben zu Themen, die sie eigentlich gar nicht wollen.

Wofür stehen Sie?

Wenn Sie sich nicht bewusst darüber sind wofür Sie stehen, birgt das die Gefahr von falschen Entscheidungen und führt zu einer permanenten Unzufriedenheit. Wenn man getrieben durch Stress und Hektik Entscheidungen trifft, die unüberlegt sind und möglicherweise auf falschen Informationen bzw. Tatsachen beruhen, kann das fatale Konsequenzen haben. Denn wenn Sie täglich wie im Hamsterrad rennen und Entscheidungen treffen müssen, sich aber nicht auf die Informationsquellen verlassen können bzw. in Ruhe überlegen und abwägen, ist die Gefahr von Fehlentscheidungen vorprogrammiert.

Auch deshalb wird der Ruf nach mehr Ruhe und Entschleunigung immer lauter. Allerdings stehen wir erst am Anfang der Transformation in das digitale Zeitalter. Das bedeutet noch mehr Automatisierung, noch mehr Möglichkeiten und noch mehr Geschwindigkeit, in der wir den Zugang zu Informationen haben und wir Dinge erledigen können.

Das bedeutet in vielen Bereichen eine große Erleichterung und sehr viele Annehmlichkeiten.

Allerdings sind wir alle gefordert achtsam zu sein. Viele Dinge in unserem Leben, die es zu bewahren gilt müssen wir schützen. Angefangen von unseren persönlichen Belangen bis hin zu gesellschaftlichen Errungenschaften, die unser Leben und unsere Kultur ausmachen.

Werden Sie sich bewusst darüber wofür Sie stehen:

Welche Werte legen Sie für Ihr Leben und den Umgang mit Menschen zugrunde?

Was ist Ihr Selbstverständnis?
Welche Grenzen ziehen Sie in Ihrem Leben?
Was ist für Sie absolut fest verankert und nicht verrückbar?
Woran messen Sie Ihren Erfolg und die Planung Ihres Lebens?

Wenn Sie sich bewusst darüber sind, können Sie täglich morgens in den Spiegel schauen und zu Ihren Entscheidungen, zu Ihrem Verhalten und zu Ihren Handlungen stehen.

Bleiben Sie sich selbst treu!

Bleiben Sie sich selbst treu und machen Sie die Dinge, die Sie für richtig halten!

Es ist Ihr Leben und wenn Sie das nicht tun macht es keiner.

Das soll nicht bedeuten, dass Sie sich auch mal Irren können oder etwas falsch machen. Schließlich hat jeder von uns in seinem Leben schon einmal etwas Dummes gemacht, ist aber deshalb noch lange nicht dumm. Es bedeutet vielmehr, dass Sie zu den Werten und Normen stehen, für die Sie sich in Ihrem Leben entschieden haben. Jeder von uns kann sich täglich neu reflektieren und zu seinen Ergebnissen stehen, die uns das Leben bringt.

Wir können jeden Tag unseren Kurs korrigieren und uns neu ausrichten. Dazu bedarf es aber der Fähigkeit sich nicht zu wichtig zu nehmen und andere Meinungen bzw. Ansichten zuzulassen. Es liegt schließlich am Ende des Tages an Ihnen, was Sie daraus machen und was Sie schließlich ignorieren und ausblenden. Dazu können wir täglich von der Natur lernen. Das Prinzip Aussaat und Ernte wird uns täglich vorgelebt. Alles in der Natur strebt nach Wachstum und Weiterentwicklung. Wer diese Fähigkeit in seinem Leben verloren hat oder gar nicht annehmen will, muss sich nicht wundern, wenn man auf der Stelle tritt.

Wenn Sie beispielsweise durch eine Tür gehen wollen und diese lässt sich nicht durch Drücken öffnen, versuchen Sie automatisch durch Ziehen die Türe zu öffnen. Ein simples, aber treffendes Beispiel aus unserem Alltag, wie wir durch Erlebnisse mit Erfahrungen aus der

Vergangenheit nach Lösungen suchen, unser Verhalten verändern und dadurch weiterkommen.

Leider verändern wir Menschen uns aus der Komfortzone oftmals erst, wenn wir dies zwangsweise müssen. Unser Handlungs- und Gestaltungsspielraum ist dann aber oftmals sehr begrenzt. Reflektieren Sie deshalb regelmäßig Ihre persönliche Situation, wo Sie stehen und wie es Ihnen dabei geht.

Versuchen Sie die Lage zu bewerten, nicht besser, aber auch nicht schlechter als diese ist.

Stellen Sie sich immer wieder Fragen!

Stellen Sie sich dazu immer wieder die folgenden Fragen:
Was läuft gut in meinem Leben?
Worauf bin ich stolz in meinem Leben?
Wofür bin ich dankbar in meinem Leben?

Wenn Sie sich diese Fragen stellen, werden Sie bemerken, dass es viele Dinge in Ihrem Leben gibt, die gut laufen und auf die Sie stolz sein können.

Das versetzt Sie in einen positiven Zustand und verleiht Ihnen ein gutes Gefühl.

Basierend darauf können Sie sich weitere Fragen stellen, wie zum Beispiel:
Was möchte ich gerne verändern in meinem Leben?
Was läuft nicht so gut?
Warum?
Was möchte ich verbessern?
Wie geht es mir dann dabei?
Was verändert sich in meinem Leben, wenn ich diese Dinge angehe?

Oftmals wissen wir ganz genau was wir in unserem Leben verändern könnten, sollten, nein müssen, um genau die Dinge zu tun bzw. umzusetzen, die uns wirklich am Herzen liegen.

Dazu bedarf es Mut und Entschlossenheit, die uns im Alltag, der vielmals von Stress und Hektik geprägt ist, fehlt.

Gerade an dieser Stelle in Ihrem Leben ist die Wahrhaftigkeit gefragt, Dinge ergebnisoffen zu hinterfragen und neue Wege bzw. Lösungen im Betracht zu ziehen. Gewohnte oder eingefahrene Verhaltensweisen infrage zu stellen, aber auch Dinge die andere von uns erwarten oder für wahr halten.

In vielen Gesprächen mit Menschen wird mir bewusst, dass die Sehnsucht und der Wunsch nach Veränderung und Weiterkommen, also Wachstum in jedem von uns tief verankert ist.

Viele spüren, dass sich die Welt, in der wir Leben verändert und dass es an der Zeit ist sich darauf einzustellen und vorzubereiten. Es liegt an jedem von uns aktiv zu werden und zu Handeln. Mut zu fassen sein Leben in die Hand zu nehmen und seinen ganz persönlichen Weg zu gehen. Allerdings fehlt vielen dazu oftmals ein motivierender Impuls oder ein entsprechender Anstoß dazu und es wird von anderen oftmals suggeriert, dass es ja schließlich gar nicht so einfach ist.

Das Bewusstsein schaffen – Wo stehen Sie gerade?

Werden Sie sich darüber bewusst, wo Sie gerade stehen und wie es Ihnen dabei geht. Ein erster Schritt, um sich darüber bewusst zu werden wo Sie gerade stehen, ist anzuhalten und sich die Frage zu stellen, wie man denn ganz persönlich mit diesen Veränderungen umgeht. Dazu ist es sinnvoll sich immer auf den gesunden Menschenverstand zu verlassen und nicht alle Dinge einfach so hinzunehmen, wie diese vermeintlich zu sein scheinen.

Versuchen Sie nicht immer und zu jeder Zeit jedem Ball nachzulaufen, der Ihnen zugeworfen wird. Das können Nachrichten, Informationen oder ganz alltägliche Gespräche sein, in denen Sie mit vermeintlichen Neuigkeiten konfrontiert werden. Stellen Sie sich selbst die Frage, wie Sie Ihre Kommunikation dazu ausrichten. Wir haben vierundzwanzig Stunden und sieben Tage die Woche Zugang zu Informationen. Entscheidend dabei ist, was Sie mit diesen Informationen und Möglichkeiten machen. Dabei lohnt es sich immer den vorliegenden Fakten und vermeintlichen Tatsachen auf den Grund zu gehen, um herauszufinden, was denn wirklich der Wahrheit entspricht und was nicht. Sogenannte Fake-News prägen mittlerweile unseren Alltag und vor allem im Bereich der Sozialen Medien, ist es deshalb angebracht den gesunden Menschenverstand einzuschalten und regelmäßig abzuwägen, welche Bedeutung die entsprechende Information für Sie überhaupt hat. Wenn Sie darauf achten, werden Sie feststellen, dass ein Großteil der Informationen die tagtäglich auf Sie hereinströmen, gar keine Bedeutung, geschweige denn einen Einfluss auf Ihr Leben und Ihre Ziele haben. Es sei denn Sie lassen dies zu und hinterfragen hinter jeder neuen Information, die Sinnhaftigkeit Ihres Lebens und Ihrer Ziele.

Damit genau das nicht passiert, sollten Sie regelmäßig anhalten und innehalten, um sich selbst zu hinterfragen:

Bin ich gerade auf dem richtigen Weg?

Mit was beschäftige ich mich gerade?

Welche Relevanz und Bedeutung haben die aktuellen Informationen und Begebenheiten für mein Leben?

Was mache ich mit diesen Informationen?

Wie gehe ich damit um?

Es lohnt sich gerade in der heutigen Zeit kritisch zu hinterfragen, woher die entsprechenden Informationen kommen und wer welchen Nutzen daraus ziehen kann. Gehen Sie dabei immer zurück zum Ursprung, zur Quelle der Informationen, um zu vermeiden, dass Sie auf falsche bzw. manipulierte Informationen und Gegebenheiten reagieren.

Denken Sie dabei immer an den Satz:

„Vieles im Leben ist oftmals nicht so, wie es auf den ersten Blick scheint!"

Es lohnt sich offen und interessiert durchs Leben zu gehen!

Es lohnt sich offen und interessiert durchs Leben zu gehen, dabei aber nicht seine ganz persönlichen Ziele und Pläne aus den Augen zu verlieren. Das beginnt mit der Einstellung und Haltung, die Sie dabei einnehmen. Wahrhaftigkeit hilft einem dabei eine innere Haltung anzunehmen, nicht alles einfach so hinzunehmen, wie es zu sein scheint. Es geht vielmehr darum Dinge zu hinterfragen, um diese auch zu verstehen. Gerade heute ist es notwendig vieles mit kritischen Augen zu sehen und nicht einfach davon auszugehen, dass wenn alle etwas machen bzw. sich so verhalten, dann wird es schon richtig sein.

Natürlich wäre dieser Weg bequem und einfach. Man kann diese Haltung bei vielen Menschen beobachten. Man vergleicht sich mit anderen aus dem direkten Umfeld und denkt sich was andere haben oder machen will ich auch. Man spricht an dieser Stelle auch von der sozialen Bewährtheit. Das bedeutet, was alle machen kann schließlich nicht schlecht sein. Versuchen Sie nicht auf dieses Wetteifern und Vergleichen einzugehen. Gehen Sie Ihren persönlichen Weg und treffen Sie Ihre Entscheidungen. Verlassen Sie sich dabei auf Ihren Instinkt und Ihr Bauchgefühl. Denn wer immer macht, was andere machen, der bekommt auch das, was andere haben.

Aber sind wir doch einmal ehrlich, das Leben bietet jedem von uns eine so große Vielfalt, seine ganz persönlichen Talente und Begabungen einzusetzen und zum Ausdruck zu bringen. Laufen Sie also nicht wie ein Schaf der Herde nach, sondern orientieren Sie sich an Ihren Zielen und Plänen. Sie werden überrascht sein, wie viele interessante Menschen Ihnen auf diesem Weg begegnen. Orientieren Sie sich an den Menschen, die auch auf diesem Weg sind, Sie unterstützen und sich auch an Ihren Erfolgen freuen. Hören Sie nicht auf die Kritiker, die Ihnen den ganzen Tag versuchen zu erzählen, warum, was nicht geht. Jeder von uns hat die Freiheit und die Chance auf seine Art glücklich im Leben zu werden. Jeder von uns hat einzigartige Begabungen und Talente, die es gilt zu nutzen und so Ihren ganz persönlichen Beitrag zu leisten.

Achten Sie darauf, wer es gut mit Ihnen meint, in Ihrem Umfeld und meiden Sie Zeitdiebe und Energieräuber. Denken Sie dabei immer an die Lebenszeit, die Sie mit müßigen Diskussionen vergeuden und versuchen Sie es nicht jedem recht zu machen.

Das bedeutet aber nicht, dass man ängstlich durchs Leben gehen soll und nicht hinter jeder Kurve eine Gefahr oder ein Risiko vermuten, sondern sich einen gesunden Zukunfts-Optimus zu eigen zu machen. Es geht vielmehr darum, den dramatischen Wandel, den wir aktuell erleben aktiv mitzugestalten. Wir haben täglich mehr Chancen und Gelegenheiten als wir nutzen können. Es geht dabei vielmehr darum zu wissen was man will und was nicht.

Nehmen Sie dazu eine gewisse Haltung der Absichtslosigkeit ein, um auf Dinge zuzugehen und neues zu erforschen bzw. zu ergründen. Das können neue, interessante Kontakte zu verschiedenen Menschen sein oder neue Dinge, die Sie erlernen und erfahren. Wir leben in einer Zeit, wo lebenslanges Lernen eine absolute Grundhaltung sein muss, um nicht auf der Stelle zu treten. Dazu gehört die Bereitschaft seinen eigenen Standpunkt auch immer wieder zu hinterfragen und neues auszuprobieren.

Ich habe es bereits erwähnt, die Welt ist gefühlt kleiner geworden und es ist uns noch nie so leicht gefallen Netzwerke aufzubauen und mit anderen Menschen in Kontakt zu treten. Das bedeutet eine riesengroße Chance mit Ihren Begabungen und Talenten dazu beizutragen, dass die Welt, in der wir leben sich mit dem Engagement jedes einzelnen von uns verbessern kann.

Wann haben Sie sich das letzte Mal Gedanken darüber gemacht, was Sie in Ihrem Leben erreichen möchten?

Um nicht wie ein Fisch in einem großen Strom mit der Masse zu schwimmen, sollten Sie sich regelmäßig Gedanken darüber machen, was Sie in Ihrem Leben erreichen möchten. Diese Frage kann Ihnen niemand abnehmen, denn wenn Sie es nicht wissen, wer sollte dann eine Antwort darauf kennen? Leider haben viele Menschen nicht den Mut und nehmen sich nicht die Zeit dafür, sich wirklich ernsthaft Gedanken darüber zu machen und einen Plan zu erstellen was, sie denn genau in Ihrem Leben umsetzen möchten.

Es ist auch bequem andere oder das Schicksal für seine Lebenssituation und die aktuellen Ereignisse verantwortlich zu machen. Doch ist unser Leben nicht zu wertvoll und jede Sekunde kostbar, um etwas daraus zu machen und diese sinnvoll zu nutzen?

Damit meine ich nicht jeden Tag unseres Lebens komplett zu verplanen und alles nur Erdenkliche umzusetzen.

Nein, ich spreche davon, das Geschenk des Lebens anzunehmen und sinnvoll zu nutzen. Jeder Mensch ist einzigartig und wertvoll. Jeder von uns hat besondere Talente, Begabungen und Eigenschaften, die es zu würdigen und zu nutzen gilt. Dazu gehört die Dankbarkeit und die Demut, Bestandteil einer großartigen Schöpfung zu sein.

Machen Sie sich bewusst, dass Sie Ihr Leben aktiv gestalten und dazu einen wunderbaren Beitrag leisten können.

Vielleicht kennen Sie den Satz: „Ein Ziel ist ein Traum versehen mit einem konkreten Datum!"

Was sind Ihre konkreten Träume, Ziele und Pläne, die Sie in Ihrem Leben wahrhaftig erreichen, umsetzen und verwirklichen möchten?

Welche beruflichen und privaten Ziele und Pläne streben Sie an bzw. wollten Sie schon immer einmal verwirklichen?

Welche Talente und Begabungen haben Sie, die Sie weiterentwickeln möchten?

Woran möchten Sie in Ihrem Leben arbeiten?

Welchen Beitrag möchten Sie leisten?

Fassen Sie den Mut und nehmen Sie sich Zeit, um über diese Fragen nachzudenken und sich möglicherweise auch einen konkreten Plan zu machen, um Ihre wahrhaftigen Lebensziele anzugehen und umzusetzen.

Denn wenn Sie es nicht tun, wer sollte es dann machen, es ist schließlich Ihr Leben!

Es wäre doch schade, wenn Sie am Ende Ihres Lebens über vertane Chancen und Gelegenheiten trauern. Viel schöner wäre es doch auf ein erfülltes und glückliches Leben zurückzuschauen. Auf die vielen kleinen und großen Momente, in denen Sie sich selbst und möglicherweise auch anderen eine Freude gemacht haben und voller Stolz sagen können:

„Gut, dass ich, wir es so gemacht und auch geschafft haben, unsere wahrhaftigen Ziele zu erreichen!"

Natürlich gelingt einem nicht immer alles und vieles läuft anderes, als man es sich vorstellt. Aber wenn Sie es nicht versuchen und dranbleiben, wissen Sie niemals, wie das Gefühl sein kann, wenn Sie Ihren ganz persönlichen Weg gegangen sind. Wahrhaftig, aufrichtig und sich selbst treu geblieben. Nicht das, was andere als Ihren Weg sehen und als gesetzt betrachten. Stellen Sie die Dinge infrage und suchen Sie nach Ihrem ganz persönlichen Weg. Nehmen Sie eine Denkhaltung ein, die es Ihnen stets ermöglicht zu reflektieren und das Bewusstsein zu schaffen, wo Sie gerade auf Ihrem Lebensweg stehen.

So können Sie immer wieder Kurskorrekturen einleiten, Sie können Entscheidungen treffen und finden auch Menschen und Begleiter, die Sie auf Ihrem Weg unterstützen und begleiten. Unterschätzen Sie dabei auch nicht Ihre Vorbildfunktion für andere, die Hilfe und Rat suchen. Möglicherweise treffen Sie in Ihrem Leben auf Menschen, denen Sie ein Stück Wegbegleiter sein können.

So können Sie voller Dankbarkeit, voller Demut aber auch mit Freude und Muse auf die Dinge blicken, die Ihnen gut gelungen sind und auf die Sie wahrhaft stolz sein können.

Ich wünsche Ihnen auf Ihrem Lebensweg alles Gute, viel Erfolg und Gottes Segen!

„Denk-Zettel" für die Klinikseelsorge
Wahrhaftigkeit am Krankenbett

Wolfgang Raible

Vor vielen Jahren habe ich damit begonnen, markante Zitate, interessante Kurzgeschichten oder humorvolle Glossen zu verschiedenen Themen zu sammeln. Der Zettelkasten, der daraus entstanden ist, hat mir bei Predigten, Vorträgen, Artikeln oder Besinnungstagen schon gute Dienste geleistet. Auch für meine Arbeit als Klinikpfarrer konnte ich ihm wertvolle Hinweise entnehmen. Und einige dieser Texte haben mein Verständnis von authentischer Seelsorge am Krankenbett nachhaltig geprägt. Haben Sie Lust, einen Blick in meine kleine Schatzkiste zu werfen und mit mir ein paar Denk-Zettel etwas genauer anzuschauen?

Anthony de Mellos wertvoller Rat

Wenn ich beschreiben möchte, wie ich mir als Klinikseelsorger einen ehrlichen Umgang mit Patientinnen, Patienten und ihren Angehörigen vorstelle, fällt mir als erstes Stichwort „Bescheidenheit" ein. Ein Besuch am Krankenbett darf nicht aufdringlich oder missionarisch

---

W. Raible (✉)
Pfarrer i.R. Stuttgart, Bischöfliches Ordinariat, Rottenburg, Deutschland
E-Mail: w.raible@t-online.de

sein, sondern hat immer von den Wünschen oder Bedürfnissen der Besuchten auszugehen.

Diesen Anspruch formuliert einer meiner Lieblingsautoren, der indische Jesuit und Exerzitienmeister Anthony de Mello (1931–1987), prägnant und mit hintergründigem Humor:

> *„Schneide den Mantel so zu, dass er dem Menschen passt. Schneide nicht den Menschen zu, dass er in den Mantel passt."*[1]

Seelsorge im Krankenhaus wird nicht übergestülpt, sie versteht sich als ein Angebot. Und ihr Maßstab bleibt immer der konkrete Mensch. Die Patientinnen und Patienten werden nicht in ein fertiges Seelsorgekonzept gezwängt, sondern entscheiden selbst, ob überhaupt und wie sie auf die spirituellen und religiösen Anregungen reagieren möchten.

Wenn ich ein Krankenzimmer betrete, versuche ich oft, über Gegenstände oder Bilder auf dem Nachttisch, über die Bücher in der Hand der Patienten oder über das Fernsehprogramm, das sie eingeschaltet haben, einen Einstieg ins Gespräch zu finden. Manchmal entdecke ich auf diesem Weg, welchen Mantel ich ihnen hinhalten kann, und – um im Bild zu bleiben – wie ich ihn zuschneiden muss, sodass sie gerne hineinschlüpfen.

Oft sind sie dankbar für den Mantel „Zeit", den ich mitbringe – Zeit, um ihre Lebensgeschichten anzuhören; Zeit, um die Fragen und Probleme anzusprechen, die sie schon lange bewegen.

Hin und wieder – wenn Vertrauen gewachsen ist und ich Aufgeschlossenheit in dieser Richtung wahrnehme – passt auch der Mantel der biblischen Botschaft: ein Psalmvers, ein Lied, eine Geschichte aus dem Evangelium.

Und manche lassen sich schließlich vom Mantel der Symbole und Riten wärmen – wünschen sich die Krankenkommunion, die Krankensalbung oder ein Beichtgespräch.

„Ich wäre nie auf die Idee gekommen, einen Seelsorger zu rufen. Aber ich bin sehr dankbar, dass Sie vorbeigeschaut haben. Kommen Sie bitte

---

[1] A. DE MELLO: *Warum der Vogel singt. Geschichten für das richtige Leben.* Freiburg 1984, S. 18.

wieder!" – Wenn ein Krankenbesuch so endet, dann war er wahrscheinlich nicht bedrängend oder vereinnahmend, sondern bescheiden und auf diesen Patienten zugeschnitten.

Sören Kierkegaards provozierende Geschichte

Kranke sind sehr sensibel und spüren genau, ob die Worte, die man ihnen sagt, echt und von der Persönlichkeit, von der Haltung der Seelsorgerin oder des Seelsorgers gedeckt sind. Deshalb gehört das Stichwort „Transparenz" unbedingt zu meinem Verständnis von glaubwürdiger Krankenpastoral.

Seit langer Zeit begleitet mich ein Denk-Zettel von Sören Kierkegaard (1813–1855). Dieser dänische Philosoph und Theologe war kein bequemer Zeitgenosse. Er wollte das verbürgerlichte und satte Christentum, mit dem er konfrontiert war, provozieren und aufscheuchen – mit ironischen Bemerkungen und überraschenden Geschichten. In seinen Tagebüchern findet sich folgende Episode:

„Kierkegaard war Student in Kopenhagen und mit einem Korb Wäsche unter dem Arm unterwegs – auf der Suche nach einer Wäscherei. In einer Seitengasse findet er ein Geschäft, in dessen Schaufenster ein Schild steht: „Hier wird Wäsche gewaschen und gebügelt." Kierkegaard öffnet die Tür und setzt den Korb auf die Theke. Ein Mädchen kommt, um ihn zu bedienen. Doch als er auf den Korb deutet, lacht das Mädchen und sagt: „Mein Herr, Sie irren sich." – „Aber wieso", stammelt Kierkegaard: „hier steht doch: ‚Hier wird Wäsche gewaschen und gebügelt'!" – „Da haben Sie recht", sagt das Mädchen; „Auf dem Schild steht: ‚Hier wird Wäsche gewaschen und gebügelt'. Aber Sie sind nicht in einer Wäscherei. Sie sind in einer Fabrik für Schilder. Hier werden Schilder hergestellt, auf denen steht: ‚Hier wird Wäsche gewaschen und gebügelt.'"[2]

Diese kleine Erzählung lässt aufhorchen und fordert zu einer Gewissenserforschung heraus: Lebst und verkörperst du wirklich das,

---

[2] S. KIERKEGAARD frei erzählt nach: M. GMELCH: *Du selbst bist die Botschaft. Eine therapeutische Spiritualität in der seelsorglichen Begleitung von kranken und leidenden Menschen.* Würzburg 1996, S. 12.

was du „im Schilde führst", was du mit deinen Worten sagst? Wenn du den Patienten die Schilder „Aufmerksamkeit", „Trost", „Ermutigung" oder „Verständnis" entgegenhältst – ist dann auch das drin, was draufsteht? Wenn auf deinem Schild „Gott ist die Liebe" steht – kann man das durch deine Menschlichkeit, durch deine Freundlichkeit oder durch dein echtes Mitleid erleben? Versteckst du dich hinter einer gut trainierten Gesprächstechnik, oder spürt dein Gegenüber durch dein ganzes Wesen ehrliches Interesse und Wertschätzung?

„Du selbst bist die Botschaft" – unter diesem Titel hat der damalige Nürnberger Klinikseelsorger Michael Gmelch 1996 ein Buch herausgegeben. Er bringt damit auf den Punkt, dass nicht in erster Linie die Worte über das Gelingen eines Krankenbesuchs entscheiden, sondern das gesamte Verhalten und Erscheinungsbild der Seelsorgerin oder des Seelsorgers.[3]

Fritze Köhlers seltsames Hobby

Nicht jeder Besuch am Krankenbett muss in ein Glaubensgespräch oder in ein Gebet münden. Oft wirkt ein frommer Schlenker zum Schluss aufgesetzt und gezwungen. „Offenheit" ist daher ein weiteres Stichwort, mit dem ich überzeugende Klinikseelsorge charakterisieren will.

Eine köstliche Glosse aus dem Hamburger Abendblatt vom 25. April 1985 gehört zu den Perlen meines Zettelkastens. Sie macht mich charmant auf die Gefahr des sogenannten „heiligen Bogens" aufmerksam, vor dem wir Kirchenleute nicht gefeit sind:

„Fritze Köhler ..., ein alter Freund von mir, behauptete, er könne den heiligen Bogen von jedem x-beliebigen Gegenstand in höchstens 30 Sekunden schlagen ... So musste er dauernd seine Kunst unter Beweis stellen. ‚Fritze! Parkhaus!' rief ihm ein Kollege zu. Und Fritze legte los. ‚Da stehen sie nun: die Autos. Anonym und tot. Regungslos und ohne Leben in der Betonwelt. Aber siehe: da kommt ein Herr. Er dreht den Schlüssel um, das Tote ist zum Leben erweckt. So, meine Lieben, ergeht es auch der hoffnungslosen Seele.

---

[3] Vgl. ebd.

Eben noch ...' ‚Gewonnen, Fritze', riefen wir ... Und der nächste Begriff kam dran. Von der Roten Ampel kam er in fünf Sekunden auf Grünes Licht für das Himmelreich. Vom Telefon kam er in zehn Sekunden über ‚wenn man anruft, ist besetzt, wenn man aber geduldig weiterwählt, kommt die ersehnte Verbindung doch noch zustande' auf den großen Anschluss zur Ewigkeit. Wirklich: Er kriegte den heiligen Bogen, wie er wollte. Von Fußmatte, Mülltonne, Glühbirne (nur wenn der Vater sie einschaltet, strahlt sie und wandelt das Dunkel in Licht), Kugelschreiber, Pellkartoffel und was man wollte ..."[4]

Früher waren Krankenschwestern und Pfleger oft die wichtigsten Ansprechpartner für die kleinen und großen Sorgen der Patienten. Durch die wachsende Personalknappheit und den daraus resultierenden Zeitmangel ist diese Austauschmöglichkeit inzwischen sehr eingeschränkt. Die Pflegenden sind meist dankbar, wenn wir Seelsorgerinnen und Seelsorger nicht nur zur Stelle sind, wenn Gespräche über Glaubens- und Sinnfragen gewünscht werden, sondern einfach kommen und uns Zeit nehmen für alles, was die Kranken beschäftigt. „Frau X. und Herr Y. bekommen nie Besuch, schauen Sie doch bitte einmal bei ihnen vorbei" – so werden wir oft gerufen, gehen dann „zielfrei" in ein Krankenzimmer und sind offen für die Themen, die zur Sprache kommen. Auch Unterhaltungen über das Alltagsgeschehen können wertvoll sein und müssen nicht „umgebogen" werden, um einen religiösen Touch zu bekommen.

„Es hat richtig gut getan, mit dem Pfarrer einmal über Rockmusik und Fußball reden zu können." Diese Rückmeldung, die ein Patient einer Krankenschwester gegeben hat, macht deutlich, wie entlastend und befreiend „Smalltalk" sein kann; wie froh manche Kranke sind, wenn sie einfach einmal über ihre Kinder oder ihre Hobbys erzählen dürfen.

Ich bin froh, dass mich Fritze Köhler mit seinem seltsamen Hobby auf meinem Weg durchs Krankenhaus begleitet und mich augenzwinkernd davor warnt, Gespräche in eine bestimmte Richtung zu

---

[4] Hamburger Abendblatt, 25.04.1985.

drängen und mit dem „heiligen Bogen" bei einem Glaubensthema zu landen.

Kurt Martis eindringliche Warnung

„Das sagen Sie jetzt, weil Sie als Pfarrer so reden müssen" – wenn ein Patient so auf einen meiner Sätze reagiert, hat er vermutlich eine Floskel, eine beschwichtigende Formel oder eine stereotype Vertröstung gehört, die ihm nicht weiterhilft. Bei den Überlegungen, wie eine redliche Sprache in der Krankenseelsorge klingen müsste, darf also das Stichwort „Vorsicht" nicht fehlen.

Einer, der frommen Klischees und unreflektierten Trostfloskeln den Kampf ansagt, ist der Berner Pfarrer und Schriftsteller Kurt Marti (1921–2017). In seinen berühmten „Leichenreden" karikiert er die Schönfärberei und die Verlogenheit der Trauerredner und möchte sie zu wahren, gradlinigen und ehrlichen Worten auffordern. Eine dieser provozierenden kurzen Ansprachen, die ich mir als Denk-Zettel aufbewahrt habe, setzt sich mit dem Beerdigungsritual seiner Kirche auseinander, das immer so beginnt: „Gott hat es gefallen …". Marti protestiert dagegen:

> *dem herrn unserem gott*
> *hat es ganz und gar nicht gefallen*
> *dass gustav e. lips*
> *durch einen verkehrsunfall starb …*

Und ein paar Zeilen weiter legt er noch einmal nach:

> *dem herrn unserem gott*
> *hat es ganz und gar nicht gefallen*
> *dass einige von euch dachten*
> *es habe ihm solches gefallen*[5]

---

[5] K. MARTI: *Leichenreden*. Neuwied 1976, S. 23.

Eindringlicher als Kurt Marti kann man kaum vor frommen Sprüchen, formelhafter Sprache und leeren Worthülsen warnen. Und gerade wenn jemand mit einer schlimmen Diagnose, mit einer schwierigen Operation oder mit einer ungewissen Zukunft konfrontiert ist, gilt es besonders vorsichtig zu sein. Äußerungen wie „das ist eine Prüfung", „man darf auch das Gute nicht vergessen", „anderen geht es noch schlechter" oder „Gott wird schon wissen, wofür diese Krankheit gut ist" werden der Not der Kranken nicht gerecht.

Die Arbeit als Klinikseelsorger hat meine Sprache einer heilsamen Prüfung unterzogen. Vollmundige Glaubensbekenntnisse gehen mir angesichts des Leids, dem ich begegne, nicht mehr so leicht von den Lippen, und beschwichtigende Allgemeinplätze versuche ich aus meinem Vokabular zu streichen. Auch vermeintlich christlichen Sinndeutungen des Leidens stehe ich inzwischen sehr skeptisch gegenüber.

Der schwäbische Pfarrer und Kirchenlieddichter Christoph Blumhardt (1842–1919), von dem sich Kurt Marti in seinen „Leichenreden" inspirieren ließ, ermutigt mich zu dieser kritischen Haltung: „Die Resignation, wie sie viele Christen glauben im Namen Gottes haben zu müssen unter der Last der Übel, ist nicht christlich. Ich bin deswegen nicht ganz einverstanden mit dem Spruch, den man Kranken oft ins Zimmer hängt: ‚Ich muss leiden, ich kann leiden, ich darf leiden, ich will leiden.' Das ist nicht wahr – ich will nicht! Das ist eine verzwungene Geschichte. Das hätte der Heiland nie gesagt, – er sagt nur: ‚Ich ergebe mich', aber es ist ein stiller Protest darin."[6]

Die Vorsicht vor verharmlosenden Zusprüchen ist für mich ein wichtiges Kennzeichen ehrlicher Krankenseelsorge.

Karl Rahners beeindruckende Definition

„Warum trifft mich dieses Schicksal?" – „Womit habe ich das verdient?" – „Was wird aus mir und meiner Familie?" – „Wie kann Gott das zulassen?" Viele Patienten erhoffen von der Seelsorgerin oder

---

[6] C. BLUMHARDT zit. n. K. MARTI: *Leichenreden*. Neuwied 1976, S. 20.

dem Seelsorger eine Antwort auf solche Fragen. Und oft sind sie enttäuscht, wenn von unserer Seite keine klaren und eindeutigen Aussagen kommen. Beim Nachdenken über eine redliche Kommunikation am Krankenbett muss daher auch das Stichwort „Sprachlosigkeit" thematisiert werden.

In der Fassungslosigkeit und Ratlosigkeit, mit der ich immer wieder vor der Not der Kranken und ihrer Familien stehe, hilft mir ein ehrliches Eingeständnis des großen Theologen Karl Rahner (1904–1984). Was „Glaube" für ihn bedeutet, umschreibt er einmal so:

> *„Glauben heißt: Die Unbegreiflichkeit Gottes ein Leben lang aushalten."*

Glaube ist nie ein fester Besitz, ein Wissen der Wahrheit – sondern bleibt immer ein Suchen, ein Sich-Herantasten an unsere persönliche Antwort auf die Fragen, die das Leben uns stellt. Glaube ist nicht eine Sammlung von auswendiggelernten Katechismussätzen, sondern das Vertrauen darauf, dass Gott uns begleitet und stützt, auch wenn wir ihn nicht verstehen. Gerade im Krankenhaus steht diese schwere Lektion täglich auf dem Stundenplan.

Zu einem authentischen Umgang mit Patientinnen, Patienten und ihren Angehörigen gehört immer auch das Eingeständnis, dass wir auf die „Warum-Frage" keine allgemein gültige Antwort wissen, und dass wir auch als gläubige Menschen nicht für jede Notsituation eine Erklärung parat haben.

Ich kann meine Sprachlosigkeit artikulieren, indem ich dem Leidenden meine Hand wortlos auf die Schulter oder auf den Arm lege und ihn so meine Solidarität spüren lasse. Und ich kann durch wenige Worte signalisieren, dass ich genauso ratlos bin wie er. Manchmal zitiere ich auch den Satz von Karl Rahner und nehme dann meist ein zustimmendes Nicken wahr.

Viele Kranke sind dankbar, wenn an ihrem Bett kein Besserwisser sitzt, sondern ein Seelsorger, der seine eigenen Zweifel nicht verschweigt, und der zu seiner Hilflosigkeit stehen kann.

Henri Nouwens berührendes Bild

Patienten möchten, wenn sie von einer Seelsorgerin oder einem Seelsorger besucht werden, keinen belehrenden oder bevormundenden Menschen erleben. Sie wünschen sich einen einfühlsamen Gesprächspartner, der ihnen auf Augenhöhe begegnet, der um seine eigene Begrenztheit weiß, und dem Leiderfahrungen nicht fremd sind. Mit dem Stichwort „Verletzlichkeit" soll deshalb ein letzter Aspekt aufrichtiger Krankenseelsorge angesprochen werden.

Henri J. M. Nouwen (1932–1996), der niederländische Priester, Psychologe und geistliche Schriftsteller, beschreibt den Seelsorger als verwundeten Arzt. Er greift dabei auf eine messianische Legende aus dem Talmud zurück:

> *Rabbi Joschua ben Levi traf den Propheten Elija ...*
> *Er fragte Elija: „Wann kommt der Messias?"*
> *Elija antwortete: „Geh und frag ihn selbst."*
> *„Wo ist er?"*
> *„Er sitzt am Stadttor."*
> *„Wie kann ich ihn erkennen?"*
> *„Er sitzt, über und über mit Wunden bedeckt, unter den Armen. Die anderen legen all ihre Wunden auf einmal frei und verbinden sie dann wieder. Er aber nimmt immer nur einen Verband ab und legt ihn sofort wieder an; denn er sagt sich: ‚Vielleicht braucht man mich. Wenn ja, dann muss ich immer bereit sein und darf keinen Augenblick säumen.'"*[7]

Bei seiner Auslegung dieser Legende geht Nouwen davon aus, dass Seelsorgerinnen und Seelsorger daran mitwirken, die Verheißungen des Messias wahr werden zu lassen – dass sie sich wie der Messias unter den Armen aufhalten und sofort zur Stelle sind, wenn sie gebraucht werden.

---

[7] *Messianische Legende* zit. n. H. J. M. NOUWEN: *Geheilt durch seine Wunden. Wege zu einer menschlichen Seelsorge.* Freiburg 1987, S. 119 f.

Sie sind „dazu berufen, Arzt zu sein, der selbst verwundet ist, der seine eigenen Wunden behandeln, dabei aber bereit sein muss, die Wunden anderer zu heilen"[8].

Selbst die Wunden tragen, die das Leben schlägt; die eigenen Verletzungen anschauen und sich mit persönlichen Grenzen auseinandersetzen – darin sieht, in Anlehnung an Nouwen, Rolf Zerfaß eine Voraussetzung für den seelsorgerlichen Dienst. Die Aufmerksamkeit für die eigenen Verwundungen – nicht zu verwechseln mit Wehleidigkeit – verbindet mit fremdem Schmerz, schneidet den Seelsorgenden den Fluchtweg in die Geschäftigkeit ab und hilft ihnen, sich von der eigenen Leiderfahrung her dem Leiden der anderen zu öffnen.[9]

Ich muss als Seelsorger nicht alle Probleme selbst durchlitten haben. Aber überzeugend wird mein Dienst an den Kranken, wenn ich an einer Stelle selbst Ohnmacht und Unvermögen erfahren habe; wenn ich mich als bedürftigen, suchenden und unfertigen Menschen sehen kann; wenn ich mir meiner Verletzungen und meiner Verletzlichkeit bewusst bin.

Wahrhaftigkeit am Krankenbett – durch eine bescheidene, transparente, offene und vorsichtige, manchmal auch sprachlose Seelsorge, die um die eigene Verletzlichkeit weiß, möchte ich diesem großen Ziel Schritt für Schritt näher kommen. Und die interessanten und aufrüttelnden Denk-Zettel aus meiner kleinen Schatzkiste sind mir dabei Ansporn und Hilfe.

---

[8] H. J. M. NOUWEN: *Geheilt durch seine Wunden. Wege zu einer menschlichen Seelsorge.* Freiburg 1987, S. 120.
[9] Vgl. R. ZERFAß: *Menschliche Seelsorge. Für eine Spiritualität von Priestern und Laien im Gemeindedienst.* Freiburg 1985, S. 101–104.

Wahrhaftigkeit – Wahrheit, die sich am anderen orientiert.

Uli Redelstein

„Ich habe es dir doch versprochen!", sagte Herr W. mit großer Kraftanstrengung seiner Frau. Es war nur zu erahnen, welche Bedeutung dieser Satz für Herrn W. hatte. Er lag sterbend auf der Palliativstation. Seine Krebserkrankung war weit fortgeschritten und sein Sterben absehbar. Nach der Diagnose vor etwa 2 Jahren folgten Chemotherapien und Bestrahlung. Seine Frau, die mit am Bett saß, sagte: „Er hat mir immer gesagt, dass alles gut ist und die Ärzte mit ihm zufrieden sind. Vor drei Wochen habe ich zufällig einen Arztbrief von ihm gefunden und darin seinen „wahren" Befund." Und dann sagte sie noch. „Wir hatten zwei wunderschöne letzte Jahre. Ich glaube, er hat mir die Wahrheit nicht sagen wollen und mir deshalb versprochen, dass alles gut wird."

Was ist Wahrheit? Gerade in der Begleitung von schwerkranken und sterbenden Menschen ist eine einfache Antwort auf diese Frage schwirig. Hat Herr W. gelogen, weil er die Wahrheit über seinen

U. Redelstein (✉)
Heidenheim, Deutschland
E-Mail: uli.redelstein@kliniken-heidenheim.de

tatsächlichen Krankheitsbefund seiner Frau nicht gesagt hat? Hat er selber ermessen können, wie schwer er krank ist oder war das, was er seiner Frau sagte, für ihn die Wahrheit?

Auch für Frau W. blieb es ambivalent, im Blick zurück zu sagen, ob ihr Mann gelogen, verdrängt, sich und sie geschont hatte. Die Frage, was ist Wahrheit, blieb offen. Im Vordergrund stand der Schmerz, die Wut, die Ohnmacht, dass ihnen nur noch wenig Zeit bleibt, um sich voneinander zu verabschieden.

Diese Situation von Herrn W. und der Umgang damit, was scheinbar objektiv messbar, beschreibbar ist, ist für Menschen, die schwerkrank sind und ihre Angehörigen typisch. Es gibt von ärztlicher Seite den Grundsatz, über Diagnose, Verlauf und Therapie wahrheitsgemäß auf zu klären. Das Leitbild ist der informierte Patient und der informed consent, d. h., die Zustimmung des Patienten, nachdem er ausreichend in Kenntnis gesetzt worden ist. Diese Grundhaltung hat sich in den letzten Jahren herausgebildet. War es lange Zeit üblich, dass Ärzte entschieden, was für Patienten gut ist, was man ihnen sagen und zumuten soll, ist es heute Standard eines Arzt-Patientengesprächs, den Patienten und wenn möglich, seine Angehörigen mit ein zu beziehen und sie bestmöglich auf zu klären. Die Frage bleibt, ob es gut und angemessen ist, alle Erkenntnissen und Möglichkeiten der Therapie auch dem betroffenen Patienten zu sagen. Oder ob es darum geht, die Aufklärung an der betroffenen Person aus zu richten. D. h., im Gespräch zu schauen, was für diesen Patienten notwendig ist und was er braucht, um für sich gute Entscheidungen zu treffen. Es ist klar, dass ein puristischer und rein an Fakten orientierter Wahrheitsbegriff nicht ausreicht. Im Vordergrund steht die Autonomie des Patienten und seine Fähigkeit und Pflicht, für sich selber, auf der Grundlage ausreichender Information, die für ihn richtigen und angemessenen Entscheidungen zu fällen. Ohne den Bruder Fürsorge an der Seite der Autonomie kann Aufklärung leicht zur Überforderung von Patienten und ihren Angehörigen führen.

In diesem Spannungsverhältnis bewegt sich auch der Begriff Wahrheit. Für mich treffe ich die Unterscheidung zwischen Wahrheit und Wahrhaftigkeit. Während ich Wahrheit als einen Begriff sehe, der objektiv Fakten und Tatsachen beschreiben will, ist für mich der Begriff

Wahrhaftigkeit um die Beziehungsdimension erweitert. Aus einer Grundhaltung echten Interesses und echter Wertschätzung gegenüber meinem Mitmenschen, geht es darum, ihm meine Wahrheit so hin zu halten, dass er sie wie einen Mantel anziehen kann. Und dies gilt auch für Gespräche mit Patienten, die schwerstkrank und sterbend sind.

Gerade in existentiell schwierigen Situationen haben Menschen besondere Fähigkeiten, mit für sie belastenden Wahrheiten um zu gehen. So erzählen immer wieder vor allem jüngere ärztliche Mitarbeiter*innen: „Ich war vorgestern bei Herrn M. und habe ihn über seine Erkrankung und über die Therapien aufgeklärt. Und jetzt war ich gerade wieder bei ihm und er sagte mir, dass er nichts davon weiß!" Menschen haben in sich selbst Regulative, mit Informationen um zu gehen, die für sie bedrängend und beängstigend sind. Diesen Menschen zu unterstellen, sie würden die Wahrheit verleugnen oder verurteilend zu sagen, sie verdrängen halt und wollen sich nicht damit auseinander setzen, wird ihnen nicht gerecht. Letztlich geht es darum, mit Menschen einen Weg zu gehen, auf dem ich mein therapeutisches Handeln an meinem Gegenüber ausrichte. Die Herausforderung ist, immer wieder neu zu schauen, wo dieser Mensch steht und wie ich meine Kompetenz und mein Wissen ihm so anbieten kann, dass er gut für sich damit umgehen und entscheiden kann.

Eine biblische Leitgeschichte ist für mich in diesem Zusammenhang die Heilung des blinden Bettlers Bartimäus und die Art und Weise wie Jesus diesem blinden Menschen begegnet. Bartimäus sitzt seit langer Zeit am Stadttor von Jericho. Er ist ohne eine Lebensperspektive, sozial isoliert und religiös ausgegrenzt. Als er hört, dass Jesus vorbeikommt geschieht etwas mit ihm. Er schreit aus Leibeskräften: „Jesus, hab Erbarmen mit mir!" Und gegen den Widerstand vieler, bittet Jesus, man möge Bartimäus zu ihm bringen. Und da steht er nun vor ihm, blind, sozial und religiös abgeschrieben und allen scheint klar zu sein, was Bartimäus will. Doch dann kommt für mich der Teil der Begegnung, der offenbart, worum es Jesus geht: Jesus fragt den Bartimäus: „Was willst du, dass ich dir tun soll?" Bartimäus antwortet: „Ich möchte wieder sehen können." Und Bartimäus konnte wieder sehen. Und Jesus sagt zu ihm: „Dein Glaube hat dir geholfen."

Diese kleine Szene macht deutlich, worum es Jesus geht. Es geht ihm um jetzt, um diesen Menschen. ER sieht ihn mit seiner unzerstörbaren Würde und seinen ihm innewohnenden Fähigkeiten. Diese Haltung Jesu befreit den Bartimäus aus der Blindheit, schenkt ihm Zutrauen und öffnet ihm eine neue Lebensperspektive. Er findet in der Begegnung mit Jesus zur Wahrheit seines Lebens. Am Ende der Geschichte heißt es: Er folgte Jesus nach. Innerlich und äußerlich ist mit Bartimäus eine Veränderung geschehen.

Wahrhaftig eine Wundergeschichte, die je neu übersetzt werden kann in die Begegnungen und Gespräche auch mit schwerstkranken und sterbenden Menschen heute. Was willst du, dass ich dir tun soll? – wenn dies meine Leitfrage in der Begegnung mit Menschen ist, dann wird sich mein Reden und Handeln, an meinem Gegenüber ausrichten. Es geht dann nicht um eine Wahrheit von außen, sondern um Wahrhaftigkeit im Blick auf den anderen. Entscheidend ist dabei die Grundhaltung. Ich begegne dem anderen in echter Wertschätzung und im Vertrauen, dass jeder Mensch eigene Ressourcen zum Leben und zur Krankheitsbewältigung in sich hat. Es geht darum, die Autonomie von Menschen zu achten und ihnen mit der mir möglichen Fürsorge zu begegnen.

Wahrhaftigkeit am Bett eines Sterbenden

Georg Peyk

Als mein Onkel 1994 durch eine Tumorerkrankung, die sich schon über viele Jahre hinzog, starb, war sein Tod für seine Ehefrau „plötzlich und unerwartet" gekommen. Für uns Nahstehende und Begleiter war sein „Gehen" voraussehbar und unausweichlich. Zwei Personen sitzen an dem gleichen Sterbebett und erleben diese Situation als ganz unterschiedlich. Mein Onkel verheimlichte die Krankheit in der Familie. Selbst zu meiner Tante sagte er bis zum Ende seiner Erkrankung, dass er bald über „den Berg" ist und der nächste Urlaub geplant werden kann. Meine Tante hatte zwar von den Ärzten im Krankenhaus erfahren, dass es sehr kritisch aussieht, aber das Gespräch wurde einfach verdrängt. An dem Bett des Erkrankten wurde nicht wahrhaftig kommuniziert, jeder und jede wollte den Partner schützen, denn keiner wusste, was weiß der Andere.

In meiner Arbeit als Hospizbegleiter und Seelsorger erlebe ich solche Situationen sehr oft und frage mich, was ist geschehen oder besser

G. Peyk (✉)
Unterschneidheim, Deutschland
E-Mail: georg.peyk@haus-lindenhof.de

gefragt was ist nicht geschehen, dass solche unterschiedlichen Sichtweisen auftreten und wahrgenommen werden?!

Diese unterschiedlichen Bilder oder auch „Zerrbilder" treten meistens auf, wenn die Wahrhaftigkeit am Sterbebett fehlt bzw. nicht die ganze Wahrheit vermittelt wird oder etwas vorenthalten wird.

In Zeiten von Krankheit sind Menschen heute oft erstmals mit der Tatsache konfrontiert, dass Gesundheit und Unversehrtheit nicht unbegrenzt vorhanden sind. Das bis dahin so fraglose individuelle Leben mit seinen Sicherheiten und Konzepten wird brüchig. Es ist eine Zeit großer innerer Unruhe und Veränderung, weil der bisherige Sinnentwurf des eigenen Lebens infrage gestellt wird. Menschen müssen sich in dieser Zeit in die Hände anderer begeben, weil sie Hilfe brauchen, die sie sich selbst nicht geben können. Mit der Erwartung auf Hilfe und Heilung, mit der drängenden Frage „Was ist mit mir und was wird mit mir?" gehen Menschen ins Krankenhaus. Dort wird alles unternommen, um Leben zu erhalten. Dank der heutigen guten medizinischen Versorgung werden diagnostische Maßnahmen angeordnet, Diagnosen erstellt und entsprechende Therapievorschläge erarbeitet.

Ärztinnen und Ärzte, Schwestern, Pfleger und Therapeuten haben einen sogenannten „Wissensvorsprung" im Sinne von objektiven Parametern wie Blutwerten, Herzfrequenzen und Röntgenbildern. Der Betroffene versteht nicht mehr was mit ihm geschieht – warum z. B. das Herz nicht mehr so funktioniert wie früher. Das macht ihm Angst, er ist verunsichert und auf die Erklärungen der Fachleute angewiesen. Nach meiner Erfahrung gibt es jedoch neben dem „Wissen" der Profis auch ein „Wissen" der Patienten/Gäste gerade bei denen, die an lebensbedrohlichen Erkrankungen leiden.

Dieses Wissen äußert sich in Ahnungen, in einem sachten Wahrnehmen von Veränderungen, wie z. B. vorzeitiger Ermüdung und häufiger Kraftlosigkeit, diffusen Ängsten, geringem Appetit, einem Unwohlsein, das manchmal in die skeptische Frage mündet: „Ob das noch mal was mit mir wird?" Menschen stellen sich hier der Wahrheit – ihrer Wahrheit, dass die Unverwundbarkeit von Leben an ihre Grenze stößt und dass sich dies in ihrem Leben gerade jetzt ereignet. Diese Tatsache bleibt somit keine abstrakte Wahrheit, sondern wird für sie im Moment erfahrbar und spürbar, mit all den Gefühlen, die dazu gehören.

Jeder Mensch und somit auch jeder „Gast" hat grundsätzlich ein Anrecht auf Wahrheit, denn es entspricht seiner Würde, die Fakten zu kennen, die sein Leben betreffen, und möglicherweise verändern. Eine solche Kenntnis ist Grundvoraussetzung, um in Freiheit über sich selbst entscheiden zu können, was wiederum ein Merkmal menschlicher Existenz ist.

Wahrheit steht in Zeiten von Krankheit für sehr viel mehr als für bloße Tatsachenvermittlung. Wahrheit ist ein Prozess, in dem der Betroffene die mitgeteilten Fakten in sein Leben einordnen und sie als ihn selbst betreffend annehmen muss. Die Tatsachen und die daraus folgenden Konsequenzen bedürfen einer persönlichen Deutung, denn es gilt, angesichts veränderter Bedingungen nun einen neuen eigenen Sinn zu finden, der auch eingeschränktes und zeitlich sehr begrenztes Leben wertschätzt und als schützenswert begreift. Dieser schwierige Verarbeitungsprozess geht einher mit sehr viel Angst und Hoffnungslosigkeit, Trauer und Verlassen-Sein. Die Sterbenden hoffen auf das Gelingen und hadern gleichzeitig mit dem Schicksal und mit Gott, der so etwas zulässt, obwohl sie es nicht verdient haben.

Solch ambivalente Gefühle sind wichtige Etappen eines Weges, im Laufe dessen die Betroffenen beginnen, die veränderten Gegebenheiten in ihr Leben zu integrieren. Unterstützung erfahren Menschen, die mit so einschneidenden Veränderungen konfrontiert sind, durch Mitmenschen, die diese Berg- und Talfahrt der Gefühle zulassen und verstehen, sie nicht bewerten, vielmehr als angemessen begreifen.

Im Hospiz treffe ich oft Gäste an, die im großen Ganzen ganz gut über ihre Erkrankung bzw. Zustand aufgeklärt sind, aber trotzdem sind sie in der Phase der Unsicherheit, Fragen, wie wird es sein, wenn keine Therapie erfolgen wird; Wann muss ich sterben; Werde ich Schmerzen haben...?

Sterbende haben oft selbst eine Ahnung von ihrer Situation. Sie wollen nicht getäuscht werden, weil ihr „Bauchgefühl" ihnen etwas verrät. Um miteinander über die Wahrheit sprechen zu können, bedarf es meistens eines längeren Weges. In den Gesprächen kommt es darauf an, für ausgesprochene und unausgesprochene Signale des Sterbenden empfänglich zu sein.

Eine gute Begleitung zeichnet sich aus, wenn die Signale eine gute Antenne finden und im Gespräch erörtert und umgesetzt werden. Die Begegnungen mit Sterbenskranken ist für den Begleiter und dem Betroffenen eine Konfrontation mit ihren eigenen unterschiedlichen Lebenswirklichkeiten. Große Aufmerksamkeit und Achtsamkeit ist angebracht, denn die Sprache der Sterbenskranken ist eigen, kreativ, voller Bilder, Symbole, metaphorische Vergleiche und tiefgründig. Die Begleiter sollen da sein, aushalten und trösten. Das kann auch im miteinander Schweigen gelingen. Dabei sei die Wahrhaftigkeit das Wesentliche zu einer gelingenden Kommunikation am Kranken- und Sterbebett.

In diese Herausforderung sind auch die Angehörige einbezogen. Die Wahrheit muss nach Möglichkeit zunächst einmal behutsam, auch wohl schrittweise, aber doch letztlich in Klarheit und Wahrhaftigkeit vermittelt werden. Ich meine sogar: Wird die Wahrheit aus Schonung vorenthalten, entmündigt man den Betroffenen in gewisser Weise und verwehrt ihm die Möglichkeit zu selbstbestimmtem Umgang mit seinem Schicksal.

Doch wir Menschen sind ja sehr verschieden und müssen uns in unserem Anderssein akzeptieren. Darum möchte ich mich in der Frage nach dem Wann und Wie der Wahrheitsvermittlung vom Betroffenen selbst leiten lassen. Aufdrängen würde ich die bittere Wahrheit möglichst nie.

Nach meiner Erfahrung gibt es aber kaum einen Kranken, der nicht früher oder später „seine Wahrheit" wissen will, auch wenn er sie zunächst vielleicht wieder verdrängt. Wenn man ihm nun auf seine Frage hin behutsam tastend antwortet, wird man vom Kranken weitergeführt Schritt für Schritt, durch neue Fragen oder Reaktionen wie Empörung, Ablehnung, Verzweiflung und viel Angst … erneutes Nachfragen … bis vielleicht allmählich hin zur Akzeptanz. Das ist immer ein schwerer, notvoller Stufenweg der Entwicklung, der von Mensch zu Mensch sehr unterschiedlich erklommen wird. Dabei darf man ihn begleiten, wenn es der Betroffene wünscht. Es ist eine Sache des Vertrauens.

Ich empfinde es immer als kostbares Geschenk, wenn mir Vertrauen entgegengebracht wird – und öffne dem Sterbenden dann mein eigenes Herz. So machte ich die Erfahrung: Je mehr beim Kranken die Masken des Lebens im Prozess des Leidens abfallen, desto weniger wird mein Mitgefühl durch vielleicht noch vorhandene Fremdheit oder gar Antipathie behindert. Da wo sich Echtheit und Wahrhaftigkeit offenbart, antwortet bei mir nur noch das intensive Bedürfnis mitzutragen, zu trösten, zu ermutigen – oder einfach nur auszuhalten. Dann darf ich manchmal miterleben, wie die Wahrheit den Menschen auf seinem Entwicklungsweg langsam wandelt.

Mich erschüttert es immer wieder, wenn ich Gäste begleite, die sehr wohl wissen oder ahnen, wie es um sie steht und darüber sprechen wollen, dann jedoch z. B. von ihren Angehörigen hören: „das wird schon wieder". Diese Gäste sind letztlich unendlich einsam, denn ihnen wird aus Furcht vor der Wahrheit wirkliche Mitmenschlichkeit, Kommunikation im Sinne von Gemeinschaft und gegenseitigem Respekt verweigert.

Zur Wahrhaftigkeit am Sterbebett gehört für mich vor allem auch Wahrhaftigkeit meinen eigenen Gefühlen gegenüber. Begleiten wir, in welcher Profession auch immer, Menschen, die sich in solchen Veränderungsprozessen befinden, so werden unweigerlich persönliche Fragen aufgeworfen:

- Was würde ich in so einer Situation tun?
- Was würde ich tun, wenn die junge Frau meine Tochter, wenn es meine Partnerin wäre?

Solche Fragen drängen sich auf, die uns auch über die jeweilige Berufstätigkeit hinaus als ganze Menschen fordern. Vor der Frage „Wieviel Wahrheit können die Sterbenden vertragen?" steht die Frage: „Wieviel Wahrheit vertrage ich?"! Ärztinnen/Ärzte, Schwestern/ Pfleger, Hospizbegleiterinnen/Hospizbegleiter und Seelsorger/innen müssen sich die Frage beantworten, wieviel Angst sie persönlich vor Gefühlsausbrüchen haben, ob sie Angst und Hoffnungslosigkeit bei ihrem Gegenüber zulassen können und bereit sind, diese zumindest zeitweise mit auszuhalten.

Ich glaube, dass viele Sterbende Wahrheit gar nicht ertragen und zusammenbrechen könnten, schützen sich die Helfenden erst einmal selbst. Der vermeintliche Schutz der Betroffenen ist uneingestandener Selbstschutz und kann als indirekte Folge die Entmündigung der Gäste mit sich bringen, wenn er nicht als solcher eingestanden wird.

Um diesem schwierigen Teil der Arbeit gewachsen zu sein und ihn auch auf Dauer leisten zu können, ist eine persönliche Auseinandersetzung der Helfenden mit der eigenen Endlichkeit und Begrenztheit, der Erfahrung von Hilflosigkeit und Versehrtheit notwendig. Erforderlich sind Kompetenz in Kommunikation und Gesprächsführung, hohe Transparenz in der Zusammenarbeit der Berufsgruppen untereinander sowie Beratung und Reflexion im Rahmen der Supervision.

So wünsche ich mir von den Helfenden die grundsätzliche Haltung, dass Gäste ein Recht auf Wahrheit haben, da es um ihr eigenes Leben geht, in dem ihnen die selbstständige Entscheidungsfähigkeit ermöglicht werden muss. Der Umgang mit dieser Wahrheit liegt bei jedem Menschen in seiner persönlichen Verantwortung; nicht in der von Außenstehenden, die glauben beurteilen zu können, was ein Mensch verkraften kann und was nicht.

Die oben eingeforderten kommunikativen Fähigkeiten ermöglichen es den Helfenden, den Kranken als Schrittmacher seines eigenen Wahrheitsprozesses zu verstehen und anzuerkennen, indem sie immer wieder nachvollziehen und wahrnehmen, wie der Betroffene auf das Angebot von Wahrheit eingeht, ob er nachfragt, eher abwartend reagiert, in kleinen Schritten vorangeht oder sich der veränderten Realität nur schwer stellen kann.

Wir wissen, dass es eine selektive Wahrnehmung gibt, die Menschen vor übergroßer Bedrohung schützt und sie erst nach und nach mit der bedrohlichen Realität konfrontiert. Abwehr und Verdrängung sind in Krisensituationen des Lebens ein ganz wichtiger Überlebensschutz, den es zu respektieren gilt.

Zu meinen Erfahrungen als Seelsorger gehört ebenso, dass Wahrheit, selbst wenn sie schwierig und unangenehm ist, in Menschen Kräfte zum Handeln freisetzen kann, aber nicht zwingend muss. Mit diesem freigesetzten Handlungspotenzial meine ich z. B. den Wunsch, Sterben selber gestalten zu wollen und zu können. Wir alle brauchen Hoffnung, um Leben zu können. Verwenden wir den Begriff Hoffnung in Zusammenhang von Krankheit und Gesundheit, meinen wir fast ausschließlich Hoffnung auf Heilung. Ich glaube jedoch, dass selbst dann Hoffnung für Menschen besteht, wenn keine Heilung im kurativen Sinne mehr möglich ist. Hoffnung kann ebenso bedeuten, die Geburt des Enkelkindes in einem Monat noch erleben zu können, sich mit einem Menschen auszusöhnen, mit dem seit langer Zeit ein Zerwürfnis besteht, nochmals einen bedeutungsvollen Ort zu besuchen, mit wichtigen Menschen zu sprechen, letzte Dinge zu regeln und möglicherweise Bilanz zu ziehen, also das eigene Leben vollenden zu können.

Dessen ungeachtet bin ich jedoch davon überzeugt, dass ein jeder das Recht auf Wahrheit hat und dass nur dem Betroffenen selbst die Entscheidung über den Umgang mit der Wahrheit obliegt; das umfasst auch die Möglichkeit der Verdrängung. Enthält man dem Sterbenden die Wahrheit vor, so verweigert man ihm sowohl den gleichberechtigten und partnerschaftlichen Umgang und nimmt ihm darüber hinaus die Möglichkeit, Potenziale zu nutzen, die ihm vielleicht selbst bisher völlig unbekannt waren.

GPSR Compliance
The European Union's (EU) General Product Safety Regulation (GPSR) is a set of rules that requires consumer products to be safe and our obligations to ensure this.

If you have any concerns about our products, you can contact us on

ProductSafety@springernature.com

In case Publisher is established outside the EU, the EU authorized representative is:

Springer Nature Customer Service Center GmbH
Europaplatz 3
69115 Heidelberg, Germany

www.ingramcontent.com/pod-product-compliance
Lightning Source LLC
LaVergne TN
LVHW020339260326
834688LV00045B/1451